21世纪普通高等教育规划教材·公共基础课系列

管理学

王亚丹　徐　刚　宋　谨　主　编
李　珍　张海枝　刘宇璟　副主编

上海财经大学出版社

图书在版编目(CIP)数据

管理学/王亚丹，徐刚，宋谨主编．—上海：上海财经大学出版社，2016.1

(21世纪普通高等教育规划教材·公共基础课系列)

ISBN 978-7-5642-2351-9/F·2351

Ⅰ.①管…　Ⅱ.①王…　②徐…　③宋…　Ⅲ.①管理学-高等学校-教材
Ⅳ.①C93

中国版本图书馆CIP数据核字(2016)第006527号

□ 责任编辑　李宇彤
□ 封面设计　晨　宇

GUANLIXUE
管理学

王亚丹　徐　刚　宋　谨　主　编
李　珍　张海枝　刘宇璟　副主编

上海财经大学出版社出版发行
(上海市武东路321号乙　邮编200434)
网　　址：http://www.sufep.com
电子邮箱：webmaster @ sufep.com
全国新华书店经销
同济大学印刷厂印刷
上海叶大印务发展有限公司装订
2016年1月第1版　2017年2月第2次印刷

787mm×1092mm　1/16　16.75印张　428千字
印数：4 001—8 000　定价：35.00元

21世纪普通高等教育规划教材
21 SHI JI PU TONG GAO DENG JIAO YU GUI HUA JIAO CAI

编委会

BIAN WEI HUI

前　言

管理学在它百余年的历史进程中，取得了长足的发展。今天，世界各国的高校在其管理类、经济类专业都开设了该课程，其他专业的学生也往往会选修管理学。在编写本书前，编者广泛参阅了大量的管理学教材和专著，并结合多年的教学实践，发现很多学生在学习管理学理论时，都感觉似乎好理解，但在考试或实际应用中又感到理解得不准确、不深刻。因此，编者认为管理学教学的核心任务是系统地讲授管理学理论，让学生初步形成管理学的思维方式，再帮助学生将理论应用于实践。

本书以高等院校经济管理专业的学生为主要服务对象，以市场需求为导向，以培养学生的创新精神、创业意识为指导思想，以提高学生实践能力及培养服务于社会经济和文化发展的应用型人才为目标。

本书有如下特点：

1. 本书体系上体现系统性，以“管理导论篇”“管理职能篇”“管理应用篇”三大板块构建管理学的理论体系，以明晰、系统的方式介绍管理学，使学生初步形成较为系统的管理思维。

2. 每章内容包括开篇案例、基本原理、思考题和实践练习。开篇案例带领读者走进管理；思考题和实践练习帮助读者巩固所学的理论要点，培养读者解决实际问题的能力，增加读者学习管理学知识的趣味性。

在本书中，大量的编写任务得力于以下老师的倾力付出：宋谨撰写了第一章；徐刚撰写了第二、三章；王亚丹撰写了第五、六、八、九、十章；李珍撰写了第七、十三、十四章；张海枝撰写了第十一、十二章；刘宇璟撰写了第四章。全书由王亚丹、徐刚、宋谨负责统稿和定稿。

本书在编写过程中，参考和借鉴了许多同类书籍和相关研究论文，引用了大量的文献和案例，在此对相关作者和编辑表示由衷的感谢。限于编写者的水平，书中难免有许多不足的地方，恳请读者批评、指正。

编　者

2015年11月

目 录

第三篇 管理应用篇

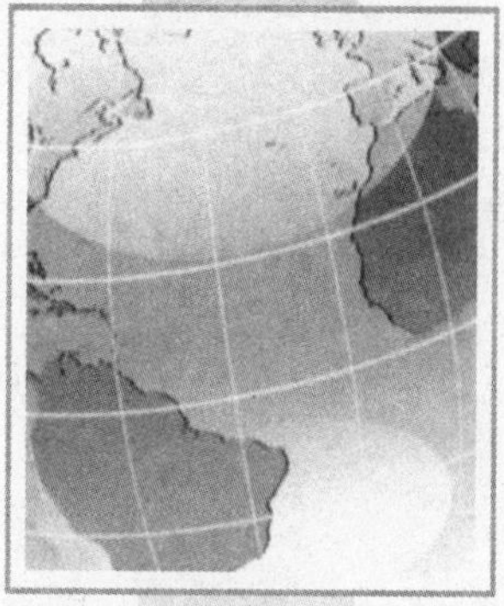

第一篇：管理导论篇

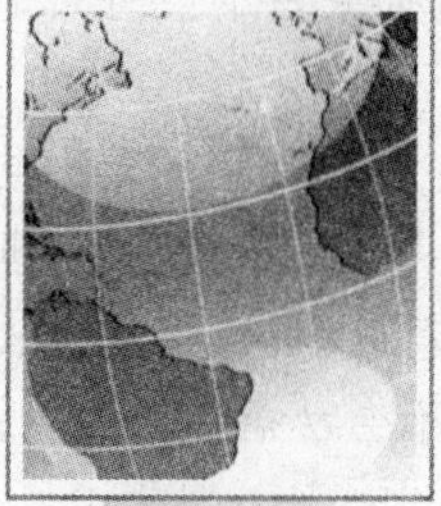

第一章 管理与管理学

本章重难点

1. 管理的概念和属性
2. 理解管理的科学性和艺术性
3. 管理者的概念和特征
4. 管理者的角色与技能
5. 管理学的含义与特点
6. 管理学的研究内容和方法
7. 管理的基本原理

走进管理：

马丁吉他公司(以下简称“马丁公司”)成立于1833年，位于宾夕法尼亚州，被公认为世界上最好的乐器制造商之一，就像施坦威钢琴、劳斯莱斯轿车、布菲单簧管一样，马丁吉他每把售价超过1万美元，是你能买到的最好的东西之一。这个家族式的企业历经艰难岁月，已经延续了六代。目前的首席执行官是克里斯琴·弗雷德里克·马丁四世，他秉承了吉他的制作手艺。

马丁四世甚至遍访公司在全世界的经销商，为他们举办培训讲座。很少有哪家公司能像马丁公司一样享有这么持久的声誉。那么，马丁公司成功的关键是什么？一个重要原因是公司的管理和管理者杰出的领导技能，它使组织成员始终关注质量这样的重要问题。马丁公司自创办起做任何事都非常重视质量。即使近年来在产品设计、分销系统和制造方法方面发生了很大变化，但公司始终坚持对质量的承诺。公司在坚守优质音乐标准和满足特定顾客需求方面的坚定性，渗透到公司从上到下的每个层面。不仅如此，公司在质量管理中长期坚持生态保护政策。因为制作吉他需要用到天然木材，公司非常审慎和负责地使用这些传统的天然材料，并鼓励引入可再生的替代木材品种。基于对顾客的研究，马丁公司向市场推出了用表面有缺陷的天然木材制作的高档吉他，然而这在其他厂家看来几乎是无法接受的。

马丁公司将新老传统有机地整合在一起。虽然设备和工具逐年更新，但雇员始终坚守着高标准的优质音乐原则，所制作的吉他须符合这些严格的标准，要求雇员极为专注和耐心。家庭成员弗兰克·亨利·马丁在1904年出版的公司产品目录的前言中向潜在的顾客解释道：“怎么制作具有如此绝妙声音的吉他并不是一个秘密，它需要细心和耐心。细心是指，要仔细选择材料，巧妙安排各种部件，关注每一个使演奏者感到惬意的细节。耐心是指，做任何一件事不要怕花时间，优质的吉他是不能用劣质产品的价格制作出来的，但是谁会因为买了一把价格不菲的优质吉他而后悔呢？”虽然一百多年过去了，但这些话仍然是公司理念的表达。虽然公司深深地植根于过去的优良传统，马丁四世却毫不迟疑地推动公司朝新的方向发展。例如，在20世纪90年代末，他作出了一个大胆的决策，开始在低端市场销售每件价格低于800美元的吉他。低端市场在整个吉他产业的销售额中占65%。公司DXM型吉他是自1998年引入市场的，虽然这款产品无论外观、品位和感觉都不及公司的高档产品，但顾客认为它比其他同类价格的绝大多数吉他产品的音色都要好。马丁四世为他的决策解释道："如果马丁公司只是崇拜它的过去而不尝试任何新事物的话，恐怕就不会有值得崇拜的马丁公司了。"

马丁四世的管理十分出色，销售收入持续增长，在2000年接近6亿美元。位于宾夕法尼亚州的制造设施得到扩展，新的吉他品种不断推出。雇员们描述他的管理风格是：友好的、事必躬亲的，但又是严格的和直截了当的。虽然马丁公司不断将其触角伸向新的方向，但从未放松过对尽其所能制作顶尖产品的承诺。在马丁四世的管理下，这种承诺决不会动摇。

点评：

管理是否有效，在很大程度上取决于管理人员是否真正具备了一名管理者所必须具备的管理技能。美国的管理学专家卡特兹提出，有效的管理者应具备技术技能、人际技能和概念技能。一般来讲，概念技能对高层管理者最重要，因为由高层管理者所作出的计划、决策等都需要概念技能。技术技能对基层管理者特别重要，因为其最接近现场作业。由于管理工作的对象主要是人，因此人事技能是所有层次的管理者必须掌握的基本技能。明茨伯格提出了一个管理者在做什么的分类框架。他认为，管理者实际上在扮演着三大方面、十种不同却高度相关的角色。

从案例中我们知道，马丁四世是首席执行官，属于高层管理者。作为高层管理者，概念技能对马丁最重要。因为他必须制定指导性计划和吉他公司的发展愿景。这种管理技能往往来自组织的高层，即高层管理者马丁四世。除此之外，马丁四世还必须具备一定的人际技能，以便其将这些公司的指导性计划和发展愿景与中、基层管理者以及操作者进行沟通，取得他们的支持，从而促成组织的成功。马丁四世需要最少的是技术技能，他应该会雇用有必备技术技能的员工去制造质量卓越的马丁吉他。然而，挑选和雇用能够满足组织宗旨和计划的员工是一项困难的工作，因此这项技能必须来自马丁四世。

无论是好是坏，同马丁四世一样的管理者每天管理着一个组织或者一个团队，他们对整个企业或者团队以及社会的发展有着重要的影响。

管理活动自古有之，是人类与生俱来的行为。一个国家的富强和每个人的成功都离不开正确的管理。随着生产力和科学技术的发展，人们逐渐认识到企业运营过程中管理的重要性。从历史上看，经过了两次转折，管理学才逐步形成并发展起来。第一次转折是泰勒科学管理理论的出现，旨在加强生产管理，使人们开始认识到管理在生产活动中所发挥的作用。第二次转折是第二次世界大战后，人们认识到，不依照管理规律办事，就无法使企业兴旺发达，因此要重视管理人员的培养。这促进了管理学的发展。

管理在社会中也日益表现出其重要的地位和作用。管理是促进现代社会文明发展的三大支柱之一，它与科学和技术三足鼎立，它也是促成社会经济发展的最基本的、关键的因素之一。发展中国家经济落后，主要是由于管理落后。管理在现代社会中占有重要的地位。

经济的发展虽然需要丰富的资源与先进的技术，但更重要的还是组织经济的能力，即管理能力。从这个意义上讲，管理本身就是一种经济资源。先进的技术要有先进的管理与之相适应，落后的管理是不能使先进的技术得到充分发挥的。现代化生产是社会化大生产，分工细密、专业化水准很高，广泛采用现代科学技术、复杂的机器和机器体系进行生产。每一件产品可能要通过几十人、几百人甚至几千人的共同努力才能完成。这些人相互之间可能根本不认识，也许还生活在不同的国家。他们之所以能够密切配合，正是由于存在着管理活动。也许最能说明管理作用的例子要算是第二次世界大战后日本出现的经济奇迹。究竟是什么原因使日本经济如此高速地增长呢？对此，众说纷纭，而日本人自己最乐于称道的是他们所建立起来的一套特殊的管理系统。他们认为管理在经济发展中具有创造作用。据此，他们推出了第四要素理论。第四要素理论认为，生产之所以能够发生并持续进行，除了需要土地、劳动和资本外，还必须存在第四要素——管理。管理在现代经济发展中起着重要的作用。

此外，学习和研究管理学是培养管理人员的重要手段之一。判定管理是否有效的标准是管理者的管理成果。通过实践可以验证管理是否有效，因此，实践是培养管理者的重要一环。而学习和研究管理学也是培养管理者的一个重要环节。只有掌握扎实的管理理论与方法，才能很好地指导实践，并可缩短或加速管理者的成长过程。目前，我国的管理人才尤其是合格的管理人才是缺乏的。因此，学习和研究管理学、培养高质量的管理者，就成为当务之急。

从长远来看，随着社会的发展，专业化分工会更加精细，社会化大生产会日益复杂，而日新月异的社会将需要更加科学的管理。可以预见，管理在未来的社会中将处于更加重要的地位。

第一节　管理的定义与管理职能

在任何一个组织中，不管是以营利为目的的公司，还是以服务为目的的公益性事业单位都需要管理活动。因为这些组织都需要为了达到某个目标而对资源进行分配，并且也希望能够有效地以相对低的成本实现相对高的产出。而管理活动就是通过采用科学化和艺术化的手段，使得这一过程得以实现。因此，管理具有普遍性。

一、管理

(一)管理是什么？

管理是什么？这是每个初学管理的人首先需要理解和明白的问题，这个问题涉及管理的定义。逻辑学认为，概念是反映客观事物的一般的、本质的特征，定义是对概念的内涵或语词的意义所做的简要而准确的描述。管理的定义是组成管理学理论的基本内容，明晰管理的定义也是理解管理问题和研究管理学最起码的要求。

由于管理概念本身具有多义性，它不仅有广义和狭义之分，而且还因时代、社会制度和专业的不同，产生不同的解释与理解。随着生产方式社会化程度的提高以及人类认识领域的拓展，人们对管理现象的认识和理解的差别还会更为显著。人们给管理下过多少个定义无从考证，可以说几乎每一本管理学教科书都给管理下过一个定义，不同的学者会从不同的角度来理解管理。

被誉为科学管理之父的泰勒认为："管理就是确切地知道你要别人去干什么，并使他用最好的方法去干。"泰勒科学管理的实质就是指挥他人用最好的工作方法获得最大的工作业绩。

孔茨和韦里克认为："管理就是设计并保持一种良好环境，使人在群体里高效率地完成既定目标的过程。"这两位学者认为，这一定义需要展开为：(1)作为管理人员，需要完成计划、组织、人事、领导、控制等管理职能；(2)管理适用于任何一个组织机构；(3)管理适用于组织的各级管理人员；(4)所有管理人员都有一个共同的目标，即创造盈余；(5)管理关系到组织的效率与效益。

诺贝尔经济学奖获得者西蒙认为，"管理就是决策"。这一定义强调决策在管理中的作用。

决策贯穿于管理的全过程和管理的所有方面，管理者进行计划、组织、控制等工作，其过程说到底是由决策的制定和决策的执行两大部分组成的。由于决策渗透于管理的所有职能中，管理者在某种程度上也被称为决策者。

德鲁克认为："管理是一种工作，它有自己的技巧、工具和方法；管理是一种器官，是赋予组织以生命的、能动的、动态的器官；管理是一门科学，一种系统化的并到处适用的知识；同时，管理也是一种文化。"

美国学者斯蒂芬·P.罗宾斯在其著作中指出：所谓管理，是指通过与其他人的共同努力，既有效率又有效果地把工作做好的过程。他在这里强调的是效率、效果和过程。

我国学者周三多在分析和归纳中外学者、专家和领导人对管理的论述后，给管理下的定义是："管理是社会组织为了实现预期的目标，以人为中心进行的协调活动。"

"管理"一词还有其他许多定义，这些定义都是从不同角度提出来的，也仅反映了管理性质的某个侧面。但真正对管理的定义有重大影响的是法国人亨利·法约尔。亨利·法约尔在其所著的《工业管理与一般管理》一书中认为，管理是人类所有组织（不论是家庭、企业还是政府）都有的一种活动，这种活动由五项要素组成：计划、组织、指挥、协调和控制。计划就是探索未来和制定行动方案；组织就是建立企业的物质和社会的双重结构；指挥就是使其人员发挥作用；协调就是连接、联合、调和所有的活动和力量；控制就是注意一切是否按已制定的规章和下达的命令进行。法约尔的这一看法使人相信，当你从事计划、组织、指挥、协调和控制工作时，你便是在进行管理，管理等同于计划、组织、指挥、协调和控制。

综合各种观点，本书认为，对管理的比较系统的理解应该是：管理是管理者或管理机构在一定范围内，通过计划、组织、领导、控制等工作，对组织所拥有的资源（包括人、财、物、时间、信息等）进行合理配置和使用，既有效率又有效益地实现组织预定目标的过程。该定义较全面地表达了完整的管理过程，如图1－1所示。

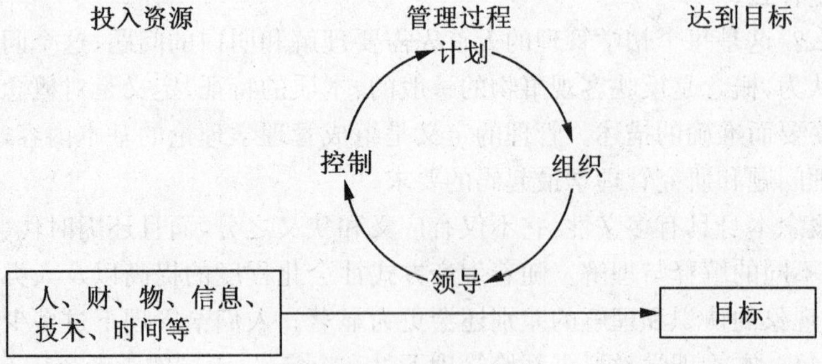

图1－1 管理活动

这一定义有四层含义：

第一，管理的核心是实现目标。管理是为实现组织目标服务的，是一个有意识、有组织的群体活动过程。管理是任何组织都不可或缺的，但绝不是独立存在的；管理不具有自己的目标，不能为管理而进行管理，只能使管理服务于组织目标的实现。

第二，管理是一个过程。管理的过程由一系列相互关联、连续进行的基本职能构成，这些基本职能包括计划、组织、领导和控制等。

第三，管理实现目标的手段是运用组织拥有的各种资源。管理的对象是组织拥有的各种资源，管理的有效性集中体现在它能否使组织花最少的资源投入取得最大的、合乎需要的产出。

第四，管理的本质是协调。管理是在一定环境下展开的，管理者应善于发现环境为组织提供的机会和构成的威胁，对组织资源进行合理配置，从而抓住机会、避免威胁，实现组织的预定目标。

从管理的定义可以看出，管理是一个行为过程，而管理过程应该有科学的绩效衡量。绩效是指管理者或管理机构在利用资源满足顾客需求和实现组织目标的活动过程中，在效率和效益上所表现出来的水准。简单地说，绩效就是组织实现其目标的程度。效率指的是在实现一定目标的过程中资源利用的程度或资源产出水平的高低。生产一定量的产品，管理者如能做到投入的资源少，就可以保证有效率。效益，或者称为效果，是衡量管理者为组织设定并努力要达到的目标的恰当程度，即指组织实现预定目标的程度。如果管理者所选择的目标是合适的，并实现了这些目标，那么组织就是有效益的。效率的提高不意味着效益的提高，如果方向错误，效率越高，则损失越大。绩效同效率和效益的关系如图 1—2 所示。

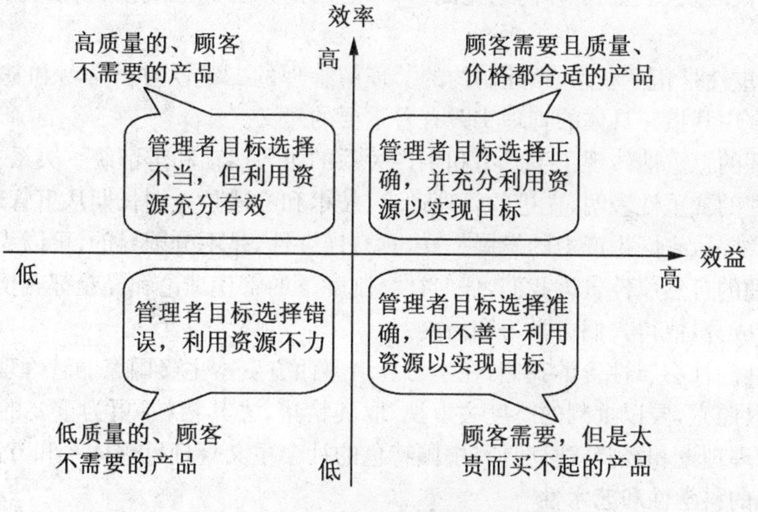

图 1—2　绩效同效率和效益的关系

如果不顾效率，则很容易有效果。例如，大众公司如果不考虑人力和材料成本的话，它就能生产出更豪华、更吸引人的汽车。为什么一些政府机构经常受到公众的批评？按道理他们是有效果的，但他们的效率太低。也就是说，他们的工作是做了，但成本太高。

组织可能是有效率的，但却是无效果的。即战略方向错误，战术手段有效。例如，某集团公司不应该发展手机业务，因为其核心竞争力是电脑。公司手机事业部的人又非常勤奋能干，结果，他们越有效率地工作，该事业部死得就越快。

(二)管理的二重性

管理的二重性是管理所具有的合理组织生产力的自然属性和为一定生产关系服务的社会属性。

管理的自然属性是指管理与生产力相联系的一面。管理是由于共同劳动而引起，具有合理组织生产力的功能，体现了劳动过程的一般要求，这称为管理的自然属性。在管理过程中，只有对人、财、物、信息、时间等资源进行合理配置和有效利用，对产、供、销等环节进行协调，完成对生产力的科学组织，才能有效地实现既定目标。这种组织生产力的管理是生产力发展的必然要求，而与社会制度、生产关系无关。

管理的社会属性是指管理与生产关系、上层建筑相联系的一面。任何生产活动都是在一定的生产关系下进行的，管理执行着维护一定生产关系、实现一定社会目的的功能，受到当时当地的社会、经济、政治制度和文化背景的影响。管理的这种性质称为管理的社会属性。管理是人类目的性很强的社会活动，社会制度不同、生产关系的变化，使管理的目的、手段和方式也随之改变。国家的管理、企业的管理以及其他各种社会组织的管理，一概如此。值得注意的是，与管理的社会属性相关的全球环境已发生了较大变化，显著表现在：(1)随着科学技术的飞速进步、信息网络的广泛应用和经济的快速发展，带来了政治多极化、经济全球化、文化多元化，管理的复杂性、随机性和不稳定性大大增加；(2)中国等发展中国家采取市场经济体制，多种所有制共存，企业普遍实行股份制，企业资本的所有者(股东)不再直接管理企业，国家在完善市场经济体制的同时，积极加强调控，使生产关系不断适应生产力的发展；(3)西方发达国家对经济采取不同程度的政府干预，使经济保持较稳定的发展，发达国家普遍出现了中产阶级，拥有企业所有权的人数达到了较高的比例。如此种种，社会属性的多样化给管理工作带来了新的挑战。

管理的二重性是相互联系、相互制约的。理解管理的二重性对于学习和掌握管理学的原理与方法，并应用其指导具体的管理实践有着重要的意义。

首先，管理的二重性体现了生产力和生产关系的矛盾运动和辩证统一关系。

其次，管理的二重性表明，先进的管理理论、技术和方法是人们长期从事管理活动的产物，是人类智慧的结晶，它同生产力的发展一样，具有连续性，是不分国界的，可以为我所用。

再次，管理的自然属性告诉我们，任何社会制度下的管理理论和经验都有反映社会化大生产客观规律的成分，值得人们去学习和借鉴。

最后，管理的社会属性告诉我们，在学习和借鉴西方资本主义国家的管理理论和经验的过程中，不能全盘照搬，要以批判的态度去审视，取其精华，去其糟粕；更为重要的是要创立适合中国国情的管理理论和经验，建立具有中国特色的社会主义管理思想体系和方法体系。

(三)管理的科学性和艺术性

管理是科学和艺术的结合。科学是反映自然、社会、思维等客观规律的知识体系，包括明确的概念和一般原理，是归纳、总结的体现，是可复制、可学习的，并有规律可循。而艺术则是天赋、潜质和个性的体现，来自于个人的经验、直觉、智慧和智力。

1. 管理是一门科学

(1)科学的规律性。管理科学是人类在长期从事社会生产实践活动中对管理活动规律的总结。作为一门科学，要求管理具有系统化的理论知识。管理科学是把管理的规律性揭示出来，形成原则、程序和方法，对管理者的管理活动予以普遍性指导，使管理成为理论指导下的规范化的理性行为。承认管理的科学性，就是要求人们在管理活动中不断发现与探索管理的规律性，按照管理的规律来办事，在科学的管理理论与原则的指导下，搞好管理，提高管理效率。

(2)严密的程序性。科学的逻辑在管理活动中表现为一种严格的程序化操作，程序性是管理活动的一个重要特征。这种程序性首先体现在管理流程的设计上，其次体现在具体的操作工艺中。

(3)先进的技术性。管理学是一门应用性很强的学科，管理的理论只有转化为具体的管理技术和技能才能发挥作用。在现代管理中，这些管理技术又被转换成各种管理软件和具体的操作技能，以便完成具体的管理任务。

2. 管理是一门艺术

管理是一种随机的创造性工作，它不像有些科学那样可以单纯通过数学计算来求得最佳答案，也不可能为管理者提供解决问题的具体模式，它只能使人们按照客观规律的要求，实施创造性管理，从这个意义上讲，我们说管理是一门艺术。同时，管理中还存在着许多未知的、活的、模糊的因素。所谓未知的、活的、模糊的因素，即靠人的经验、感觉、魄力、权威等都无法度量甚至无法言传，被人们称为"艺术"的部分，这部分也正是管理学应该开发的地方。随着科学技术和管理科学的发展，那些未知的、活的、模糊的领域会越来越少(但不会没有)，而对管理者管理艺术水平的要求却越来越高。

3. 管理是科学与艺术的统一、客观规律与主观能动性的统一

管理科学是反映管理关系领域中客观规律的知识体系；管理艺术则是以管理知识和经验为基础，富有创造性管理技巧的综合。管理科学是管理这一能动过程的客观规律的反映，而管理艺术则是它的主观创造性方面的反映。管理者只有既懂得管理科学又有娴熟的管理艺术，才能使自己的管理活动达到炉火纯青的地步。

管理的科学性与艺术性是相辅相成的。在管理中，科学性与艺术性不是相互排斥的，而是相互补充的。如果说管理的科学性是"知"，那么管理的艺术性就是"行"，"知"是"行"的基础，对管理的科学性"知"得越多，在管理实践中就会"行"得越有艺术性。管理作为一种实践，其本质不在于"知"，而在于"行"。对管理的科学认识是为了指导管理实践，以达到最好的管理效果。

二、管理职能

管理工作就是通过一系列的活动来帮助组织有效利用其资源以实现组织的目标。管理者或管理机构是通过履行计划、组织、领导和控制这四项基本职能来实现组织目标的(见图1—1)。图1—1中连接这些职能的箭头表明了管理者履行它们的一般顺序。法国著名管理学家法约尔在其所著的《工业管理与一般管理》一书中提出了企业经营的六项活动，其中的一项就是管理，而且把管理划分为五个要素。后人将计划、组织、指挥、控制、协调这五个要素称为五项职能。法约尔认为，管理活动只是作为社会组织的手段和工具，其他活动涉及原料和机器，而管理活动只对人起作用。于是，以后的学者都认为协调是管理的本质，因为协调好人的行为和利益关系，管理才能取得成效。法约尔在五项职能的论述中重点强调了计划职能的重要性，他认为组织职能是为实现组织的既定目标提供一切所需条件的过程；指挥职能是管理者对下属给予指导的过程；控制职能是为了实现计划而对实际工作进行控制和调整的过程；协调职能是为实现组织目标而协调人的行为和利益关系以及一切工作的过程。在法约尔概括和论述了管理的五项职能之后的很长一段时间内，一些学者给出的管理职能的划分有多种变化，但其含义和主要职能的划分没有根本性变化，出现次数最多的是计划、组织、领导和控制四种职能。值得一提的是，这一时期大多数学者都没有把协调作为一项独立的职能，认为协调贯穿于所有职能中，管理的本质就是协调；再者，当出现人际关系学说后，管理把重视人的因素放在了首位，有学者把人事、激励、沟通作为管理职能；在西蒙的决策理论诞生后，有学者把决策从计划职能中分离出来，成为单列的职能。20世纪90年代以来，由于新技术革命浪潮的影响，创新成为新时代的特征，有学者把创新列为管理职能。根据国外学者的研究，上级领导的职权只能使员工才智和积极性的60%得到发挥，主管人员的领导力强，能使员工的才智和积极性

得到 90%的发挥。因此，斯多基尔指出，领导是对组织内团体和个人施加影响的作用过程。人们已认识到领导是一种社会活动，领导的本质是一种影响力，领导是组织实现目标的重要职能。

尽管对管理职能的划分有不同的理解和分类，但大多数专家都承认，管理的基本职能就是管理工作所包括的几种基本活动的内容，其中有四项基本职能是多数专家所公认的，即计划、组织、领导和控制。

(一)计划职能

所谓计划，是指制定目标并为实现目标所采取的行动。计划职能是管理的首要职能，任何组织及其管理者都必须从事制定计划的工作。为奠定管理工作的基础，计划工作必须进行如下活动：

先对未来事件作出预测，推断未来的活动，然后制定出行动方案。计划职能重点解决两个基本问题：一是目标的确定；二是工作进程的安排，即先做什么、后做什么、可以同时做什么，是一种有序的安排。计划与决策有着十分密切的关系，确定目标、设计行动方案、选择最优方案等，都是两者共同的工作内容；同时，决策是计划的核心。

计划中，必须要考虑组织长远发展的总体谋划，即战略规划。计划编制是制定计划过程中必不可少的工作。总之，计划职能为管理提供依据，为控制提出标准。

(二)组织职能

管理的组织职能是管理者为实现组织目标而建立有效的有机系统的过程。组织职能包括设计和建立组织结构，合理分配职权和职责，选拔和配备各岗位的人员，进行组织的协调与变革。为做好这些工作，要求按目标设置机构、明确岗位、配备人员、规定权限、赋予职责，建立一个统一的组织系统，同时要求按计划和进程合理组织人、财、物并进行合理匹配，以保证管理取得效益。组织职能是管理活动的根本职能，是其他一切管理活动的保证和依托。

(三)领导职能

管理的领导职能是管理者指挥、激励下属，并积极开展沟通，从而使组织目标得到有效实现的活动过程。

领导职能包括的内容有：选择正确的领导方式，运用权威，实施指挥；激励下属，充分调动其积极性；积极而有效地开展沟通；等等。管理的领导职能是一门科学，也是一门艺术，其贯穿于整个管理活动过程中。一般认为，不管是高层管理者、中层管理者还是基层管理者，都需要实施领导职能，因为领导职能的重心是做人的工作。

(四)控制职能

管理的控制职能就是监督管理的各项活动，以保证按计划进行并不断纠正重要偏差的过程。因此，计划就是控制的标准。管理者必须及时获取计划执行情况的信息，并将已获得的信息与计划进行比较，发现执行过程中存在的问题或偏差，及时分析偏差产生的原因，找到问题的症结所在，及时采取纠偏措施。

管理的控制职能是为实现组织目标而必须实施的职能。环境的变化、人员素质和能力的差异、各种随机或突发因素的影响，都会给计划的实施带来偏差，如果不及时发现和纠偏，计划就会落空，目标就难以实现。因此，控制职能是管理活动取得成效的保障。

管理的四项基本职能(计划、组织、领导、控制)之间是相互联系、相互制约的，它们共同构成一个有机的整体，其中任何一项职能出现问题，都会影响其他职能的发挥乃至组织目标的实现。正确认识四项职能之间的关系，应当把握以下两点：

第一，从理论上讲，这些职能是按一定顺序发生的。计划职能是首要职能，因为管理活动首先从计划开始，而且计划职能渗透在其他各项职能之中，或者说，其他职能都是为执行计划职能即实现组织目标服务的。为了实现组织目标和保证计划方案的实施，必须建立合理的组织机构、权力体系和信息沟通渠道，因此产生了组织职能。在组织保证的基础上，管理者必须选择适当的领导方式，有效地指挥、调动和协调各方面的力量，解决组织内外的冲突，最大限度地提升组织效率，于是产生了领导职能。为了确保组织目标的实现，管理者还必须根据预先制定的计划和标准，对组织成员的各项工作进行监控，并纠正偏差，即实施控制职能。可见，管理过程是先有计划职能，之后才依次产生了组织职能、领导职能和控制职能，体现出管理过程的连续性。

第二，从管理实践来考察，管理过程又是一个各项职能活动周而复始循环进行的动态过程。例如，在执行控制职能的过程中，往往为了纠正偏差而需要重新编制计划或对原有计划进行修订完善，从而启动新一轮的管理活动。

第二节　管理者

【管理小知识】

不同领域的管理人才

CEO：Chief Executive Officer 首席执行官

COO：Chief Operating Officer 首席运营官

CFO：Chief Financial Officer 首席财务官

CTO：Chief Technology Officer 首席技术官

CIO：Chief Information Officer 首席信息官

CHRO：Chief Human Resource Officer 首席人力资源总监

CBO：Chief Business Officer 首席商务官

CCO：Chief Cultural Officer 首席文化官

一、管理者的概念与分类

关于管理者的概念，传统观点认为，管理者是指在一个组织中主要从事指挥别人工作的人，即对组织中其他人员负有监督责任的人。他们在组织中的地位和作用与直接从事具体操作业务的人不同，有些管理者也做一些具体事务性的工作，但他们的主要工作是指挥他人完成具体工作。这一概念特指组织中有正式职位和职权的人，他们拥有下属。

在现代社会的组织中，一些有职位、有专业知识的业务技术干部，如公司的高级会计师、高级经济师、高级工程师等，他们以自己的职位和知识影响着组织的决策和经营成果，对组织负有贡献的责任，这些人也是管理者。这一关于管理者的现代观点被管理学家德鲁克做了较明确的阐释。德鲁克在他的《管理：任务、责任、实践》一书中指出，在确定的一个组织中，谁是负有管理责任的人，最首要的标志并不是谁有权命令别人，管理人员的责任在于有贡献和职能，而不是权力，这就是所谓管理者的明确标志。简言之，管理者最重要的标志是对组织目标负有责任，即对组织作出贡献的责任。德鲁克的关于管理者概念的现代观点既抓住了现代管理者的核心价值，又对现代管理者提出了根本性要求。

管理者是管理行为过程的主体，管理者一般由拥有相应的权力和责任、具有一定管理能力、从事现实管理活动的人或人群组成。管理者及其管理技能在组织管理活动中起决定性作用。结合各种观点,我们把管理者定义为:管理者是在协作过程中协调他人活动,并对组织完成预期任务负有责任的人。

依据不同的标准,可以对管理者做不同的划分。

(一)按照管理层次

可以将管理人员划分为高层管理者、中层管理者和基层管理者。

高层管理者是那些对组织的管理负有全面责任,负责制定组织发展战略和行动计划,有权分配组织拥有的一切资源的管理人员,如企业的首席执行官(CEO)、经理、厂长,医院的院长,学校的校长等都属于高层管理者,他们对目标的确定和资源配置的决策、对环境的分析和判断将直接关系到组织的生存与发展,他们代表组织与其他组织或个人进行协调与沟通,他们是组织的主心骨和利益的代表者。

中层管理者是那些按照高层管理者作出的决策和计划,结合所在部门和岗位,负责执行具体计划和工作程序的管理者,他们是指挥基层管理者的人。中层管理者起着承上启下的作用,对上、下级信息沟通或同级信息沟通负有重要责任,他们是高层管理者与基层管理者之间的桥梁和纽带,如大公司的地区经理、事业部负责人、部门负责人,政府中的厅长、处长等,他们不是指挥一线操作人员的人,而是负责协调和控制基层管理与生产活动的人。

基层管理者是那些直接指挥和监督现场操作人员的管理者,直接带领具体操作人员完成上级下达的具体任务,如工厂中的工长、班组长,他们具有协调操作人员的能力和较高的技术操作能力。

上述三个层次的划分可用图 1－3 来表示。

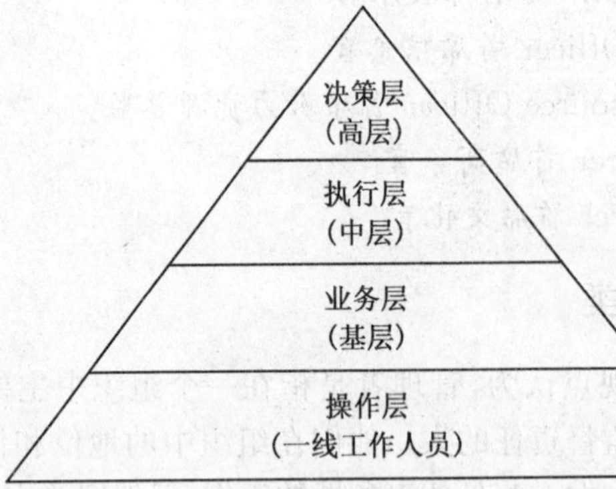

图 1－3 管理者的层次

罗宾斯对不同层次管理者的时间分配做出了统计,如图 1－4 所示。

可以看出,不同层次管理者的工作时间分配比例不同,工作内容的着重点有较明显的差异。

(二)按照管理工作的性质与领域

一般可将管理人员划分为以下几种类型:

1. 营销管理人员

他们的管理工作大多与市场有关——市场调查分析、产品促销、市场推广、广告宣传、客户服务、营销策划、网络销售等。在市场经济环境下,市场对企业的重要性决定了营销管理人员

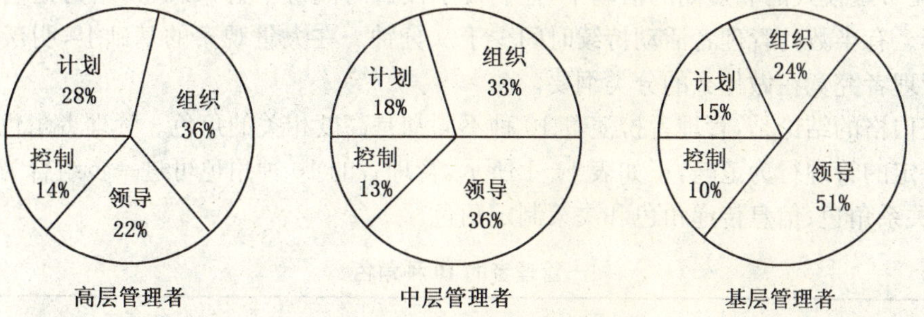

图 1—4　不同层次管理者工作时间分配比例

的重要作用。

2. 财务管理人员

他们大多与组织的资本资源打交道。具体来说，财务管理人员的主要职责包括组织资金的筹措、预算、核算、投资和财务监控等。

3. 生产管理人员

他们的工作主要包括：建立能为组织制造产品和提供服务的系统；负责制定计划和控制组织日常的生产活动、生产规划、质量控制、工厂及设备的选择和布局等。目前，越来越多的企业注重改进生产工艺、提高产品质量、保护和充分利用有限资源等问题，这就使生产管理人员在企业组织中的地位越来越高。

4. 人力资源管理人员

他们的主要职责是对组织人力资源的管理。具体来讲，人力资源部门是从事人力资源的计划、招聘和选择组织所需要的合格人员，并对这些人员进行有效的培训和合理的使用，建立合理而有效的业绩评估、晋升、奖励和奖惩及报酬制度等方面的管理工作。在市场经济条件下，企业之间的竞争本质上是人才的竞争。随着经济全球化的进一步发展以及国内外对人才争夺态势的加剧，人力资源部门的工作将会变得越来越重要，人力资源管理人员的责任也越来越重大。

5. 行政管理人员

对一个组织来说，行政管理人员也是极为重要的。比起从事其他专业方面的管理人员来说，他们从事的工作更加综合化，管理实践的面更广，因此要求他们更加富有多方面的管理经验，对管理职能也更加熟悉。

6. 其他方面的管理人员

除了上述各类管理人员以外，在国内外的企事业单位中还有其他专职的管理人员。例如，公共关系管理人员，他们主要负责组织中公共关系方面的事务；研究与开发部门的管理人员，他们专门负责协调科技人员和工程师的工作。

二、管理者角色

（一）明茨伯格的管理者角色理论

20 世纪 60 年代末期，亨利·明茨伯格对 5 位总经理的工作进行了一项仔细的研究，对长期以来对管理者工作所持的看法提出了挑战。例如，过去认为管理者是深思熟虑的思考者，在做决策之前，他们总是仔细并系统地处理信息。而明茨伯格发现，他所观察的经理们陷入大量变化的、无一定模式的和短期的活动中，他们几乎没有时间静下心来思考，因为他们的工作经常被打断。有半数的管理者活动持续时间少于9分钟。在大量观察的基础上，明茨伯格提出了一个管理者究竟在做什么的分类纲要。

明茨伯格的结论是，管理者扮演着10种不同却是高度相关的角色。管理者角色这个术语指的是特定的管理行为范畴，正如表1—1所示，管理者的10种角色可进一步组合为三大类角色：人际关系角色、信息传递角色和决策制定角色。

表1—1　　管理者的10种角色

角色	描　述	特征活动
人际关系角色		
挂名首脑	象征性的首脑，必须履行许多法律性或社会性的例行事务	迎接来访者，签署法律文件
领导者	负责激励和动员下属，负责人员配备、培训和交往	实际上从事所有的有下级参与的活动
联络者	维护自行发展起来的外部接触和联系网络，向人们提供信息	发感谢信，从事外部委员会工作，从事其他有外部人员参加的活动
信息传递角色		
监控者	寻求和获取各种特定的信息（其中许多是即时的），以便透彻地了解组织与环境	阅读期刊和报告，作为组织内部和外部信息的神经中枢保持私人接触
传播者	将从外部人员和下级那里获得的信息传递给组织的其他成员——有些是关于事实的信息，有些是解释和综合组织中有影响的人物的各种价值观点	举行信息交流会，用打电话的方式传递信息
发言人	向外界发布有关组织的计划、政策、行动结果等信息；作为组织所在行业方面的专家	举行董事会，向媒体发布信息
决策制定角色		
企业家	寻求组织和环境中的机会，制定"改进方案"以发起变革，监督这些方案的策划	制定战略，检查会议决策执行情况，开发新项目
危机处理者	当组织面临重大、意外的动乱和危机时，负责采取补救措施	制定战略，检查陷入混乱和危机的时期
资源分配者	负责分配组织的各种资源——事实上是批准所有重要的组织决策	调度、询问、授权，从事涉及预算的各种活动，安排下级的工作
谈判者	在主要的谈判中作为组织的代表	参与工会进行合同谈判

1. 人际关系角色

人际关系角色是指所有的管理者都要履行礼仪性和象征性的义务。人际关系角色直接产生于管理者的正式权力。

(1)挂名首脑角色。这是经理所担任的最基本的角色。由于经理是一个组织的象征，因此要履行这方面的职责。作为组织的首脑，每位管理者都有责任主持一些仪式，比如接待重要的访客、参加某些职员的婚礼、与重要客户共进午餐等。很多职责有时可能是日常事务，然而它们对组织能否顺利运转非常重要，不能被忽视。

(2)领导者角色。由于管理者是一个企业的正式领导，要对该组织成员的工作负责，在这一点上就构成了领导者的角色。这些行动有一些直接涉及领导关系，管理者通常负责雇用和培训员工,负责对员工进行激励或引导,以某种方式使他们的个人需求与组织目标达到和谐。在领导者角色里,我们能清楚地看到管理者的影响。正式的权力赋予了管理者强大的潜在影响力。

(3)联络者角色。这指的是经理同他所领导的组织以外的无数个人或团体维持关系的重要网络。通过对每种管理工作的研究发现,管理者花在同级同事和单位之外的其他人身上的时间与花在自己下属身上的时间一样多。这样的联络通常都是通过参加外部的各种会议以及参加各种公共活动和社会事业来实现的。实际上,联络者角色是专门用于建立管理者自己的外部信息系统的——它是非正式的、私人的,却是有效的。

2. 信息传递角色

信息传递角色是指所有的管理者在某种程度上都从外部组织或机构接收和搜集信息,同时,他们又是所在单位的信息传递中心和其他工作小组的信息传递渠道。管理者负责确保和其一起工作的人具有足够的信息,从而能够顺利完成工作。整个组织的人依赖于管理结构和管理者,以获取或传递必要的信息、完成工作。

(1)监控者角色

作为监控者,管理者为了得到信息而不断审视自己所处的环境。他们询问联系人和下属,通过各种内部事务、外部事务和分析报告等主动搜集信息。担任监控角色的管理者所搜集的信息很多都是口头形式的,通常是传闻和流言,当然也有一些董事会的意见或是社会机构的质问等。

(2)传播者角色

组织内部可能需要这些通过管理者的外部个人联系所收集到的信息。管理者必须分享并分配信息,要把外部信息传递到企业内部,把内部信息传给更多的人知道。当下属彼此之间缺乏便利联系时,管理者有时会分别向他们传递信息。

(3)发言人角色

这个角色是面向组织外部的。管理者把一些信息发送给组织之外的人。而且,经理作为组织的权威,要求对外传递关于本组织的计划、政策和成果信息,使得那些对企业有重大影响的人能够了解企业的经营状况。例如,首席执行官可能要花大量时间与有影响力的人周旋,要就财务状况向董事会和股东报告,还要履行组织的社会责任,等等。

3. 决策制定角色

管理者通过制定决策,让组织按照既定的路线行事,并分配资源以保证计划的实施。

(1)企业家角色。企业家角色指的是经理在其职权范围内充当本组织变革的发起者和设计者。管理者必须努力组织资源去适应周围环境的变化,要善于寻找和发现新的机会。而作为创业者,当出现一个好主意时,总裁要么决定开发一个项目,并直接监督项目的进展,要么就把它委派给一个雇员。这就是开始决策的阶段。

(2)危机处理者角色。企业家角色把管理者描述为变革的发起人,而危机处理者角色则显示管理者非自愿地回应压力。在这里,管理者不再能够控制迫在眉睫的罢工、某个主要客户的破产或某个供应商违背了合同等危机。在危机的处理中,时机是非常重要的,而且这种危机很少在例行的信息流程中被发觉,大多是一些突发性的紧急事件。实际上,每位管理者必须花大量时间来应对突发事件。没有组织能够事先考虑到每个偶发事件。

(3)资源分配者角色。管理者负责在组织内分配责任,他分配的最重要的资源也许就是他的时间。更重要的是,经理的时间安排决定着他的组织利益,并把组织的优先顺序付诸实施。

接近管理者就等于接近了组织的神经中枢和决策者。管理者还负责设计组织的结构，即决定分工和协调工作的正式关系的模式，分配下属的工作。在这个角色里，重要决策在被执行前首先要获得管理者的批准，这样才能确保决策是互相关联的。

(4)谈判者角色。组织要不停地进行各种重大的、非正式化的谈判，这多半由经理带领进行。对在各个层次进行的管理工作研究显示，管理者花了相当多的时间用于谈判。一方面，因为经理的参加能够增加谈判的可靠性；另一方面，因为经理有足够的权力来支配各种资源并迅速做出决定。谈判是管理者不可推卸的工作职责，而且是工作的主要部分。

两三个人不可能分享一个管理职位，除非他们能像一个整体一样行动。也就是说，他们不能分割这 10 种角色，除非他们能非常小心地将它们结合起来。这 10 种角色形成了一个完全形态，是一个整体，它们是互相联系、密不可分的。没有哪种角色能在不触动其他角色的情况下脱离这个框架。比如，人际关系方面的角色产生于经理在组织中的正式权威和地位；这又产生出信息方面的 3 种角色，使经理成为某种特别的组织内部信息的重要神经中枢；而获得信息的独特地位又使经理在组织做出的重大决策(战略性决策)中处于中心地位，使其得以担任决策方面的 4 种角色。我们说这 10 种角色形成了一个完全形态，并不是说所有的管理者都给予每种角色同等的关注。不过，在任何情况下，人际的、信息的和决策的角色都不可分离。这 10 种角色表明，经理从组织的角度来看是一个全面负责的人，但事实上却要担任一系列的专业化工作，他们既是通才又是专家。

(二)管理者角色差异

管理者角色的侧重点是随组织等级层次而变化的，特别是代表人、联络者、传播者、发言人和谈判者角色，对于高层管理者比低层管理者更为重要；相反，领导者角色对于低层管理者要比中、高层管理者更加重要。

不仅如此，管理者角色的重要性在大型组织和小型组织中存在显著不同。

三、管理者的技能(HTC 技能)

不管什么类型组织中的管理者，也不管他处于哪一个管理层次，所有的管理者都需要有一定的管理技能。管理学者罗伯特·李·卡茨提出了管理者必备的三种管理技能：人际技能、技术技能和概念技能。

1. 人际技能(Human Skills)

人际技能是指与处理人际关系有关的技能，即理解、激励他人并与他人共事的能力，包括领导能力，但其内涵远比领导能力广泛。因为管理者除了领导下属外，还要与上级领导和同级同事打交道，还得学会说服上级领导、领会领导意图，学会与同事合作，等等。

2. 技术技能(Technical Skills)

技术技能是指与特定工作岗位有关的专业知识和技能，如生产技能、财务技能、营销技能等。管理者不必成为精通某一领域的技能专家，但需要了解并初步掌握与其管理的专业相关的基本技能，否则很难与他所主管的组织内的专业技术人员进行有效沟通，从而无法对所辖业务范围的各项工作进行具体的指导。不同层次的管理者对于专业技能要求的程度是不同的。

3. 概念技能(Conceptual Skills)

概念技能是指综观全局、认清为什么要做某事的能力。即管理者在任何混乱、复杂的环境中，敏锐地辨清各种要素之间的相互关系、准确地抓住问题的实质、果断地做出正确决策的能力。

尽管上述三种技能对于一名合格的管理人员来说都是不可或缺的，但针对不同层次的管理人员，其侧重点有所不同。

对高层管理人员而言，特别需要具备很强的概念技能。高层管理者的概念技能更多地体现在整个企业使命和经营理念的建立、企业文化的建设、战略决策的制定、创新的实施和风险的承担上。可以说，概念技能是管理技能发展的最高境界。

中层管理人员需要掌握更多的人际技能和概念技能。中层管理者一方面要领导、激励下属努力工作，另一方面还要同上级领导、同级同事以及各职能部门的负责人打交道，同时还要联络企业外部的客户和单位，以求得各方面力量的配合。这要求其具备很强的人际技能。中层管理者还肩负着领导本部门发展、实现总部或总公司销售额和利润的重任，因而还应具备一定的概念技能。

基层管理人员主要需要的是技术技能和人际技能。基层管理人员主要面对的是一线员工，由于直接指挥实际工作，因此他必须对技术和工艺熟练和精通，对下属工作了如指掌，这样才能有效地指挥和管理。基层管理人员需要掌握的另一个技能是人际技能，协调和沟通是日常管理的一项重要内容。基层管理者需要充分施展自己的人际技能，开展协调和沟通工作，将日常工作中发生的一些小问题、小矛盾解决和消除在萌芽状态。这不仅有利于基层成员的团结和企业目标的实现，还可以为中、高层领导分忧解难。

概括而言，高层管理者的主要职责是为公司制定发展方向、目标和具体的战略，因此需要更强的概念技能。基层管理者的职责是如何很好地实施已经确定的战略计划，支持战略目标的实现，因此技术技能对于基层管理者尤为重要。而高层、中层、基层管理者由于都涉及对人的管理，所以人际技能对所有层次的管理者都很重要。

各层次管理者对管理技能需要的比例如图1—5所示。

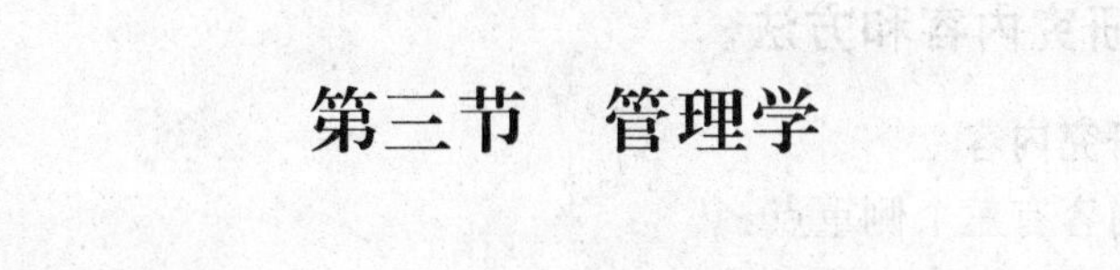

图1—5　不同层次的管理者对管理技能需要的比例

第三节　管理学

一、管理学的含义与特点

（一）管理学的含义

管理学是一门研究人类社会管理活动各种现象及其规律的学科，它是在近代社会化大生产条件下自然科学与社会科学日益发展基础上形成的。

管理学是在自然科学和社会科学两大领域的交叉点上建立起来的一门综合性交叉学科，涉及数学（概率论、统计学、运筹学等），社会科学（政治学、经济学、心理学、人类学、生理学、伦理学、哲学、法学），技术科学（计算机科学、工业技术等），新兴科学（系统论、信息科学、控制论、耗散结构论、协同论、突变论），以及领导学、决策科学、未来学、预测学、创造学、战略学等。

管理活动自有人群出现便有之，与此同时，管理思想也就逐步形成了。事实上，无论是在东方还是在西方，我们都可以找到古代哲人在管理思想方面的精彩论述。现代管理学的诞生是以泰勒的名著《科学管理原理》(1911 年)和法约尔的名著《工业管理与一般管理》(1916 年)为标志的。现代意义上的管理学自诞生以来，有了长足的进步与发展，管理学的研究者、学习者以及管理学方面的著作文献等均呈直线上升，显示了作为一门年轻学科蓬勃向上的生机和兴旺发达的景象。进入 21 世纪，随着人类文明的进步，管理学仍然需要大力发展其内容和形式。

(二)管理学的特点

管理学作为一门学科，与其他许多学科相比，具有自身的特点。

1. 一般性

管理学研究管理活动的一般规律和共性原理，阐释适用于各领域管理的一般原理和原则，并由此区别于宏观管理学和上述各专门领域的管理学。

2. 社会性

首先，管理的主体和主要对象都是人，人都是生活在不同的社会组织和文化背景之中的，所以对管理活动规律的研究离不开当时、当地的社会人文环境；其次，管理的社会属性决定了没有超阶级的管理学，管理必然要体现不同的生产关系和上层建筑的意志，这也决定了管理具有社会性。

3. 实践性

这是指管理学的理论直接来源于管理实践，又进一步地指导管理实践活动。

4. 历史性

任何一种理论都是实践和历史的产物，管理学尤其如此。管理学是对前人管理实践和经验以及管理思想和理论的总结、扬弃和发展。

5. 综合性

管理学是一门典型的“软科学”。“软科学”综合运用现代自然科学和社会科学的理论、方法和技术，研究科学、技术、教育、经济和管理等多方面之间的内在联系及发展规律，以解决现代科学、技术和生产发展所带来的各种复杂的社会现象和问题，因而它具有综合性，属于边缘科学。

二、管理学的研究内容和方法

(一)管理学的研究内容

管理学的研究内容有三个侧重点：

第一，从管理的二重性出发，着重从以下三个方面研究管理学：

(1)生产力方面。研究如何合理配置组织中的人、财、物，使各要素充分发挥作用；研究如何根据组织目标的要求和社会的需要，合理地使用各种资源，以求获得最佳的经济效益和社会效益。

(2)生产关系方面。研究如何正确处理组织中人与人之间的相互关系；研究如何建立和完善组织机构各种管理体制等；研究如何激励组织内成员，从而最大限度地调动各方面的积极性和创造性，为实现组织目标而服务。

(3)上层建筑方面。研究如何使组织内部环境与外部环境相适应；研究如何使组织的规章制度与社会的政治、经济、法律、道德等上层建筑保持一致，从而维持正常的生产关系，促进生产力的发展。

第二，着重从历史角度研究管理实践、思想和理论的形成、演变与发展，知古鉴今。

第三，着重从管理者出发，研究管理过程。即研究：管理活动有哪些职能；职能涉及哪些要素；执行职能应遵循哪些原理，采取哪些方法、程序和技术；执行职能会遇到哪些困难，如何克服。

管理学的研究内容十分广泛，涉及人类活动的各个方面，上述内容是管理学界至今研究的主要内容。

(二)学习和研究管理学的方法

管理学在创立过程中形成了科学的思维方式和一系列科学的研究方法。

1. 管理学的思维方式

(1)归纳法。归纳法是管理学的重要思维方式。通过对客观存在的一系列典型事物(或经验)进行分析和归纳，从中找出事物变化发展的一般规律，这种从典型到一般的思维方式称为归纳法，有的学者称之为实证研究。归纳法简述为从典型到一般的思考方法。在管理学研究中，归纳法应用最广。但是，如果调查对象没有代表性或者代表性不够，归纳的结论就存在片面性；如果得出的结论不能通过实验证明，也不能重复再现，那么这种结论的可靠性就值得怀疑。

(2)演绎法。演绎法是管理学中又一重要的思维方式。对于复杂的管理问题，可以从某种概念或统计规律出发，或从由归纳法得到的一般规律出发，建立能反映某种逻辑关系的管理模型(或模式)，这是一种合乎逻辑的推理。演绎法简述为从一般到典型的思考方式。

(3)系统法。系统法是管理学中十分重要的思维方法。管理是一种综合性很强的系统活动，任何组织都是一个管理系统。无论是古代还是现代，系统思维都是一种重要的思维。系统法把系统看成由相互联系、相互制约的若干要素结合而成的有特定功能的有机整体。为实现组织目标而有效地整合各种资源，这就是从管理系统整体性原理出发而提出的管理的本质特征。

2. 管理学的一般研究方法

(1)观察研究法。为了了解管理中某一事物的特征及其变化规律，有时需要采取实地观察的方法。不只是观察事物变化的现象，更主要是透过现象看到本质。观察前，可先提出假设，用观察的结果去验证假设。例如，美国哈佛大学教授梅奥观察继电器生产车间照明状况对产量的影响，结论是照明强度对产量没有决定性的影响。

(2)比较研究法。对不同的或类似的事物进行比较，用以鉴别事物之间的异同，分辨出一般性和特殊性，可以发现先进的东西，能够为我们所用；同时鉴别出那些不适合本组织的东西，可以弃之不用。这就是人们常常采用的对待国外或别人经验的态度，都必须运用比较研究法。

(3)历史研究法。对从管理实践中得出的管理经验或已形成的管理理论加以系统研究，找出规律性的东西，这就是历史研究法的实质。

(4)调查研究法。通过访谈、问卷调查、开座谈会和观察等方法，了解管理的成功经验、做法和存在的主要问题，分析其原因，咨询对策，这是调查研究法应达到的目的。调查研究法是管理中最重要的常用方法。

(5)实验研究法。为检验某一理论的正确性、某一方法的可行性、某一假设的正确性，采用实验法是可行的。通过对实验资料进行分析、综合和归纳，总结出经验，以利推广。

(6)案例研究法。案例研究法是管理学中一种较特殊的研究方法，已被管理学界普遍采用。案例研究法就是通过对典型管理案例进行分析，从而总结管理的经验和方法。例如，管理学家德鲁克通过对企业管理典型案例的分析，形成了目标管理的重要思想。

第四节　管理的基本原理

原理是指某种客观事物的实质及运动的基本规律。管理原理是对管理工作的实质内容进行科学的分析和总结而形成的基本真理，它是现实管理现象的抽象，是对各项管理制度和管理方法的高度综合与概括，因而对一切管理活动具有普遍的指导意义。

一、管理原理的基本特征和研究意义

（一）管理原理的基本特征

1. 客观性

管理原理是对管理的实质及客观规律的表述。因此，它与管理工作中所确定的原则有严格的区别。原则是根据对客观事物基本原理的认识引申而来的，是人们规定的行动准则。原则的确定固然应以客观真理为依据，但是有一定的人为因素。为了加强其约束作用，原则一般带有指令性和法定性，是要求人们共同遵循的行为规范，人们违反了规定的原则，就要受到群体组织的制裁。而原理则是对管理工作客观必然性的刻画，违背了原理，必然会遭到客观规律的惩罚，承担严重的后果，但在群体组织上不一定有某种强制反应。

2. 概括性

管理原理所反映的事物很广泛，涉及自然界与社会的许多领域，包括人与物的关系、物与物的关系以及人与人的关系。但它不是现象的罗列，不反映管理的多样性。管理原理是对包含了各种复杂因素和复杂关系的管理活动客观规律的描述；或者说，是在总结大量管理活动经验的基础上，舍弃了各组织之间的差别，经过高度的综合和概括而得出的具有普遍性、规律性的结论。

3. 稳定性

管理原理不是一成不变的僵死的教条，它随着社会经济和科学技术的发展而不断发展。但是，它也不是变化多端和摇摆不定的，而是相对稳定的。管理原理和一切科学原理一样，都是确定的、巩固的，具有"公理的性质"。

4. 系统性

管理原理中的系统原理、效益原理、人本原理、责任原理和伦理原理组成了一个有机体系，它不是各种繁琐的概念和原则的简单堆砌，也不是各种互不相关的论据和论点的机械组合，而是根据管理现象本身的有机联系，形成一个相互联系、相互转化的完整的统一体。

（二）研究管理原理的意义

管理原理，是现实管理现象的一种抽象，是大量管理实践经验的升华，它指导一切管理行为，对于做好管理工作有着普遍的指导意义。

（1）掌握管理原理，有助于提高管理工作的科学性，避免盲目性。

（2）研究管理原理，有助于掌握管理的基本规律。

（3）对管理原理的掌握，有助于迅速找到解决管理问题的途径和手段。

二、系统原理

任何社会组织都是由人、物、信息组成的系统，任何管理都是对系统的管理，没有系统，也就没有管理。系统原理不仅为认识管理的本质和方法提供了新的视角，而且它所提供的观点和方法广泛渗透到人本原理、责任原理、效益原理和伦理原理之中，从某种角度说，系统原理在管理原理的有机体系中起着统率作用。

（一）系统的概念

系统，是指由若干相互联系、相互作用的部分组成，在一定环境中具有特定功能的有机整体。就其本质来说，系统是"过程的复合体"。

系统从组成要素的性质看，可划分为自然系统和人造系统。自然系统，如生态系统、气象系统等，是由自然物组成的系统。人造系统是人们为达到某种目的而建立的系统，如生产系统、管理系统等。

（二）系统的特征

1. 集合性

这是系统最基本的特征。一个系统至少由两个或两个以上的子系统构成。构成系统的子系统称为要素。也就是说，系统是由各个要素结合而成的，这就是系统的集合性。

2. 层次性

系统的结构是有层次的，构成一个系统的子系统和子子系统分别处于不同的地位。系统从总体上看，有宏观和微观之分；而微观上，还有各种层次。由于系统层次的普遍性，因而系统概念本身也就具有层次性，包括系统、子系统、子子系统等。

3. 相关性

系统内各要素之间相互依存、相互制约的关系就是系统的相关性。一方面，系统的相关性表现为子系统同系统之间的关系，系统的存在和发展是子系统存在和发展的前提，因而各子系统本身的发展就要受到系统的制约。另一方面，系统的相关性表现为系统内部子系统或要素之间的关系，某要素的变化会影响另一些要素的变化，而各个要素之间关系的状态，对子系统和整个系统的发展都可能产生重要的影响。

（三）系统原理的要点

1. 整体性原理

整体性原理是指系统要素之间的相互关系及要素与系统之间的关系以整体为主进行协调，局部服从整体，使整体效果最优。实际上，就是从整体着眼、部分着手、统筹考虑、各方协调，达到整体的最优化。

2. 动态性原理

系统作为一个运动着的有机体，其稳定状态是相对的，运动状态则是绝对的。系统不仅作为一个功能实体而存在，而且作为一种运动而存在。系统内部的联系就是一种运动，系统与环境的相互作用也是一种运动。系统的功能是时间的函数，因为不论是系统要素的状态和功能还是环境的状态或联系的状态，都是在变化的，运动是系统的生命。

掌握系统动态性原理，研究系统的动态规律，可以使我们预见系统的发展趋势，树立超前观念，减少偏差，掌握主动，使系统向期望的目标运动。

3. 开放性原理

封闭系统因受热力学第二定律作用，其熵将逐渐增大，活力逐步减少。严格地说，完全封闭的系统是不存在的。任何有机系统都与外界不断交流物质、能量和信息，才能维持其生命。并且只有当系统从外部获得的能量大于系统内部消耗散失的能量时，系统才能不断发展壮大。所以，对外开放是系统的生命。在管理工作中，任何试图把本系统封闭起来与外界隔绝的做法都只会导致失败。明智的管理者应当从开放性原理出发，充分估计到外部对本系统的种种影响，努力从开放中扩大本系统从外部吸入的物质、能量和信息。

4. 环境适应性原理

系统不是孤立存在的，它要与周围的事物发生各种联系。这些与系统发生联系的周围事物的全体，就是系统的环境。环境也是一个更高级的大系统。如果系统与环境进行物质、能量和信息的交流，能够保持最佳适应状态，则说明这是一个有活力的理想系统；否则，一个不能适应环境的系统则是无生命力的。

系统对环境的适应并不都是被动的，也有能动的，那就是改善环境。环境可以对系统施加作用和影响，系统也可以对环境施加作用和影响。

5. 综合性原理

所谓综合性，就是把系统的各部分、各方面与各种因素联系起来，考察其中的共同性和规律性。任何一个系统都可以看作由许多要素为特定的目的而组成的综合体。

系统的综合性原理所包括的含义有：一是系统目标的多样性与综合性。系统最优化目标的确定，是从各种复杂的甚至对立的因素中综合得到的结果。二是系统实施方案选择的多样性与综合性。也就是说，同一问题可以有不同的处理方案，为了达到同样一个目标，有各种各样的途径与方法。方案的多样性，必须进行综合研究，选出满意方案。三是由综合而创造。现在的重大尖端科学技术，无不具有高度的综合性，世界上没有什么新的东西不是通过综合而得到的，量的综合导致质的飞跃，产生了新的事物。正因为任何复杂的系统都是由许多子系统和单元综合而成的，所以任何复杂的系统又都是可以分解的。系统整体看上去可能十分复杂、不可战胜，但如果将其分解到每个子系统和单元，就可能变得简单而容易解决。因此，管理者既要学会把许多普普通通的东西综合为新的构思、新的产品，创造出新的系统，又要善于把复杂的系统分解为最简单的单元去认识和解决。

三、人本原理

人本原理就是以人为中心的管理思想。这是管理理论发展到20世纪末的主要特点。人本原理主要包括下述主要观点：员工是企业的主体；员工参与是有效管理的关键；使人性得到最完美的发展是现代管理的核心；服务于人是管理的根本目的。

（一）员工是企业的主体

劳动者是企业经营的基本要素之一。人们对劳动者在企业生产经营中的作用是逐步认识的，这个认识过程大体上经历了以下三个阶段。

1. 要素研究阶段

把劳动者视为生产过程中不可缺少的一种要素。例如，科学管理的奠基人泰勒的全部管理理论和研究工作的目的，都是致力于挖掘作为机器附属物的劳动者的潜能。

2. 行为研究阶段

人的行为是由动机决定的，而动机又取决于需要。劳动者的需要是多方面的，经济需要只是其基本内容之一。所以他们强调，管理者要从多方面去激励劳动者的劳动热情，引导他们的行为，使其符合企业的要求。这一阶段的认识有其科学合理的一面，但其基本出发点仍然是把劳动者作为管理的客体。

3. 主体研究阶段

职工是企业的主体，而非客体。企业管理既是对人的管理，也是为人的管理；企业经营的目的，绝不是单纯商品的生产，而是为包括企业职工在内的人的社会发展而服务的。

(二)员工参与是有效管理的关键

实现有效管理有两条完全不同的途径：

一是高度集权、从严治理，依靠严格的管理和铁的纪律，重奖重罚，使得企业目标统一、行动一致，从而实现较高的工作效率。

二是适度分权、民主治理，依靠科学管理和职工参与，使个人利益与企业利益紧密结合，使企业全体职工为了共同的目标而自觉努力地奋斗，从而实现较高的工作效率。

两条途径的根本不同之处在于，前者把企业职工视作管理上的客体，职工处于被动、被管的地位；后者把企业职工视作管理的主体，使职工处于主动参与管理的地位。

影响企业发展的因素固然很多，但归纳起来无非是天时、地利、人和。其中"人和"最为宝贵。有了"人和"，才能去争取和利用"天时"(客观环境和机遇)；有了"人和"，才有可能去逐步完善和充分发挥"地利"(本企业的资源优势)。

(三)使人性得到最完美的发展是现代管理的核心

人之初，是性本善还是性本恶？这个问题已经争论了多个世纪。这两种相互对立的观点都可在社会生活中找到支持或反对的论据与事例。事实证明，世界上并不存在绝对善或恶的人性。人性是受后天环境影响而形成的，因而也是可以塑造和改变的。

不同的时代，人性都不可避免地打上时代的烙印。在封建社会，一切管理都是建立在一方完全无条件服从另一方的基础上的。资本主义社会摧毁了这种封建的人身依附关系，建立了以人的利己本性为基础的商品经济关系。

今天的中国，尚处于社会主义初级阶段，人们的物质生活尚不富裕，传统的思想意识尚有较大影响，因此管理所面临的人性状况极为复杂。有专门利他的奉献精神，也有专门利己的个人主义；有自由平等的民主要求，也有官贵民贱的等级观念。这就是中国管理界所面临的挑战。成功的管理者要在应对这个挑战的过程中引导和促进人性的发展。

事实上，任何管理者都会在管理过程中影响下属的人性发展。同时，管理者行为本身又是管理者人性的反映。只有管理者的人性达到比较完善的境地，才能使企业职工的人性得到完善的发展，而职工队伍的状况又是企业成功的关键。

(四)服务于人是管理的根本目的

我们说管理是以人为中心的，是为人服务的，是为了实现人的发展，这里的"人"当然不仅包括企业内部参与企业生产经营活动的人，也包括存在于企业外部的、企业通过提供产品为之服务的用户。

为社会生产提供某种物质产品(或服务)，是企业存在的主要理由。在市场经济条件下，用户是企业存在的社会土壤，是企业利润的来源。因此，为用户服务、满足用户的需要，实质上是企业实现其社会存在的基本条件。为此：

(1)企业要研究市场需求的特点及发展趋势，据此确定企业的经营和产品发展方向。

(2)企业要从用户的角度出发，努力提高设备和材料的使用效率，加速资金周转，以减少资金占用和材料消耗，降低生产成本，从而降低产品的销售价格，以使消费者能够充分利用有限的货币购买力，获取更多的物质产品，满足更多的需要。

(3)企业还要在这种思想的指导下，研究消费者使用本企业产品要求得到满足的现实条件。

综上所述，尊重人、依靠人、发展人、为了人，是人本原理的基本内容和特点。

四、责任原理

管理是追求效率和效益的过程。在这个过程中，要想挖掘人的潜能，就必须在合理分工的基础上明确规定部门和个人必须完成的工作任务和必须承担的相应责任。

（一）明确每个人的职责

挖掘人的潜能的最好办法是明确每个人的职责。职责不是抽象的概念，而是在数量、质量、时间、效益等方面有严格规定的行为规范。表明职责的形式主要有各种规程、条例、范围、目标、计划等。一般来说，分工明确，职责也会明确。但是实际上，两者的对应关系并不这么简单。这是因为分工一般只是对工作范围做了形式上的划分，至于工作的数量、质量、完成时间、效益等要求，分工本身还不能完全体现出来。所以，必须在分工的基础上，通过适当方式对每个人的职责做出明确规定：

（1）职责界限要清楚。在实际工作中，工作职位离实体成果越近，职责越容易明确；工作职位离实体成果越远，职责越容易模糊。应按照与实体成果联系的密切程度，划分出直接责任与间接责任、实时责任和事后责任。

（2）职责中要包括横向联系的内容。

（3）职责一定要落实到每个人，只有这样，才能做到事事有人负责。

（二）职位设计和权限委授要合理

曾有人说过，管理的基本原则是：一定的人对所管的一定的工作完全负责。问题是，怎样才能做到完全负责？一定的人对所管的一定的工作能否做到完全负责，基本上取决于以下三个因素：

1. 权限

明确了职责，就要授予相应的权力。实行任何管理，都要借助于一定的权力。管理总是离不开人、财、物的使用。如果没有一定的人权、物权、财权，那么任何人都不可能对任何工作实行真正的管理。

2. 利益

权限的合理委授，只是完全负责所需的必要条件之一。完全负责就意味着责任者要承担全部风险。而任何管理者在承担风险时，都自觉或不自觉地要对风险与收益进行权衡，然后才能决定是否值得去承担这种风险。

3. 能力

这是完全负责的关键因素。管理是一门科学，也是一门艺术。管理者既要有生产、技术、经济、社会、管理、心理等各方面的科学知识，又要有处理人际关系的组织才能，还要有一定的实践经验。科学知识、组织才能和实践经验这三者构成了管理能力。

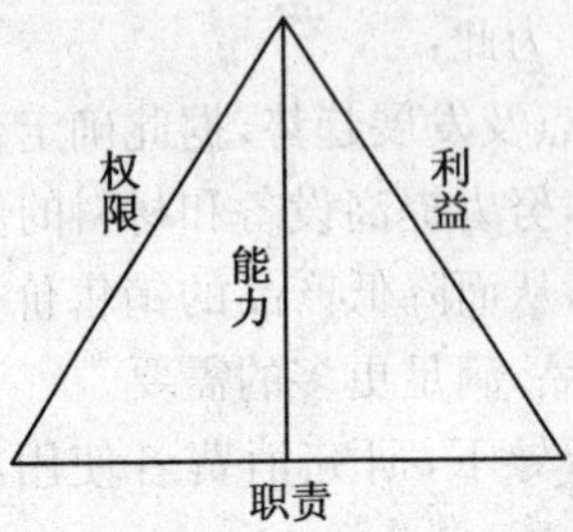

图 1—6 职责、权限、利益和能力的关系

职责和权限、利益、能力之间的关系遵守等边三角形定理，如图1－6所示。职责、权限、利益是三角形的三个边，它们是相等的；能力是等边三角形的高，根据具体情况，它可以略小于职责，这样，就使得工作富有挑战性，从而能促使管理者自觉地学习新知识，注意发挥智囊作用，使用权限也会慎重些，获得利益时还会产生更大的动力，努力把自己的工作做得更好。但是，能力也不可过小，以免带来“挑不起”职责的后果。

(三)奖惩应分明、公正、及时

人无完人，但人总是向上的。对每个人的工作表现及绩效给予公正而及时的奖惩，有助于提高人的积极性，挖掘每个人的潜力，从而不断提高管理成效，及时引导每个人的行为朝符合组织需要的方向发展。

对每个人进行公正的奖惩，要求以准确的考核为前提。如果考核不细致或不准确，奖惩就难以做到恰如其分。因此，首先要明确工作绩效的考核标准。及时而公正的惩罚也是必不可少的。惩罚是利用令人不喜欢的东西或取消某些为人所喜欢的东西而改变人们的行为。

为了做到严格奖惩，需要建立健全奖惩制度。使奖惩工作尽可能地规范化、制度化，是实现奖惩公正而及时的可靠保证。

五、效益原理

效益是管理的永恒主题。任何组织的管理都是为了获得某种效益。效益的高低直接影响到组织的生存与发展。

(一)效益的概念

效益与效果和效率既相互联系又相互区别。

效果是指由投入经过转换而产出的成果，其中有的是有效益的，有的是无效益的。效率是指单位时间内所取得的效果的数量，反映了劳动时间的利用状况，与效益有一定的联系。但在实践中，效益与效率并不一定是一致的。

效益是有效产出与投入之间的一种比例关系，可从社会和经济两个不同角度去考察，即社会效益和经济效益。社会效益和经济效益两者既有联系又有区别。经济效益是追求社会效益的基础，而追求社会效益又是促进经济效益提高的重要条件。管理应把追求经济效益和社会效益有机结合起来。

(二)效益的评价

效益的评价，可由不同主体从多个不同角度来评价，因此没有一个绝对的标准。不同的评价标准和方法，得出的结论也会不同，甚至相反。有效的管理首先要求对效益的评价尽可能公正和客观，因为评价的结果直接影响到组织对效益的追求和获得，结果越是公正和客观，组织对效益追求的积极性越高，动力也越大，客观上产生的效益也就越多。

(三)效益的追求

效益是管理的根本目的，管理就是对效益的不断追求，这种追求是有规律可循的。

(1)在实际工作中，管理效益的直接形态是通过经济效益而得到表现的。这是因为由于管理系统是一个人造系统，它基本上是通过管理主体的劳动所形成的按一定顺序排列的多方面、多层次的有机系统。综合评价管理效益，首先必须从管理主体的劳动效益及所创造的价值来考虑。

(2)影响管理效益的因素很多，其中主体管理思想正确与否占有相当重要的地位。实际上，管理只解决如何“正确地做事”，战略才告诉我们怎样“做正确的事”。

(3)追求局部效益必须与追求全局效益协调一致。全局效益是一个比局部效益更为重要的问题。如果全局效益很差,局部效益提高就难以持久。当然,局部效益也是全局效益的基础,没有局部效益的提高,全局效益的提高也是难以实现的。

(4)管理应追求长期稳定的高效益。企业每时每刻都处于激烈的竞争中,如果企业只满足于眼前的经济效益水平,而不以新品种、高质量、低成本迎接新的挑战,就会随时有落伍甚至被淘汰的危险。

(5)确立管理活动的效益观。管理活动要以提高效益为核心,追求效益的不断提高应该成为管理活动的中心和一切管理工作的出发点。

思考题

1. 管理者必须具备哪些技能?
2. 联系实际说明为什么要学习和研究管理学。
3. 管理的基本原理在当今社会中是如何应用的?

实践练习

飞船竞赛

目的:理解管理的四大职能。

道具:(每组)一只生鸡蛋、四个纸杯、一双筷子、长吸管和短吸管各两根、两只气球、几根皮筋、几张彩纸、几只彩笔、一把剪刀、一瓶胶水。

时间:90 分钟。

程序:

1. 根据提供的道具,制造飞船和标志飞船着陆地点的旗帜。
2. 完成后,去空地发射“飞船”。
3. 每组发射“飞船”,并将旗帜插在飞船着陆的地点。

规则:

1. 只能用给定的道具制造“飞船”。
2. 不能与团队之外的任何人交流飞船制造计划。

教师任务:

1. 在前一次课上说明活动的内容、道具及分组。
2. 指定准备活动道具的负责人。
3. 开始活动时,宣布活动程序、规则及时间。
4. 控制整个活动场面,回答学生的提问,监督是否有违反规则的现象。
5. 组织同学们发射“飞船”。
6. 下次上课时,首先,组织讨论,讨论该活动是如何体现管理的四大职能的;其次,小组代表发言;再次,教师总结;最后,颁奖。

考核标准:

1.“飞船”航行最远且鸡蛋不破的小组获胜。
2. 评选出最具创意的旗帜。

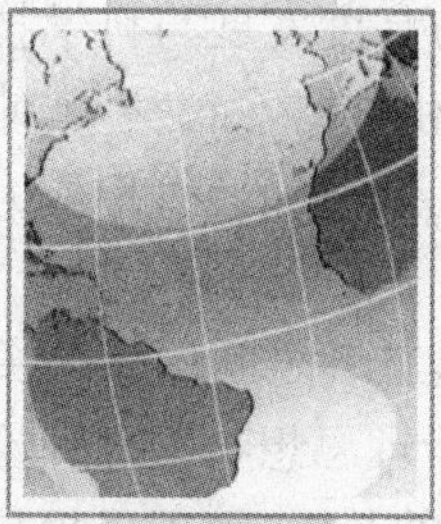

第二章 管理思想的发展

本章重难点

1. 古典管理理论
2. 行为管理理论
3. 霍桑试验
4. X理论
5. Y理论

走进管理：

联合包裹服务公司的管理思想

联合包裹服务公司(UPS)雇用了15万名员工，平均每天将900万个包裹发送到美国各地和180个国家。为了实现其宗旨——在邮运业中办理最快捷的运送，UPS的管理当局系统地培训他们的员工，使他们以尽可能高的效率从事工作。让我们以送货司机的工作为例，介绍一下他们的管理风格。

UPS的工程师们对每一位司机的行驶路线进行了时间研究，并对每种送货、暂停和取货活动都设立了标准。这些工程师们记录下红灯、通行、按门铃、穿院子、上楼梯、中间休息喝咖啡的时间，甚至上厕所的时间，并将这些数据输入计算机中，从而给出每一位司机每天工作的详细时间标准。

为了完成每天取送130件包裹的目标，司机们必须严格遵循工程师们设定的程序。当他们接近发送站时，他们松开安全带，按喇叭，关闭发动机，拉起紧急制动，把变速器推到1挡，为送货完毕时的启动离开做好准备，这一系列动作严丝合缝。然后，司机从驾驶室出来到地面上，右臂夹着文件夹，左手拿着包裹，右手拿着车钥匙。他们看一眼包裹上的地址并把它记在脑子里，然后以每秒3英尺的速度快步跑到顾客的门前，先敲一下门以免浪费时间找门铃。送完货后，他们在回到卡车的路途上完成登录工作。

这种刻板的时间表是不是看起来有点繁琐？也许是，它真能带来高效率吗？这是毫无疑问的！生产率专家公认UPS是世界上效率最高的公司之一。举例来说，联邦捷运公司平均每人每天不过取送80件包裹，而UPS却是130件。在提高效率方面的不懈努力，看来对UPS的净利润产生了积极的影响。虽然这是一家未上市的公司，但人们普遍认为它是一家获利丰厚的公司。

点评：

联合包裹服务公司为获得最佳效率所采用的程序并不是它自己创造的，它实际上是管理思想——科学管理——的成果。

管理思想就是人们在社会实践中对管理活动的思考所形成的观点、想法和见解的总称，它是人们对管理实践中种种社会关系及其矛盾运动的自觉的和系统的反映，它经历了从思想萌芽、思想形成到不断系统与深化的发展过程。19世纪后期，在社会生产力高度发展与科学技术飞跃进步的推动下，管理问题得到重视和关注，对管理实践的观察研究和总结不断发展，使人们对管理的认识不断系统与深入，管理思想逐渐形成一个独立的思想体系，进而使管理成为一门学科。

管理思想的研究对象既包括管理实践、管理思想、管理理论，又包括这三者之间的辩证关系，以及社会生产方式的变革与管理思想演变的相互关系等。管理实践、管理思想与管理理论三者相互依存，形成双向循环的过程，即：管理理论是管理实践和管理思想的基础；管理思想是管理实践和管理理论的内涵；管理实践是管理理论和管理思想的行动（见图 2—1）。

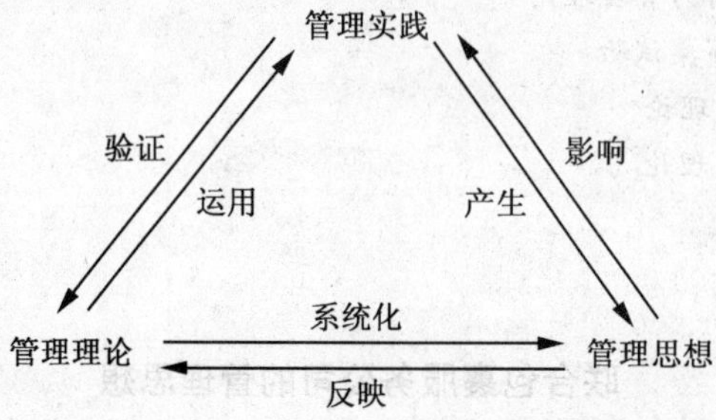

图 2—1　管理实践、管理思想与管理理论的三角关系

对管理思想的研究不但对各个行业的管理者都有意义，同时也是我们吸收国外管理科学成果的有效途径。

第一节　中国传统管理思想

一、中国传统管理思想形成的社会文化背景

一提起管理理论的历史，人们自然会想到亚当·斯密、罗伯特·欧文、弗雷德里克·泰勒、亨利·法约尔等许多先驱者的名字，而对中国的传统管理思想却知之甚少。似乎人类的管理实践和管理理论是从18世纪才开始的，并且只有西方才是管理思想的发源地。其实，管理的实践和理论是与各个民族的文明史和各个国家的社会文化背景相联系的。每个国家和民族对管理学的发展都具有各自的贡献和价值，西方中心论完全不符合人类历史发展的事实。

中国自古就是世界上人口最多、幅员最大的国家之一。早在公元前200多年，秦朝就形成了与现代中国国土相近的统一国家。在以后两千多年漫长的历史中，中国曾经发生过无数次战争和多次外国入侵，经历了许多次改朝换代，虽然也曾有过短暂的分裂，但历代统治者都能对如此辽阔的疆土和众多的人口进行有效的控制和管理。历代统治者的功过是非应当由历史学家去研究和评价，但从管理学的角度来看，历史也给我们留下了有关管理国家、巩固政权、统帅军队、组织战争、治理经济、发展生产、安定社会等方面极为丰富的经验和理论，其中也包含着许多至今仍闪耀着光辉管理思想的杰作，例如，中国的万里长城就是其中最令人赞叹不已的例子，要完成如此浩大的工程，在科学技术尚不发达的当时，其计划、组织、领导、控制等管理活

动的复杂程度是现代人难以想象的。再如著名的《孙子兵法》中所阐述的“为将之道”“用人之道”“用兵之道”，以及在各种错综复杂环境中为了取胜所采用的各种战略、策略，都堪称是人类智慧的结晶，对我们今天的各项管理工作，特别是对处于激烈竞争中的企业，都有着极其现实的参考价值。

二、中国传统管理思想要点

(一)中国古代系统管理思想

中国古代系统管理思想十分丰富。举世闻名的万里长城，其建造和管理都体现了古代系统管理思想的萌芽。明代在建造工程上一般分为镇城、路城、卫城、关城、堡城、城墙、烟墩等不同等级、不同形式和不同用途的建筑，形成了一个完整的防御工程体系。在管理上，沿线设 9 个镇，每镇设总兵，上受兵部指挥，每镇之下又分级设“路”“关”及城保、墩台，形成多级管理系统，信息自下而上、自上而下传递迅速且反馈自如。

闻名中外的大型水利枢纽工程都江堰工程也是古代系统工程的杰作。该工程由岷江鱼嘴分水工程、飞沙堰溢洪排沙工程、宝瓶口引水工程及水利信息系统构成，融灌溉、蓄水、防洪、排沙于一体，合理地解决了分水导江、防洪防旱、引水灌溉、排除泥沙等一系列重大问题，是中国古代劳动人民运用系统思想的典范。

丁渭修复皇宫的方案“一举三得”，集中反映了公元 11 世纪初中国管理思想的先进水平，也是运用系统管理思想的典范。当时，因遭雷击使北宋皇城失火被焚，宋真宗命宰相丁渭主持修复。丁渭提出：将宫前大街开挖成河，取土烧砖，引汴水入宫，水运建材。宫修复，以废砖烂瓦填平河沟，修复宫前大街。这样，挖河一举解决了就地取土、方便运输、清理废墟三个问题，省时、省工、省钱，符合管理的最优化原则，成为中国古代管理思想的著名实践范例。

(二)中国古代信息管理思想

万里长城的修筑，主要目的是防御敌人的进犯，因而及时传递信息、掌握敌情是十分重要的，其信息传递技术与方法都令人叹服。长城上的烽火台就起着“信息源”的作用，白日以烟、夜晚以火作为传递信息的媒介。明代规定，来敌百人左右，一烟一炮示之；五百人，二烟二炮；千人以上，三烟三炮；五千人以上，五烟五炮。这种信息传递，既定性(敌人来犯)，又定量(来敌人数)，烟炮配合，光声并举，相互核对，几小时之内就能把军情准确地传递至千里之外的指挥机关。

我国古代著名的军事家孙武十分重视信息和情报的作用，《孙子兵法》载：“知彼知己，百战不殆；不知彼而知己，一胜一负；不知彼不知己，每战必败。”

我国古代不仅在军事上运用信息管理手段，在经济管理上也运用信息手段。唐代刘晏建立了全国信息网，以迅速掌握全国各地的经济信息和物价状态。他以朝廷用驿道快马传递公文的办法，设置知院官，收集各种庄稼的好坏、市场价格的变动、四方物资的余缺等情报交给招募来的“驶足”，由他们一站接一站地传递。数日内可将全国各地的信息迅速传递到刘晏处，再由刘晏等人综合各地信息，做出决策。由于信息灵活、渠道多，使市场长年保持稳定，国家掌握了足够资金。虽经数十年战乱，仍保证了唐代国富民安。可见，信息管理对于国家政治、经济的发展所起的作用十分重要。

(三)中国古代对策、决策管理思想

对策和决策思想早在战国时期就大放异彩，其丰富经验对今天的决策科学化很有参考价值。墨子的“三表”决策思想，提出了“正确的决策必须以实事求是为前提”的思想。墨子提出：

"有本之者,有原之者,有用之者。于何本之?上本之于古者圣王之事。于何原之?下原察百姓耳目之实。于何用之?废(发)以为刑政,观其中国家、百姓、人民之利,此所谓言有三表也?"即在判断一件事是否可行时,先考察历史,看是否符合古代圣王的遗训;然后要听取百姓的意见,看是否符合民心;最后看是否真正有利于国家民众。

战国时孙膑的对策思想在"田忌赛马"的故事中得到生动的反映。当时,齐将田忌与齐威王赛马,田忌屡赛屡败。后来,田忌听从孙膑计策,用自己的上、中、下马,分别与齐王的中、下、上马比赛,结果以2∶1获胜。这是一种"整体优化"的对策。张良是汉高祖刘邦的谋士,他为汉朝的建立和巩固谋划了很多决策,因而被刘邦誉为"运筹于帷幄之中,决胜于千里之外"的最优决策者。

诸葛亮雄才大略,纵观天下,预测未来,做出三分天下的关键决策,并通过联孙抗曹,使一无所有的刘备能坐镇一方。《孙子兵法》十分重视决策,提出:"用兵之道,以计为道。"孙子认为,计划、决策应从"道、天、地、将、法"五方面入手,才能保证战争的胜利。这种决策思想同样适用于经济管理。

(四)中国古代经营和财政管理思想

春秋末期的政治家兼巨商范蠡认为:物价贵贱的变化是因为供求关系的有余和不足,建议谷贱时由官府收购,谷贵时平价售出。他提出了许多经营原则:"务完物,无息币。以物相贸,易腐败而食之货勿留,无敢居贵。论其有余不足,则知贵贱。贵上极则反贱,贱下极则反贵。贵出如粪土,贱取如珠玉。财币欲其行如流水。"

财政乃国家经济之本。荀子曾提出财政管理的许多原则,如分等征税原则、"聚敛者亡"和"王者窜民"的财政管理原则,"上下俱富"以政裕民的原则,"足国之道,节用裕民,而善藏其余"的财政支出总原则等。到秦始皇时期,专门设立治粟内史统管全国财政,为两千多年封建集权统一的财政管理制度奠定了基础。

(五)中国古代人力资源管理思想

中国古代很早就提出了选才用人的管理思想,认识到"知人善任,礼贤下士"的重要性。墨子提出要"察其所能而慎予官"。荀子告诫执政者"无私人以官职事业",切不可任人唯亲,而主张任人唯贤,唯才是举。晏子则进一步指出:人的才能也是不同的,应当让人专司一事,不能要求他无所不能。用人的优点,不用他的短处;用人所擅长的,不用他所不擅长的,这就是任用人才的要略。秦始皇能完成统一大业,是因为重用了蹇叔、商鞅、张仪、范睢等人。楚汉之争,项羽因"嫉贤忌能,有功者害之,贤者疑之",以致败退垓下,陷入"四面楚歌"的绝境。而刘邦则重用在某些方面比自己高明的张良、萧何和韩信,从而大获全胜,建立了汉王朝。刘邦的用人思想在于量能授贤,不拘一格。关于择人的原则,《六韬》中有六字标准:一曰仁,二曰义,三曰恕,四曰信,五曰勇,六曰谋。此外,"为官择人""任人唯贤""外举不避仇,内举不避亲""君子用人如器,各取所长"等论述,均反映了古人的用人思想。北宋王安石的人才管理思想更加系统化、理论化。他的用人思想可概括为"教之、养之、取之、任之"。其中,教之之道,即坚持学用一致,造就人才;养之之道,即维持政府官员生活的俸禄报酬应采取的方针——饶之以财、约之以礼、裁之以法;取之之道,即选拔官吏的途径;任之之道,任用人才首先要根据其专长,知农的为农官,知工的为工官。王安石把通过教育培养人才作为人才管理的起点,从根本上入手,这比他的前人进了一大步。

(六)中国古代行为管理思想

我们的祖先早在几千年前,就开始了对人类心理和行为的研究,有许多精辟的学说。在探索人类行为动机和需要的奥秘方面，中国古代先祖们起到了创始人和开路先锋的作用。韩非子曰："天有大命，人有大命。"即天有天的规律，人有人的规律。孙子也提出："人情之理，不可不察也。"即关于人的心理活动应该进行研究，不研究是不行的。对于人的本性问题，荀子认为：人之性恶，其善者，伪也。而孟子则认为："人之性善也，犹水之就下也，人无有不善，水无有不下。"告子认为，人性无所谓善恶，"人性之无分于善不善也，犹水之无分于东西也"。人性如水，向哪儿引导就向哪儿流淌。对于人的欲望和需要方面，荀子提出："以养人之欲，给人之求，使欲必不穷乎物，物必不屈于欲，两者相持而长，是礼之所以起也。"管仲也指出："仓廪实而知礼节，衣食足而知荣辱。"在激励和奖惩方面，孙子提出："合军聚众，务在激气。"主张文武兼施、恩威并用。诸葛亮指出："赏以兴功，罚以禁奸，赏不可不平，罚不可不均。""赏赐不避仇怨，诛罚不避亲戚。"应做到"无党无偏"。对于管理者品行修养的研究，中国古代也十分重视。孟子主张"自反"来修养自己，他说："爱人不亲，反其仁；治人不治，反其智；礼人不答，反其敬。"并认为"知耻"是修养的先决条件。荀子提出："治气养心之术：血气刚强，则柔之以调和……勇胆猛戾，则辅之以道顺……狭隘褊小，则廓之以广大。"

（七）中国古代权变管理思想

《论语·为政篇》中指出，"君子不器"，即领导者主要从事管理工作，而不应自己一味"冲锋陷阵"。孙子指出，"兵无常势，水无常形，能因敌变化而取胜者，谓之神"，并强调战略战术上的"奇正相生"和灵活运用的重要性。《三十六计》旨在应付千差万别、千变万化的复杂局面，要"审时度势"，根据时间、地点、条件而采取不同方法的做法，是中国古代"权变"思想的萌芽。

综上所述，中国古代管理思想虽未形成独立的理论体系，但其价值极高，对现代管理科学的发展作出了巨大贡献。以上七个方面远远不能概括丰富多彩、博大精深的中国古代管理思想，需要我们继续挖掘、研究、继承这笔宝贵的财富。

第二节　西方传统管理思想

在人类历史上，自从有了有组织的活动，就有了管理活动。管理活动的出现，促使一些人对这种活动加以研究和探索。经过长期的积累和总结，人们对管理活动有了初步的认识和见解，从而形成了一些朴素、零散的管理思想。随着社会的发展、科学技术的进步，一些人又对管理思想加以提炼和概括，找出了管理中带有规律性的东西，并将其作为一种假设，结合科学技术的发展，在管理活动中进行检验，继而对检验结果加以分析研究，从中找出属于管理活动普遍原理的东西。这些原理经过抽象和综合就形成了管理理论。这些理论又被应用于管理活动，指导着管理活动的进行，同时对这些理论进行实践检验。这就是管理理论的形成过程。

管理活动是一个历史范畴，是与一定历史条件下人类的生产实践相联系的。因此，管理思想和管理理论的形成、发展与时代特征密切相关。

一、西方早期管理思想的产生

西方文化起源于希腊、罗马等文明古国，这些古国在国家管理、生产管理、军事和法律管理等方面都有过光辉的实践。公元3世纪后，随着奴隶制的衰落和基督教的兴起，这些古文化逐渐被基督教文化所取代。基督教《圣经》中所包含的伦理观念和管理思想，对以后西方封建社会的管理实践起着指导性的作用。

随着资本主义的发展和工厂制度的形成，旧的基督教教义与资本主义精神发生了冲突，于是有了基督教新教的兴起。在基督教新教教义的鼓励下，经商和管理日益受到社会的重视，越来越多的人来研究社会实践中的经济与管理问题。其中，最早对经济管理思想进行系统论述的学者首推英国经济学家亚当·斯密，他于1776年发表的《国富论》对劳动分工及其产生的巨大经济效益进行了精辟论述。所谓劳动分工，即将工作分解成一些单一的和重复性的作业。亚当·斯密得出结论，劳动分工之所以能够提高生产率，是因为它提高了每个工人的技巧和熟练程度，节约了由于变换工作而浪费的时间，以及有利于机器的发明和应用。今天广泛普及的工作专业化（如服务业中的教学和医疗、汽车厂的装配线），无疑是由于亚当·斯密在200多年前就提出的劳动分工所产生的经济效益。

法国经济学家萨伊（1767－1832）将政治经济学体系划分为生产、分配和消费三个部分，第一次明确地将管理作为独立的生产要素同土地、劳动、资本相并列。

20世纪前对管理最重要的影响来自工业革命。工业革命始于18世纪的英国。工业革命的结果是机器动力代替部分人力——机器大生产和工厂制度普遍出现。随着工业革命以及工厂制度的发展，工厂和公司的管理问题越来越突出：这些工厂需要预测需求，保证有足够的原料供应；向工人分派任务，指挥每天的生产活动；协调各种活动，保证机器正常运转并保证产品质量；为产品寻找市场；等等。特别地，在家庭手工业中人们很少关心效率；而在大生产条件下，面临按期支付工人工资的压力，如何使工人满负荷工作就变得非常重要。于是，计划、组织、领导和控制就成为必不可少的管理工作。

始自英国的工业革命随后扩散到欧美其他国家。例如，工业革命到达美国后孕育了纺织工业。1808年美国已经出现了15家纺织厂，一些企业还对早先的英国管理方式进行改进，雇用了专业管理人员，并使用了蒸汽机。不过在美国内战（1861～1865年）前，美国绝大部分企业都为家庭所有，由家庭管理，规模小、技术不发达——这是与其时代特征相适应的：它们以少量的资本投资，服务于有限的市场。随着铁路、轮船和通信技术（如电报）的出现，市场扩大了，于是产生了对先进机器和大规模生产的需要。在先进机器和大规模生产条件下，提高效率就成为一个中心问题——因为昂贵的设备（如炼钢用的大型鼓风炉）只有发挥最大的生产效率才能降低成本，从而降低价格、扩大市场。

另外，机械力的使用、大批量生产、欧美国家迅速扩展的铁路系统所带来的运输成本的降低等，也促进了大公司的发展（大型企业首先出现于铁路系统）。例如，洛克菲勒建立了垄断性的标准石油公司，卡耐基控制了钢铁工业的2/3。这些企业需要正规化的管理，因此对规范的管理理论的需求也应运而生。然而，直到20世纪初，建立正式管理理论的尝试才迈出了决定性的一步。

二、科学管理理论的产生与发展

早期的管理思想实际上是管理理论的萌芽。管理理论比较系统的建立是在19世纪末、20世纪初。这个阶段所形成的管理理论被称为古典管理理论或科学管理理论。

（一）泰勒的科学管理理论

如果要确认科学管理理论诞生的年代，那么有充分的理由将其定在1911年——这一年，泰勒的代表作《科学管理原理》一书出版。这本书阐述了科学管理理论——应用科学方法确定从事一项工作的“最佳方法”，其内容很快被世界范围内的管理者们普遍接受，从而确立了他作为科学管理之父的地位。

泰勒（1856－1915）的大部分工作生涯是在费城米德瓦尔钢铁厂和伯利恒钢铁公司度过

的。作为一名机械工程师，他始终对工人的低效率感到震惊。他相信工人的生产率只达到应有水平的1/3。于是，他从1880年开始在车间里尝试用科学方法来纠正这种状况。他花了20年的时间，以极大的热情寻求从事每一项工作的“最佳方法”。

在他所处的19世纪末、20世纪初，当时的科学技术和社会经济都发生了巨大的变化，科技的进步大大促进了资本主义生产的发展。资本主义经济由自由竞争时期进入垄断时期。资产阶级加强了对工人阶级的统治，阶级矛盾走向尖锐化，在这样的时代背景下，泰勒的“科学管理”诞生了。

1. 科学管理的主要内容

概括来讲，科学管理的内容可划分为以下三个方面：

(1)作业管理。作业管理是科学管理最具特色的部分和主要内容，它由一系列的科学方法组成。

①工作定额方法。该方法建立在动作—工时研究的基础上，目的是为工人制定“合理的日工作量”。这一原理为开发出科学方法、代替老的经验方法奠定了基础。

②标准化方法。制定并使工人掌握标准化的、科学的操作方法，包括标准化的工具、机器和材料以及标准化的作业环境，即所谓的“标准化原理”。泰勒认为，工人提高劳动生产率的潜力是巨大的。挖掘潜力的方法应该是，把工人多年来积累的经验和技巧归纳整理并结合起来，通过分析比较，找出其中具有共性和规律性的东西，并将其标准化。用这一方法对工人的工作方法、使用的工具、劳动和休息时间等进行合理搭配，同时对机器安排、环境因素等进行改进，消除种种不合理因素，把最好的因素结合起来，这就获得了提高生产率的根本保证。泰勒将其视为管理当局的首要职责。

③制定培训工人的科学方法。泰勒认为，为了挖掘人的最大潜力，必须做到人尽其才，或者说，对某一项工作必须找到最适宜干这项工作的人，同时还要最大限度地挖掘最适宜干这项工作的人的最大潜力——这就有可能达到最高效率。因此，对于任何一项工作，首先必须挑选“第一流的工人”，即适合于其作业而又愿意努力干活的人。泰勒认为，培训工人成为“第一流的工人”是领导方面的职责。企业管理当局的责任，在于为职工安排最合适的作业，培训他们成为第一流的工人，使其能力与作业相配合。至于“高的日作业定额”，泰勒是以第一流工人“能在不损害其健康的情况下，维持很长年限的速度，以能使他更加愉快而健壮的速度”为标准的。所谓“第一流速度”，不是以突击活动或持续紧张为基础，而是以工人能长期维持的正常速度为基础。

④刺激性工资制度。泰勒提出了其刺激性工资制度。这一制度包含两个要点：一是通过工时研究和分析，制定一个作业的定额或标准，这样就把定额的制定从以估计和经验为依据改变为以科学为依据；二是采用“差别计件制”。后来，在甘特的影响下，泰勒缓和了其在工资问题上的严格立场。

(2)组织管理。对于组织的管理，泰勒主张职能化原理。包括：把计划职能与执行职能分开，变经验工作法为科学工作法；实行职能工长制；实行例外原则。

①把计划职能与执行职能分开，变经验工作法为科学工作法。所谓的经验工作法是指每个工人用什么方法操作、使用什么工具，都根据他自己的或师傅等人的经验来决定。泰勒则主张明确划分计划职能与执行职能，由专门计划部门制定标准化的操作方法、工具和定额，拟订计划并发布指示和命令，进行有效的控制。至于现场工人，则从事执行的职能，按照计划部门制定的操作方法和指示，使用标准工具从事实际作业，不得自行改变计划。

②职能工长制。即将管理工作予以细分，使所有管理者只承担一种管理职能。泰勒认为，职能工长制具有三个优点：其一，对管理者的培训较少；其二，管理者责任明确，因而可以提高效率；其三，由于计划部门的作用，车间现场的职能工长只需进行指挥监督，因此非熟练技术工人也可以从事较复杂的工作，从而可以降低整个企业的生产费用。这一思想当时并没有得到推广，却为以后职能部门的建立和管理的专业化提供了参考。

③例外原则。即高级管理人员应把例行的一般日常事务授权下级管理人员去做，自己只保留对例外事项的决定和监督权。这种管理控制原理以后发展成为管理上的分权化原则和实行事业部制(20 世纪 20 年代初，P.斯隆对通用汽车公司进行改组，采用了集中政策控制下的分权制——事业部制，成为大型企业普遍采用的典型的组织结构模式)管理体制。

(3)管理哲学。与其说科学管理是由一些原理和原则组成的管理理论，不如说科学管理是一种改变人们对管理实践重新审视的管理哲学。泰勒在美国听证会上声明，科学管理不是计件工作制，不是工时研究，不是职能工长制，不是人们谈到科学管理时一般人所想到的任何方法。它们都不是科学管理，它们是科学管理的有益的辅助手段。泰勒进一步宣称："科学管理在实质上包含着要求在任何一个……工人进行一场全面的心理革命——要求他们在对待工作、同伴和雇主的义务上进行一种全面的心理革命。此外，科学管理也要求……工长、监工、企业所有人、董事会进行一场全面的心理革命，要求他们在对管理部门的同事、他们的工人和所有日常问题的责任上进行一场全面的心理革命。没有双方的这种心理革命，科学管理就不能存在"；"他们会看到，当他们双方不再相互敌视，而是肩并肩地向同一方向迈进时，通过他们的共同努力所创造出的剩余额将多得简直令人目瞪口呆……以至于工人工资有大大增加的充分余地，制造商的利润也会大大增加。这就是伟大的心理革命的开始，是实现科学管理的第一步"；"科学管理的常规特征是协调而不是不和"。但是，"科学管理中没有任何一点慈善的内容……任何一种管理措施如果含有慈善因素，则一定失败——慈善因素在任何管理措施中都没有地位"。

2. 对泰勒制的评价

泰勒的这套科学管理理论体系被称为"泰勒制"。泰勒制应用在生产现场管理中虽然效果显著，但其推广却并不顺利。当时，资本家是反对的。他们认为这套办法给了工人更多的好处，提高了工资；管理人员被分离出来，增加了非生产人员的开支；用科学化、标准化的管理方法取代资本家按个人旨意、经验进行管理的传统方法后，会影响资本家的权威。工人同样也反对。当时的工会领袖把科学管理当作对劳工的一种威胁，认为泰勒把工作执行与工作计划分开的做法损害了劳动者的权利；劳动分工越来越细，一个工人的工作很容易被其他人代替；实行差别计件工资制，工人的工资完全由管理人员根据产量确定，就会失去工人"集体同资本家谈判决定工资"的权利。由于各方面的反对，政府也怕事态扩大，美国国会就通过了一项法律，制止在军工企业和政府企业采用泰勒的管理方法，并且不准用钟表测定工人的劳动操作。这项法律直到 1949 年才被撤销。

泰勒制当时之所以遭到反对，一方面是因为受社会传统意识的影响，另一方面是由于它本身也存在着弱点。我们应当用历史的观点客观地加以评价。

(1)它冲破了百多年沿袭下来的传统而落后的经验管理办法，将科学引进了管理领域，并创立了一套具体的科学管理方法来代替单凭个人经验进行作业和管理的旧方法。这是管理理论上的创新，也为管理实践开辟了新局面。

(2)由于采用了科学的管理方法和科学的操作程序，使生产效率提高了两三倍，推动了生产的发展，适应了资本主义经济在这个时期发展的需要。

(3)由于管理职能与执行职能的分离，企业中开始有一些人专门从事管理工作。这就使管理理论的创立和发展有了实践基础。

(4)泰勒把工人看成会说话的机器，只能按照管理人员的决定、指示、命令进行劳动，在体力和技能上受到了最大限度的压榨。

在泰勒身上，最值得我们学习的也许是他的一贯的科学态度或认真态度。关于搬运生铁实验，他曾说："一个搬运生铁的工人，要学很多窍门才能从事用铲的工作"；"每一个动作、每一件小事都应成为细心的科学研究的题目"；"我毫不含糊地讲，搬运生铁中包含的科学之重大，连熟练的日常搬运生铁的工人也不可能了解"。

(二)亨利·法约尔的组织管理理论

继泰勒制之后形成的组织管理理论，其所研究的中心问题是组织结构和管理原则的合理化、管理人员职责分工的合理化。组织管理理论的代表人物是法国的亨利·法约尔，也被称为管理过程学派的创始人。法约尔和泰勒虽是同时代人，但个人经历不同。他的职业生涯是在法国一家大型矿业冶金公司度过的，并在该公司担任总经理达30年之久。他接任时该企业处于破产的边缘，但当他退休时这家企业的财务状况已无懈可击。因具有长期从事高层管理工作的背景(泰勒是从工人的地位开始研究工作的，而法约尔却是从总经理的地位开始研究管理的)，他对全面管理工作(所有管理者的活动)有着深刻的体会和了解。法约尔的经历决定了他的管理思想要比泰勒开阔。1916年其著名的管理著作《工业管理与一般管理》问世。

法约尔认为，要经营好一个企业，不仅要改善生产现场的管理，而且应当注意改善有关企业经营的六个方面的活动：技术活动(生产、制造、加工)；商业活动(购买、销售、交换)；财务活动(筹集和最适当地利用资金)；安全活动(保护财产和人员)；会计活动(财产清点、资产负债表、成本、统计等)；管理活动(计划、组织、指挥、协调和控制)。

在这六方面活动中，法约尔主要集中研究了管理活动。

(1)计划。管理人员要尽可能准确预测企业未来的各种事态，确定企业的目标和完成目标的步骤，既要有长远的指导计划，也要有短期的行动计划。

(2)组织。即确定执行工作任务和管理职能的机构，由管理机构进一步确定完成任务所必需的机器、物资和人员。

(3)指挥。即对下属的活动给以指导，使企业的各项活动互相协调配合。管理人员要树立良好的榜样，全面了解企业职工的情况及职工与企业签订合同的情况。

(4)协调。协调企业各部门及各个员工的活动，指导他们走向一个共同的目标。

(5)控制。确保实际工作与规定的计划、标准相符合。

进一步地，法约尔提出了14条管理原则，这些原则至今仍有重要的实践指导意义。但他强调指出，这些原则全部是尺度问题，是灵活的而不是死板的和绝对的，管理的实质在于懂得如何运用它们。管理是一门艺术，必须考虑各种可变因素的影响，管理需要智慧、经验、判断和注意尺度。

管理的14条原则：

(1)分工。劳动专业化是各个机构和组织前进与发展的必要手段。由于减少了每个工人所需掌握的工作项目，故可以提高生产效率。

(2)权力与责任。法约尔认为，权力即"下达命令的权力和强迫别人服从的力量"。权力可区分为管理人员的职务权力和个人权力。他特别强调权力与责任的统一。有责任必须有权力，有权力就必然产生责任。

(3)纪律。法约尔认为，纪律的实质是遵守公司各方达成的协议。要维护纪律，就应做到：①对协议进行详细说明，使协议明确而公正；②各级领导要称职；③在纪律遭到破坏时，要采取惩罚措施，但制裁要公正。

(4)统一命令。一个员工在任何活动中只应接受一位上级的命令。违背这个原则，就会使权力和纪律遭到严重破坏。

(5)统一领导。为达到同一目的而进行的各种活动应由一位首脑根据一项计划开展，这是统一行动、协调配合、集中力量的重要条件。

(6)员工个人要服从整体。法约尔认为，整体利益大于个人利益的总和。一个组织谋求实现总目标比实现个人目标更为重要。协调这两方面利益的关键是，领导层要有坚定性并且做出良好的榜样。

(7)人员的报酬要公平。报酬必须公平合理，尽可能使职工和公司双方满意。

(8)集权。集权就是降低下级的作用。集权的程度应视管理人员的个性、道德品质、下级人员的可靠性以及企业的规模、条件等情况而定。

(9)等级链。"等级链"即从最上级到最下级各层权力连成的等级结构。它是一条权力线，用以贯彻执行统一的命令和保证信息传递的秩序。

(10)秩序。秩序即人和物必须各尽其能。

(11)平等。即以亲切、友好、公正的态度严格执行规章制度。

(12)人员保持稳定。生意兴隆的公司通常都有一批稳定的管理人员。因此，最高层管理人员应采取措施，鼓励职工尤其是管理人员长期为公司服务。

(13)主动性。给人以发挥主动性的机会是一种强大的推动力量。

(14)集体精神。职工的融洽、团结可以使企业产生巨大的力量。实现集体精神最有效的手段是统一命令。

法约尔的贡献是，在管理的范畴、管理的组织理论、管理的原则方面提出了崭新的观点，为以后管理理论的发展奠定了基础。

(三)马克斯·韦伯的一般行政管理理论

马克斯·韦伯(1864—1920)的研究领域属于历史哲学范畴，他是德国一位社会学家和哲学家，也是一位享誉世界的思想家。在20世纪早期，他发展了一种权威结构理论，并依据权威关系来描述组织活动。他描述了一种他称之为官僚行政组织的理想模式。这是一种体现劳动分工原则、有着明确定义的等级和详细的规则与制度，以及非个人关系的组织模式。韦伯认为，尽管这种"理想的官僚主义行政组织"在现实中是不存在的，但它代表了一种可供选择的现实世界的重构模式(理论模式)。他把这种模式作为推理的基础，用来推论在一个大的团体中应当有哪些工作和应当如何从事这些工作。这一理论对工业化以来的各种不同类型组织产生了广泛而深远的影响，成为现代大型组织采用的一种组织管理模式。韦伯的组织理论又被称为"官僚制"(在德语中无贬义色彩)或"科层制"。其理论的核心内容如下：

1. 权威的类型与基础

韦伯认为，任何组织都必须以某种形式的权威(权力)作为基础，才能变混乱为有序，进而实现其目标。他从历史的角度考察了不同类型的权力，认为存在三种纯粹形态的合法性权力(或被社会接受的权力)：

(1)超凡权力。即基于对发令的人超凡的神圣(如耶稣基督)或非凡的个性特征——如英雄主义或模范品质——的崇拜，并表现为一种先知—信徒关系。

(2)传统权力。传统权力要求服从命令，其依据是对古老传统的不可侵犯性和按传统执行权力的人的正统性的信念，主要表现为一种君主—臣民关系。权力的所有者可以通过让人得到恩惠或失去宠幸以及对臣民进行保护而实施管理。臣民对权力拥有者保持服从和尊敬。

(3)法定权力。这是一种对法律确定的职位或地位的权力的服从。法定权力要求服从命令，是因为人们都知道发命令的人是按法律原则和条款办事的。这一类型主要依靠外在于个人的、科学合理的理性权力实现管理。

在这三种纯粹形态的权力中，传统权力的效率最差，因为其领导人不是按能力挑选的，其管理单纯是为保存过去的传统而行事。超凡权力则过于带感情色彩，并非是理性的，依据的不是规章制度而是神秘的神圣的启示。所以，这两种权力都不宜作为"理想的行政组织"的基础，只有第三种权力才能作为这种行政组织的基础。

2. 官僚制的特征

(1)劳动分工。工作应当分解为简单的、例行的和明确的任务。

(2)职权等级。职位应按等级来组织，每个下级应接受上级的控制和监督。换言之，按照不同职位权力的大小，确定其在组织中的地位，形成有序的等级系统。

(3)正式选拔。所有组织成员都是依据经过培训、教育或正式考核所取得的技术资格选拔的，即根据技术资格挑选组织成员。

(4)正式的规则制度。为了确保一贯性和全体雇员的活动，管理者必须倚重正式的组织规则。换言之，管理人员根据法律制度赋予的权力处于拥有权力的地位，原则上所有的人都服从制度规定，而不是服从于某个人。

(5)非人格化。规定和控制的实施具有一致性，避免掺杂个性和雇员的个人偏好。换言之，管理人员在实施管理时，每个管理人员负责特定的工作，拥有执行自己职责所必要的权力，权力要受到严格限制，服从有关部门章程制度的规定。

(6)职业定向。管理者是职业化的官员而不是他所管理单位的所有者，他们领取固定工资并在组织中追求他们职业生涯上的成就。换言之，管理者的职务就是他的职业，他有固定报酬，有按才干晋升的机会。

3. 官僚制的优越性

(1)合理性与效率性。担任职务的人员是按照他完成任务的能力挑选出来的，因而其能力与职务之间具有合理性，并能够提供组织运行效率。

(2)管理具有行使权力的法律依据和手段。

(3)官僚制是理性精神、合理化精神的体现。官僚制存在一套具有连续性的规章制度网，涉及组织管理过程中的许多方面，它给每项工作确立了清楚的、全面的、明确的职权和责任，从而使组织的运转和个人行为尽可能少地依赖个人。

以上特点使官僚组织摆脱了传统组织的随机、易变、主观、偏见的影响，具有比传统组织优越得多的精确性、连续性、可靠性和稳定性。

可以说，官僚制是一种完全的、理性设计的组织，理性人扮演着特定的角色，执行着特定的行动。这种组织设计适应工业化以来大型企业组织的需要。大型组织规模大、分工细、层次多，因而需要高度统一、准确、连续、稳定的秩序保证。相较之下，早期传统组织过分依赖个人和裙带关系、人身依附关系，采用任意的、主观的、多变的管理方式，显然不符合大型企业组织管理的要求。

不过，韦伯关于官僚制的著作在20世纪40～50年代之前基本上没有得到美国的承认。他同法约尔一样，不得不等到文化条件使得人们需要从行政管理理论的角度来考虑问题时才得到承认。由于组织规模的增大和复杂性的增加，人们开始探索行政管理的理论，他们在探索过程中发现了韦伯和他的官僚制的理想。

以上理论称为古典管理理论。它们具有两个显著特征：(1)强调理性的力量。(2)注重物质上的满足，基于"经济人"假设之上。但这一假设必须满足两个条件才能成立：第一，人们的收入水平很低，不足以满足自身的基本需要；第二，"合理的日工作量"可以完成。在19世纪末到20世纪初，这两个条件均存在，因此实施科学管理取得了一定的成效。

第三节　西方现代管理思想的发展

第二次世界大战前后，特别是20世纪50～70年代，世界的经济、政治情况发生了极大的变化，对企业管理提出了新的要求。

(1)突出了企业的经营决策问题。由于竞争的日益加剧和经营范围的扩大，市场需求变化很快。企业要在这种环境中站住脚，首先要做到经营方向正确、经营目标明确。

(2)要求运用更先进的管理手段。

(3)要求管理理论和经营方法能充分调动人的积极性。由于生产过程专业化、自动化程度的提高，工人对单调、简易的操作容易产生厌烦情绪，所以单靠古典组织理论的等级原则、命令统一原则、奖罚原则等已难以保持工人的生产积极性，必须研究如何激发人的积极性的新理论和新方法。不少企业实行所谓的"管理民主化"，采用高工资、高福利、高奖励、职工入股、终身雇用等办法来提高职工的积极性，缓和劳资矛盾。这是管理理论发展中一个值得注意的新动向。

在这一阶段，有不少管理学家和企业家从事现代管理理论的研究。他们的思想非常活跃，研究的侧重点也互不相同，所以呈现出管理学派林立的局面。

一、行为科学学派

(一)行为科学的由来

1949年在美国芝加哥大学召开了一次包括哲学家、精神病学家、心理学家、生物学家和社会学家等参加的跨学科的科学会议，讨论应用现代科学知识来研究人类行为的一般理论。会议给这门综合性的学科命名为"行为科学"。

泰勒的科学管理理论把人看作"活的机器""机器的附件""经济人"等；而行为科学认为，"人"不单是"经济人"，还是"社会人"，即影响工人生产效率的因素除了物质条件外，还有人的工作情绪，人的工作情绪又受人所在的社会及本人心理因素的影响。

行为科学是一门研究人类行为规律的科学。资本主义管理学家试图通过行为科学的研究来掌握人们行为的规律，找出对待职工的新办法和提高工作效率的新途径。

(二)行为科学的早期理论——人群关系论

行为科学的发展是从人群关系论开始的。人群关系论的代表人物是埃尔顿·梅奥。梅奥曾参加1927～1932年在芝加哥西方电气公司所属的霍桑工厂进行的实验工作，即引起管理学界重视的"霍桑实验"。

梅奥等人就实验及访问交谈的结果进行了总结，得出的主要结论是：生产效率不仅受物理和生理因素的影响，而且受社会环境和社会心理因素的影响。这一点与科学管理的观点截然不同。他们的观点主要表现在以下几个方面：

1. 企业的职工是"社会人"

从亚当·斯密到科学管理学派，都把人看作是仅仅为了追求经济利益而进行活动的"经济人"，但霍桑实验表明，物质条件的改变，不是劳动生产率提高或降低的决定性因素。

梅奥等人创立了"社会人"的假说，即认为人不是孤立存在的，而是属于某一工作集体并受这一集体影响的。他们不是单纯地追求金钱收入，还要追求人与人之间的友情、安全感、归属感等社会的和心理的欲望的满足。

2. 满足工人的社会欲望、提高工人的士气是提高生产效率的关键

所谓士气，也就是工作积极性、主动性、协作精神等结合成一体的精神状态。

3. 企业中实际存在着一种非正式组织

组织可分为正式组织和非正式组织两种。所谓正式组织，是指企业组织体系中的环节，即为了实现企业总目标而担当着明确职能的机构。这种组织对于个人有强制性。这是古典组织论者所强调和研究的。人群关系论者认为，企业职工在共同工作、共同生产中，必然产生相互之间的人群关系，产生共同的感情，自然形成一种行为准则或惯例，要求个人服从，这就构成了非正式组织。这种非正式组织对于工人的行为影响很大，是影响生产效率的重要因素。

正式组织与非正式组织在本质上是不同的。正式组织以效率和成本为主要标准；而非正式组织则以感情为主要标准，要求其成员遵守人群关系中形成的非正式的不成文的行为准则。

4. 企业应采用新型的领导方法

新型的领导方法，主要是要组织好集体工作，采取措施提高士气，促进协作，使企业的每个成员都能与领导真诚持久地合作。如建立面谈制度，给职工以表达感情、不满和争论的机会，以消除不良的人际关系；美化工作环境，建设宿舍等福利设施，组织娱乐、体育活动；等等。

人群关系论是行为科学管理学派的早期思想，它只强调要重视人的行为；而行为科学还要求进一步研究人的行为规律，找出产生不同行为的影响因素，探讨如何控制人的行为，以达到预定目标。

(三)行为科学学派的主要理论

1. 需要层次理论

行为科学认为，人的各种行为都是由一定的动机引起的，而动机又产生于人们本身存在的各种需要。人们为了满足自己的需要，就要确定自己行为的目标。人都是为了达到一定的目标而行动的。这种从一定的需要出发，为达到某一目标而采取行动，进而实现需要的满足，然后又为满足新的需要产生新的行为的过程，是一个不断激励的过程。只有尚未得到满足的需要，才能对行为起到激励作用。

尚未得到满足的需要包括什么内容呢？需要之间的关系怎样？对此，至今众说纷纭。现仅介绍美国人亚伯拉罕·马斯洛的需要层次理论。

马斯洛认为，在特定的时刻，人的一切需要如果都未得到满足，那么满足最主要的需要就比满足其他需要更为迫切。只有排在前面的那些需要得到了满足，才能产生更高一级的需要。而且只有当前面的需要得到充分的满足后，后面的需要才显示出其激励作用。

马斯洛将需要分为五级：生理的需要、安全的需要、感情的需要、尊重的需要、自我实现的需要。

2. 双因素理论

这也是一种激励模式理论，是由美国心理学家弗雷德里克·赫茨伯格提出的。

20 世纪 50 年代后期，赫茨伯格为了研究人的工作动机，对匹兹堡的约 200 名工程师和会计师进行了深入的访问调查。调查结果发现，使他们感到满意的因素是工作的性质和内容方面的，使他们感到不满意的因素是工作环境或者工作关系方面的。赫茨伯格把前者称为激励因素，把后者称为保健因素。

3. X 理论和 Y 理论

美国麻省理工学院教授道格拉斯·麦格雷戈于 1957 年首次提出 X 理论和 Y 理论。麦格雷戈所指的 X 理论主要有以下观点：

(1)人的本性是坏的，一般人都有好逸恶劳、尽可能逃避工作的特性。

(2)由于人有厌恶工作的特性，因此对大多数人来说，仅用奖赏的办法不足以战胜其厌恶工作的倾向，必须进行强制、监督、指挥，并进行惩罚威胁，才能使他们付出足够的努力去完成给定的工作目标。

(3)一般人都胸无大志，通常满足于平平稳稳地完成工作，不喜欢具有“压迫感”的创造性的困难工作。

麦格雷戈认为，Y 理论是较为传统的 X 理论的合理替换物。Y 理论的主要观点是：

(1)人并不是懒惰的，他们对工作的喜欢和厌恶取决于工作对他是一种满足还是一种惩罚。

(2)在正常情况下人们愿意承担责任。

(3)人们都热衷于发挥自己的才能和创造性。

对比 X 理论和 Y 理论可以发现，它们的差别在于对工人的需要的看法不同，因此采用的管理方法也不相同。按 X 理论来看待工人的需要，进行管理就要采取严格的控制、强制方式；如果按 Y 理论看待工人的需要，管理者就要创造一个能多方面满足工人需要的环境，使人们的智慧、能力得以充分发挥，从而更好地实现组织和个人的目标。

二、当代管理理论(管理理论丛林)

(一)社会系统学派

社会系统学派的代表人物是美国的巴纳德，其主要论点集中表现在他所著的《经理的职能》一书中。巴纳德注重从社会学的角度研究和分析组织，把组织定义为“两个或两个以上的人的有意识协调的活动或效力的系统”。他认为，组织的产生，是人们协作愿望导致的结果，个人办不到的许多事，通过协作就可以办到。组织成员对于自己在工作中的贡献(即一个人对组织的牺牲)同所得到的诱因(即所得)进行比较后，如果其净结果(即个人欲望的满足)是正数，则产生协作意愿；如果是负数，则协作意愿消失，成员就会退出组织。诱因与贡献之差，也就决定了组织能否继续存在和发展下去。可用下式表示：

贡献(牺牲)≤诱因一组织的存续和发展

组织的存续和发展，还必须有被组织成员认可的共同目标和必要的信息联系。巴纳德还提出了关于正式组织的权限接受理论，认为权限的存在必须以下级的接受为前提，如果上级的命令不被下级人员接受和服从，权限也就不存在了。经理人员的作用就是在一个信息联系系统中作为相互联系的中心，并对组织成员的协作活动进行协调，以便组织正常运转，实现组织的目标。

(二)决策理论学派

第二次世界大战以后,许多运筹学家、统计学家、计算机专家和行为科学家都力图在管理领域寻找出一套科学的决策方法,以便对复杂的多方案问题进行明确、合理而迅速的选择。随着这方面研究工作的进展,决策理论得到了迅速的发展。

决策理论学派是以社会系统论为基础,吸收了行为科学、系统论的观点,运用电子计算机技术和统筹学的方法而发展起来的一个学派。

在这个学派中,作出突出贡献的是美国卡内基一梅隆大学教授赫伯特·西蒙。他长期讲授计算机和心理学等课程,还从事过经济计量学的研究。由于他在决策理论研究中作出了重要贡献,1978 年获得了诺贝尔经济学奖。他的主要著作有《管理行为》《经济学和行为科学中的决策理论》《管理决策的新科学》等。

决策理论学派的主要观点如下:

(1)管理就是决策;

(2)决策分为程序性决策和非程序性决策;

(3)以“最令人满意”的准则代替“最优化”准则。

(三)经验主义学派

经验主义学派又称为经理主义学派,这一学派以向西方大企业的经理提供管理企业的成功经验和科学方法为目标。可以划归为这一学派的人很多,其中有管理学家、经济学家、社会学家、统计学家、心理学家、大企业的董事长、总经理及管理咨询人员。他们的基本管理思想是:有关企业管理的理论应该从企业管理的实际出发,特别是以大企业管理经验为主要研究对象,加以抽象和概括,然后传授给管理人员,向经理提出实际建议。他们认为管理学就是研究管理的经验。通过研究管理中的成功和失败,就能了解管理中存在的问题,就自然而然地学会了如何进行有效的管理。

这是一个庞杂的学派。其成员有的受古典管理理论影响较深,有的倾向于行为科学,有的认为系统科学也比较有用,有的介于这些学科之间。但是他们都把实践放在第一位,以适用为主要目的。对实践经验高度总结,是经验主义学派的主要特点。

(四)管理科学学派

管理科学学派又称为数学理论学派或运筹学派。其渊源可以追溯到泰勒的科学管理或更早的科学管理的先驱者查尔斯·巴贝奇等人,后与行为科学学派平行发展,目前方兴未艾。

这一学派把现代自然科学和技术科学的最新成果(主要是各种先进的数学方法、电子计算机技术与通信技术、系统论、控制论、信息论等)广泛地运用到管理上来,认为管理就是制定和运用数学模型与程序的系统,求出最优的解答,进行计划、组织、控制、决策等,以达到组织的目标。

在企业的经营管理中,许多活动具有不确定性。管理科学研究的目的就是尽量减少这些活动中的不确定性,以便使投入的资源发挥最大的作用、获得最大的经济效果。管理科学应用的科学方法有线性规划、决策树、计划评审法、关键线路法、电子计算机模拟、博弈论(又称对策论)、概率论、库存论、搜索论、生产计划与控制等。

这些方法的应用解决了大量的管理实践问题。但由于许多数学模型所要求的变量在管理中很难找到和确定,而“人”这个最活跃的因素又往往被视作常量,所以使管理科学学派的理论和方法的应用受到了一定的限制。

管理科学学派的主要特征如下:

(1)以系统观念为基础,建立全面分析组织的框架结构,强调组织是由"经济人"(组织人、理性人)、物质技术和决策网络组成的系统。

(2)以决策为目的,强调决策的原则、方法和程序是组织管理的核心。

(3)以数学方法和计量模型为手段,使运筹学应用于组织管理中。

(4)以计算机为先进的计算工具,进一步加强组织管理。

(五)系统管理学派

系统管理学派是运用系统科学的理论、范畴及一般原理,全面分析组织管理活动的一个学派。系统管理学派的理论要点是:组织是一个由相互联系的若干要素组成的人造系统;组织是一个为环境所影响并反过来影响环境的开放系统。组织不仅本身是一个系统,它同时又是社会系统的一个分系统,它在与环境的相互影响中取得动态平衡。组织同时要从外界接受各种投入,经过转换,再向外界输出产品。

(六)权变理论学派

权变理论学派是20世纪60年代末、70年代初在美国经验主义学派的基础上进一步发展而来的管理理论学派。权变理论认为,组织在管理中要根据组织所处的环境和内部条件的发展变化随机应变,没有什么一成不变、普遍适用或"最好的"管理理论和方法。权变管理的核心就是依托环境因素和管理思想及管理技术因素之间的变数关系来研究一种最有效的管理方式。

从系统观点来考虑以往的管理理论,发现它们都存在两个方面的缺陷:一是忽视了外部环境的影响,主要侧重于加强企业内部的组织管理,如泰勒的科学管理、法约尔的组织管理理论等。其实在许多情况下,企业不仅仅是一个独立的系统,还是一个与环境紧密相连的实体。二是以往的管理理论大多带有普遍真理的色彩,追求理论的普遍适用性和最合理的原则、最优化的模式等,但是真正在解决企业的具体问题时,却常常显得无能为力。而权变理论的出现意味着管理理论向实用主义方向迈进了一大步。

权变理论学派受到西方一些管理学者的高度评价,认为它比其他的管理理论有更大的前途,是解决环境动荡不定情况下进行管理的一种好方法,能使管理走出管理理论的丛林。

三、新经济时代的管理思想变革

人类已进入新经济时代,新经济时代表现出如下基本特征:

(1)信息化。信息技术产业的迅猛发展及信息技术在各个产业和各种社会活动领域的广泛应用,正在迅速改变着整个世界的面貌,同样也在快速地改变着管理的面貌。

(2)网络化。由信息技术集成的信息网络将引起人类交流、学习、工作、生产、贸易及生活方式的革命,出现许多虚拟化的学校、公司和活动形式,从而把人类活动的时空距离大大扩展了,这必将引起管理的革命。

(3)知识化。知识成为经济发展的重要资源,知识经济使投资收益递增成为可能。

(4)全球化。借助于信息网络的帮助,知识、技术和经济在全球迅速流动,市场竞争成为全球竞争。

新经济时代的上述特征影响着现代企业的管理,使管理正朝着如下几个方面进行创新:

(一)管理思想创新

传统的企业管理是以资源稀缺性原理和投资收益递减规律为理论基础的。新经济时代的企业管理将以知识的无限性和投资收益递增规律为指导思想。在新经济时代,知识和掌握知识的员工将比资本和土地等资源更为重要，知识将成为创造财富的最重要的资本，人本思想将真正成为企业管理的指导思想。

由于知识在企业经营各要素中的相对重要性增强，企业在资本运营中将更重视知识产权和无形资产的运用，如品牌、专利、专有技术等的运用。

(二)管理原则创新

在《第五代管理》一书中，查尔斯·M.萨维奇博士用计算机发展历程形象地比喻管理发展历程。按萨维奇的论述，前四代分别属于农业时代晚期、工业时代早期、中期和晚期。前四代管理的基本原则是：

(1)劳动的分工和再分工(亚当·斯密)；

(2)自身利益(亚当·斯密)；

(3)依据精细划分的工作付酬(巴贝奇)；

(4)管理的分工和再分工(泰勒)；

(5)所有权与管理权分离(泰勒、韦伯)；

(6)脑力和体力分离(泰勒)；

(7)每个人应该只有一个上司(法约尔)；

(8)自动化运动由亚当·斯密、泰勒、法约尔等总结和发展。

在新经济时代，管理必须突破亚当·斯密、泰勒、法约尔理论的瓶颈，管理的基本原则必须变革，管理将建立在新的原则基础上。

1. 对等的知识联网

对等的知识联网包括对等技术、对等信息和对等知识三个方面。对等技术使得每一个节点能够直接与其他节点交流；对等信息，即不论信息位于企业何处，其他人员和应用工具都能够容易地获得；对等知识，即不论其他人的知识在企业中处于何处，每个人都能够获得。

2. 集成的过程

集成的过程要求在企业内部和外部与关键的模式保持联系，并且集成的过程不是固定的，它要求对思想、人员、过程和资源不断地进行动态的重新配置。

3. 对话式工作

人们对其工作的整个过程都有所了解，并能展开想象，而非被分割和局限于工作过程的某一工序或某一环节。

4. 人类的时间与计时

不仅工作过程是连续的，而且人类的时间也是连续的，人们记忆着过去，感受着现在，想象着未来。

5. 建立虚拟企业和动态团队

建立虚拟企业是一个过程，通过这个过程，公司联合它们的能力，依赖这些能力在需要的时候确定和重新确定复合的跨职能团队。这些团队不仅包括公司的成员，也可能包括来自卖主或顾客公司的人员。

(三)经营目标创新

1. 以可持续发展代替利润最大化

长期以来，企业都以利润最大化作为企业经营的目标，以盈利能力作为评价企业好坏成败的唯一标准。新经济时代，企业将以可持续发展作为企业最主要的战略目标。由于战略目标的改变，企业也将更多地注重对员工、社会、用户及其他相关利益者的责任。美国《幸福》杂志评选世界最优秀企业的9项指标，可以作为企业经营目标导向变化的一个例证，它们是：创新精神；总体管理质量；长期投资价值；对社区和环境的责任；吸引和保留有才华人员的能力；产品和服务的质量；财务的合理性程序；巧妙使用公司财产的效率；公司做全球业务的效率。

2. 以公司市场价值代替市场份额

传统的经营目标都是集中力量扩大公司的市场份额，争做本行业的老大或老二，似乎这样其他问题就可迎刃而解，而忽视争取公司最大的市场价值。

(四)经营战略创新

传统的竞争战略是你死我活的零和博弈。信息时代的经营战略则是竞争与合作并存的双赢战略，战略联盟得到广泛应用。为了实现长期的战略目标，企业将集中力量增强有别于其他企业的核心能力。多元化的选择将越来越谨慎，许多大公司正纷纷放弃非核心业务，而加强主业。企业扩张、联合、兼并的目的也在于达到优势互补，增强企业的核心能力。

业务外包正在成为许多企业的战略选择。把一些重要但非核心的业务交给外面的专业企业去做，这样就可把多家公司最优秀的人才集中起来为我所用。

(五)生产系统创新

20世纪80年代出现了计算机集成制造系统，简称CIMS。CIMS的核心是集成。它把成熟的管理方法与先进的制造技术用数字化的信息技术联成一体，形成四大系统，即计算机管理信息系统、计算机设计与开发信息系统、生产自动化信息系统和质量控制系统，从而大大提高了工作效率，从根本上改变了管理工作的面貌。

20世纪90年代后，由MRP(物资需求计划)和MRPⅡ(制造企业资源计划)发展出ERP(企业资源计划)。ERP的核心管理思想就是实现对整个供应链的有效管理，其主要体现在以下三个方面：

(1)对整个供应链资源进行管理的思想。企业不仅依靠自己的资源，还必须把经营过程中的有关各方(如供应商、制造工厂、分销网络、客户等)纳入一个紧密的供应链中，才能在市场上获得竞争优势。

(2)精益生产、同步工程和敏捷制造的思想。"精益生产"即企业把客户、销售代理商、供应商、协作单位纳入生产体系，同他们建立起利益共享的合作伙伴关系，进而组成企业的一个供应链。

(3)事先计划与事中控制的思想。ERP系统中的计划体系主要包括生产计划、物流需求计划、能力计划、采购计划、销售执行计划、利润计划、财务预算和人力资源计划等，而且这些计划功能与价值控制功能已完全集成到整个供应链系统中。

另一方面，ERP系统通过定义事务处理相关的会计核算科目与核算方式，使得在事务处理发生的同时能够自动生成会计核算分录，保证了资金流与物流的同步记录和数据的一致性，从而可以根据财务资金现状，追溯资金的来龙去脉，并进一步追溯所发生的相关业务活动，改变资金信息滞后于物料信息的状况，便于实现事中控制并实时做出决策。

此外，计划、事务处理、控制与决策功能都在整个供应链的业务处理流程中实现，要求在每个流程业务处理过程中最大限度地发挥每个人的工作潜能与责任心，流程与流程之间则强调人与人之间的合作精神，以便在有机组织中充分发挥每个人的主观能动性与潜能，实现企业管理从"高耸式"组织结构向"扁平式"组织结构的转变，提高企业对市场动态变化的响应速度。总之，借助IT技术的飞速发展与应用，ERP系统得以将许多先进的管理思想变为现实中可实施应用的计算机软件系统。

(六)组织创新

组织创新的主要内容就是要全面系统地解决企业组织结构与运行以及企业间组织联系方面所存在的问题,使之适应企业发展的需要。具体内容包括组织的职能结构、管理体制、机构设置、横向协调、运行机制和跨企业组织联系六个方面的变革与创新。

1. 职能结构的变革与创新

职能结构的变革与创新要解决的主要问题包括:第一,走专业化的道路,分离由辅助作业、生产与生活服务、附属机构等构成的企业非生产主体,发展专业化社会协作体系,精干企业生产经营体系,集中资源强化企业核心业务与核心能力。第二,加强生产过程之前的市场研究、技术开发、产品开发,并加强生产过程之后的市场营销、用户服务等过去长期薄弱的环节,同时加强对信息、人力资源、资金等重要生产要素的管理。

2. 管理体制(组织体制)的变革与创新

管理体制是指以集权或分权为中心,全面处理企业纵向各层次特别是企业与二级单位之间权责利关系的体系(也称为企业组织体制)。其变革与创新要注意以下问题:第一,在企业的不同层次,正确设置不同的经济责任中心,包括投资责任中心、利润责任中心、成本责任中心等,消除因经济责任中心设置不当而造成的管理过死或管理失控的现象。第二,突出生产经营部门(俗称一线)的地位和作用;管理职能部门(二线)要面向一线,对一线既管理又服务。第三,作业层(基层)实行管理中心下移。

3. 机构设置的变革与创新

机构设置的变革与创新需要考虑横向上每个层次应设置哪些部门,部门内部应设置哪些职务和岗位,怎样处理好它们之间的关系,以保证彼此间的配合与协作。改革方向是推行机构综合化,在管理方式上实现每个部门对其管理的物流或业务流能够做到从头到尾、连续一贯的管理,达到物流畅通、管理过程连续。具体做法是,把相关性强的职能部门归并到一起,做到:一个基本职能设置一个部门、一个完整流程设置一个部门。推行领导单职制,即企业高层领导尽量少设副职,中层和基层基本不设副职。

4. 横向协调的变革与创新

横向协调的变革与创新具体有三个措施:第一,自我协调,工序服从制度,实行相关工序之间的指挥和服从。第二,主动协作、工作渗透的专业衔接制度。在设计各职能部门的责任制时,对专业管理的接合部和边界处,有意识地安排一些必要的重叠和交叉,有关科室分别享有决定、确认、协助、协商等不同责权,以保证同一业务流程中的各个部门能够彼此衔接和协作。第三,对大量常规性管理业务在总结先进经验的基础上制定制度标准,大力推行规范化管理制度。这些标准包括管理过程标准、管理成果标准和管理技能标准。

5. 运行机制的变革与创新

建立企业内部的"价值链",上、下工序之间,服务与被服务的环节之间,用一定的价值形式联结起来,相互制约,力求降低成本、节约费用,最终提高企业的整体效益。改革原有自上而下进行考核的旧制度,按照"价值链"的联系,实行上道工序由下道工序考核、辅助部门由主体部门评价的新体系。

6. 跨企业组织联系的变革与创新

前面几项组织创新内容,都属于企业内部组织结构及其运行方面的内容,除此之外,还要考虑企业外部相互之间的组织联系问题。重新调整企业与市场的边界,重新整合企业之间的优势资源,推进企业间组织联系的网络化,这是新世纪企业组织创新的一个重要方向。

思考题

1. 科学管理的基本内容包括哪几个方面?
2. 法约尔的 14 项管理原则对现代管理还有没有指导意义?

实践练习

科学管理理论的运用

以寝室为单位,观察一段时间内每位同学从早上起床到整理床铺、完成洗漱各需要多少时间,用秒表记录时间;观察所有的动作,分析研究完成相应任务应由哪些基本动作组成,每一个动作的要求是什么,正常情况下需要花多少时间;研究分析每个同学中哪些是错误动作、多余动作,哪些动作不够标准,哪些动作花费时间过多。寝室全体同学进行讨论研究,在剔除所有不必要的动作之后,把完成这些任务必需的动作按顺序列出,组合成一个操作步骤,写上动作的要求和大家能做到的最短时间。对全寝室的同学进行训练,使所有人能在规定的时间与要求下完成任务。

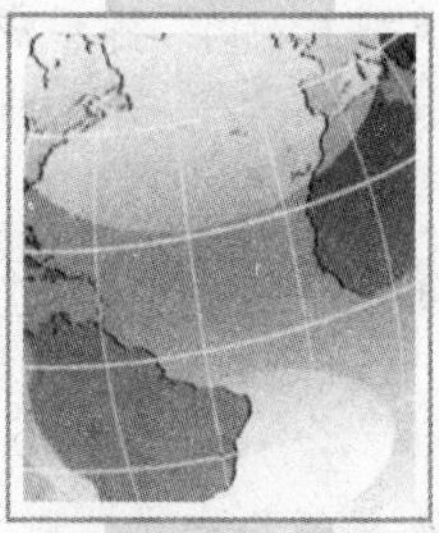

第三章 管理环境与管理道德

本章重难点

1. 管理环境的分类
2. 管理道德的含义
3. 管理道德的特点及影响因素
4. 管理道德失衡的表现和成因
5. 管理道德氛围的营造
6. 企业社会责任的内涵
7. 企业社会责任的作用
8. 企业履行社会责任的标准和内容

走进管理：

对汽车制造商们来说，20 世纪 90 年代是一个政府管制日益增加和环境压力日益变大的年代，这促使他们提高燃料效率、安全标准和污染控制水平。全球变暖及新油耗标准的出台，都将给汽车制造商们的新产品计划带来影响。

为了应对国际环境的变化，福特公司在欧洲、澳大利亚以及日本建立了自己的组装厂和销售网络，力图在汽车工业的国际化方面赢得先机。

有人认为，东欧政治上的变化可能打开了一个巨大的、尚未开发的汽车市场，贸易、投资和销售的机会将会改进。但也有人认为，事情不会发展得那么快，因为政治局势尚待稳定，基础设施有待完善，资金也存在问题。

然而，美国、欧洲和日本的公司已在筹划与东欧及俄罗斯的官员谈判，意图分享市场份额。在中国，汽车工业发展的前景不很明朗，多数分析家认为，中国市场中很多行业是有利可图的，但由于中国经济还不够发达，所以汽车工业的获利可能会慢一些。

影响汽车工业和福特汽车公司成长的几个经济因素有利率、油价的上涨、美元的价值和美国总体的经济大环境。为了预测经济的变化，福特公司的经济学家们分析了许多经济变量或“主要指标”，其中一些指标包括批发和消费价格指数、耐用品订货量、消费者负债量、GNP 增长、利率等，并预测 20 世纪 90 年代初美国经济将以 1.5%的速度缓慢增长，伴随通货膨胀和失业率的上升，利率下降，美元相对疲软。

另一方面，从长期看，汽油价格预计将持续上涨，生产费用中用于保证安全性、控制污染和油耗方面的费用将增加。在北美装配的日本轿车的数量将很快达到每年 200 万辆，并会出现供大于求的局面，这可能威胁美国汽车市场的价格结构，进而给各商家的收益带来负面影响。

同时，未来的汽车将变得更加容易操作，并装有智能系统：快速敏捷的计算机会使发动机和传送系统的运转更加高效；电子悬浮系统、雷达障碍扫描系统会帮助司机避免车祸；导航系统在屏幕上显示各种可供选择的路线，以帮助司机避免交通堵塞；自动变色玻璃和红外系统可提高夜间的可视度；刹车防抱死制动系统、安全气囊和牵引力控制将会标准化；塑料的使用将会增加，因其重量轻、耐腐，相对于钢材价格更便宜；通过运用计算机设计模型和样车，将会成为未来的趋势；未来的 5 年内，将会有 1 万辆电动车在南加利福尼亚州投入使用；在生产中，机器人技术的使用将会更加广泛。

关于 20 世纪 90 年代社会和经济趋势的研究表明，汽车工业总会有大量的购买者，他们不仅有购买的倾向，而且有购买新车的财力，其中三类人群具有特殊的意义，他们分别是人口快速增长时期出生的人群、妇女和老人。

第一类群体会有更多的自由收入来购买汽车，而且有相当一部分人会购买豪华车或跑车。他们和老人对娱乐型车的需求也将有所增加，而对货车和微型货车的需求有所减少。然而，第一类群体中的蓝领阶层更喜爱美国车和国产的微型货车。

将有越来越多的妇女购买新车，并有望在汽车市场上表现出与男人相同的购买力。20 世纪 90 年代以后汽车市场的成功将在于向这类妇女做广告。

最后一个显著的群体是 55 岁以上的老年人，他们构成了新车消费者的 25%。老年购买者倾向于驾驶的安全和方便，包括警告欲睡司机的电子系统、不刺眼的仪表盘和简化的电子控制设备。

点评：

这一案例告诉我们，企业是营利性组织，必须要赚钱才能生存。要想在激烈的市场竞争中获得竞争优势，就必须懂得并管理好企业所面临的各种环境因素。在本案例中，福特汽车公司面对企业发展中的政治环境、经济环境、技术环境、社会环境等变化的影响，如何更好地适应环境取得发展，是企业需要思考的问题。

本章将讨论管理环境、管理道德和企业社会责任的基本问题。

第一节　管理环境

在竞争激烈的环境中获得竞争优势，是当今组织所面临的最迫切的问题。企业领导人以及其他高层管理者都必须明白，只有不断地观察环境并且在了解环境的基础上采取适当的经营方式，才能取得竞争优势。

任何管理都是在一定的管理环境中进行的，管理的发展和进步是随着管理环境的日益复杂化而前进的，管理者不仅要懂得管理理论，更要懂得管理环境，管理环境是管理的出发点。

管理环境，是指存在于一个组织内部和外部的影响组织业绩的各种力量和条件因素的总和。在这里，环境不仅包括存在于组织外部的环境，也包括存在于组织内部的环境。对于管理者而言，为了提高管理效率、达成管理目的，不仅要了解诸如政治、经济、文化和需求、竞争等组织的外部环境因素，而且也要把握员工的价值观、组织所拥有的资源等组织内部环境的变化，据此才有可能做出正确的决策。组织的外部环境包括两个层次：一般环境和任务环境。

一、组织的外部环境

（一）一般环境

通常而言，一般环境因素主要包括政治、经济、社会、技术等，这些因素对一个组织运转的影响尽管不那么直接，但各个组织中的管理者仍必须考虑这些因素。例如，在现有的医药生产企业中还很少用到再生工程技术，但在21世纪，再生工程技术的发展可能使药品的制造过程完全改变。有的医药企业已认识到再生工程技术将对其组织未来的生存和发展产生重大影响，从而关注该技术的发展。毫无疑问，关注该技术的企业将比其他医药生产企业更能适应未来再生技术的发展。

1. 政治法律环境

政治法律环境是指对企业生产经营活动具有实际与潜在影响的政治力量和对企业生产经营活动加以限制和要求的法律法规等。具体来说，政治环境主要包括国家政治制度、政党制度、政治性团体、党和国家的方针政策、社会政治气氛、政治思想等。法律环境主要包括国家的法律规范、国家司法与执法机关、企业的法律意识等。由于企业总是处在一定的国家和地区范围内，必然受到一定国家和地区政治法律环境的影响，政治法律环境对企业经营的影响是广泛而深刻的，有时甚至是决定性的。

企业在进行经营战略选择时，首先要考虑的是拟投资企业所在国家(地区)政局的稳定性与安全性，在此基础上，要着重考虑政府对发展地方经济的支持力度和政务工作的效率。为了促进当地经济的发展，一般来说，所在国家的政府会出台一系列的优惠政策来吸引投资者，为企业提供优质、高效的行政服务，切实保障企业的利益。

2. 经济环境

经济环境是指直接影响企业生存和发展的国家的经济发展状况及发展趋势、经济体制与其运行状况、国家的经济政策及措施等。具体来说，经济环境主要包括社会经济结构、经济体制、经济发展状况、经济政策等。经济环境是影响企业生存和发展最重要的宏观环境。企业在进行经营战略选择时，应密切关注经济形势的发展，要对国家经济政策的变化、自然资源的丰歉、人口规模和结构的改变以及经济增长速度等进行深入分析，并采取相应的措施，抓住机遇、避免或消除危机，以适应不断变化的经济环境。

企业要密切关注国家经济政策的变化。这是因为，政府制定的经济政策对某一行业及其企业的影响，既可以是鼓励和保护性的，也可以是限制和排斥性的。2005年12月国务院发布实施的《促进产业结构调整暂行规定》中的《产业结构调整指导目录》就是由鼓励、限制和淘汰三类目录组成。对于鼓励类产业投资项目，国家制定优惠政策支持，以消除经济持续发展的瓶颈；对于限制类项目，国家督促改造和禁止新建；对于淘汰类项目，国家禁止投资，采取高税收、行业管制等政策，如金融机构可停止各种形式的授信支持、有关部门可依法吊销生产许可证等。

经济增长速度对企业所选择投资的方向也有重大影响。在经济快速增长时期，居民的收入会有相应的提高，相关产业会有较快的增长，这会给企业的投入和产品销售提供良好的条件，有利于企业的成长和发展。相反，当经济增长延缓时，企业的成长和发展就会受到严重阻碍。企业应抓住经济快速增长的有利时机，做大做强现有产业，努力开辟新的市场。

3. 社会文化和自然环境

社会文化环境是指企业所处地区在社会与文化方面所具备的基本条件，它包括民族特征、文化传统、价值观、宗教信仰、教育水平、社会结构、风俗习惯等。社会文化因素对企业经营战略的影响是间接的、潜在的和持久的。企业对社会文化环境分析的目的是要把社会文化内化为企业文化，建立一套独特的管理思想，形成员工共同认可的价值观，使企业的一切生产经营活动都符合环境文化的价值检验，使企业文化成为现代企业的一种精神体现。另外，企业对社会文化环境的分析与关注最终会落实到对人的关注上，从而能有效地激励员工、有效地为顾客服务。

人口规模和结构的改变对企业行业选择的影响更为直接。这是因为，人类的需求是企业生产的前提，一切生产都是为人服务的。人口总量的变化、不同的年龄构成与性别构成、文化教育水平等，都会影响不同的需求构成，进而影响着相应的市场变动。例如，随着老龄社会的到来，庞大的老年群体已成为一支重要的“消费大军”。然而，目前老年消费市场远未形成，有关老年产品的研究机构和设计部门少之又少，生产老年产品的厂家也不多，使销售商“无米下锅”。一些深受老年人欢迎的商品，如多用途拐杖、沙发式便桶、老年保健食品、健身器材等远远满足不了需求，老年消费蕴藏着的巨大商机。企业经营管理者要认真分析市场的变动，从中抓住商机，拓展新的产业发展空间。

自然资源的丰歉在一定程度上影响着企业已投资产业的成败。如石油危机的冲击，一方面导致汽车燃油价格上涨、用车成本上升，另一方面使宏观经济减速，消费者信心指数下滑，两者双重作用，使汽车产销量下降，对汽车制造业产生了很大影响。另外，在今天保护环境、维持生态平衡的理念下，严重污染环境或严重破坏生态环境的企业会受到责令停产或关闭的处罚，而生产销售“绿色产品”的企业则会备受消费者的青睐。

4. 技术环境

技术环境是指企业所处的环境中科技要素及与该要素直接相关的各种政策的集合，包括国家科技体制、科技政策、科技水平和科技发展趋势等因素。在社会主义市场经济条件下，企业是市场竞争的主体，也是技术创新的主体。技术进步对经济发展的影响，从本质上说是企业对新技术开发的投入、采用和扩散。新技术的快速扩散，能使产品的生命周期大幅度缩短，给那些能快速推出新产品和新服务的企业带来竞争优势。通常，最先导入新技术的企业能够获得更高的市场份额和更好的回报。

技术越来越成为企业生存和发展的关键因素。对企业来说，要密切关注所在行业的技术发展动态和竞争者技术开发、新产品开发方面的动向，及时了解是否有当前技术的替代技术出现，并发现可能给企业带来竞争利益的新技术、新材料和新工艺。这是因为，随着新技术、新材料和新工艺的出现，一则可能进一步强化企业专业化经营的深度和广度，二则可能预示着新型产业的诞生。

一般环境的变化，要求企业经营管理者在经营战略选择时必须密切关注、认真分析，目的在于明确企业自身面临的机遇和危机，以便利用机遇，避免或消除危机，以适应环境的变化，力求在专业化经营和多元化发展的选择中做出最佳决策。

（二）任务环境

任务环境是指一个组织为了生存和发展而必须与之发生关系的其他组织、群体和个人。与一般环境相比，任务环境对组织的影响更为直接和具体，因此绝大多数组织的管理者也都更为重视其任务环境。对大多数组织而言，任务环境因素主要包括资源供应者、服务对象、竞争者、政府管理部门和社会特殊利益代表组织。

1. 资源供应者

一个组织的资源供应者是指向该组织提供资源的人或单位。这里所指的资源不仅包括设备、人力、原材料、资金，也包括信息、技术、服务和关系等一切该组织运作所需输入的东西。对大多数组织来说，金融部门、政府部门、股东是其主要的资金供应者，学校、劳动人事部门、各类培训机构、人才市场、职业介绍所等是其主要的人力资源供应者，各新闻机构、情报信息中心、咨询服务机构、政府部门是其主要的信息供应者，大专院校、科研机构、发明家是其技术的主要源泉。

由于组织在其运转过程中依赖于供应者的资源供应，一旦主要的资源供应者发生问题，就会导致整个组织运转的减缓或中止。因此，管理者一般会力图避免在不了解供应者的情况下进行有关决策。为了避免使自己陷入困境，在战略上，管理者一般会努力寻求对所需资源的及时、稳定和保质保量的供应，避免过分依赖于一两个资源供应者。

2. 服务对象(顾客)

服务对象(顾客)是指一个组织为其提供产品或劳务的人或单位，如企业的客户、商店的购物者、学校的学生、医院的病人、图书馆的读者等，都可称为相应组织的服务对象。

任何组织之所以能够存在，是因为有需要该组织服务的对象的存在，如果一个组织失去了服务对象，该组织也就失去了存在的基础。一个企业如果生产的产品无人问津，就必然走向破产；一个政党如果不能为人民谋利益，公众就会抛弃它，这个政党也就会萎缩乃至消亡。组织的服务对象是影响组织生存与发展的主要因素，而任何一个组织的服务对象对组织来说都是一个潜在的不确定因素。

顾客的需求是多方面且会经常变化的，而要成功地拥有顾客，又必须满足顾客的需求。为此，管理者就必须深入市场，分析顾客的心理，根据顾客需求的变化，及时推出新产品、新服务，确保及时地向其顾客提供满意的商品和优质的服务，这已成为当今各类组织的管理者所面临的头等大事。

3. 竞争者

一个组织的竞争者是指与其争夺资源、服务对象的人或组织。任何组织，都不可避免地会有一个或多个竞争者。这些竞争者之间不是相互争夺资源，就是相互争夺服务对象。

基于资源的竞争一般发生在许多组织都需要同一有限资源的时候。最常见的资源竞争是人才竞争、资金竞争和原材料竞争。对经济资源的竞争可能来自不同类型的组织。当各组织竞争有限资源时，该资源的价格就会上扬。例如，当资金紧缺时，利率就会上升，组织的营运成本就会随之上升。

基于顾客的竞争一般发生在同一类型的组织之间，或许这些组织提供的产品或服务方式不同，但它们的服务对象是同一的，就同样会发生竞争。例如，航空部门与铁路运输部门之间、铁路与公路运输部门之间就可能为争夺货源和乘客而展开竞争。竞争也不仅限于国内，随着中国对外开放政策的实施，国内的各类组织不仅面临着来自国内组织的竞争，而且还将直接面临来自国外组织的竞争。在这种情况下，国内的竞争者之间有时可能会出现某种程度的联合，以对抗来自国外的竞争。

资本经营方式的出现，使得21世纪的竞争更为激烈与复杂。资本凭借其力量，打破各种行业壁垒长驱直入，令人防不胜防。

没有一个组织在管理中可以忽视竞争，否则就会付出沉重的代价。竞争对手是管理者必须对其有所了解并及时做出反应的一个重要环境因素。

4. 政府管理部门

政府管理部门主要是指国务院、各部委及地方政府的相应机构，如工商行政管理局、技术监督局、烟草专卖局、物价局、财税局等。政府管理部门拥有特殊的官方权力，包括制定有关的政策法规、规定价格幅度、征税、对违反法律的组织采取必要的惩罚等，而这些对一个组织都会产生直接的影响。

有的组织由于组织目标的特殊性，更是直接受制于某些政府部门，例如我国的电信业、军工企业、医药业和饮食业，就各自受到信息产业部、国防科工委、医药管理局、卫生防疫管理部门的直接管理或监督。

政府的政策法规一方面会增加组织的运行成本，另一方面则会限制管理者决策的选择余地。为了符合政府的政策法规和政府管理部门的要求，组织就必然要增加运行成本。某些政策法规规定了组织可以做什么和不可以做什么，从而限制了管理者的选择余地，如《劳动法》的颁布，对组织的招工、用人、辞退决策带来了一定的限制。

5. 社会特殊利益代表组织

社会特殊利益代表组织是指代表着社会上某一部分人的特殊利益的群众组织，如工会、消费者协会、环境保护组织等。他们虽然没有像政府部门有那么大的权力，但同样可以对各类组织施加相当大的影响。他们可以通过直接向政府主管部门反映情况、通过各种宣传工具制造舆论，来引起人们的广泛关注。事实上，有些政府法规的颁布，是对某些社会特殊利益代表组织所提出的要求的部分回应。

由上可见，任何组织都不是孤立的。组织把环境作为自己输入的来源和输出的接受者，因此也必须遵守当地的法律，并对竞争做出反应。正因为如此，供应者、服务对象、竞争者、政府管理部门、社会特殊利益代表组织等可以对某一个组织施加影响，而管理者也必须对这些环境因素的影响做出适当的反应。

二、组织的内部环境

组织的内部环境是指组织内部的物质、文化环境的总和，包括组织资源、组织文化等因素，是组织内部的一种共享价值体系。组织的内部环境是组织内部与战略有重要关联的因素，是制定战略的出发点、依据和条件，是竞争取胜的根本。影响管理活动的组织的内部环境包括物理环境、心理环境、文化环境等。

物理环境要素包括工作地点的空气、光线、照明、声音（噪音和杂音）和色彩等，它对于员工的工作安全、工作心理和行为以及工作效率都有极大的影响。物理环境因素对组织的设计提出了人本化的要求，防止物理环境中的消极性和破坏性因素，创造一种适应员工生理和心理要求的工作环境，是实施有序而高效管理的基本保证。

心理环境指的是组织内部的精神环境，对组织管理有着直接的影响。心理环境制约着组织成员的士气和合作程度的高低，影响着组织成员的积极性和创造性的发挥，进而决定了组织管理的效率和管理目标的达成。心理环境包括组织内部和睦融洽的人际关系、人事关系以及组织成员的责任心、归属感、合作精神和奉献精神等。

组织的文化环境至少有两个层面的内容：一是组织的制度文化，包括组织的工艺操作规程和工作流程、规章制度、考核奖励制度以及健全的组织结构等；二是组织的精神文化，包括组织的价值观、组织信念、经营管理哲学和组织的精神风貌等。一个良好的组织文化是组织生存与发展的基础和动力。而组织文化一旦形成，就会在很大程度上对管理者的思维和决策施加影响。

第二节 管理道德

长期以来，管理活动中保持道德中立的观点广为流行。该观点主张，商业活动是在自由经济体系中展开的，只要符合市场经济的法则即可，与道德无关。持这种观点的人认为，管理是建立在科学原理的基础上，而不是建立在宗教或伦理的基础上，“生意就是生意”。有关调查表明，在我国，不少企业管理者奉行“讲道德的赚不了钱，赚钱的不讲道德”的信条。

一、管理道德的内涵

(一)什么是管理道德

道德，就是依靠社会舆论、传统习惯、教育和人的信念的力量去调整人与人、个人与社会之间关系的一种特殊的行为规范，是规定行为是非的惯例和原则。一般来说，道德是社会基本价值观的一个约定俗成的表现，人们一般都会根据自己对社会现象的理解、社会认同的形态，形成与社会上大多数人认同的道德观，大多数人能够知道该做什么、不该做什么，以及哪些是道德的、哪些是不道德的。

道德一般可分为社会公德、家庭美德、职业道德三类。其中，职业道德是同人们的职业活动紧密联系的、符合职业特点所要求的道德准则、道德情操和道德品质的总和，是从事一定职业的人在职业劳动和工作过程中应遵守的与其职业活动相适应的行为规范，以及应承担的道德责任和义务。

管理道德作为一种特殊的职业道德，是从事管理工作的管理者的行为准则与规范的总和，是特殊的职业道德规范，是对管理者提出的道德要求。管理道德对管理者自身而言，可以说是管理者的立身之本、行为之基、发展之源；管理道德对企业而言，是对企业进行管理价值导向、使企业健康持续发展所需要的一种重要资源，是企业提高经济效益、提升综合竞争力的源泉。可以说，管理道德是管理者和企业的精神财富。

(二)管理道德的发展阶段

国外学者的研究表明，管理道德的发展经历了以下三个阶段：

1. 前管理阶段

在这一阶段，管理道德受个人利益支配，按怎样对自己有利制定决策，并按照什么行为方式会导致奖赏或惩罚来确定自己的利益。在这一阶段，行为者认为，凡是对自己有利的行为就是道德的，凡是对自己不利的行为就是不道德的。

2. 管理阶段

管理道德受他人期望的影响，包括遵守法律、对重要人物的期望做出反应，并保持对人们期望的一般感觉。这种道德观有良性的，也有恶性的。一些真正为企业整体利益着想的道德观，就是良性的；相反，以个别人的期望为是非标准的管理道德观，就是恶性的。

3. 原则阶段

原则是指个人的道德原则，它们可以与社会的准则和法律一致，也可以不一致。这种管理道德观强调个性和个人英雄主义，认为人如果压抑自己，不充分施展和发展自我，违背自己内心的是非观，是不道德的。

管理道德发展的最低层次是前管理阶段，在这一阶段，个人只有在其利益受到影响的情况下才会做出道德判断。管理道德发展的中间阶段是管理阶段，在这个阶段，道德判断的标准是个人是否维持平常的秩序并满足他人的期望。管理道德发展的最高阶段是原则阶段，在这一阶段，个人试图在组织或社会的权威之外建立道德准则。

(三)管理道德的内容

对任何一个组织或企业来讲，管理道德的内容至少应包括以下五个方面：

1. 组织管理目标的道德

任何管理都是组织的管理。但是,组织管理者的思想道德水平如何,又直接关系到管理水平的高低和管理目标的实现。因为组织者在制定管理目标时,不仅要考虑管理目标的可实现性,而且要考虑管理目标的道德性,只有这样,才能使管理目标成为有效的目标。组织的管理者为了使其管理目标可行,或多或少地都要考虑目标的道德性。马克思说:"如果说资本主义的管理就其内容来说是二重的,因为它所管理的生产过程本身具有二重性:一方面是制造产品的社会劳动过程,另一方面是资本的价值增值过程。"在这种情况下,"管理、监督和调节的职能就成为资本的职能。这种管理的职能作为资本的特殊职能取得了特殊的性质"。在社会主义社会,由于消灭了剥削制度和剥削阶级,实行了以公有制为主体的经济制度,劳动人民当家做主,因此,社会一切管理的本质和目标也就发生了根本性的变化。社会主义生产的管理目标是为了发展生产力,达到最佳的经济效益,与此相适应的道德目标是为了实现人民群众的共同富裕。

2. 实现组织管理目标的手段的道德

手段是为实现一定目标而采取的一定的途径、方法和策略的总和。任何组织管理目标的实现,都要通过一定的手段来实现。至于采取什么样的手段、达到什么样的效果,则取决于组织的管理者对手段的选择。而所选择的手段是否正当,即手段是否道德,会直接影响管理目标的实现。在阶级社会里,不同的阶级在实现其管理目标时所采取的手段是各不相同的。奴隶主阶级民主派曾要求对奴隶采取一些怀柔的、宽容的政策,以利于稳定社会秩序;但奴隶主阶级贵族派却坚持严厉的压迫政策,这激起了奴隶们的极大反抗。封建地主阶级在反对奴隶主阶级专制制度的革命斗争中,曾经采取过一些小恩小惠的政策,给农民一些好处,这对吸引农民参加革命确实起到了较好的作用。但封建地主阶级掌权之后,又采取更加严厉的手段剥削和压迫农民,结果导致农民起义连绵不断。资产阶级高举"自由、民主、博爱"的革命大旗,对封建专制制度采取了无情揭露和批判的斗争手段,这对于吸引广大工人阶级和劳动群众参加革命也起到了积极的作用。但是,资产阶级掌权之后,由于仍然奉行极端利己主义的道德原则,因而在其实现生产管理的目标过程中,又采取了各种各样不正当的手段,如延长工时、增加劳动强度、招收童工、压低工资等,残酷压迫和剥削工人,以此来达到其追求高额剩余价值的目的。正如恩格斯所说,资产阶级总是"采取不道德的手段达到不道德的目的"。与资产阶级不同,无产阶级在掌握国家政权之后,要求一切组织的管理者为实现其管理目标而选择的手段必须是正当的,必须符合社会主义道德的要求,坚决反对一些组织的管理者为达到其私利而采取不正当手段的做法,并要求人们对诸如偷工减料、偷税漏税、走私贩私、制假贩假、哄抬物价、进行虚假广告宣传等不正当行为给予严厉打击和谴责。

3. 人际关系管理的道德

人际关系管理是社会管理的一项重要内容。一定社会的人际关系管理,除受社会性质决定之外,还受血缘、地缘、业缘等因素的影响,从而造成这种管理的复杂性和管理层次的多样性。有管理者认为,调整和协调不同的人际关系或同一种人际关系中不同层次的人际关系,需要有不同层次的道德规范,即处理和协调邻里人际关系、老乡人际关系,与处理和协调家庭人际关系、夫妻人际关系的道德规范是不同的。中国长期流传的"清官难断家务事"的说法,虽然是老话,却说明了人际关系管理的复杂性。特别是在社会主义市场经济条件下,有的人滥用等价交换的原则,造成人际交往中出现许多"关系网"。在这种情况下,如何规范人们的交往关系,使人们的人际关系沿着平等、和睦、协调和有序的方向健康发展,就成为管理道德建设中的一项重要内容。

4. 人事管理的道德

任何的组织管理，都是通过人来执行其管理职能、通过人的活动来实施的。因此，如何管人、如何用人，不仅要考虑人的知识、经验和能力，而且要考虑人的思想道德素质。中国自古以来流传着“人存政存，人亡政息”“天下治乱，往往系于用人”的说法。这种说法虽然不是至理名言，却包含着较为深刻的道理。事实上，中国历代的管理决策都重视用人的德才要求，要求入选者不仅要有才，而且要有德，即忠君爱国、举孝廉、不犯上。当代西方资产阶级在网罗人才的过程中也很重视其所用人才的政治、宗教和道德的因素。在社会主义社会，我们的用人制度更应该重视德的要求，必须坚持德才兼备和知人善用的用人原则，反对任人唯亲、以权谋私的做法，使我们的人事管理科学化、规范化、道德化。

5. 财物管理的道德

物资钱财是实现组织管理目标的物质基础。没有物资钱财的组织根本不可能进行管理。但是，有了物资钱财的组织，也不一定能实现有效的管理，因为物资钱财总是要交给组织机构的人员去掌管和运用的。如果管钱管物的人连“君子爱财，取之有道”等起码的道德意识都没有，必然会利欲熏心、贪污挪用、化公为私，这就必然动摇或削弱组织管理的物质基础。因此，如何规范财物管理人员的行为、加强财物管理方面的道德建设和道德教育，也是管理道德的一项非常重要的内容。

二、管理道德的特点及影响因素

(一)管理道德的特点

管理道德具有以下四个特点：

1. 管理道德具有普遍性

管理道德是人们在参与管理活动中，依据一定的社会道德原则和基本规范而提升、概括出来的管理行为的规范，它适用于各个领域的管理。无论是行政管理、经济管理、企业管理、文化管理，还是单位、部门、家庭和邻里的人际关系管理，都应当遵守管理道德的原则和要求。

2. 管理道德具有特殊的非强制性

人类最初的管理，属于人人都可以平等参与的管理，没有强制性。与之相应的调整管理行为的规范，即管理道德，也没有强制性。正如恩格斯所指出的：“酋长在氏族内部的权力，是父亲般的、纯粹道德性质的，他手里没有强制的手段。”人类社会进入阶级社会以后，管理被打上阶级的烙印，具有阶级的性质和内容。它依靠国家或组织的权力实行管理活动，具有强制的性质。但是，与此相适应的管理道德并没有改变其非强制性的性质。不过，管理道德在内容上侧重于调整和约束组织管理者的管理行为，在社会作用上则侧重于依靠被管理者的舆论来影响管理者的行为，从而调整管理者与被管理者之间的关系，使其具有特殊性。

3. 管理道德具有变动性

人类的管理活动是随着人类社会实践的发展而不断变化的，作为调整管理行为和管理关系的管理道德规范，也必然随着管理的变化和发展而不断改变自己的内容和形式。原始社会的公共事务管理，性质单纯、形式单一、内容简单、发展极其缓慢，与之相应的管理道德的内容也简单，规范也少，发展也缓慢。到了近代，随着管理内容的复杂化、管理方式的制度化和管理目标的多样化，与此相应的管理道德的内容也随之增加和丰富，形式也多样化了。特别是当代科学管理的迅速发展，进一步推动了管理道德的变化和发展。因此，如何在这种变动中适时调整管理道德的结构和层次，概括出反映新时代特点和当代科学管理水平的新的管理道德规范，以满足具有中国特色的社会主义管理发展的需要，就是摆在我们面前的一项新的任务。

4. 管理道德具有社会教化性

道德教化是一个古老的概念，重视教化是我国的优良传统。中国古代思想家大多重视德治，所以都强调道德教化的作用。孔子主张用"仁爱"的道德原则教化人，认为人只要做到"仁"，就能自爱，就能"爱人"，对人宽容。孟子发展了孔子的仁爱思想，提出"亲亲而仁民，仁民而爱物"的思想，认为"仁"就是"爱之理，心之德"。此外，儒家还把公正、廉洁、重行、修养、举贤、任能等看作"仁爱"教化的结果，要求管理者都应具备这些道德品质。当代中国的社会主义管理道德，应当吸收中国传统文化中合理的道德教化思想，高度重视管理道德的教化作用，尤其应当强调组织管理者的道德示范和引导作用，使管理道德的意识、信念、意志、情感更加深入人心，并化为人们的自觉行为，这对于有效促进社会主义管理目标的实现具有非常重要的作用。

(二)影响管理道德的因素

有效管理组织的道德行为必须考虑：组织中哪些因素对道德行为有帮助？哪些因素对不道德行为有影响？管理人员可以从哪些方面来改善组织的道德氛围？本书从组织内部和外部两方面分析影响管理道德的因素。

1. 外部因素

外部因素主要包括以下方面：

(1)早期教育。个人早期所受的教育、所处的生活环境，尤其是在幼、童年时期所处环境的熏陶、所受教育的程度对其今后观念的形成起到至关重要的作用，通过这时期感知、认知事物，其个人的道德观初步形成。"孔融让梨"就是早期教育对其道德影响的表现。

(2)企业的管理体制及制度。企业的管理体制是否有利于企业发展，企业的领导者是否为员工创造了一个工作、发展的平台，企业是否做到组织结构科学合理、规章制度健全完善、人才培训培养机制激励有效等，都对管理道德的形成起到了较大的作用。正如张瑞敏评价他在海尔扮演的角色时认为，"第一是设计师，即在企业发展中如何使组织结构适应企业发展；第二是牧师，即不断地布道，使员工接受企业文化，把员工自身价值的体现和企业目标的实现结合起来"。

(3)企业文化。一个企业有较强的、积极向上的企业文化，就可以抵御外来风险、化解内部矛盾。在走上市场经济之路以来，许多企业注重企业文化建设，形成了具有企业自身特色的文化，例如海尔文化，不仅使海尔的知名度进一步提升，而且使企业的凝聚力进一步加强，员工对客户的亲和力进一步增强，从而形成了海尔人良好的职业道德和行为准则。

(4)社会大环境。一定时期社会上大多数人的世界观和价值观也会从外部影响甚至改变个人的管理道德观。

2. 内在因素

内在因素的影响主要包括管理者自身的意志、能力、信念和责任感等。

(1)个人意志、能力和信念。个人意志坚强、能力较强、信念坚定的管理者对事物的判断往往比较准确，无论身处顺境还是逆境，无论外部诱惑如何，其大多数会在道德判断与道德行为之间保持较强的一致性，不会因一念之差而作出不正确的选择；反之，则会在道德判断与道德行为之间作出不正确的选择。

(2)个人责任感。责任感是个人对工作、企业、社会等所做出行为的负责态度。有较强责任感的人，往往是一个能自觉承担社会责任、积极履行职责并正确行使职权的管理者，他(她)敢于对自己的行为负责，很少出现违背道德准则的情况；反之，一个缺乏责任感的人，对自己行为的后果往往不愿承担责任，甚至认为“事不关己”，推卸责任，缺乏最基本的道德素质。

上述几种因素基本上决定了一个人管理道德观的形成，不同的管理道德观导致了不同的管理行为，造成各种各样的管理道德问题。

三、管理道德失衡的表现和成因

(一)管理道德失衡的主要表现

管理道德失衡主要表现在以下五个方面：

1. 企业与顾客的关系

比如欺骗性的广告宣传、生产不安全或有损健康的产品。有些经营者明知产品含有危害人体健康的成分，但故意向消费者隐瞒真相，而大力宣传其对消费者有利的一面；或信口开河、擅自夸大产品的功效。

2. 企业与竞争者的关系

比如假冒其他企业的商标，生产假冒伪劣产品，侵犯他人商业秘密，损害竞争对手的商业声誉，不遵守市场游戏规则，挖墙脚等。特别是企业间不讲信誉、彼此拖欠和赖账、不履行合同。

3. 企业与员工的关系

比如有些企业盲目追求利润，不顾员工的生存和工作环境，侵犯员工的健康权利；有些企业在招聘、晋升和报酬上采取性别、种族歧视，侵犯隐私；有些企业对员工的工作评价不公正、克扣薪水等。

4. 企业与政府的关系

比如财务欺诈、偷税漏费、官商勾结、商业贿赂、地方保护主义、国有企业改革中的“内部人”控制现象等。

5. 企业与自然环境的关系

比如企业为追求高利润，对治理污染采取消极态度，对排放“三废”等造成的污染不实施治理而是继续偷偷地排出。

(二)管理道德失衡的成因

管理道德失衡的成因，从客观上看，是因为市场经济不完善、竞争无序、信息传递滞后和扭曲等原因造成；从主观上看，是由于人们价值取向的混乱和思想认识上的偏颇，以及法治观念的落后和消费者自我保护意识不强等因素造成。归纳起来，主要原因有以下几点：

1. 经济体制不完善

在我国，由于市场经济体制还不完善，容易造成竞争无序，使企业管理道德缺乏约束，甚至出现经营活动缺乏公平竞争制度、经营游戏规则混乱的局面。在这种情况下，由于国家政策控制的原因，造成地区、行业、单位的竞争起点不同，从源头上造成了竞争无序；加上市场体系不完善，未能形成众多统一开放的全国大市场，使得地方保护主义泛滥，一些官员从当地经济发展和自己政绩、利益需要出发，非但没有取缔无序竞争，反而搞地区封锁和部门分割，纵容和包庇无序竞争。

2. 信息不对称

信息传递的滞后或扭曲，使企业管理失衡成为可能。经营活动中出现一些欺骗、失信现象的最直接原因就是信息不对称。在市场经济条件下，市场信息风云变幻，使得信息难以控制。拥有信息多的一方就可能欺骗另一方，加上媒体广告片面宣传，为不法企业欺诈行为开了方便之门。只要有利可图，或者欺诈带来的收益大于为进行欺诈所付出的成本，欺骗、失信就会继续下去。这样，就造成了企业管理道德的失衡。

3. 企业价值取向的偏颇

建立社会主义市场经济的目的是为了满足人民群众日益增长的物质文化需要。社会主义市场经济的道德价值观，仍然是坚持集体主义原则，以全心全意为人民服务为核心。然而，在经济转型的特殊环境条件下，部分企业价值取向出现了偏颇，过分强调企业利润最大化，功利主义趋向严重，忽视甚至侵害他人的利益。这些企业为了私利，不择手段、违法经营，使企业丧失道德，逃避责任，造成企业管理道德的失衡。

4. 消费者自我保护意识不强

相对于经营者而言，消费者处于弱势地位。为此，国家颁布了一整套法律制度，目的是为了保护消费者的人身财产安全、维护公平交易和消费者切身利益。然而由于消费者法治观念落后，自我保护意识薄弱，许多消费者面对立法内容无从掌握和运用，使得许多法律规定成为一纸空文。这样，消费者的行为往往姑息迁就了企业不道德的经营行为。

四、管理道德氛围的营造

在组织中营造公正、平等、合作、友好、尊重、参与的企业管理道德氛围，需要抓好管理道德教育，提炼、规范管理道德准则，树立典型、加强引导，将管理道德行为列入岗位考核内容。

(一)抓好管理道德教育

首先是提高管理道德认识，包括管理者对其管理的地位、性质、作用、服务对象、服务手段等方面的认识。只有提高对管理道德的认识，才能在思想上重视、在行动上实施、在发展中提升管理道德。

其次是培养管理道德情感，就是管理者在处理自己和职业的关系及评价管理行为过程中形成的荣辱好恶等情绪和态度。管理道德情感一经形成，就会成为一种稳定而强大的力量，积极影响人们管理道德行为的形成和发展。

再次是锻炼管理道德意志，就是人们在履行管理义务的过程中所表现出来的自觉克服一切困难和障碍，作出选择的力量和精神。

最后是坚定管理道德信念，就是管理者对所从事的管理工作所应具备的道德观念、道德准则和道德理想有着发自内心的真诚信仰。

(二)提炼、规范管理道德准则

管理道德建设的过程，就是管理者管理道德素质形成和不断完善的过程，这需要管理者把管理道德认识、管理道德情感、管理道德意志和管理道德信念等与所从事的管理工作、企业的实际情况等结合起来，注重吸收西方道德观中合理的成分，广泛继承中华民族传统道德观的精华，提炼出体现管理特色的管理道德准则，使管理者了解、明确管理道德规范，认清管理道德的标准和行为准则，以利于管理者良好管理道德的形成。

(三)树立典型，加强引导

在管理道德建设过程中，树立典型、发挥榜样示范的作用，是激励人们自觉规范道德行为的有效途径。

一方面，注重发挥企业领导者管理道德的表率作用。企业领导者是企业的精英，特别是高层管理者，其模范、表率行为对其他管理者管理道德的形成具有更直接的效果。树立领导者良好的管理道德，对推动整个企业管理道德的形成起着举足轻重的作用。

另一方面，树立典型人物，做好舆论导向，发挥引导作用。现实生活中涌现出来的典型人物，他们的感人事迹、所表现出来的道德品质是人们所景仰的，在这些典型人物身上也充分体现了优秀的管理道德。因此，大力宣传典型，把道德规范人格化，有利于使管理者以典型人物为榜样，学习典型人物的人格，激发自身去追求典型人物所拥有的优秀的理想人格，并且以这种理想人格为标准塑造自己，促进管理者管理道德水平的形成和提高。

(四)将管理道德行为列入岗位考核内容

管理者是否具有管理道德，不是看其能够背诵多少条管理道德的规范条款，而要看他是否能理解管理道德，把管理道德要求与自己的工作结合起来，落实到具体工作中，形成稳定的职业行为。管理道德规范化、制度化，就会成为管理者的习惯行为，就会在管理工作中发挥巨大作用，也必将在企业内形成良好的道德风尚，使企业步入良性发展轨道。因此，企业应将管理道德建设纳入管理者岗位考核内容之一，加强检查、考核、奖惩，使每一个管理者不断地自我对照准则检查，不断地修正自己的行为，最终养成良好的管理道德行为。

管理者是管理道德的主体，管理道德是对管理者行为的规范和制约，一个合格的管理者也必然是一个有道德的管理者，做有道德的管理者，应该是每一个管理者的职业准则。在当今时代，管理者和企业应注重开展和加强管理道德培育，提高管理者的管理道德，使管理者有所为、有所不为，养成良好的管理道德行为，从而有效地提升企业管理水平，获取更大的效益，实现长效发展。

第三节　企业社会责任

一、企业社会责任的概念

(一)企业社会责任的历史发展

1924 年，谢尔顿在其著作《管理的哲学》中最早提出了“企业社会责任”的概念。此后几十年，关于企业社会责任的理论不断发展丰富。

20 世纪 70 年代初，在社会议题管理领域，特别是在企业应当承担何种社会责任的讨论中出现了两派针锋相对的观点：一方是获得诺贝尔经济学奖的美国著名经济学家米尔顿·弗里德曼，他代表经济学的传统观点，认为企业的唯一责任是为股东创造利润。而另一方在沿袭“企业应该自愿地承担社会责任”的观点后，艾尔斯和沃顿(1961)进一步丰富了社会责任的内涵，他们的社会责任观是：“当人们谈及公司的社会责任时，他们所考虑的是由于企业对社会的影响所产生的问题，以及应该如何确立适当的伦理原则来约束公司和社会的关系。”戴维斯和布罗穆卓姆(1975)则指出：“社会责任就是决策制定者在追求自身利益的同时，有义务采取措施保护和促进社会整体的福利。”他们建议企业应采取两种行为来唤醒社会责任感：第一，企业应该保护社会福利，这意味着避免社会的消极影响；第二，企业应该改善社会福利，这意味着为社会创造积极的利益。麦克盖尔(1963)提出，企业应该把自己的社会责任视同为经济和法律的义务：“根据社会责任的观点，公司不仅负有经济和法律的义务，它们还应该在这些义务之外对社会承担一定的责任。”但是麦克盖尔并没有明确指出在这些经济和法律义务之外的责任到底是什么。塞西(1975)对此做了补充。他认为，社会责任“意味着把企业行为提高到一个符合普遍的社会规范、价值和期望的层次上”。为了有助于使企业的经济责任和社会责任协调一致，在麦克盖尔和塞西定义的基础上，卡罗尔(1979)给出了一种定义，试图把两种责任结合起来。他指出：“企业的社会责任包括在某一时间点上社会对企业的经济、法律、伦理和合理期望。”这个定义为人们理解社会责任提供了定性的标准，以确定企业对社会承担义务的本质和类别。企业社会责任的第一种形式是经济责任。企业有责任提供社会所需要的商品和服务，与此同时，企业可以获取一定的利润，因为只有企业具有了经济实力，才可能履行其他的社会责任。为了履行经济责任，企业必须提高效率，做出明智的战略决策。企业社会责任的第二种形式是法律责任。企业在追求经济利益的同时，还必须遵守法律。社会经济制度允许企业在一定的利润水平上提供商品和服务，同样，社会也制定了企业必须遵守的商业规则——法律和法规，这些法律法规对商业决策、行为和实践的某些期望设置了“强制性的伦理规范”。企业社会责任的第三种形式是伦理责任。虽然在企业的经济和法律责任中也有道德的成分，但是伦理责任还不止这些，它还确定了一些社会成员所期望或禁止的活动和实践的义务，虽然这些活动和实践也许并没有变成法律条文。因此，伦理责任体现了有关商业行为的规范、标准或期望的范围，它反映了对主要的利益相关者(如消费者、雇员、团体、业主)及其他人是否公平或公正。企业社会责任的第四种形式是慈善责任。社会希望企业通过商业经营或慈善事业来为社会的繁荣作贡献，从而成为一个优秀的企业公民。如为慈善事业捐款捐物，发起“资助一个贫困学生的活动”，在社区内推行企业家贷款，为吸毒者开展戒毒运动，赞助民间活动，等等。

进入21世纪，企业社会责任已呈现出新的面貌。一方面，企业要创造经济价值，为股东和投资人赚取利润；另一方面，企业要创造社会价值，不仅是依法纳税与做好环保、维护劳工权益，还要热心慈善公益和社区参与。作为一个现代企业的经营者，表面看起来责任沉重，但是，当一个企业真诚地用心全方位关怀社会，社会大众也会处处帮助这家企业发展壮大。因此，现代企业应该将创造社会价值等同于为投资人创造财富，有完善的战略规划，用心经营与管理，而且要让每一位员工充分认知和参与，为公司赚钱和关怀社会几乎是同等重要的。事实上，一个企业经营失败，社会整体的损失往往大于股东的投资。迈克尔·波特在接受台湾《天下杂志》企业公民专访时，对企业社会责任的新含义特别指出：网络科技和地球村时代来临，各国政府、公益组织和媒体越来越要求企业需要对其经营行为的社会后果负起责任。作为回应，企业社会责任在每一个国家都已经成为企业领导者不可规避的首要问题。然而，我们却经常看到，企业社会责任的努力没有取得预想的效果。原因很多，但可归纳为以下两种：第一，这些活动建立在公司和社会对立的假设前提下，而事实上两者是相互依存的；第二，这些活动强迫公司通过十分普通、没有差异的活动去履行社会责任，而不是根据每个公司的特点以及考虑每个公司的核心价值来做企业社会责任活动。结果是，此类活动与企业战略规划完全割裂开来，没有真正抓住让公司为社会服务的难得机会。这是何等浪费啊！如果公司能够用他们选择核心业务那样的方法和框架来分析企业社会责任的机会，他们就会发现，企业社会责任其实并不简单意味着成本、约束或者说是慈善活动的需要，而是企业实现创新和提高竞争优势的潜在机会。

迈克尔·波特教授提出了一个全新的视角，指出社会福利和企业增长并非是一种零和博弈。企业要将企业社会责任看作是一种机会，而不是一种危机控制的手段或者公关手段。

迈克尔·波特教授在《天下杂志》专访中特别用丰田汽车在环保方面的成就为例证，他说：事实上，当资讯科技进入一个崭新的时代，由多数员工一同来打造的企业社会责任报告已经不是一件难事，特别是由一个企业内不特定群体透过Web2.0参与互动，通过共同理念、知识和智慧的累积打造的报告，才会呈现真诚感人的一面。Web2.0鼓励资讯利用者通过参与、互动与分享，使可供分享的资源变得更丰富，尤其是同一公司内不特定精英群体的互动，不但会激起对社会关怀深层的认知，甚至会带来具有高度商业利益的创意。譬如非营利团体多属弱势族群，当一家公司关怀某一特定弱势族群，或者关怀某一特定社区时，会无意中发现，当中存在着意想不到的商机。

(二)企业社会责任的定义

在经济全球化的进程中，资本处于明显的强势。在各国经济发展中，企业的作用日益强大，企业所有者和经营者掌握着大量资源，企业的一举一动对所在社区、城市乃至一国经济社会的发展都产生着重要影响。因此，企业社会责任与经济全球化相伴，成为社会公众关注的一个热点。国际上对企业社会责任概念的表述差异很大，至今仍未形成统一的定义。

本书采用著名的达沃斯论坛对"企业社会责任"下过的一个定义：企业社会责任是指企业在创造利润、对股东承担法律责任的同时，还要承担对员工、消费者、社区和环境的责任。企业的社会责任要求企业必须超越把利润作为唯一目标的传统观念，强调要在生产过程中对人的价值的关注，强调对消费者、对环境、对社会的贡献。

这一定义包括四个方面的含义：第一，好的公司治理和道德标准，包括遵守法律、规则和国际标准，防范腐败贿赂；第二，对人的责任，包括员工安全计划、就业机会均等、反对歧视和薪酬不公平等；第三，对环境的责任，包括维护环境质量、使用清洁能源、共同应对气候变化和保护生物多样性等；第四，对社会发展的广义贡献，包括举办、参与慈善和捐赠活动等。这个定义较为全面地概括了企业社会责任的主要内容，也为企业在获取经济利益之外的行为指明了方向。

二、企业社会责任的作用

在我国，改革开放使中国经济得到了长足的发展，然而在取得重大成就的同时也出现了一系列新的问题，例如贫富差距加大，资源浪费、环境污染现象严重，有些企业员工工作生活环境恶劣、待遇差等，在这样的背景下，社会期望企业能够承担起更多的社会责任。当代最著名的美国管理学家德鲁克明确指出："企业的目的必须在企业本身之外，事实上，企业的目的必须在社会之中，因为工商企业是社会的一种器官。"企业如何赚钱、赚怎样的钱，这其中就有对社会责任的考量。因此，需要明确企业的社会责任。

(一)企业社会责任的明确有助于解决就业问题

除了通过增加投资、新增项目、扩大就业外，最重要的是提倡各企业科学安排劳动力，扩大就业门路，创造不减员而能增效的事例，尽量减少把人员推向社会而加大就业压力。过去只有ISO9000和ISO14000国际认证标准体系，现在对企业社会责任也有了一个旨在解决劳动力问题、保证工人工作条件和工作环境的国际认证标准体系。这一标准明确规定了企业须保证工人的工作环境干净卫生、消除工作安全隐患、不得使用童工等，切实保障了工人的切身利益。目前许多企业积极履行社会责任，努力获得ISO8000国际认证，不仅可以吸引劳动力资源，激励他们创造更多的价值，更重要的是通过这种管理，可以树立良好的企业形象，获得美誉度和信任度，从而实现企业长远的经营目标。从这个意义上讲，企业履行社会责任有助于解决就业问题。

(二)企业社会责任的明确有助于保护资源和环境，实现可持续发展

企业作为社会公民，对资源和环境的可持续发展负有不可推卸的责任，而企业履行社会责任，通过技术革新，首先可以减少生产活动各个环节对环境可能造成的污染，同时也可以降低能耗，节约资源，降低企业生产成本，从而使产品价格更具竞争力。企业还可通过公益事业与社区共同建设环保设施，以净化环境、保护社区及其他公民的利益。这将有助于缓解城市经济发展与环境污染严重、人居环境恶化之间的矛盾。

(三)企业履行社会责任有助于缓解贫富差距，消除社会不安定隐患

一方面，大中型企业可集中资本优势、管理优势和人力资源优势对贫困地区的资源进行开发，既可扩展自己的生产和经营，获得新的增长点，又可弥补贫困地区资金的不足，解决当地劳动力和资源闲置的问题，帮助当地脱贫致富。另一方面，企业也可通过慈善公益行为，帮助落后地区的人民发展教育、社会保障和医疗卫生事业，既解决当地政府因资金困难而无力投资的问题，帮助落后地区逐步发展社会事业，又可通过公益事业达到无与伦比的广告效应，提升企业的形象和消费者的认可程度，提高市场占有率。

三、企业履行社会责任的内容

第一，企业应该承担并履行好经济责任，为极大丰富人民的物质生活、为国民经济的快速稳定发展发挥出自己应有的作用。最直接地说就是盈利，尽可能扩大销售，降低成本，正确决策，保证利益相关者的合法权益。

第二，企业在遵纪守法方面做出表率，遵守所有的法律、法规，包括《环境保护法》、《消费者权益保护法》和《劳动保护法》。完成所有的合同义务，带头诚信经营，合法经营。带动企业的雇员、企业所在的社区等共同遵纪守法，共建法治社会。

第三，伦理责任是社会对企业的期望，企业应努力使社会不遭受自己的运营活动、产品及服务的消极影响。加速产业技术升级和产业结构的优化，增大企业吸纳就业的能力，为环境保护和社会安定尽职尽责。

第四，企业的慈善责任。现阶段构建和谐社会的一个重要任务是要大力发展社会事业。教育、医疗卫生、社会保障等事业的发展直接关系到人民的利益，也直接决定着社会安定、和谐与否。很多地方在发展社会事业上投资不足或无力投资，这就需要调动一切可以调动的资本，企业应充分发挥资本优势，为发展社会事业、成为一个好的企业公民而对外捐助。支援社区教育，支持健康、人文关怀、文化与艺术、城市建设等项目的发展，帮助社区改善公共环境，自愿参与社区工作。

四、企业承担社会责任的步骤

进入 21 世纪以来，无论在国际还是在国内，要求企业承担社会责任的呼声一浪高过一浪，由于立场和角度的不同，虽然每年年终许多企业家或以单独的社会责任报告的形式，或在做工作总结时，都会声称我们公司积极承担了社会责任……然而，作为企业社会责任主角的企业家们内心却不免彷徨，企业应当如何承担这些社会责任，才能在各方利益相关者之间、在企业的短期利益和长期战略之间取得平衡？

企业积极主动地承担社会责任固然意义重大，令人称道。但是，如果不顾及自身实力对社会责任大包大揽，最终，社会责任就会成为企业经营中的不能承受之重。

由于企业性质、规模、所属行业以及盈利能力的不同，每个企业所承担的社会责任也不尽相同。民营中小型企业、处于初创期的企业以及盈利能力薄弱的企业，要做到遵纪守法，满足法律的最低要求；国有大中型企业，以及位居行业内领先地位的、处于发展成熟期的、盈利能力强的企业，特别是对于那些即将或者正在实施国际化经营的企业来说，则要尽可能高标准地多承担一些社会责任。

企业承担社会责任不可能一蹴而就，对一般企业而言，可以按以下步骤逐步履行社会责任，直至将社会责任纳入企业经营战略。

第一步，教育管理层及员工，宣传普及企业社会责任的相关知识，将承担社会责任融入企业核心价值观。

第二步，将企业社会责任融入组织的策略和运营中。

可以将企业社会责任的融入过程分为四个阶段，参见图3－1。

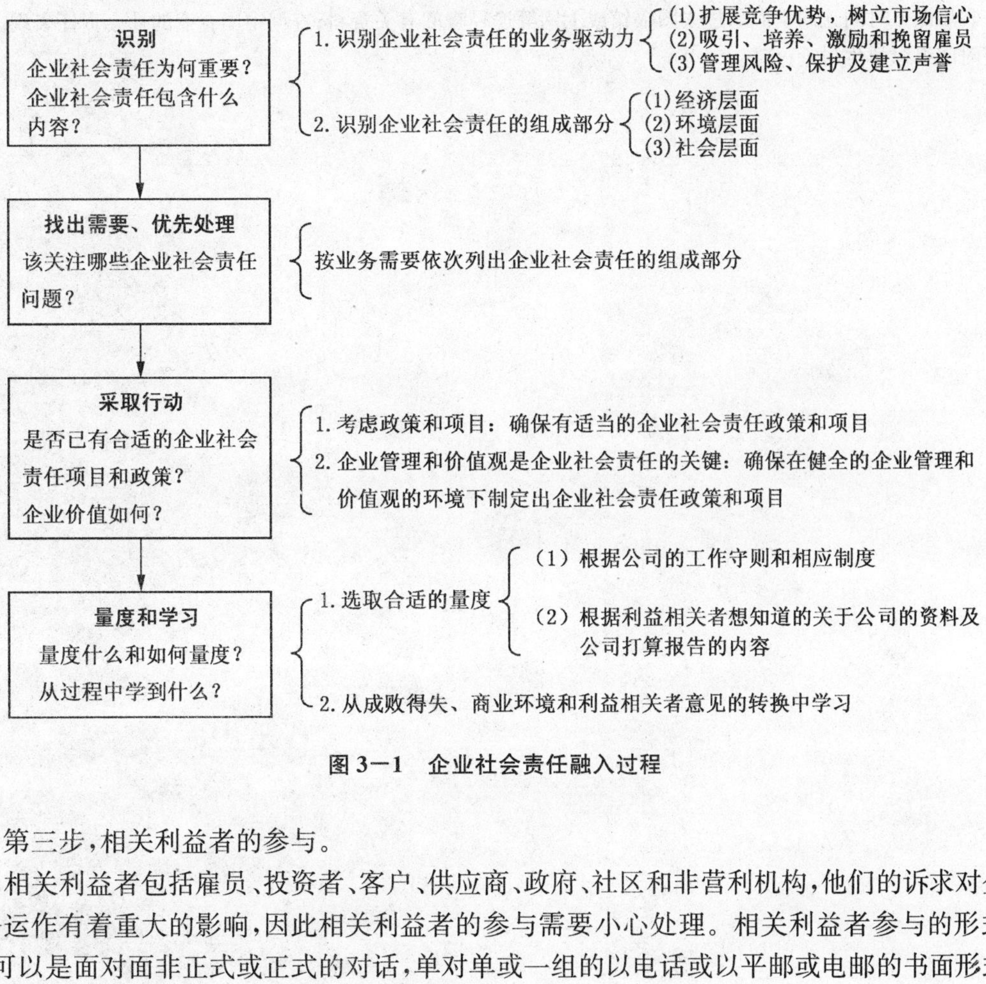

图3－1　企业社会责任融入过程

第三步，相关利益者的参与。

相关利益者包括雇员、投资者、客户、供应商、政府、社区和非营利机构，他们的诉求对企业业务运作有着重大的影响，因此相关利益者的参与需要小心处理。相关利益者参与的形式很多，可以是面对面非正式或正式的对话，单对单或一组的以电话或以平邮或电邮的书面形式的交流。企业在与相关利益者对话时应遵循平等和互惠互利的原则。

第四步：传达企业社会责任的信息。

传达企业社会责任的益处良多，企业必须弄清对外的最佳沟通方式，在大多数商业情况下，都会有一套传达企业社会责任信息的沟通方式。

思考题

1. 一般环境和特殊环境各包含哪些因素？
2. 影响管理道德的因素有哪些？

3. 企业社会责任的作用是什么?

4. 举例说明现实生活中哪些企业缺乏社会责任。

实践练习

对于你来说,企业社会责任意味着什么? 你认为工商企业应该承担社会责任吗? 为什么?

利用课下时间让同学们通过去图书馆或上网等途径查阅有关资料;查询中国企业的社会责任表现。抽出一定时间组织学生讨论、交流。

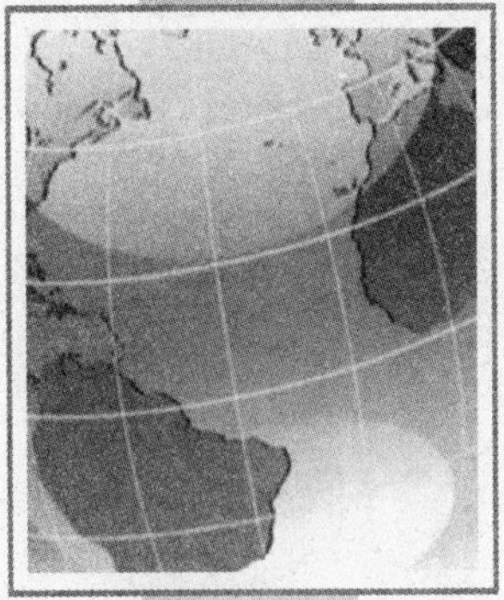

第二篇：管理职能篇

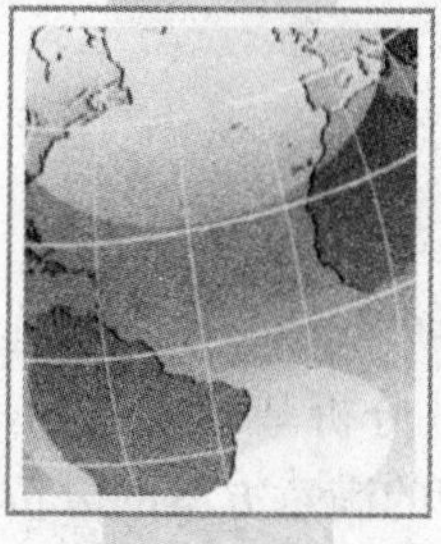

第四章 决 策

本章重难点

1. 决策的含义及原则
2. 决策类型
3. 决策程序与决策的影响因素
4. 决策方法：头脑风暴法、德尔菲法、决策树法

走进管理：

上海通用汽车有限公司的决策

1997 年 6 月，上海通用汽车有限公司(SGM)在上海浦东成立，一期总投资达 15.2 亿美元。该公司由美国通用汽车公司与上海汽车工业(集团)总公司各投资 50%共同设立。SGM 的业务主要是制造与销售整车、发动机和变速箱，其生产制造以世界级的技术和世界级的设施为后盾。SGM 的五大车间——总装、动力、冲压、车身和油漆车间，坐落于面积达220 000平方米的高科技厂区内。

1999 年 4 月，SGM 正式投产三款中高档别克中型轿车——别克新世纪、别克 GLX 和别克 GL。2000 年 5 月，SGM 又推出为追求驾驶乐趣的用户而特别设计的别克 GS 轿车和商务旅行车别克 GL8。同年 8 月，一款较小排量的别克 G 型车面世，成为别克家族的又一新成员。

2000 年 12 月 12 日，SGM 的首款紧凑型轿车别克赛欧正式下线，并于 2001 年 6 月起上市。

SGM 同时应用了包括柔性工艺和精益生产在内的诸多先进的工艺和程序，实现了轿车和旅行车共线生产。SGM 高度注重环境保护，采用当今汽车工业所采用的一些最先进的污染控制设备与技术，其中包括污水排放与处理技术。在 SGM，与其生产制造设施和程序相辅相成的是一个高效率、高质量的销售、售后服务与零配件供应网络。SGM 根据市场需求，灵活掌握产品的产量，它在全国范围实行统一售价，以充分保证顾客的利益。

2002 年 7 月，通用汽车公司宣布，当年上半年其在中国市场上的销售量达到47 818辆，比上年同期增长 189%。该公司中国集团董事长兼 CEO 墨菲称，SGM 的成功在很大程度上归功于公司迅速推出新产品以满足中国客户各种需求的举措。

资料来源：http://www.shanghaigm.com。

讨论题：该公司根据内外部环境的变化采取了哪些措施来发展自己？

第一节　决策概述

一、决策的含义及原则

(一)决策的概念

所谓决策,就是为使未来行动目标优化或至少达到某种满意程度,在两个或两个以上备选方案中选择一个最佳方案并组织实施的过程。这是一个建立在环境和条件分析基础之上的,对未来的行为确定目标、对若干可行性方案进行选择,并选定一个优化合理的满意方案的分析决断过程。它包含几层含义:

(1)决策的主体是管理者。决策的主体既可以是单个的管理者,也可以是由多个管理者组成的管理集体或小组。

(2)明确的目标性。任何决策都要以实现组织总目标并使目标优化为出发点。目标是组织在未来特定时限内完成任务程度的标志。决策就是为了实现特定目标的活动,无目标的决策就是盲目的决策。

(3)显著的选择性。决策的中心含义是"选择",任何活动不涉及"选择"就不是现代管理所说的决策。如果只有一种方案,就没有选择的余地,也就无所谓决策。

(4)决策是一个完整的过程。一般来说,包括在决策前提出问题、搜集资料、预测未来、拟定方案、优选方案,以及在决策实施中进行追踪等在内的完整过程。

(二)决策的基本原则

1. 满意原则

决策遵循的是满意原则,而不是最优化原则。对决策者来说,要想使决策达到最优,首先要容易获得与决策有关的全部信息;其次要真实了解全部信息的价值所在,并据此制定所有可能的方案;最后还要准确预期到每个方案在未来的执行结果。

2. 以上条件在现实中往往难以实现

(1)组织内、外部存在着对组织的现在和未来都会直接或间接地产生某种程度影响的因素,但决策者很难收集到反映这一切情况的信息。

(2)对于收集到的有限信息,决策者的利用能力也是有限的,因此决策者只能制定出数量有限的方案。

(3)任何方案都要在未来实施,而人们对未来的认识是不全面的,对未来的影响也是有限的,从而决策时所预测的未来状况可能与实际的未来状况有出入。

(三)决策的依据

进行科学决策必须要有一定的科学依据。一般而言,决策需要考虑以下三个依据:

1. 事实依据

这里所说的事实是指决策对象客观存在的情况,包括决策者对这种情况的了解和认识。主要强调的是决策对象存在的客观性,也就是要实事求是。事实是决策的基本依据,如果决策离开了事实这个依据,那么这个决策就会偏离现实,而不能达到决策者所要实现的最终目的。在决策中,只有把决策对象的客观存在情况了解清楚,才能真正找到目标与现状的差距,才能找到组织中存在的问题及其根源,并针对问题提出可行的解决方案。否则,就会使决策偏离正确的方向,失去它原本的作用。

2. 价值依据

所谓价值，是指决策者的价值观、伦理道德和某些心理因素。虽然这些因素带有主观性，但是价值判断、伦理和心理因素在决策中是有影响作用的，由于不同的决策者有着不同的价值观、知识结构、心理素质和文化背景，他们对相同的问题会采取不同的解决方法，对决策方案也会有不同的选择。

3. 环境、条件依据

所谓环境和条件依据，是指决策对象事实因素和决策者价值因素以外的各种因素，如自然条件、资源条件、社会制度条件、科学技术条件以及人们的文化传统和风俗习惯等。由于这些因素对整个决策——包括决策目标的确定、决策方案的选择以及决策方法的应用等——都起着制约作用，所以在进行决策时必须将以上因素考虑到决策中。

二、决策类型

(一)按决策问题的作用范围分类，可分为战略决策、战术决策和业务决策

1. 战略决策

战略决策是有关组织全局利益和长远利益的决策。这类决策对组织的生存与发展将产生决定性影响，并作用于一个较长的时期。企业的投资方向、产品更新与设计等重大问题的决策属于战略决策。战略决策过程所需考虑的环境因素变化较大，不仅要依赖于数学模型及技术，而且更需要将定量分析和定性分析并重。战略决策主要由组织最高管理层负责进行。

2. 战术决策

战术决策是指实现战略决策过程中的具体决策。其作用范围比较小，影响的时间也要短一些，比如像物资采购、资源配置、企业的营销计划、财务决策等，这些都是在一个短时期内的决策。战术决策不直接决定企业的命运，但决策行为的质量在很大程度上影响组织目标的实现程度和组织效率的高低。战术决策大多由组织的部门经理等中层管理人员负责进行。

3. 业务决策

业务决策是为提高业务活动而进行的决策，针对的是短期目标，具有很大的灵活性。业务决策技术性强、时间紧，大多由初级管理层负责进行。业务决策的主要内容有：工作任务的日常分配与检查、工作日程的监督与管理、岗位责任制的制定与执行、企业的库存控制、材料采购等方面的决策。

以上决策的划分往往与一个单位的管理层次有关，如图 4－1 所示。

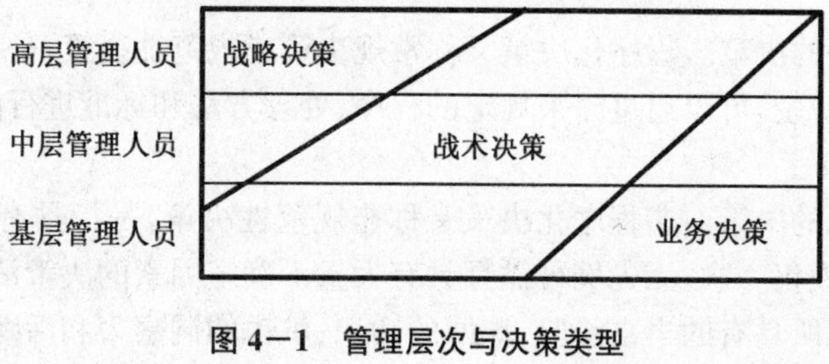

图 4－1　管理层次与决策类型

战略决策、战术决策和业务决策是决策体系中不同层次的具有从属关系的三类不同的决策。这三类决策相互依存又相互补充。业务决策是基础，战术决策是实现战略决策必需的步骤和环节，而战略决策又是战术决策和业务决策的前提。三类决策中，上、下两个层次之间没有绝对明晰的界限，与企业组织的三个不同管理层次也并非一一对应关系。

(二)按决策问题所处的条件分类，可分为确定型决策、风险型决策、非确定型决策

1. 确定型决策

首先，确定型决策是指在可供选择的方案中只有一种决策是合理的。也就是说，信息资料是确定的，决策的条件是确定的，可供选择的方案之间的优劣比较和预期结果是明确的，甚至可以通过数学方法来确定合理的决策。如企业的作业计划、项目管理中的日程安排、设备修理计划等类型的决策（如盈亏平衡点法、线性规划）。

2. 风险型决策

即决策事件未来出现哪种自然状态的概率决策者不能肯定，但可大致估计出其出现的概率，且不同的行动方案在不同的自然状态下的损失或利益可以计算出来。在这种情况下所做的决策具有一定的风险性（如决策树法）。

3. 非确定型决策

即在外部条件不可预测，信息不确定，未来出现各种自然状态完全是随机的，连可能的概率也不知道时所做出的决策。非确定型决策尽管也用到数学方法，但做出最终决策主要还是依靠决策者的经验和判断。例如，某企业为了扭亏为盈，需要开发新产品，因为新产品的市场需求情况不确定，所以对成功的概率到底有多大就带有很大的偶然性，这个决策就属于非确定型决策（如乐观原则、悲观原则、最小后悔值）。

(三)按决策依据的信息性质分类，可分为定性决策和定量决策

1. 定性决策

定性决策是当决策的内外部信息不能用确切的数量表示时，主要依靠决策者的经验、知识和判断做出的决策。在决策过程中，这种无法用数量描述的概念（信息）是大量存在的，尤其是较高层次的战略决策——概念开发——更是如此。

2. 定量决策

定量决策是可以根据具体数据资料，运用一定的决策方法，通过数学计算得出结果的决策。定量决策虽然是人们一直追求的目标（这种追求大大促进了管理学的发展），但现在人们已经认识到，对不断发展着的社会，要想把所有决策问题全部量化是不可能的。人们的认识在不断提高，将非量化的形式转化成量化的形式的手段也在不断进步，但是在现实的所有决策中排除一切定性的信息是困难的。

(四)按决策的重复程度分类，可分为程序化决策、非程序化决策

1. 程序化决策

即处理例行问题的决策。程序化决策又称常规决策或规范性决策，是指经常发生的、决策目标明确、判断标准清楚，可以通过原来规定的程序、处理方法和标准进行的决策。

2. 非程序化决策

即处理例外问题的决策。非程序化决策又称非规范性决策，是指具有极大的偶然性和随机性、发生次数较少或仅一次、无先例可循且具有大量不确定因素的决策活动。这类决策需要依赖最高决策者本人所具有的丰富经验、渊博的知识、敏锐的洞察力和活跃的思维等方面的个人素质。例如，新产品营销战略、组织结构变革等决策均属于非程序化决策。

(五)按决策的主体分类，可分为个体决策、群体决策

1. 个体决策

个体决策主要靠个人的价值观、知识、经验以及个人所掌握的情报信息进行决策。在一个组织中，个体决策所涉及的主要问题是：个人是否愿意对组织作出贡献？个人努力的程度如何？这种决策决定了个人是否是或者是否继续是该组织的贡献者。个体决策的优点是：(1)具有合理性，因为它具有决策效率高、简便、迅速、责任明确的特点；(2)个体决策的创造性较高，适用于工作不明确、需要创新的工作。其局限性是：(1)个体决策所需要的社会条件难以完全具备，其具体表现是难以找到杰出的个体决策者，那些具备条件的个人又不一定能成为掌握权力的个人决策者；(2)决策者受个人经验、知识和能力的限制。

2. 群体决策

群体决策是为充分发挥集体的智慧，由多人共同参与决策并制定决策的整个过程。其中，参与决策的人组成了决策群体。

群体决策的优点：(1)更完全的信息和知识。通过综合多个个体的资源，我们可以在决策过程中拥有更多的信息。(2)增加观点的多样性。除了更多的投入以外，群体能够给决策过程带来异质性。这就为多种方法和多种讨论提供了机会。(3)提高了决策的可接受性。(4)增加合法性。群体决策过程与民主理想是一致的，因此被认为比个体决策更合乎法律要求。如果个体决策者在进行决策之前没有征求其他人的意见，决策者的权力可能会被看成是独断专行。群体决策的局限性表现为浪费时间、从众压力、少数人控制、责任不清等。

三、决策理论

(一)代表人物

赫伯特·西蒙，美国管理学家和社会科学家，在管理学、经济学、组织行为学、计算机科学等方面都有较深的造诣。

西蒙早年就读于芝加哥大学，1943 年获得博士学位。自 1949 年起担任美国卡内基－梅隆大学计算机与心理学教授。他由于“对经济组织内的决策程序所进行的开创性研究”而荣获 1978 年诺贝尔经济学奖。

西蒙是管理决策理论的创始人。他提出了管理的决策职能，并建立了系统的决策理论。这一理论被公认为是关于企业实际决策的独创见解。其管理决策理论的核心概念和根本前提是“有限理性”原则，这是西蒙决策理论的重要基石之一，也是他对经济学的一项重大贡献。

西蒙的决策理论，纠正了此前理性选择设计的完美性偏差，从而拉近了理性选择预设条件与现实生活理性局限之间的距离。瑞典皇家科学院认为：西蒙对组织内决策的观察和研究看起来似乎比不上古典利润最大化理论那么优美，却提供了对某些管理领域的理解和预测更可行的方法。也就是说，西蒙不是追求理论的更加漂亮，而是追求理论的更加实用。

在西蒙的众多学术著作中，《管理行为》是其决策理论的重要代表作。这本书出版于 1947 年，被誉为社会科学思想方面最具影响力的经典著作之一。赫伯特·西蒙在管理决策理论上的开创性研究，使他的名字深深刻在了管理思想史上。

(二)主要观点

1. 管理就是决策

传统观点认为，决策是高层管理人员的事，是用来解决经济管理中的发展目标和经营方针等重大问题的。西蒙等人认为，管理活动的全部过程都是决策的过程。确定目标、制定计划、选择方案是经营目标及其计划决策；机构设计、生产单位组织、权限分配是组织决策；计划执行情况检查、在制品控制及控制手段的选择是控制决策。决策贯穿于整个管理过程，所以管理就是决策。

2. 满意决策原则

在西蒙以前，古典经济学理论的基本命题是完全理性与最优化原则，认为决策者趋向于采取最优策略，以最小代价取得最大收益。西蒙认为，事实上这是做不到的。因为人的认知能力单纯，人行为的复杂性只是反映了所处环境的复杂性，在这样的环境中，人不可能做出最优决策。由于现实生活中很少具备完全理性的假定前提，人们通常需要一定程度的主观判断来进行决策。也就是说，个人或企业的决策都是在有限理性的条件下进行的，以满意为决策正确与否的标准。

第二节　决策过程

一、决策程序

决策的步骤具体如图 4－2 所示。

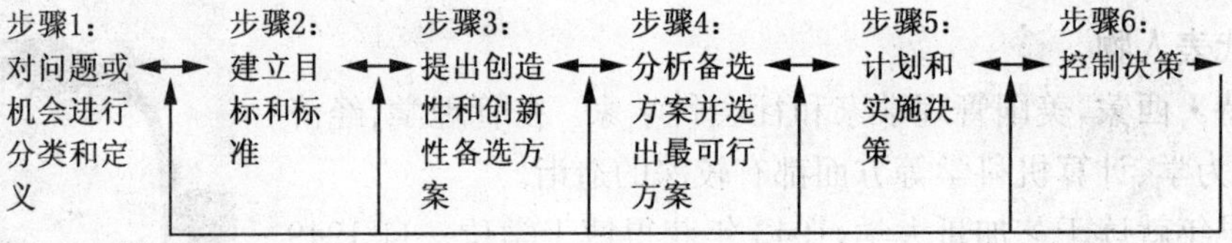

图 4－2　决策的步骤

图 4－2 所示的这些步骤并不是简单地从开始到结束，在每一步都有可能会回到前面的步骤去做一些改变。例如，在进行第六步的控制时发现决策并没有按照第五步的计划实施，你可能就要退回到前面的步骤，通过提出和选择新的方案或者改变目标来纠正行动。如果没有正确界定问题，你可能需要回到原点。按照决策步骤并不能保证做出好的决策，但是采用这些步骤将会增加你解决问题和决策的成功机会。

二、影响因素

（一）环境

环境的特点影响着组织活动的选择。就企业而言，如果市场相对稳定，则今天的决策基本上是昨天决策的翻版和延续；而如果市场急剧变化，则需要经常对经营方向和内容进行调整。处在垄断市场上的企业，通常将经营重点放在内部生产条件的改善、生产规模的扩大以及生产成本的降低上；而处在竞争市场上的企业，需要密切关注竞争对手的动向，不断推出新产品，努力改善促销宣传，建立健全销售网络。

对环境的习惯反应模式也影响着组织活动的选择。对于相同的环境，不同的组织可能做出不同的反应。而这种调整组织与环境关系的模式一旦形成，就会趋于稳定，限制着决策者对行动方案的选择。

(二)过去的决策

一般情况下,决策不是一张白纸上的初始决策,而是对初始决策的完善和调整或改变。过去的决策是目前决策的起点;过去方案的实施,给组织内部状况和外部环境带来了某种程度的变化,进而给“非零起点”的目前决策带来了影响。如果过去的决策是由现在的决策者做出的,决策者考虑到要对自己当初的决策负责,就不愿意对组织活动作出重大调整,而倾向于将大部分资源继续投入到过去方案的实施中,以证明自己的一贯正确。相反,如果现在的决策者与过去的决策没有什么关系,那么重大改变就可能被其接受。

(三)决策者对风险的态度

决策者对风险的态度影响其对方案的选择。人的理性是有限的,决策者对未来的预知不可能与实际发生的情况完全一致,这导致方案实施后未必能产生期望的结果。也就是说,决策是有风险的。

喜好风险的人通常会选择风险程度较高但收益也较高的行动方案;而厌恶风险的人通常会选择较安全同时收益水平也较低的行动方案。

(四)伦理

决策者是否重视伦理以及采用何种标准会影响其对待行为或事物的态度,进而影响其决策。

(五)组织文化

组织文化影响成员对待变化的态度,进而影响一个组织对方案的选择和实施。在决策过程中,任何方案的选择都意味着对过去某种程度的否定,任何方案的实施都意味着组织要发生某种程度的变化。决策者本人及其组织成员对待变化的态度会影响到方案的选择与实施。在偏向保守、怀旧、维持的组织中,人们总是根据过去的标准来判断现在的决策,总是担心在变化中会失去什么,从而对将要发生的变化产生怀疑、害怕、抵御的心理与行为;相反,在具有开拓、创新精神的组织中,人们总是以发展的眼光来分析决策的合理变化并支持变化。显然,欢迎变化的组织文化有利于新方案的通过与实施;而抵御变化的组织文化不利于那些对过去作出重大改变的方案的通过,即使决策者费尽周折让方案勉强通过,也要在正式实施前设法创建一种有利于变化的组织文化,不过,这将会增加组织的成本。

(六)时间

美国学者威廉·R.金和大卫·I.克里兰把决策分为:(1)时间敏感型决策,即那些必须立刻做出的决策。战争中军事指挥官的决策即属于此类,商场上组织在处理危机性问题时的决策也多属于此类。(2)知识敏感型决策,即对时间要求不高而对质量要求较高的决策。在做这类决策时,决策者通常有宽裕的时间来充分利用各种信息,比如组织中大部分的战略决策。

第三节 决策方法

一、定性决策方法

(一)头脑风暴法(集体畅谈决策)

方法:把对解决某一问题有兴趣的人集合在一起,在完全不受约束的条件下敞开思路、畅所欲言。

创始人:现代创造学奠基人美国学者阿历克斯·奥斯本。

该方法遵循以下四项原则：

(1)对别人的建议不作任何评价，将相互讨论限制在最低限度内；

(2)建议越多越好，在此阶段，参与者不要考虑自己建议的质量，想到什么就说什么；

(3)鼓励每个人独立思考，广开思路，想法越新颖越好；

(4)可以补充和完善已有的建议，以使它更具说服力。

时间：1～2 小时；参加者：5～6 人。

(二)德尔菲法(专家意见法)

德尔菲法是 20 世纪 40 年代由赫尔姆和达尔克首创。1946 年，美国兰德公司为避免集体讨论存在的屈从于权威或盲目服从多数的缺陷，首次采用这种方法进行定性预测，后来该方法被广泛采用。其步骤如下：

(1)设法取得有关专家的合作；

(2)把要解决的问题分别告诉专家们，请他们单独发表自己的意见并对实现新技术突破所需的时间作出估计；

(3)在此基础上，管理者收集并综合专家们的意见，再把综合意见反馈给各位专家；

(4)让专家们再次进行分析并发表意见，如此反复多次，最终形成代表专家组意见的方案。

运用该技术的关键：

(1)选择好专家，这主要取决于决策所涉及的问题和机会的性质；

(2)决定适当的专家人数，一般 10～50 人为好；

(3)拟定好意见征询表，因为它的质量直接关系到决策的有效性。

(三)经验判断法

方法：决策者凭经验对可行性方案进行逐一淘汰，只选出最佳方案。或者依据各个方案的评价标准进行比较，逐个打分，按分数的高低排序进行筛选。

二、定量决策方法

所谓定量决策，是指应用数学方法和计量工具，对决策问题中的变量、目标、环境条件及其相互关系，用数学关系式(数学模型)表达出来，通过计算得出结果，然后进行比较、择优的决策方法。

由于决策所依据的条件不同，与此相对应的决策分析方法也会有所不同。定量决策方法通常有三种：确定型决策、不确定型决策和风险型决策。

(一)确定型决策

确定型决策，是指决策所依据的条件和结果都是已知的，决策者主要按既定的目标计算出各种方案的损益值，从中选择一个最优的方案就可以了。其中最常用的方法有以下几种：直接择优法、线性规划法、非线性规划法和量本利分析法。这里重点介绍量本利分析法。

量本利分析法又称盈亏平衡法，是根据业务量、成本、利润三者之间的数量关系，分析当相关的业务量为一不确定因素时，依业务量成本的大小来做出决策的一种方法。

在利用盈亏平衡法时必须满足以下几个基本前提：(1)产品销售单价不变；(2)销售量和生产量一致；(3)固定成本一致；(4)可变成本与产品数量成正比。

量本利分析法的计算公式如下：

$$\text{销售收入}(S)=\text{销售量}(Q)\times\text{销售价格}(P)$$

$$\text{总成本}=\text{总固定成本}(F)+\text{单位变动成本}(CV)\times\text{销售量}(Q)$$

量本利分析法首先必须找出盈亏平衡点(Q_0)对应的各个指标,并与需要决策的方案指标进行比较,从而达到对方案经济效益评价的目的。

所谓盈亏平衡点,是指企业不盈不亏时产量或销量等经济指标的分界点,又称保本点,具体见图 4—3。

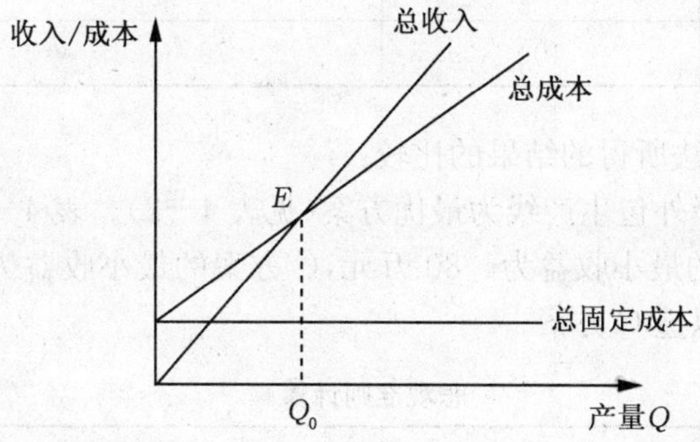

图 4—3

例 4—1 某企业出售产品 5 000 件,单价 30 元,该产品可变成本 20 元/件,固定成本20 000元/年。现拟变动售价以增加盈利。有两个方案:(1)将售价提高为 32 元/件,估计销量降到4 500件;(2)将售价降到 28 元/件,估计销量上升到6 500件。应该如何决策?答案:选择提价。

(二)不确定型决策

风险型决策对未来可能出现的概率大致是可以估计出来的,而不确定型决策则对未来出现的概率一无所知。在这种情况下,只能由决策者根据自己的知识、主观判断力及经验对决策问题做出判断与分析(主观概率),并进行决策。因此,不确定型决策具有更大的风险性。

1. 悲观准则

悲观准则又称小中取大法。先从每个方案中选出最小值,然后再从这些最小值中选择最大值,它所代表的方案即为最优方案,即小中取大。

2. 乐观准则

乐观准则又称大中取大法。先从每个方案中选出最大值,然后再从这些最大值中选择最大的一个值,它所代表的方案即为最优方案,即大中取大。

3. 最小最大后悔值准则

最小最大后悔值准则又称大中取小法。该类决策者度量小,凡事有事后后悔的习惯,总想好上加好。为了尽量减少事后后悔的程度,事先就以后悔程度最小为标准进行决策。

4. 乐观系数准则

乐观系数准则又称折中准则。首先对历史数据进行认真分析,根据经验确定一个乐观系数(一般用 α 表示,$0 \leqslant \alpha \leqslant 1$),然后以乐观系数为权数计算每一方案的折中损益值,其中最大值即为最佳方案。

$$折中损益值=\alpha \times 最大损益值+(1-\alpha) \times 最小损益值$$

例 4—2 某企业计划引进一项生产技术,目前有三个方案可供选择,未来的生产状态可能出现好、一般和不好三种情况,其不同状态下各方案的预计收益值如表 4—1 所示。

表 4—1 **各种方案预计收益值** 单位:万元

方案	状态		
	好	一般	不好
A 改进生产线	180	120	—40
B 新建生产线	240	100	—80
C 外包生产线	100	70	16

采用不确定型决策方法所得的结果的比较:

根据悲观准则,应选择外包生产线为最优方案(见表 4—2)。表 4—2 显示,A 方案的最小收益为—40 万元,B 方案的最小收益为—80 万元,C 方案的最小收益为 16 万元,经过比较,C 方案的最小收益最大,所以选 C 方案。

表 4—2 **悲观准则计算** 单位:万元

方案	状态		
	好	一般	不好
A 改进生产线	180	120	—40
B 新建生产线	240	100	—80
C 外包生产线	100	70	16

根据乐观准则,应选择新建生产线为最优方案(见表 4—3)。表 4—3 显示,A 方案的最大收益为 180 万元,B 方案的最大收益为 240 万元,C 方案的最大收益为 100 万元,经过比较,B 方案的最大收益最大,所以选 B 方案。

表 4—3 **乐观准则计算** 单位:万元

方案	状态		
	好	一般	不好
A 改进生产线	180	120	—40
B 新建生产线	240	100	—80
C 外包生产线	100	70	16

根据最小最大后悔值准则,应选择 A 方案为最优方案(见表 4—4)。先计算各种自然状态下各方案的后悔值,并找出各方案的最大后悔值,最后从中选择最小值的方案作为最优方案,即 A 方案为最优方案,表示在各种生产状态出现对决策最不利的情况时所造成的机会损失最小。

表 4—4 **后悔值计算**

方案	状态		
	好	一般	不好
A 改进生产线	60	0	56
B 新建生产线	0	20	96
C 外包生产线	140	50	0
最小最大后悔值	60		

根据乐观系数准则,应选择 C 方案为最优方案。

在例 4-2 中,根据经验判断,选择乐观系数 $\alpha=0.4$,则各方案的折中损益值计算如下:

A:$0.4\times180+(1-0.4)\times(-40)=48$

B:$0.4\times240+(1-0.4)\times(-80)=48$

C:$0.4\times100+(1-0.4)\times16=49.6$

其中,C 方案的折中损益值最大,即为最优方案。

采用各种决策方案所得的结果的比较:

根据悲观准则,应选择 C 方案为最优方案。

根据乐观准则,应选择 B 方案为最优方案。

根据最小最大后悔值准则,应选择 A 方案为最优方案。

根据乐观系数准则,应选择 C 方案为最优方案。

(三)风险型决策

风险型决策,是决策者对即将出现的自然状态究竟是哪一个还不能确定的情况下所做的决策。决策者通常根据过去的经验、调查结果以及对历史资料的分析,对各种自然状态出现的可能性做出估计,确定各种自然状态出现的概率,从而计算出不同方案在各状态下的期望损益值,并做出决策。

在做风险型决策时,决策者主要根据每种方案期望值的大小进行选择。要注意的是,由于期望值是以概率为权数而计算的一个加权平均数,因此在实际执行最佳方案时,未来能否实现该期望值仍具有一定的风险。风险型决策所采用的方法主要是决策树法。

决策树法就是借助类似于树的图形来辅助决策的方法。

1. 决策树图形(如图 4-4 所示)

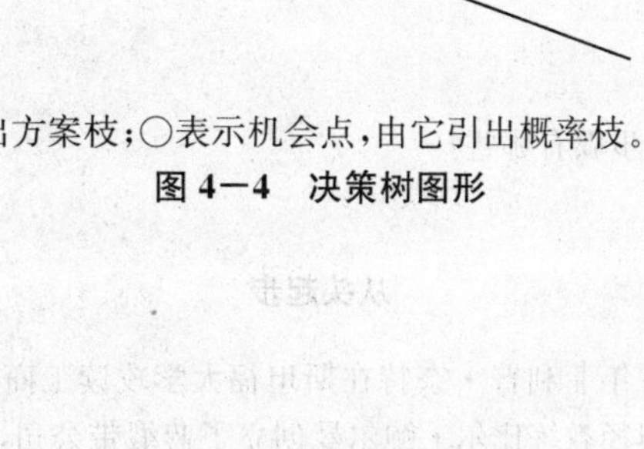

注:□表示决策点,由它引出方案枝;○表示机会点,由它引出概率枝。

图 4-4 决策树图形

2. 决策树法的程序

(1)绘制决策树;

(2)计算期望收益值:

$$E=概率\times收益值\times年限-投资$$

(3)剪枝——选择满意方案。

例 4-3 某企业为生产甲产品设计了两个方案:一是建大厂,二是建小厂。建大厂需投资 400 万元,建小厂需投资 200 万元,两方案使用年限都是 10 年。此间,市场需求高的概率是 0.8,需求低的概率是 0.2。两方案的年收益值如表 4-5 所示。不考虑资金的时间价值,请用决策树法进行决策。

表 4—5 单位:万元

方案	状态	
	好	不好
建大厂	100	−20
建小厂	40	10

两个方案的决策树如图 4—5 所示。

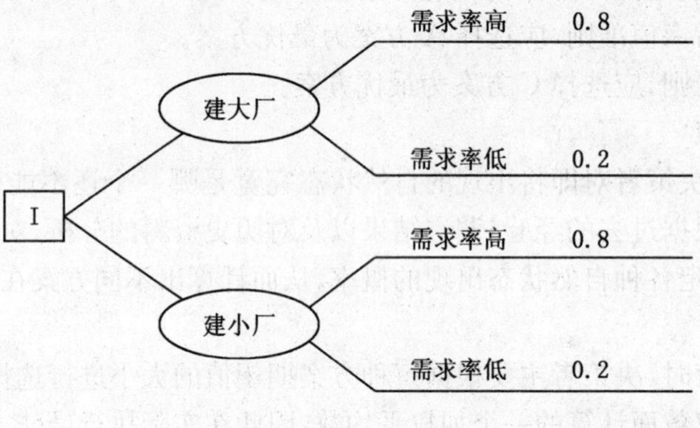

图 4—5 决策树

建大厂:

$E_{大}=[0.8\times100+0.2\times(-20)]\times10-400=760-400=360$(万元)

建小厂:

$E_{小}=(0.8\times40+0.2\times10)\times10-200=340-200=140$(万元)

因为建大厂的期望收益值大于建小厂的期望收益值,故建大厂的方案为最优决策方案。

思考题

1. 决策的类型有哪些?
2. 采用决策树法进行决策的步骤有哪些?
3. 案例分析:

从头起步

耐克公司的创意产生于 1962 年菲利普·奈特在斯坦福大学攻读工商管理硕士时写的一篇论文。1964 年,奈特和他来自俄勒冈大学的田径教练比尔·鲍尔曼创立了蓝缎带公司,用来树立优胜者的形象。当年他们用汽车后备厢装货,在当地的运动会上售出了1 300双跑鞋。1972 年他们将蓝缎带公司更名为耐克公司。

从 1972 年到 1990 年,耐克公司有了巨大的发展。1972 年的销售额为 200 万美元,到 1982 年,销售额达到 1.94 亿美元,平均每年增长率为 82%。到了 1990 年,由于迈克尔·乔丹的加入,耐克公司的销售额有了惊人的提升,达到了 20 亿美元。在乔丹宣布退出 NBA 前,奈特和他的同行们就一直在不断地寻找商业机会,因为他们知道,虽然乔丹有惊人的天赋,但他不可能打一辈子篮球。

耐克公司的另外一个促销手段是“耐克镇”。耐克镇由体育用品博物馆、体育用品商店和游乐场组成,目的是树立耐克公司“精力充沛、富有生命力”的产品形象。耐克镇里还有三维广告、巨型渔缸和篮球场。起初，耐克公司在俄勒冈州的波特兰和伊利诺伊州的芝加哥各建了一座耐克镇，还计划使耐克镇遍布全球。曾为索尼公司建造类似商店的大卫·曼费雷迪说：“这只是树立公司形象的一部分，它决定公司在世界面前的形象。”这个创意强调的是形象而不是开销，所以这里的商品不打折。当芝加哥的耐克镇开业后，每周吸引大约5 000名顾客，每人平均消费50美元。

为了适应不断变化的市场需求，耐克公司的管理者开始向各方面发展。1992年，耐克公司专门建立了销售耐克产品的专卖店。这一年，耐克公司拿出全部利润中的1 000万美元来孕育3家专卖店和2个耐克镇。尽管耐克公司是从销售运动鞋起家的，但它在运动服销售方面比运动鞋发展得更快。

问题：耐克公司根据内外部环境的变化采用了哪些决策发展自身？

实践练习

你是如何做决策的

选择一项你最近做过的并给你带来重大后果的决策，例如，上哪所大学、主修哪个专业、是否找一份兼职工作做，或做什么样的兼职工作。分析你是如何做出这些决策的。

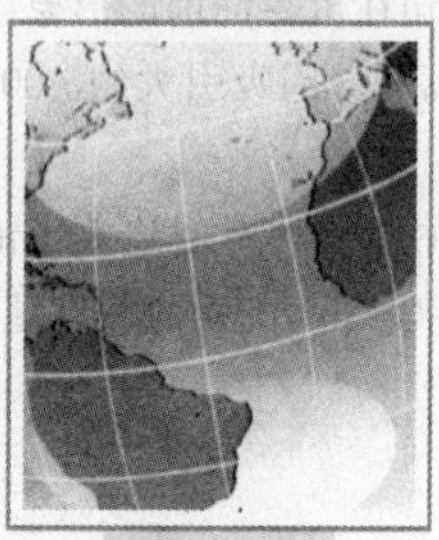

第五章 计 划

本章重难点

1. 计划的概念、内涵
2. 计划的类型
3. 计划的程序
4. 计划的方法
5. 目标管理的基本内容与基本活动过程
6. 目标的概念与特征

走进管理：

福特公司目前已经建立了新世纪的全球发展战略规划。根据该规划，福特公司推向市场的第一个产品是福特的 Focus，这是一款四缸节油型中型房车，福特公司开发 Focus，是为了取代已具有多年历史并销售了2 000万辆的 Escort。

福特 Focus 的目标是在世界市场上使该车型成为销售量的领先者，成为世界性的汽车。目前，Focus 在欧洲和世界其他地方的销售非常理想。事实上，在 2000 年，福特在全球销售了大约 100 万辆 Focus。由这种销售量所带来的规模经济使福特公司可以以非常低的价格销售福特 Focus。福特 Focus 是在四个不同的国家中生产和组装的，这四个生产地点分别是德国的萨尔路易斯、墨西哥的埃米希洛、西班牙的瓦伦西亚和美国的韦恩市。福特公司计划每年生产超过 100 万辆的 Focus，并在全球 100 多个国家销售。其设计与以前的车型是完全不同的。在设计过程中，福特公司所采用的关键战略是开发一种全球化平台，汽车的 15%的外壳经过调整与修改后，适应当地市场的特殊需要与特征。其他的关键性设计特征是使用智能型空间。这种设计的一个主要目的是为驾驶员提供更多的空间。福特公司认为，Focus 车型的设计是从内部开始的，其结果是，福特 Focus 比其他中型房车提供了更多的内部空间，增加了汽车的舒适性。

问题：

1. 谈谈福特的 Focus 战略是怎样体现“全球思考、地区行动”的。

2. 福特保持其汽车产品 85%的统一标准的好处是什么？如果福特保持 100%的统一标准，为什么会降低战略的有效性？

3. 联系本案例，谈谈战略性计划与战术性计划的不同。

第一节 计划概述

无论对于营利性组织还是非营利性组织，管理者都意识到了计划在组织成功中扮演着重要角色。要想在个人生活和工作中获得成功,就必须先知道你想做什么(目标),然后决定如何去做(计划)。计划程序可以帮助你来做这些。与决策程序一样,我们会遇到不同的计划程序,因为不同的计划需要不同的时间表。本部分我们将讨论计划的含义、类型、程序与方法、目标管理。

一、计划与计划工作

1. 计划的含义

(1)动态理解的计划,是人的大脑的理性行为,是一种思考程序;是指为了实现决策所确定的目标而预先进行的行动安排。

(2)静态理解的计划,是把人的理性行为条理化与文字化。

(3)计划工作的核心任务是要回答 5W1H。即:

what——做什么?目标和内容。

why——为什么做?原因。

who——谁去做?人员。

where——何地做?地点。

when——何时做?时间。

how——怎样做?方式、手段。

2. 计划工作的性质

(1)目的性。任何组织或个人制定计划都是为了有效地达到某个目标。在计划工作开始之前,这个目标还不十分具体,计划就是开始于这个不具体的目标。例如,某百货公司的经理希望明年的销售额和利润额有较大幅度的增长,这就是一个不明确的目标,然后再制定一个明确的目标,例如,销售额增长 20%,利润增长 15%。

(2)首要性。计划工作在职能中处于首要地位。

(3)普遍性。企业内的任何管理者或多或少都有某些制定计划的权力和责任。

(4)效率性。计划工作的任务,不仅要保证目标的实现,而且要保证从众多备选方案中选择最优的方案。

(5)创新性。计划工作总是针对可能出现的新问题、新变化和新机会而做出的,因而它是一个创造性的管理过程。

二、计划体系

一个计划包括组织将来行动的目标和方式。计划与未来有关,是面向未来的,而不是过去的总结,也不是现状的描述;计划与行动有关,是面向行动的,而不是空泛的议论,也不是学术的见解。面向未来和面向行动是计划的两大显著特征。认识到这一点,我们就能够理解计划是多种多样的。哈罗德·孔茨和海因茨·韦里克把计划分为一种层次体系,如图 5-1 所示。

(1)宗旨(使命):是指社会对组织或企业最基本的要求。如共产党的宗旨、工商企业的宗旨、法院的宗旨、大学的宗旨等。

(2)目标:是在宗旨指导下,组织或企业在一定时期所要达到的具体成果。目标是追求的结果,是动态发展的,是一种人的心理的超前行为。

(3)战略:是一个组织为实现目标而采取的总体纲要。

(4)政策:是组织或企业在处理问题时的一些明文规定,指明了组织的活动方向和范围,即组织鼓励什么、限制什么、反对什么。

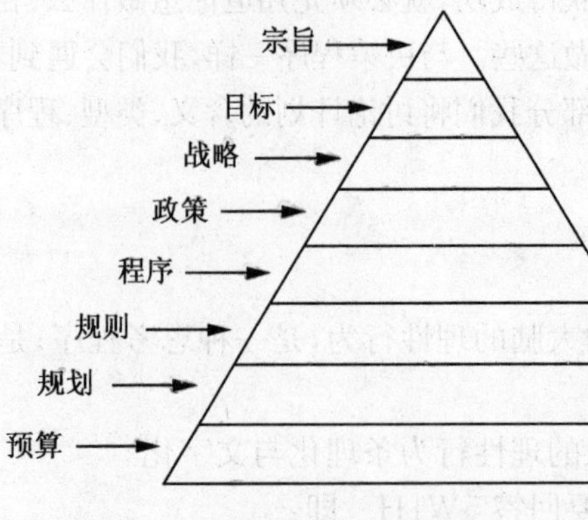

图 5－1 计划体系

(5)程序：是处理那些重复发生的例行问题的标准方法，是一种办事的顺序或手续，能够提高组织活动的效率与质量。

(6)规则：是在处理具体问题时的规定，是最简单的计划。如体育比赛的规则、干部上班时的规则、营业人员的规则等。

(7)规划：是组织为了完成一系列的任务(目标、政策、程序、规则等)所进行的总体协调、系统思考和采取行动的方法。

(8)预算：是数字化的计划，也是进行计划控制的标准。

第二节 计划的类型

计划是将决策实施所需完成的活动任务进行时间和空间上的分解，以便将其具体落实到组织中的不同部门和个人，因此，计划可以依据时间和空间两个不同的标准来划分。除此之外，还可依据计划的明确程度和使用频率对计划进行分类。常见的计划分类方式如表 5－1 所示。

表 5－1 计划分类方式

宽度/规模	时间框架	具体性	使用频率
战略的	长期的	方向性的	一次性的
运营的	短期的	具体性的	经常性的

一、按计划的规模划分

(一)战略计划

战略计划是应用于整体组织的计划，其任务在于建立组织的全局目标和寻求组织在环境中的定位；而具体规定如何实现全局目标的细节的计划称为运营计划。战略计划具有权威性、长期性、整体性、概括性等特点。对一个企业来说，战略计划包括企业经营方针、经营目标、整体布局、技术进步、产品开发、人才开发、市场开拓、机构改革、竞争战略等方面的总体计划。

(二)战术计划

战术计划是指针对组织内部具体工作问题，在较小范围内和较短时间内实施的计划。战术计划是战略计划的一部分，服从于战略计划，为实现战略目标服务。战术计划一般是一种局部性的、阶段性的计划，由中层管理者制定，是实施战略计划的步骤和方法。如医药企业护理仪器设备的维护计划。

战略计划与战术计划的关系是全局与局部、长远利益与当前利益的辩证统一关系。战略计划就像是对整个战役总的布局的规划，战术计划则像是一场场战斗的计划；组织的战略计划主要针对资源、目标、政策和环境等方面，战术计划则主要涉及资源、时间等方面的具体规定和限制，以及对人力资源的合理调配和使用；战略计划是制定战术计划的依据，战术计划是实现战略计划的保证，二者是相辅相成的。

二、按计划的时间划分

(一)长期计划

长期计划又称规划，时间一般在 5 年及 5 年以上，一般由高层管理者制定，主要是规划组织在较长时期的发展方针、发展方向、应达到的规模和水平、应实现的目标和要求，它绘制了组织长期发展的蓝图，是企业长期发展的纲领性文件。

(二)中期计划

中期计划介于长期计划和短期计划之间，时间为 1～5 年，一般由中层管理者制定。它是长期计划的具体化，即中期计划来自组织的长期计划，并按照长期计划的执行情况和预测到的具体条件变化进行编制。它赋予长期计划具体内容，又为短期计划指明了方向。可见，中期计划是保持计划连续性的关键，是连接长、短期计划的桥梁。它有利于组织的协调、稳定和发展。企业常用的中期计划是年度计划，主要是按照长期计划的要求，确定一个计划年度的指导方针及其应当完成的目标任务。

(三)短期计划

短期计划是指针对未来较短时间内所做的工作安排，时间一般不超过 1 年，多由基层管理者制定。短期计划比中期计划更加详细具体，它是指导组织具体活动的行动计划，具体规定组织各部门在目前到未来的各个较短的时期内，特别是最近的时段中，应该从事何种活动，从而为组织成员近期的行动提供依据。短期计划一般是中期计划的分解与落实。在企业中，常用的短期计划是季度计划和月、旬计划。它是根据中、长期计划来具体规定本季度、月度、旬度的各项活动，以保证本年度具体目标的实现。

三、按计划的具体性划分

(一)方向性计划

方向性计划又称指导性计划，它只规定某些一般的方针和行动原则，给予行动者较大的自由处置权，它指出重点但不把行动者限定在具体的目标或特定的行动方案上。

方向性计划不带行政的强制性，没有规定明确的目标、要求及特定的活动方案，由于不确定性很高且必须保持弹性，故只提出一般的指导方针和原则性的意见，下属机构和人员有一定的自由处置权。这种计划可为组织指明方向、统一认识，但并不提供实际的操作指南，所以它的最大优点是具有弹性，缺点则是失去清晰度。例如，某项政府发展计划可能只是指出几个大方向，而对于具体的进程与内涵则没有详细说明。

(二)具体性计划

具体性计划有明确规定的目标，不存在模棱两可的情况。它带有行政的权威性与强制性，组织的下属机构和人员必须严格执行，没有自由处置权。

方向性计划具有很强的弹性，多用于在复杂多变的外部环境下灵活机动地处理组织的应变问题及一般问题。具体性计划主要用于及时、有效地完成特定的程序、方案和各类活动目标。因此，组织通常根据所面临环境的不确定性和可预见性程度来选择制定这两种不同类型的计划。

四、按计划的使用频率划分

(一)一次性计划

一次性计划是指为处理非重复性事件而做的规划和预算。一次性计划不同于经常性计划，一次性计划是为特定目的制定的，而且可能不会以相同的形式被再次使用。但某个一次性计划可能会在以后的规划和预算中被作为模板使用。一个战略就是一个一次性计划。

(二)经常性计划

经常性计划是指为处理重复性事件而制定的政策、程序和规则。经常性计划的作用是引导员工的决策行为。

经常性计划与一次性计划的区分如图 5－2 所示。

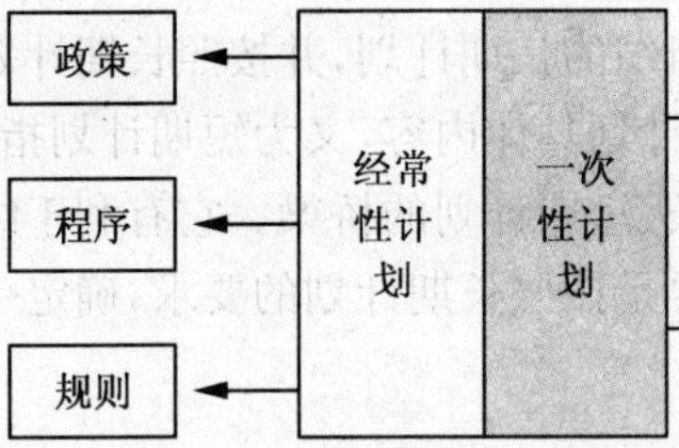

图 5－2　经常性计划与一次性计划

第三节　计划的程序与方法

一、计划的程序

计划职能是管理的最基本的职能。由于管理的环境是动态的，管理活动是一个发展变化的过程，计划是作为行动之前的安排，因此计划工作应是一种连续不断的循环。任何计划工作的步骤都是相似的，依次包括以下内容(如图 5－3 所示)：

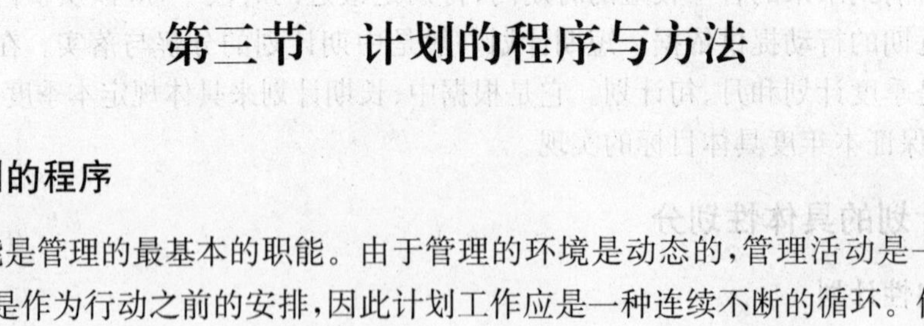

图 5－3　计划工作的步骤

(一)估量机会

估量机会是在实际的计划工作开始之前就着手进行,是对将来可能出现的机会加以估计,并在清楚全面地了解这些机会的基础上进行初步的探讨。严格地讲,估量机会不是计划工作过程的一个组成部分,却是计划工作的真正起点,在估量机会的基础上确定可行性目标。

(二)确定目标

计划工作的第一步是在估量机会的基础上为组织及其所属的下级单位确定计划工作的目标,即组织在一定时期内所要达到的效果。

确定目标通常应包括:指导资源最合理的分配;充分发挥全体职工的积极性和潜力;达到经营活动的最佳效果;促进组织内部团结一致,对外享有良好的声誉。

组织目标的制定必须考虑:满足并保证国家的要求;了解和掌握社会动向、用户要求,以满足社会需要;考虑并体现出本组织长期计划的要求;掌握本组织上年度目标达成情况及存在的问题。

(三)确定前提

计划工作的第二步是确定前提并加以宣传。前提是指计划工作的假定条件,即执行计划时的预期环境。预期环境是靠预测得来的,预测的范围应尽量广泛。计划前提的确定应该选择那些对计划工作具有关键性的、有战略意义的、对计划执行情况最有影响的因素。

(四)确定可供选择的方案

一个计划往往同时有几个可供选择的方案,要将可供选择方案的数量逐步减少,对一些最有希望的方案进行分析。

(五)评价各种方案

按照前提和目标来权衡各种因素,以此对各个方案进行评价。在评价时要考虑以下几点:

(1)特别注意发现每一个方案的制约因素或隐患。对制约因素认识得越深刻,选择方案时的效率就越高。

(2)在评估时,即将一个方案预测结果和原有目标进行比较时,既要考虑到许多有形的可以用数量表示的因素,也要考虑到众多的不能用数量表示的因素。如一个人工或一个企业的声誉和人际关系等。

(3)要用总体的效益观点来衡量方案。这是因为,对某一部门有利的不一定对全局有利,对某项目标有利的不一定对总体目标有利。

(六)选择方案

选择方案就是选择行为过程、正式通过方案,这是做决策的关键。为了保持计划的灵活性,有时可能会同时采用两种方案,并且决定首先采用哪个方案,并将另一个方案也进行细化和完善,作为后备方案。这一步是依据方案评价的结果,从若干可行性方案中选择一个或几个优化方案。首先要认真比较各方案的优缺点,站在全局的角度权衡利弊。有时在可供选择方案的分析和评价过程中可能会产生两个或更多方案都可取的情况,决策人员就可以决定同时采取几个行动方案,而不只是一个行动方案。

(七)拟定派生计划

派生计划是总计划下的分计划,是主计划的基础,只有派生计划完成了,主计划才有保证。

选定的计划方案一般是组织的总计划,为了使它具有更强的针对性和可操作性,还需要制定一系列的支持计划,它们是总计划的子计划,如水业公司决定生产净水之后,需要制定招聘、培训各类人员的计划,还需要拟定设备及原材料计划、资金筹集和使用计划、产品广告计划、产品生产计划和产品销售计划等。

(八)编制预算

即用预算形式使计划数字化,通过数字来大体反映整个计划。预算可以成为汇总各种计划的工具,是衡量计划工作进度的重要标准。

二、计划工作原理

1. 限定因素原理

所谓限定因素,是指妨碍组织目标实现的因素,如果它们发生变化,即使其他因素不变,也会影响组织目标的实现程度。其含义正如木桶原理所表述的那样:木桶所盛的水量,是由木桶壁上最短的那块木板条决定的。这就是说,管理者在制定计划时,应该尽量了解那些对于目标实现起主要限制作用的因素或战略因素,才能有针对性地、有效地拟定各种方案,计划方案才可能趋于最优。

2. 灵活性原理

确定计划实施的预期环境靠的是预测,但未来情况有时是难以预测的。因此,计划需要有灵活性,才有能力在出现意外时改变方向,不至于使组织遭受太大的损失。这就是计划的灵活性原理。灵活性原理在计划中非常重要,特别是在承担任务重、计划期限长的情况下,比如战略计划,其灵活性的作用更明显。虽然计划中体现的灵活性越大,出现意外事件时适应能力越强,对组织的危害性越小,但灵活性是有一定限度的。例如,不能为保证计划的灵活性而一味推迟决策的时间,未来总有一些不确定的因素,当断不断,则会坐失良机。

3. 承诺原理

计划期限的合理选择应该遵循承诺原理。长期计划的编制并不是为了未来的决策,而是通过今天的决策来对未来施加影响。也就是说,任何一项计划都是对完成各项工作所做出的承诺。承诺越多、计划期限越长,实现承诺的可能性越小,这就是承诺原理。该原理要求合理地确定计划期限,不能随意缩短计划期限。一般而言,计划期限的长短取决于实现决策中所承诺的任务的必需时间。

4. 改变航道原理

计划是面向未来的,而未来情况随时都可能发生变化,所制定的计划显然也不能一成不变,在保证计划总目标不变的情况下,随时改变实现目标的进程(即航道),这就是改变航道原理。应该注意的是,该原理与灵活性原理不同,灵活性原理是使计划本身具有适应未来情况变化的能力,而改变航道原理是使计划执行过程具有应变能力,就像航海家一样,随时核对航线,一旦遇到障碍就绕道而行。

三、计划的方法

(一)滚动计划法

1. 滚动计划法的基本思想

这种方法是根据计划的执行情况和环境变化情况定期修订未来的计划,并逐期向前推移,使短期计划、中期计划有机结合起来。滚动计划法可以避免这种不确定性可能带来的不良后果。

滚动计划的编制过程如图 5－4 所示。在已编制计划的基础上,每经过一段固定的时期(如一年或一个季度等,这段固定的时期被称为滚动期),便根据变化了的环境条件和计划的实际执行情况，对原计划进行必要的调整，以确保实现计划目标。每次调整时，保持原计划期限不变，只将计划期限顺序向前推进一个滚动期，或者说平行移动一个滚动期。

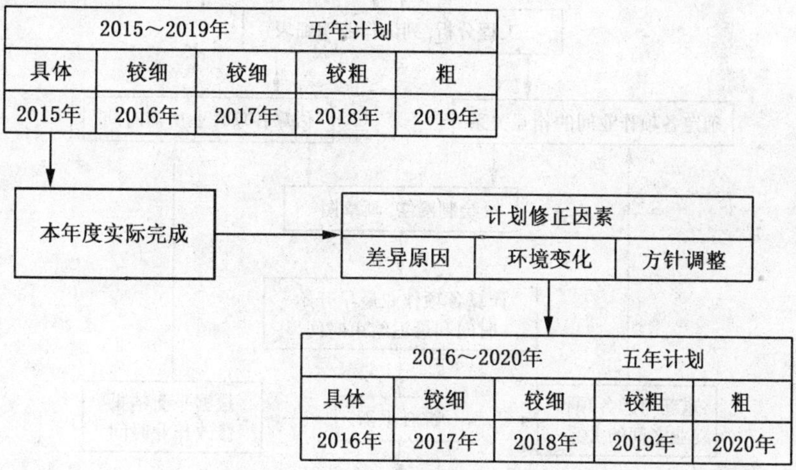

图 5—4 滚动计划

2. 滚动计划法的评价

滚动计划法虽然使得计划编制和实施工作的任务量加大，但它把计划工作看成是一种不间断的运动，使整个计划处于适时的变化和发展之中，避免了计划的凝固化，提高了计划的适应性。它与若干年编制一次的静态计划相比优点十分明显：

(1)计划更加实际，并且使战略性计划的实施也更加切合实际；

(2)滚动计划法使长期计划、中期计划与短期计划相互衔接；

(3)滚动计划法加强了计划的弹性，这对于环境剧烈变化的时代来说尤为重要。

(二)网络计划法

网络计划法是国外 20 世纪 50 年代出现的一种较新的计划方法，它包括各种以网络为基础制定计划的方法，如关键线路法、计划评审技术、组合网络法等。

1. 网络计划技术的基本步骤

原理：把一项工作或项目分成各种作业，然后根据作业顺序进行排列，通过网络对整个工作或项目进行统筹规划和控制，以便用最小的人力、物力、财力和最快的速度完成工作。

网络计划技术的基本步骤如图 5－5 所示。

2. 网络图

网络图中最基本的三个要素是工序、事项、路线。

网络图是网络计划技术的基础。任何一项任务都可分解成许多步骤的工作，根据这些工作在时间上的衔接关系，用箭头线表示它们的先后顺序，画出一张由各项工作相互联系并注明所需时间的箭头线图，这种图就称作网络图，如图 5－6 所示。

(1)网络图的构成要素。

①"→"，工序。它是一项工作的过程，有人力、物力参加，经过一段时间才能完成。图中箭头线下的数字便是完成该项工作所需的时间。此外，还有一些工序既不占用时间，也不消耗资源，是虚设的，叫虚工序，在图中用"-----▶"表示。网络图中应用虚工序的目的是为了避免工序之间关系的含混不清，以正确表明工序之间先后衔接的逻辑关系。

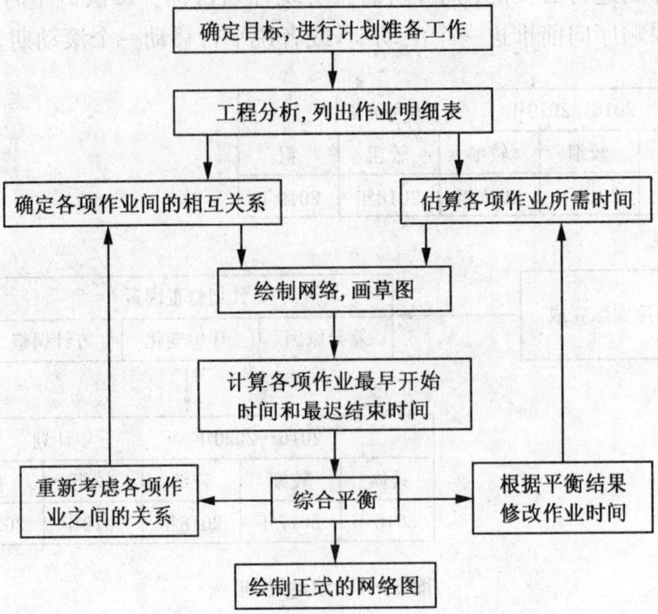

图 5—5　网络计划技术的基本步骤

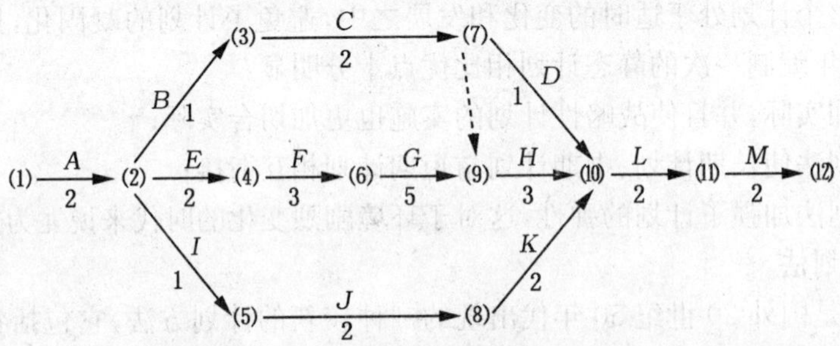

图 5—6　网络图

②“()”，事项。它是两个工序间的连接点。事项既不消耗资源，也不占用时间，只表示前道工序结束、后道工序开始的瞬间。一个网络图中只有一个始点事项、一个终点事项。

③路线。路线是网络图中从始点事项出发，沿着箭头线方向前进，连续不断地到达终点事项的一条通道。一个网络图中往往存在多条路线，比较各路线的路长就可以找出一条或几条最长的路线。这种路线被称为关键路线。关键路线上的工序被称为关键工序。关键路线的路长决定了整个计划任务所需的时间。关键路线上各工序完工时间提前或推迟都直接影响着整个活动能否按时完工。确定关键路线，据此合理地安排各种资源，对各工序活动进行进度控制，是利用网络计划技术的主要目的。

(2)网络图的绘制规则。

①有向性。各项工序都用箭线表示，且箭线方向要从左向右。

②无回路。箭线不能从一个事项出发又回到原来的事项上，即不能出现循环回路。

③两点一线。即两个节点之间只允许画一条箭线，当出现平行工序或交叉工序时，应引入虚工序来表示前后逻辑关系。

网络图中只有一个始点事项、一个终点事项。

事项编号应从小到大、从左到右，不能重复；保证箭尾事项号小于箭头事项号。

(3)网络图的绘图步骤。

①将任务分解成工序；

②确定每道工序的时间与资源；

③分析工序之间的逻辑关系；

④列出全部工序的明细表；

⑤绘图，包括前进法、后退法和任意法。

3. 网络计划技术的评价

(1)能把整个工程的各个项目的时间顺序和相互关系清晰地表示出来，并指出完成任务的关键环节和路线；

(2)可对工程的时间进度与资源利用进行优化；

(3)可事先评价达到目标的可能性；

(4)便于组织与控制；

(5)易于操作，适用于各行各业和各种任务。

第四节 目标管理

石匠的故事

有个人经过一个建筑工地，问那里的石匠们在干什么？三个石匠有三种不同的回答。

第一个石匠回答："我在做养家糊口的事，混口饭吃。"第二个石匠回答："我在做整个国家最出色的石匠工作。"第三个石匠回答："我正在建造一座大教堂。"

请问：哪一位石匠的回答最符合组织的要求？

一、目标管理的产生和发展

(一)目标管理的产生背景

(1)反映德鲁克目标管理基本思想的代表作是其 1954 年写成并出版的《管理的实践》；

(2)目标管理是管理科学理论不断发展的结果，是把泰勒的科学管理方法和梅奥的人际关系学相结合而形成的一种科学管理方法；

(3)目标管理是美国社会生产力和生产关系不断协调发展的产物。

(二)目标管理的发展

(1)目标管理在实践应用过程中不断发展。美国著名经营顾问西勒的《根据结果的管理》在美国企业广泛应用，日本企业也积极引进，并取得了巨大的成功。

(2)Y 理论对目标管理的贡献是，更加强调人的作用，强调发挥人的潜能，自我控制，实现目标。

(3)美国哈佛大学管理专家莱文森于 1970 发表了《根据谁的目标进行管理》一文，强调了目标与工作之间的关系，更加重视人的作用，丰富了目标管理的内容。

二、目标的概念、特征和确定

(一)目标的概念

目标是指组织在一定时期内的成果指标，表明一组织存在的作用和意义，反映组织的目的与任务。

(二)目标的特征

目标表示最后的结果，而总目标需要由子目标来支持。这样，总目标及其各层次的子目标就形成了一个目标网络。作为任务分配、自我管理、业绩考核和奖惩实施的目标具有如下特征：

1. 目标的层次性

组织目标形成一个有层次的体系，范围从广泛的组织战略目标到特定的个人目标。这个体系的顶层是组织的愿景和使命陈述。第二层次是组织的任务。在任何情况下，组织的使命和任务必须转化为组织的总目标和战略，总目标和战略更多地指向组织较远的未来，并且为组织的未来提供行动框架。这些行动框架必须进一步细化为更多具体的行动目标和行动方案。这样，在目标体系的基层，有分公司的目标、部门和单位的目标、个人的目标等。

在组织的目标层次体系中，不同层次的主管人员参与不同层次目标的建立。董事会和高层主管人员主要参与确定企业的使命和任务目标，并且也参与关键成果领域中更多具体的总目标。中层主管人员如副总经理、营销经理或生产经理，主要是建立关键成果领域的目标、分公司的目标和部门的目标。基层主管人员主要关心部门和单位的目标以及其下级人员的目标制定。对于组织任何层次的人员来说，都应该有个人目标，包括业绩和个人发展目标。

2. 目标的网络性

如果说目标体系是从整个组织的整体观来考察组织目标的话，那么目标网络则是从某一具体目标的实施规划的整体协调方面来考虑。如果各种目标不互相关联、不互相协调，也不互相支持，则组织成员往往出于自利而采取对本部门看似有利而对整个公司却不利的行动。目标网络的内涵表现为以下四点：

第一，目标和计划很少是线性的，即并非当一个目标实现后接着去实现另一个目标。目标和计划形成一个互相联系的网络。

第二，主管人员必须确保目标网络中的每个组成部分相互协调，不仅在执行各种规划上要协调，而且在完成这些规划的时间上也要协调。

第三，组织中的各个部门在制定自己部门的目标时，必须要与其他部门相协调。有研究表明，公司的一个部门似乎很容易制定完全适合于自己的目标，但这个目标却在经营上与另一个部门的目标相矛盾。

第四，组织制定各种目标时必须与许多约束因素相协调。

3. 目标的多样性

任务和企业的主要目标通常是多种多样的。同样，目标层次体系中每个层次的具体目标也可能是多种多样的。如果目标的数目过多，而哪一个都没有受到足够的重视，那么计划工作将会是无效的。因此，在考虑追求多个目标时，必须对各目标的相对重要程度进行区分。

4. 目标的可考核性

要使目标可以被考核，一个途径是将目标量化。目标量化往往会损失组织运行的一些效率，但是对组织活动的控制、成员的奖惩会带来很多方便。

有时，要用可考核的措辞来说明结果会有更多的困难，对高层管理人员和政府部门尤其如此。但原则是：只要有可能，就规定明确的、可考核的目标。

5. 目标的可接受性

人们在工作中的积极性或努力程度是效价和期望值的乘积。其中效价是指一个人对某项工作及其结果能够给自己带来满足程度的评价，即对工作目标有用性的评价；期望值是指人们对自己能够顺利完成这项工作可能性的估计，即对工作目标能够实现的概率的估计。因此，如果一个目标对其接受者要产生激励的话，这个目标必须是其可接受、可完成的。对一个目标完成者来说，如果目标超过其能力所及的范围，则该目标对其没有激励作用。

6. 目标的挑战性

如果一项工作完成后所达到的目的对接受者没有多大意义，那么接受者也就没有动力去完成这项工作；如果一项工作很容易完成，对接受者来说是一件轻而易举的事，那么接受者也没有动力去完成这项工作。管理学中有一个原则是“跳一跳，摘桃子”，说的就是这个道理。

目标的可接受性和挑战性是对立统一的，在实际工作中必须把它们统一起来。

7. 目标的伴随信息反馈性

信息反馈是把目标管理过程中目标的设置、目标实施情况不断地反馈给目标设置和实施的参与者，让人员时时知道组织对自己的要求、自己的贡献情况。如果建立了目标，再加上反馈，就能进一步改善员工的工作表现。

综上所述，设置目标的数量一般不宜太大，应包括工作的主要特征，并尽可能地说明必须完成什么和何时完成，如有可能，也应明示所期望的质量和为实现目标的计划成本。此外，目标应能促进个人和职业上的成长与发展，对员工具有挑战性，并适时地向员工反馈目标完成情况。

（三）目标的确定

1. 确定目标的原则

即统一性、系统性、预见性、科学性、应变性。

2. 确定目标时应注意的问题

（1）确定目标的依据。即对计划所要解决问题的实质、特点与范围要有明确的了解和认识。

（2）目标的约束条件。即目标的确定有一定的附加条件，如产品的质量与品种结构是产品产量与利润的前提条件；又如资源的限制、政策法规等前提条件与附加条件就是约束条件。

（3）多目标问题的处理。复杂问题目标往往不止一个，这就需要妥善处理，一个办法是尽量综合与合并，把一些次要目标变为约束条件；另一个办法是把各目标按重要性进行排序，把精力先集中于重要的目标，然后再注意次要的目标。

（4）目标的冲突问题。当上下级之间的目标冲突时，应下级服从上级；同级的冲突应该协商解决。

（5）目标的衡量标准。要合理地确定目标的衡量标准，注意定量的标准和定性的标准，提高定量化衡量标准的应用。

三、目标管理的基本内容

目标管理是组织依据外部环境和内部条件，确定一定时期内要达到的目标，并为实现该目标所进行的组织、激励、控制和检查工作的管理方法。

(一)目标管理的含义

(1)目标管理追求工作效果,是轻过程而重结果的管理方法;

(2)目标管理是一种综合的科学管理方法,把“作业为中心”的管理和“以人为中心”的管理结合起来,使人对工作产生兴趣、自我控制和实现自我价值;

(3)目标管理是一种立体的、多维的管理体系,即目标层层展开、逐级落实;

(4)目标管理不同于传统的责任制。

(二)目标管理的基本内容

(1)目标管理具有目标体系,是一种总体的、系统的管理;

(2)目标管理采取一种民主参与管理的形式;

(3)强调人的“自我控制”,促使权力下放;

(4)注重管理效果,是一种效果管理。

四、目标管理的基本活动过程

孔茨认为,目标管理是一个全面的管理系统,它用系统的方法,使许多关键管理活动结合起来,并且有意识地瞄准目标,有效地和高效率地实现组织目标和个人目标。

在理想的情况下,这个过程开始于组织的最高层,并且有总经理的积极支持和指导。但是目标设置并非一定开始于最高层,它可以从分公司一级开始,也可以从职能部门这一级甚至更低层开始。

(一)制定目标

它包括确定组织的总体目标和各部门的分目标。总体目标是组织在未来从事活动要达到的状况和水平,其实现有赖于全体成员的共同努力。为了协调这些成员的努力,各个部门的各个成员都要建立与组织目标相结合的分目标,这样就形成了一个以组织总体目标为中心的一贯到底的目标体系。在制定每个部门和每个成员的目标时,上级要向下级提出自己的方针和目标,下级要根据上级的方针和目标制定自己的目标方案,在此基础上进行协商,最后由上级综合考虑后做出决定。

(二)明确组织的作用

目标体系应与组织结构相吻合,从而使每个部门都有明确的目标,每个目标都有人明确负责。但是,组织结构往往不是按组织在一定时期的目标建立的。因此,我们有时候会发现,针对一个重要的分目标,找不到对此负全面责任的主管部门,而组织中的有些部门又很难为其确定重要的目标,这种情况反复出现,说明组织结构已不适应组织的发展,可能最终导致对组织结构的调整。理想的情况是,每个目标和子目标都应有一个明确负责任的人。然而,几乎不可能去建立一个完美的组织结构使每一特定的目标都成为某个人的责任。例如,在制定一种新产品投入的目标过程中,研究、销售和生产等部门的主管人员必须仔细地协调各自的工作。组织常设立一名产品主管人员来统一协调各种职能。

(三)执行目标

建立了组织自上而下的目标体系之后,组织中的成员就要紧紧围绕确立的目标、赋予的责任、授予的权利,运用固有的技术和专业知识,为实现目标寻找最有效的途径。为了保证他们能实现目标,必须授予相应的权力,使之有能力调动和利用必要的资源。有了目标,组织成员便会明确努力的方向;有了权力,他们便会产生与权力使用相应的强烈的责任心,充分发挥自己的判断力和创造力,使目标执行活动有效进行。这样,作为上级的管理者就可以腾出时间和精力来抓住重点进行综合性管理;同时,下属人员也会产生强烈的责任感,在工作中发挥自己的聪明才智和创造性,针对自己的不足,积极寻求自我提高的途径,力争达到自己的目标。

(四)成果评价

成果评价既是实行奖惩的依据,也是上下左右沟通的机会,同时还是自我控制和自我激励的手段。成果评价既包括上级对下级的评价,也包括下级对上级、同级关系部门相互之间的评价,以及各层次的自我评价。上下级之间的相互评价有利于信息、意见的沟通,从而有利于组织活动的控制;横向的关系部门相互之间的评价有利于保证不同环节的活动协调进行;而各层次组织成员的自我评价有利于促进自我激励、自我控制和自我完善。

目标成果的具体评价一般采用综合评价法,即按目标的实现程度、目标的复杂困难程度和在实现目标过程中的努力程度三个要素对每一项目标进行评定,确定各要素的等级分,修正后得出单项目标的分值,再结合各单项目标在全部目标中的重要性权数,便得出综合考虑的目标成果值,以此来确定目标成果的等级。

(五)实行奖惩

组织对不同成员的奖惩,是以上述各种评价的综合结果为依据的。奖惩可以是物质的,也可以是精神的。公平合理的奖惩有利于维持和调动组织成员的工作热情和积极性;如果奖惩有失公正,则会影响成员行为的改善。

(六)制定新目标并开始新的目标管理循环

成果评价与成员行为奖惩,既是对某一阶段组织活动效果和组织成员贡献的总结,也为下一阶段的工作提供参考和借鉴。在此基础上,为组织成员及其各个层次、部门的活动制定新的目标并组织实施,便展开了目标管理的新一轮循环。

五、目标管理的局限性

(1)对目标管理的原理与方法宣讲得不够,看起来容易,做起来难;
(2)没有把指导方针向拟定目标的各级领导讲清楚;
(3)目标体系难以确定;
(4)目标一般是短期的,容易产生短期行为;
(5)注重结果,不够灵活。

思考题

一、简答题

1. 计划的常见类型有哪些?
2. 计划工作的基本步骤有哪些?
3. 滚动计划法与网络计划法的程序是什么?

二、案例分析题

北斗公司刘总经理在一次职业培训中学习到很多目标管理的内容。他对于这种理论在逻辑上的简单清晰、易于操作,以及运用该理论后会产生好的预期收益,对此他印象非常深刻。因此,他决定在公司内部实施这种管理。首先他需要为公司的各部门制定工作目标。刘总认为,由于各部门的目标决定了整个公司的业绩,因此应该由他本人为他们确定较高的目标。确定了目标之后,他就把目标下发给各个部门的负责人,要求他们如期完成,并口头说明在计划完成后要按照目标的要求进行考核和奖惩。但是他没有想到中层经理在收到任务书的第二天，就集体上书表示无法接受这些目标，致使目标管理方案无法顺利实施。刘总感到很困惑。

根据目标管理的基本思想和目标管理实施的过程，分析刘总的做法存在哪些问题，他应该如何更好地实施目标管理。

实践练习

跨绳

目的：体会计划的重要性、了解团队合作的作用。

道具：一根长绳、一根棍子。

时间：45 分钟。

程序：

1. 把全班同学分成若干组，每组 8～10 人。
2. 找 4 位同学，让两人把长绳的两头系在树或杆子上，另两人在长绳的两侧分别画起跑线和终点线。
3. 每组同学都要从长绳的一边越到另一边。

规则：

1. 绳子的高度控制在 0.9～1.4 米之间。
2. 在越绳的过程中，任何人不得触及绳子。
3. 小组最后一位同学要把棍子也带走。

教师任务：

1. 事先寻找一块空地，空地上有两棵树或杆子，两棵树或杆子之间的距离在 4 米之内。
2. 根据两棵树或杆子的距离准备一条长绳，另外再找一根棍子。
3. 秒表计时，每组的用时为从起跑线到终点线所花费的时间。
4. 注意活动过程中学生的安全问题。
5. 总结活动的意义。

考核标准：

不违反规则且用时最少的小组获胜。

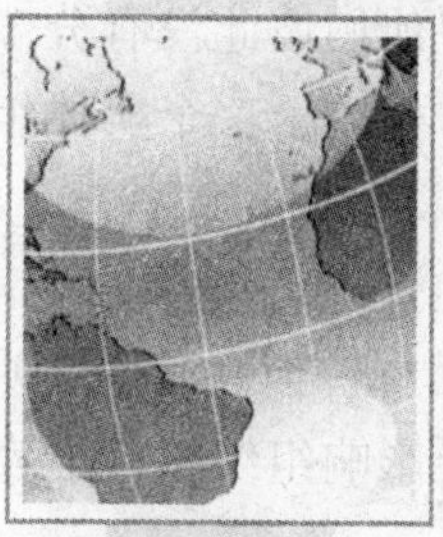

第六章 组 织

本章重难点

1. 了解组织结构的构成与形式,掌握组织结构设计的基本原理

2. 掌握职权配置的原理与方法,理解规范化管理

3. 了解组织设计的影响因素、组织部门化的基本原则、组织层级化与管理幅度的互动关系、五种典型而又实际的组织结构形式

走进管理:

绿叶服装公司是一家民营服装企业,李叶担任公司经理。开业之初,公司招聘了6名员工,除了一人当秘书兼会计、李叶兼设计师外,其余五人并没有严格的分工,服装的设计、加工、供销等业务的哪个环节有需要,他们就参与哪个环节。这样,公司经营开展得非常顺利,规模也迅速扩大。3年后公司员工增加到120名。

尽管如此,公司却没有建立正式的组织结构。但是李叶已发现公司的运行明显不如开业之初有序了,以至于经常出现原材料不足、产品交货延迟等问题,这使她感到困惑不解。

于是,她请来了管理咨询公司的张博士。在对公司进行了仔细的调查后,张博士帮助李叶设计、构建了适合本公司特点的组织结构。不久,公司的运作又恢复了有序的状态。

绿叶服装公司的发展经历告诉我们,设计、构建恰当的组织结构是一个组织发展过程中不可缺少的管理工作。那么,什么是组织结构?组织结构为什么对一个组织的发展具有如此重要的作用?应该如何设计组织结构呢?

第一节 组织概述

一、组织的含义

(一)名词"组织"

名词"组织"是指为实现某一共同目标,经由分工与合作及不同层次的权力和职责而构成,并与外部环境相适应的有机结合体。

1. 组织必须有共同的目标

任何组织都是为实现某些特定目标而存在的,不论这种目标是明确的还是隐含的,目标是组织存在的前提和基础。大学的目标是传授知识、培养高级人才;而一些非正式组织,它们隐含的目标就是使组织成员受到保护,满足成员在某些方面的特殊要求。

2. 必须有分工与合作

分工与合作关系是由组织目标限定的。企业为了达到经营目标,要有采购、生产、销售、财务和人事等许多部门，这是一种分工，每个部门都专门从事一种特定的工作。与此同时，各个部门又要相互配合，采购要根据生产的需要进行，生产要"以销定产"，这就是一种合作。只有把分工和合作结合起来才能提高效率。电影院的观众具有共同的目的，但他们彼此没有分工与协作，不能称其为组织；而电影院的全体工作人员则在工作中相互配合，构成了一个实体组织。

3. 必须有不同层次的权力与职责

这是由于分工之后，就要赋予各部门及每个人相应的权力，以便实现目标。但同时必须明确各部门或各人的责任，只有权力而不负责任，可能导致滥用职权，同样会影响组织目标的实现。因此，职权和责任是达成组织目标的必要保证。

(二)动词"组织"

动词"组织"是指组织工作，是确定组织结构以实现组织目标的过程。"组织"是指一种活动，它包括：

1. 组织设计

确定合理的组织结构形式，建立相应的组织系统，规定各个部门的划分、职责及相互关系，包括组织内横向管理部门的设置和纵向管理层次的划分。当组织目标确定以后，管理者首先应对为实现组织目标的各种杂乱无章的工作内容进行划分和归类，把性质相近或联系紧密的工作归并，成立相应的职能部门进行专业化管理，并根据适当的管理幅度来确定组织的纵向管理层次，最后形成一个完整的系统。

2. 组织内各职务人员的选择和配备

包括人员的招聘、定岗、训练、考核、奖惩制度，以及对人的行为的激励等。

组织结构是组织的基本框架，画成图就是组织框架图。

二、组织的类型

组织根据不同的划分标准可有多种类型，有营利性组织和非营利性组织、公共组织和私人组织、生产型组织和服务型组织，以及大、中、小型组织等。这些都是由组织设立的目标及其成长所处的阶段决定的。

(一)营利性组织和非营利性组织

所有的企业都是营利性组织，企业设立及其发展的目标就是追求利润最大化，否则企业将无法确定活动的目标和方向。按照科斯在《企业的性质》一文中对企业性质的阐述，企业之所以会产生，是因为企业内交易比市场交易成本低，因而更有效。这表明，组织产生本身就是追求成本最小、收益最大化的结果。一个组织如果不营利，它就不能改善员工的状况，也就不可能将投资回报的一部分用于研究、开发新产品，为顾客提供更多、更有价值的新产品和服务，政府的税收也就成了无源之水、无本之木，这将影响整个社会的发展。利润动机不是自私的，因为在市场机制的诱导下，组织在追求自身利润的同时也会带来整个社会福利的增加。与营利性组织相对的是非营利性组织，它们的主要宗旨是向社会提供服务，如提供教育、医疗、安全等。对这些服务可能要收取一定的费用，这些费用主要用于维持组织的生存，这些组织一般情况下无须向政府纳税，有时还会受到政府的财政补贴。

(二)生产型组织和服务型组织

生产型组织生产产品；服务型组织销售产品或者提供一些服务，如修理服务、公共事业等。

(三)公共组织和私人组织

与以个人投资为主体的私人组织相区别的是公共组织,它一般由政府经营。在我国,公共组织主要包括一些公共服务部门以及关系到国计民生的基础设施、重大科技、国家安全等领域的组织。随着市场经济的发展,也可让一些私人投资者通过一定的方式(如协议转让、证券市场等方式)部分参与公共组织的经营。

(四)正式组织和非正式组织

孔茨认为,正式组织有着严密的组织结构,主要表现在指挥链、职权与责任的关系以及功能、作用等方面。正式组织是经过精心设计、为了达到某个目标而按一定程序建立的,具有明确的职责关系和协作关系的群体。非正式组织则缺乏一个严密的结构。巴纳德认为,在没有自觉地制定共同目标的情况下所进行的任何个人联合的行动,都可以算作非正式组织。非正式组织通常是为了满足一些社会要求而形成的。这些组织可能存在于正式组织之中,也可能独立存在和运行,如各种俱乐部、团体、协会和相类似的其他群体都是非正式组织。

三、组织设计的原则

(一)统一指挥原则

统一指挥原则就是要求每个下属应该有且仅有一个上级,要求在上下级之间形成一条清晰的指挥链。如果下属有多个上级,就会因为上级可能存有彼此不同甚至相互冲突的命令而无所适从。虽然有时在例外场合必须打破统一指挥的原则,但是为了避免多头领导和多头指挥,组织的各项活动应该有明确的区分,并且应该明确上下级的职权、职责以及沟通联系的具体方式。

(二)管理幅度原则

管理幅度原则是指一个上级直接领导与指挥下属的人数应该有一定的控制限度,并且应该是有效的。法国管理学者格拉丘纳斯曾提出一套数学公式说明,当上级的控制幅度超过6~7人时,其和下级之间的关系会越来越复杂,以至于他最后无法驾驭。表6-1列出了随n变化的N的变化情况。

表6-1

n	N	n	N
1	1	6	222
2	6	7	490
3	18	8	1080
4	44	…	…
5	100		

(三)权责对等原则

组织中的每个部门和部门中的每个人员都有责任按照工作目标的要求保质保量地完成任务,组织也必须委之以自主完成任务所必需的权力。职权与职责要对等:如果有责无权,或者权力范围过于狭小,责任方就有可能因缺乏主动性、积极性而无法履行责任,甚至无法完成任务;如果有权无责,或者权力不明确,权力人就有可能不负责任地滥用权力,甚至助长官僚主义习气,这势必会影响整个组织系统的健康运行。

(四)因事设职与因人设职相结合的原则

组织中每个部门、每个职务都必须由一定的人员来完成规定的任务。组织设计必须确保实现组织目标的每项内容都能落实到具体的职位和部门,做到"事事有人做""人人有事做"。这样,组织设计中自然就要求从工作特点和需要出发,因事设职、因职用人。但这并不意味着组织设计可以忽视人的因素、忽视人的特点和人的能力。组织设计必须在保证有能力的人有机会去做他们真正胜任的工作的同时,使工作人员的能力在组织中获得不断提高和发展。一句话,"人"与"事"应该得到有机的结合。

第二节　组织设计的基本内容

组织设计就是根据组织目标及工作的需要,确定各个部门及其成员的职责范围,明确组织结构,其目的就是要通过创建柔性灵活的组织,动态地反映内外环境变化的要求,保证组织工作的顺利进行,以便实现组织目标。

组织设计的基本任务是分析和设计组织内各职能部门的职能和职权,设计清晰的组织结构,确定组织中的职能职权、参谋职权、直线职权的活动范围,并建立相应的整合协调机制。

根据组织设计所要达到的目的,组织设计的基本内容包括以下方面。

一、工作设计

工作设计就是规定组织内各个成员的工作范围,明确其工作内容和工作责权,以便使其了解组织对他们工作的具体要求。

二、部门设计

部门设计就是根据组织职能相似、活动相似和关系紧密的原则,按各个工作岗位的特征对它们进行分类,然后将相应职务的人员聚集在一个部门内,从而构成组织的各个部门,以便进行有效管理。这个过程也称为组织的部门化。

(一)组织部门化的基本原则

要想有效、合理地集合组织资源,安排好组织内全部的业务活动,必须提供一些基本的指导原则,使组织部门化能够具备科学性和可操作性。

1. 分工与协作相结合的原则

分工与协作是社会化大生产的必然结果,古典管理理论强调分工是效率的基础。在组织的部门设计中,必须要对每一个部门和岗位进行必要的工作分析和关系分析,并按照分工与协作的要求进行业务活动的组合。部门设计者可以依据技能相似性的归类方法来集合相关的业务活动,以期提高专业分工的细化水平。但是,过分强调专业化分工也会造成管理机构增多、部门之间难以协调等问题,反而会使管理效率下降。这时,可以依据关系紧密性的归类方法,按照业务流程管理的逻辑顺序来集合业务活动,以期达到紧凑、连续、利于协作的工作效果。

2. 精简高效的部门设计原则

部门精简高效是每一个部门设计者所追求的理想效果,作为一项基本的原则应当贯彻在部门设计的每一个阶段和每一项活动过程中。按照这一原则,部门设计应当体现局部利益服从整体利益的思想,并将单个部门效率目标与组织整体效率目标有机地结合起来。另外,部门设计应在保证组织目标能够实现的前提下,力求人员配置和部门设置精简合理,不仅要做到

"事事有人做",而且要"人人有事做",工作任务充裕饱满,部门活动紧密有序。

(二)组织部门化的基本形式与特征

组织的部门有多种不同的划分形式,依据不同的划分标准,可以形成以下几种不同的部门划分形式。其中,职能部门化和流程部门化是按工作的过程标准来划分的,而其余则是按工作的结果标准来划分的。

1. 职能部门化

职能部门是一种传统而基本的组织形式。职能部门化就是按照生产、财务管理、营销、人事、研发等基本活动相似或技能相似的要求,分类设立专门的管理部门。

职能部门化的优点主要是:能够突出业务活动的重点,确保高层主管的权威性并使之能有效地管理组织的基本活动;符合活动专业化的分工要求,能够充分有效地发挥员工的才能,调动员工学习的积极性;简化了培训,强化了控制,避免了重叠,最终有利于管理目标的实现。

职能部门化的缺点主要是:由于人、财、物等资源的过分集中,不利于开拓远区市场或按照目标顾客的需求组织分工;这种划分方法也可能会助长部门主义风气,使得部门之间难以协调配合;部门利益高于企业整体利益的后果可能影响到组织总目标的实现;由于职权的过分集中,部门主管虽然容易得到锻炼,却不利于高级管理人员的全面培养和提高,也不利于"多面手"式的人才成长。

图 6-1 是一个典型的按职能划分的部门化组织图。

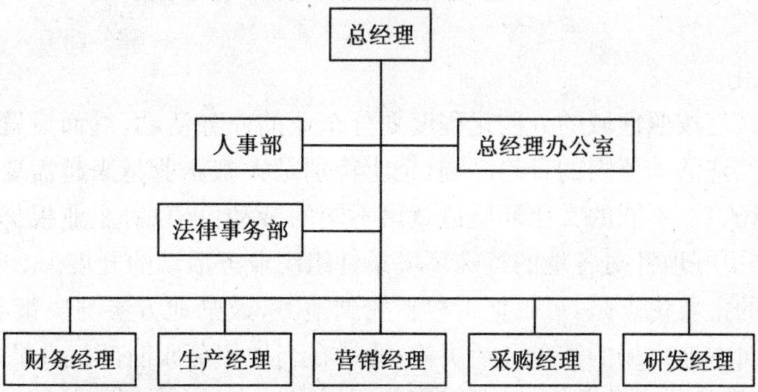

图 6-1 按职能划分的部门化组织图

2. 产品或服务部门化

在品种单一、规模较小的企业,按职能进行组织分工是理想的部门化划分形式。然而,随着企业的进一步成长与发展,企业面临着增加产品线和生产规模以获取规模经济和范围经济的经营压力,管理工作也将变得日益复杂。这时,就有必要按业务活动的结果来重新划分企业的活动。按照产品或服务的要求对企业活动进行分组,即产品或服务部门化,就是一种典型的结果划分法。

产品或服务部门化的优点主要是:各部门会专注于产品的经营,并且充分合理地利用专有资产,提高专业化经营的效率水平,这不仅有助于促进不同产品和服务项目间的合理竞争,而且有助于比较不同部门对企业的贡献,有助于决策部门加强对企业产品与服务的指导和调整;另外,这种分工方式也可为"多面手"式的管理人才提供较好的成长条件。

缺点是:企业需要更多的"多面手"式的人才去管理各个产品部门;各个部门同样有可能存在本位主义倾向,这势必会影响到企业总目标的实现;部门中某些职能管理机构的重整会导致管理费用的增加，同时也增加了总部对“多面手”式人才的监督成本。

图 6－2 是一个典型的按产品或服务划分的部门化组织图。

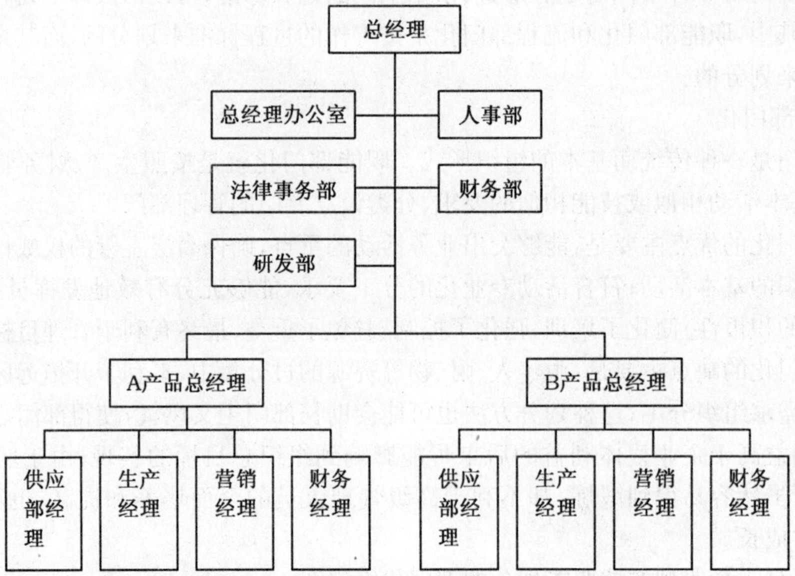

图 6－2　按产品或服务划分的部门化组织图

3. 地域部门化

地域部门化就是按照地域的分散化程度划分企业的业务活动，继而设置管理部门管理其业务活动。随着经济活动范围的日趋广阔，企业特别是大型企业越来越需要跨越地域的限制去开拓外部的市场。而不同的文化环境造就出不同的劳动价值观，企业根据地域的不同划设管理部门，为的是更好地针对各地的特殊环境条件组织业务活动的开展。

地域部门化的主要优点是：可以把责权下放到地方，鼓励地方参与决策和经营，地区管理者还可以直接面对本地市场的需求灵活决策；通过在当地招募职能部门人员，既可以缓解当地的就业压力，争取宽松的经营环境，又可以充分利用当地有效的资源进行市场开拓，同时也会减少许多外派成本和不确定性风险。

地域部门化的主要缺点是：企业所需的能够派赴各个区域的地区主管比较稀缺，且比较难控制；另外，各地区可能会因存在职能机构设置重叠而导致管理成本过高的问题。

图 6－3 是一个典型的按地域划分的部门化组织图。

4. 顾客部门化

顾客部门化就是根据目标顾客的不同利益需求来划分组织的业务活动。在激烈的市场竞争中，顾客需求导向越来越明显，企业应当在满足顾客需求的同时，努力创造顾客的未来需求，顾客部门化顺应了顾客需求发展的这种趋势。

顾客部门化的优点是：企业可以通过设立不同的部门，满足目标顾客各种特殊而广泛的需求，同时能有效获得用户真诚的意见反馈，这有利于企业不断改进自己的工作；另外，企业能够持续有效地发挥自己的核心专长，不断创造顾客需求，从而在这一领域建立持久性的竞争优势。

顾客部门化的缺点是：可能会增加与顾客需求不匹配而引发的矛盾和冲突；需要更多能妥

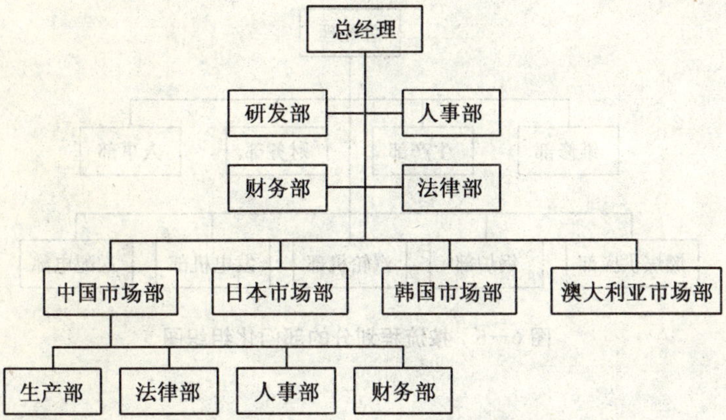

图 6—3 按地域划分的部门化组织图

善协调和处理与顾客关系问题的管理人员和一般人员；另外，顾客需求偏好的转移可能使企业无法时时刻刻明确顾客的需求分类，结果会造成产品或服务结构的不合理，影响对顾客需求的满足。

图 6—4 是一个典型的按顾客划分的部门化组织图。

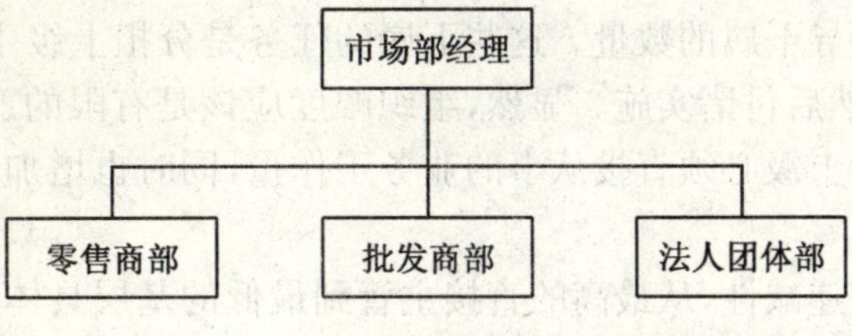

图 6—4 按顾客划分的部门化组织图

5. 流程部门化

流程部门化就是按照工作或业务流程来组织业务活动。人员比较集中或业务流程比较连续紧密是流程部门化的基础。

流程部门化的优点是：组织能够充分发挥人员集中的技术优势，易于协调管理，对市场需求的变化也能够快速敏捷地反应，容易取得较明显的集合优势；另外，也简化了培训，容易在组织内部形成良好的相互学习氛围，会产生较为明显的学习经验曲线效应。

流程部门化的缺点是：部门之间的紧密协作有可能得不到贯彻，也许会产生部门间的利益冲突；另外，权责相对集中，不利于培养出“多面手”式的管理人才。

图 6—5 是一个典型的按流程划分的部门化组织图。

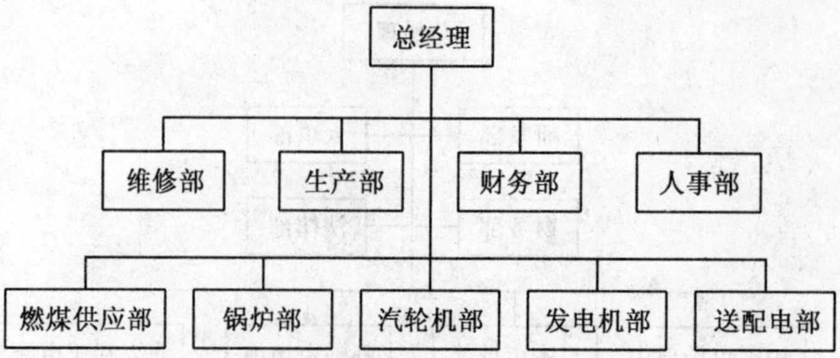

图 6—5 按流程划分的部门化组织图

三、层级设计

组织的层级化是指组织在纵向结构设计中需要确定层级的数目和有效的管理幅度，需要根据组织集权化的程度规定纵向各层级之间的权责关系，最终形成一个能够对内外环境要求做出动态反应的有效的组织结构形式。

(一)管理幅度与组织层级的互动性

组织层级化设计的核心任务是确定完成任务所需要设定的层级数目，而有效的管理幅度是决定组织中层级数目最基本的因素。所谓管理幅度，又称组织幅度，是指组织中上级主管能够直接有效地指挥和领导下属的数量。这些下属的任务是分担上级主管的管理工作，并将组织任务进行层层分解，然后付诸实施。显然，组织幅度应该是有限的。这是因为，一定幅度的下属数量固然能够减少上级必须直接从事的业务工作量，同时也增加了上级协调这些人之间关系的工作量。

由于组织任务存在递减性，从最高的直接主管到最低的基层具体工作人员之间就形成了一定的层次，这种层次便称为组织层级。组织层级受到组织规模和组织幅度的影响，它与组织规模成正比，组织规模越大，包括的人员越多，组织工作就越复杂，层级也就越多。在组织规模已确定的条件下，组织层级与组织幅度具有互动性，它与组织幅度成反比，即上级直接领导的下属越多，组织层级就越少；反之则越多。

组织层级与组织幅度的互动关系决定了两种基本的组织结构形态：一种是扁平式的组织结构形态；另一种是锥形式的组织结构形态。图 6—6 显示了这两种组织的幅度与层级的差别。

扁平式组织结构的优点是：由于管理的层级比较少，信息的沟通和传递速度比较快，因而信息的失真度也比较低；同时，上级主管对下属的控制也不会太呆板，这有利于发挥下属人员的积极性和创造性。其缺点是：过大的管理幅度增加了主管对下属的监督和协调控制难度，同时下属也缺少了更多的提升机会。

锥形式组织结构的优点是：由于管理的层级比较多，管理幅度比较小，每一管理层级的主管都能对下属进行及时的指导和控制；另外，层级之间的关系也比较紧密，这有利于工作任务的衔接，同时也为下属提供了更多的提升机会。其缺点是：过多的管理层级往往会影响信息的传递速度，因而信息的失真度可能比较大，这又会增加高层主管与基层之间的沟通与协调成本，增加管理工作的复杂性。

(二)管理幅度设计的影响因素

有效的管理幅度设计应考虑以下诸多因素的影响：

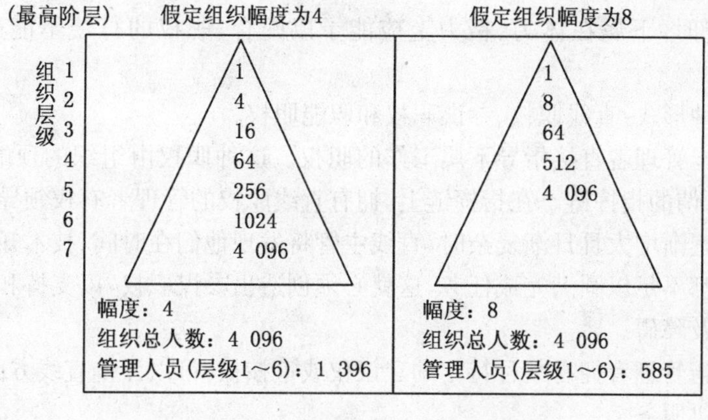

图6－6　管理幅度与管理层级

1. 管理工作的内容和性质

管理工作内容越多，上下左右之间的联系就越多，需要花费的工作时间也就越多；管理工作越是复杂多变，管理人员需要耗费的时间和精力就越多，组织就越是需要缩小控制幅度。另外，下属人员工作的相似性越大，管理的指挥和监督工作就越容易，扩大管理幅度就越有可能。

2. 管理人员的工作能力情况

如果管理人员和下属都具有较强的工作能力，管理人员就能够准确而迅速地把握问题的关键，及时提出指导性的建议和方法，而下属也同样能够准确领会上级的命令和意图，从而减少协调和沟通的频率，有效扩大管理幅度。

3. 下属人员的空间分布状况

如果下属人员在空间上的分布比较分散，就会增加上下左右之间协调和沟通的困难，尽管现代通信手段提供了较为便捷的联系方式，但是这或多或少会增加上级主管的管理幅度。

4. 组织变革的速度

每一个组织都必须根据环境的变化进行及时的调整。环境变化越快，组织遇到的问题越多，组织变革的速度也就越快，主管人员对下属的指导时间和精力耗费也就越多，组织也就越不容易扩大管理幅度。

5. 信息沟通的情况

信息充分及时是有效管理的前提，如果组织上下级之间的信息交流能够充分快捷，并且具有较高的横向沟通效果，组织就可以适当扩大管理幅度。

四、责权分配

(一)职权的来源及其形式

职权是指组织内部授予的指导下属活动及其行为的决定权，这些决定一旦下达，下属就必须服从。职权与组织层级化设计中的职位紧密相关，与个人特质无关。

传统观念认为，职权来源于组织的顶层，即职权的发展是由上至下，然后贯穿于整个组织的。而巴纳德认为，职权在被接受之前必须具备四个条件，这四个条件是：

(1)在做决定时，下属必须能够了解沟通的内容；

(2)在做决定时，下属必须深信他的要求和组织的宗旨是一致的；

(3)在做决定时，下属必须深信他的要求与他本人的兴趣是一致的；

(4)在做决定时，下属在体力、精力上应能予以配合，职权的行使不能逾越能力和服从范围。

职权分为三种形式：直线职权、参谋职权和职能职权。

直线职权是指管理者直接指导下属工作的职权。这种职权由组织的顶端开始，延伸向下至最底层，形成所谓的指挥链。在指挥链上，拥有直线职权的管理者有权领导和指挥其下属工作。当组织规模逐渐增大且日渐复杂时，直线主管将发现他们在时间、技术知识、精力、能力和资源等各个方面都不足以圆满完成任务，这就必须创造出参谋职权，以支持和弥补直线主管在能力方面的缺陷及障碍。

参谋职权是指管理者拥有某种特定的建议权或审核权，可以评价直线方面的活动情况，进而提出建议或提供服务。

职能职权则是一种权益职权，是由直线管理者向自己辖属以外的个人或职能部门授权，允许他们按照一定的程度和制度，在一定的职能范围内行使的某种职权。职能职权的设立，主要是为了发挥专家的核心作用，减轻直线主管的任务负荷，提高管理工作的效率。

由此可见，管理中的职权来源于三个方面：

(1)在层级组织中居于某一特殊职位所拥有的命令指挥权；

(2)由于个人具备某些核心专长或高级技术知识而拥有的技术能力职权；

(3)由于个人能够有效地激励、领导和影响他人而拥有的管理能力职权。

需要指出的是，一个人获取权力的同时必须担负起责任，这种责任就称为职责。职责与职权是有区别的。职权是一种权力，其合法性来自组织中的职位，职权需要围绕工作展开。另外，职权喻示着下属必须完成被指派的任务，而职责则喻示着下属所完成的任务必须符合上级所规定的标准。因此，权责必须一致，权责必须分明。有职权而无职责必然会导致职权的滥用，而有职责无职权也必然会导致执行者的无所适从。

(二)组织层级化设计中的集权与分权

集权与分权是组织层级化设计中的两种相反的权力分配方式。

集权是指决策指挥权在组织层级系统中较高层次上的集中，也就是说，下级部门和机构只能依据上级的决定、命令和指示办事，一切行动必须服从上级指挥。组织管理的实践告诉我们，组织目标的一致性必然要求组织行动的统一性，所以，组织实行一定程度的集权是十分必要的。

分权是指决策指挥权在组织层级系统中较低管理层次上的分散。组织高层将其一部分决策指挥权分配给下级组织机构或部门的负责人，可以使他们充分行使这些权力，支配组织的某些资源，并在其工作职责范围内自主解决某些问题。一个组织内部要实行专业化分工，就必须分权；否则，组织便无法运转。

集权与分权是一个相对的概念。绝对的集权意味着组织中的全部权力集中在一个主管手中，组织活动的所有决策均由主管做出，主管直接面对所有的命令执行者，中间没有任何管理人员，也没有任何中层管理机构。这在现代社会经济组织中几乎是不可能的，也是做不到的。而绝对的分权则意味着将全部权力分散下放到各个管理部门中去，甚至分散至各个执行、操作层，这时，主管的职位就是多余的，一个统一的组织也不复存在。因此，将集权和分权有效地结合起来是组织存在的基本条件，也是组织既保持目标统一性又具有柔性灵活性的基本要求。

戴尔曾提出判断一个组织分权程度的四条标准：

(1)较低的管理层次做出的决策数量越多,分权程度越大。

(2)较低的管理层次担任的决策重要性越大,分权程度越大。

(3)较低的管理层次担任的决策影响面越大,分权程度越大。

(4)较低的管理层次所做的决策审核越少,分权程度就越大。在根本不需要审核决策的情况下,则分权程度最大。如果做出决策后还必须上报上级领导,则分权程度就较小。如果在决策之前必须请示上级领导,则分权程度就更小。

在组织层级化设计中,影响组织分权程度的主要因素有:

(1)组织规模的大小。组织规模增大,管理的层级和部门数量就会增多,信息的传递速度和准确性就会降低。因此,当组织规模扩大之后,组织需要及时分权,以减轻决策层的工作压力,使其能够集中精力于最重要的事务。

(2)政策的统一性。如果组织内部各个方面的政策是统一的,集权最容易达到管理目标的一致性。然而,一个组织所面临的环境是复杂多变的,为了灵活应对这种局面,组织往往会在不同的阶段和场合采取不同的政策,这虽然会破坏组织政策的统一性,却可能有利于激发下属的工作热情和创新精神。

(3)员工的数量和基本素质。如果员工的数量和基本素质能够保证组织任务的完成,组织可以更多地分权;组织如果缺乏受过良好训练的管理人员,其基本素质不能符合分权式管理的基本要求,分权将会受到很大的限制。

(4)组织的可控性。组织中各个部门的工作性质大多不同,有些关键的职能部门(如财务会计等部门)往往需要相对地集权,而有些业务部门(如研发、市场营销等部门,或者是区域性部门)却需要相对地分权。组织需要考虑的是围绕任务目标的实现,如何对分散的各类活动进行有效控制。

(5)组织所处的成长阶段。在组织成长的初始阶段,为了有效管理和控制组织的运行,组织往往采取集权的管理方式;随着组织的成长,管理的复杂性逐渐增强,组织分权的压力也就比较大,管理者对权力的偏好就会减弱。

(三)组织层级化设计中的有效授权

1. 授权的含义及其有效性

在组织层级化设计中,当今组织都注意到了纵向权力高度集中的层级式组织所带来的组织僵化和臃肿,单纯地凭靠高层主管进行决策可能很难动态地响应环境的变化。随着信息时代的到来,组织越来越意识到,把权力分解下去可以使组织成员自由、圆满、高效地完成组织的各项工作,向下授权因而也成为组织发展的一个重要趋势。

所谓授权就是组织为了共享内部权力,增进员工努力工作,而把某些权力或职权授予下级。这些权力或职权被委派给了下级之后,下级可以在其职权范围内自由决断,灵活处置问题,但同时也负有完成任务并报告上级的责任,上级仍然保留着对下级的指挥与监督权。

授权与分权有所不同。孔茨认为,分权是授权的一个基本方面。授权的含义略大于分权,授权是上级把权力授予下级,分权是上级把决策权力分配给下级机构或部门负责人。授权的含义有:分派任务,向被托付人交代所要委派的任务;授予权力或职权,即授予被托付人相应的权力或职权,使之能有权履行原本无权处理的事务;明确责任,要求被托付人对托付的工作负全责,所负责任不仅包括需要完成的指定任务,也包括向上级汇报任务的具体情况和成果。

要想使授权具有充分而理想的效果,组织必须提供一定的要素条件,其内容包括:

(1)共享的信息。组织中的信息作为一种资源,具有共享性,组织如果能够使员工充分获取必要的信息资料，就会大大提高员工的积极性和工作的主动性。

(2)知识与技能。组织必须对员工进行及时、有效的培训，以帮助他们获取必需的知识和技能。这种培训能够有效地帮助员工进行自主决策，提高他们参与组织活动的能力，并为组织的团队合作和组织目标的实现打下扎实的基础。

(3)权力。组织若要充分发挥团队的作用，就必须真正地放权给团队中的各个专家和基层人员，使每个成员都能根据工作实际进行适当的安排。这样，各种类型的权力才能够得到充分发挥。

(4)对绩效的奖励。组织应该制定合理的绩效评估和奖励系统，对组织成员的绩效贡献给予奖励。这种奖励系统应该既包括工资和利润提成，也包括一定的股权比例，如职工持股计划等。

2. 授权的过程

认识到授权的重要性之后，组织设计者就必须针对授权中的一些障碍，制定科学合理的实施计划。授权的过程大致可以分为以下几个基本阶段：

第一阶段是授权诊断阶段。在这一阶段，组织设计者应该重点对组织内部的权力分布状况进行全面的诊断，仔细分析是哪些因素导致了权力的不平衡和分配的不合理，进而识别在授权阶段所应该变革的基本要素。

第二阶段是授权实施阶段。在这一阶段，组织设计者首先要对诊断阶段出现的不合理要素进行变革，然后要努力创造和提供有效授权所应该具备的一些要素条件，如共享信息、知识与技能、权力和奖励制度等。组织高层主管需要进一步明晰组织的目标和愿景，使组织中的成员充分理解授权的基本要求。

第三阶段是授权反馈阶段。在这一阶段，组织设计者应将重点放在对授权实践之后员工绩效的考核上，使贡献优异的员工能够得到及时的回报，这样就可以对授权的效果进行巩固，并对偏差进行及时的反馈和调整。

3. 授权的原则

有效的授权必须掌握以下原则：

(1)重要性原则。组织授权必须建立在相互信任的基础上，所授权限不能只是一些无关紧要的部分，要敢于把一些重要的权力或职权放下去，使下级充分认识到上级的信任和管理工作的重要性，把具体任务落到实处。

(2)适度原则。组织授权还必须建立在效率基础上。授权过少往往造成主管工作量过大，授权过多又会造成工作杂乱无序甚至失控，所以不能无原则地放权。

(3)权责一致原则。组织在授权的同时，必须向被托付人明确所授任务的目标、责任和权力范围，权责必须一致；否则，被托付人要么可能会滥用职权并导致形式主义，要么会对任务无所适从，造成工作失误。

(4)级差授权原则。组织只能在工作关系紧密的层级上进行级差授权。越级授权可能会造成中间层次在工作上的混乱和被动，伤害他们的负责精神，并导致管理机构的失衡，进而破坏管理的秩序。

五、整体协调

层次设计和责权分配确定了组织内部各个部门之间从上到下的纵向关系，但作为一个整体，组织要实现既定目标，必须要求各部门在工作过程中形成共同协作的横向关系。进行整体协调的主要方式有：

（1）加强联系与沟通，统一认识，实现思想协调。

（2）以实现组织总目标为出发点，落实各部门的工作目标和计划，使各部门的工作保持协调性。

（3）建立规章制度，规范工作程序，明确工作责任，严格奖惩措施，从制度上保证部门之间的协调统一。

（4）制定规范的协商机制和必要的协调机构，及时解决部门与部门之间的矛盾和冲突，加强组织协调。

第三节　组织设计的基本形式

一、组织结构

组织结构是表明组织各部分排列顺序、空间位置、聚散状态、联系方式以及各要素之间相互关系的一种模式，是执行管理和经济模式的体制。组织结构是组织的骨架，而骨架的合理与完善，很大程度上决定了组织目标能否顺利实现。由于组织内外部环境的不同，组织结构的类型也不尽相同。组织结构具有三种特性：

（1）复杂化。复杂化是指组织内部结构的分化程度。

（2）正规化。正规化是指组织依靠规则、程序来引导和控制员工行为的程度。

（3）集权化。集权化是指组织的决策权在上层管理的集中程度，它描述了决策权在组织内的分布情况。

二、组织的基本形式

（一）直线型结构

直线型结构是组织最早使用的一种结构类型，也是最为简单的一种类型。所谓“直线”，是指在这种结构中，职权从组织上层“流向”组织的基层。其优点是：结构简单，权责明确，领导从属关系简单，命令与指挥统一，上传下达准确，解决问题迅速，业务人员比重大，管理成本低。缺点是：没有专业的管理分工，对管理层的技能要求高，管理者容易陷入企业事务性工作之中而不能集中精力解决企业的重大问题。

图 6－7 是一个直线型结构示意图。

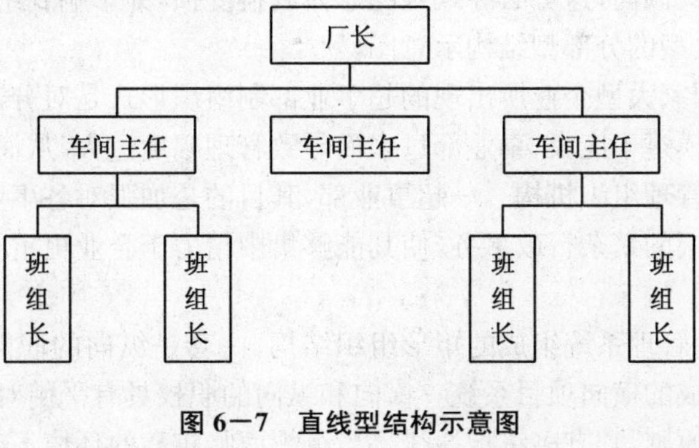

图 6－7　直线型结构示意图

(二)职能型结构

其特点是:将技能相似的专业人员集合在各自专门的职能机构内,并在各自的业务范围内分工合作,组织任务集中明确,上行下达。其主要优点是:适应了大生产分工合作的要求,提高了专业化的管理水平,同时减少了设备和职能人员的重复性,减轻了高层管理者的责任压力,使其能专心致力于最主要的决策工作。其缺点是:各职能部门往往会片面追求本部门的利益,部门之间缺乏交流与合作,且矛盾冲突会增多,这又会增加最高主管协调、统领全局的难度,加大完成任务的压力。另外,由于受各职能部门狭窄的专业知识的限制,职能结构难以培养出"多面手"式的管理通才。

图 6—8 是一个职能型结构示意图。

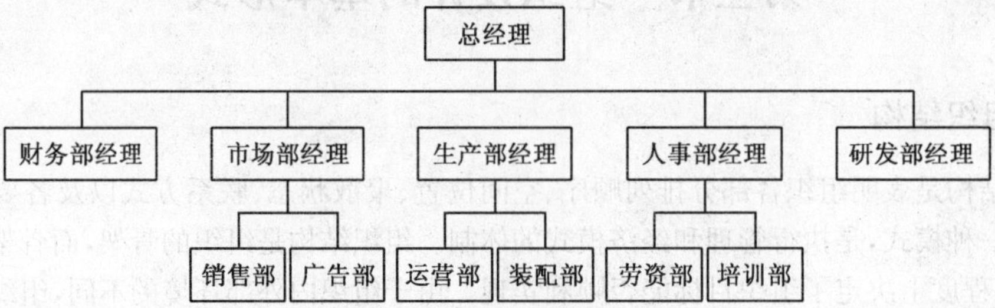

图 6—8　职能型结构示意图

(三)分部型结构

它是指组织面对不确定的环境,按照产品或类别、市场用户、地域以及流程等不同的业务单位分别成立若干事业部,并由这些事业部进行独立业务经营和分权管理的一种分权式结构类型。分部型结构必须具备三个基本要素;独立的市场、独立的利益、独立的自主权,执行"集中政策,分散经营"的管理原则。大型跨国公司多采用此种组织形式。

分部型结构的优点是:它使高层管理者摆脱了日常繁杂的行政事务,可以专注于公司的战略决策事务。各事业部独立经营,充分自主,可以更好地以顾客为中心促进资源的有效整合。从发展角度看,一方面,这种结构有利于调动经营者的积极性,培养"多面手"式管理通才;另一方面,又能发挥经营者的灵活性和主动性,提高对市场竞争环境的敏捷适应性,使公司较早适应未来的竞争与挑战。

其缺点是:每个事业部均有完备的职能部门,由于机构重复,会造成管理人员增多和管理成本增高。另外,各事业部之间的相互支持与协调比较困难,限制了组织资源的共享,容易出现各自为政的部门主义倾向,这势必导致组织总体利益受损,并影响到组织长期目标的实现。

图 6—9 是一个典型的分部型结构示意图。

近几年来,西方国家大型企业所出现的超事业部制组织形式是对分部型结构的一种改进。这主要是因为企业规模过于庞大、事业部过多而导致管理幅度过大,从而在总公司与各个事业部之间又增加了一层管理组织机构——超事业部,其目的是加强对各事业部组织活动的协调,进一步减轻最高管理层的繁杂行政事务,使其能够集中精力于企业更重要的战略决策与指挥。

(四)矩阵型结构

它是由纵、横两套管理系统组成的矩形组织结构,一套是纵向的职能管理系统,另一套是为完成某项任务而组成的横向项目系统。横向和纵向的职权具有平衡对等性。矩阵型结构打破了统一指挥的传统原则,它有多重指挥线。当组织面临较高的环境不确定性,组织目标需要

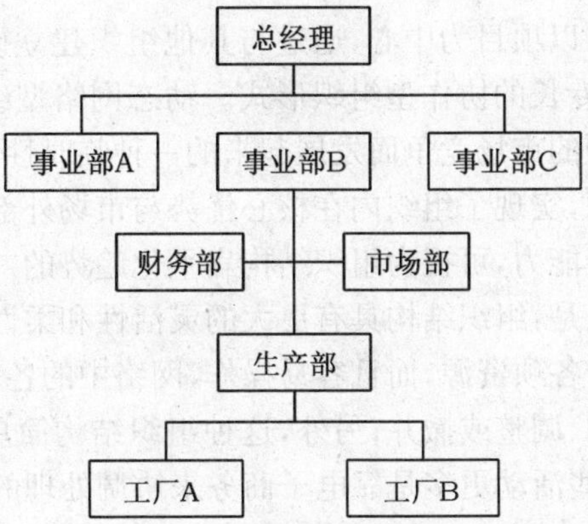

图 6—9　分部型结构示意图

同时反映技术和产品的双重要求时，矩阵型结构应该是一种理想的组织形式。

其优点是：具有不同背景、不同技能、不同专业知识所组成的项目人员共同为某个特定项目工作，一方面可以取得专业化分工的好处，另一方面可以跨越各职能部门获取他们所需要的各种支持，资源可以在不同产品之间灵活分配。通过加强不同部门之间的配合和信息交流，可以有效地克服职能部门之间相互脱节的弱点，同时易于发挥机构灵活的特点，增强职能人员直接参与项目管理的积极性，增强矩阵主管和项目人员共同组织项目实施的责任感和工作热情。

矩阵型结构的缺点是：组织中的信息和权力等资源一旦不能共享，项目经理与职能经理之间势必会为争取有限的资源或因权力不平衡而发生矛盾，这反而会产生适得其反的后果，协调处理这些矛盾必然要牵扯管理者更多的精力，付出更多的组织成本。另外，一些项目成员需要接受双重领导，他们要具备较好的人际沟通能力和平衡协调的技能，成员之间还可能会存在任务分配不明确、权责不统一的问题，这同样会影响到组织效率的发挥。如何客观、公正地评价其绩效，并在成本、时间、质量方面进行有效控制，将是此类组织机构正常运行的关键。

图 6—10 是矩阵型结构示意图。

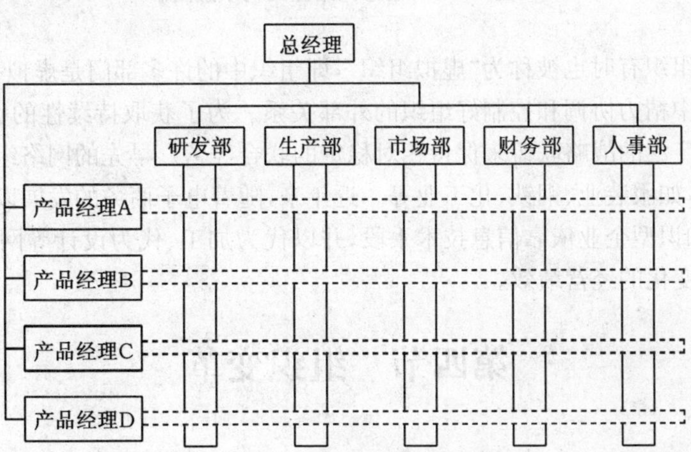

图 6—10　矩阵型结构示意图

(五)动态网络型结构

动态网络型结构是一种以项目为中心,通过与其他组织建立研发、生产制造、营销等业务合同网,有效发挥核心业务专长的协作型组织形式。动态网络型组织结构是组织基于信息技术的日新月异以及更为激烈的市场竞争而发展起来的一种临时性组织。它以市场的组合方式替代了传统的纵向层级组织,实现了组织内在核心优势与市场外部资源优势的动态有机结合,因而更具敏捷性和快速应变能力,可视为组织结构扁平化趋势的一个极端例子。

动态网络型结构的优点是:组织结构具有更大的灵活性和柔性,以项目为中心的合作可以更好地结合市场需求来整合各项资源,而且容易操作,网络中的各个价值链部分也随时可以根据市场需求的变动情况增加、调整或撤并;另外,这种组织结构简单、精干,由于组织中的大多数活动都实现了外包,而这些活动更多是靠电子商务来协调处理的,组织结构可以进一步扁平化,效率也更高了。

动态网络型结构的缺点是:可控性太差。这种组织的有效动作是靠与独立的供应商广泛而密切的合作来实现的,由于存在着道德风险和逆向选择性,一旦组织所依存的外部资源出现问题,如质量问题、提价问题、及时交货问题等,组织将会陷于非常被动的境地。另外,外部合作组织都是临时的,如果网络中的某一合作单位因故退出且不可替代,组织将会面临解体的危险。网络组织还要求建立较高的组织文化以保持一定的凝聚力,然而,由于项目是临时的,员工随时都有被解雇的可能,因而员工的组织忠诚度也比较低。

图 6－11 是一个典型的动态网络型结构示意图。

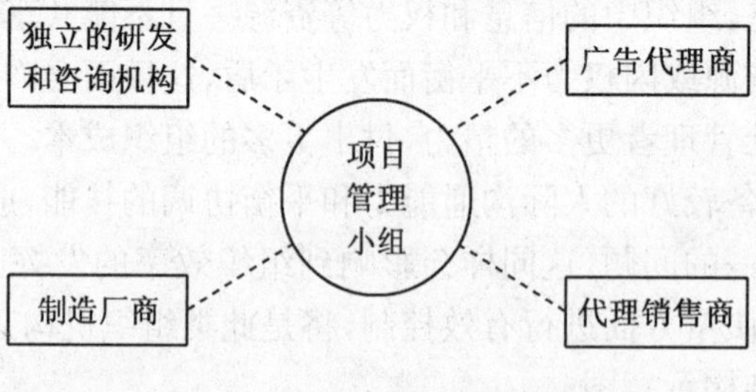

图 6－11　动态网络型结构示意图

动态网络型组织有时也被称为“虚拟组织”,即组织中的许多部门是虚拟存在的,管理者最主要的任务是集中精力协调和控制好组织的外部关系。为了获取持续性的竞争优势,组织往往需要通过建立广泛的战略联盟来保持相对稳定的联合经营。早先的网络组织只适合于一些劳动密集型行业,如服装业、钢铁、化工业等。近年来,随着电子商务的发展以及外部合作竞争的加强,更多的知识型企业依靠信息技术手段,并以代为加工、代为设计等网络合作方式取得了快速响应市场变化的经营绩效。

第四节　组织变革

一、组织变革的概念和作用

组织是一个由多种要素组成的有机体,经历着产生、成长、成熟和衰退的过程。它不断地和周围的环境进行物质、人员、信息的交流,从而不断地发生变化。一旦组织内部因素及其所处的外界环境发生变化，组织要想求得生存和发展，就必须进行变革。组织变革是指组织管理人员主动对组织的原有状态进行改变，以适应外部环境变化，更好地实现组织目标的活动。这种变革包括组织的各个方面，如组织行为、组织结构、组织制度、组织成员和组织文化等。

组织变革对组织生存和发展具有重大的影响作用。通过组织变革，组织的目标更加明确，组织成员的认可度和满意度提高，组织更加符合发展的要求；组织的任务以及完成任务的方法更加明确；组织结构的管理效率得到有效提高，组织做出的决策更加合理、准确；组织更具稳定性和适应性；组织的信息沟通渠道畅通，信息传递更加准确；组织的自我更新能力也会进一步得到增强。

二、组织变革的力量

诱发组织变革并决定组织变革目标方向和内容的主要因素有以下几个方面：

(一)组织战略

组织在发展过程中需要对其战略的形式和内容不断地做出调整，新的战略一旦形成，组织结构就相应进行调整、变革，以适应新战略实施的需要。结构追随战略，战略的变化必然带来组织结构的更新。

战略可以在两个层次上影响组织结构：一是不同的战略要求开展不同的业务、进行不同的管理部门的设计；二是战略重点的改变会引起组织业务活动中心的转移和核心职能的改变，从而使各部门、各职能在组织中的相对位置发生变化，相应地就要求对各管理职务以及部门之间的关系做出调整，甚至改变组织成员的工作方式和方法。

(二)环境

环境变化是导致组织结构变革的一个主要影响力量，因为任何组织都或多或少是一个开放的系统。当今企业普遍面临全球化的竞争和由竞争者推动的日益加速的产品创新，以及顾客对产品质量和交货期的越来越高的要求，这些都是环境动态性的表现，而传统的以高度复杂性、高度正规化和高度集权化为特征的机械组织，并不适应企业对迅速变化的环境做出灵敏的反应。为了适应新的环境条件的要求，目前许多企业的管理者开始朝着弹性化或有机化的方向改革其组织，以使它们变得更加精干、快速、灵活和富有创造性。

(三)技术创新

组织的任何活动都需要利用一定的技术和反映一定技术水平的特殊手段来进行。技术及技术设备的水平，不仅影响组织活动的效果和效率，而且会对组织的职务设置与部门划分、部门间的关系，以及组织结构的形式和总体特征等产生相当大的影响。

今天，在组织内外部高强度的信息共享和交流的实践中，信息技术的发展为很难实现的“集权与分权相结合”问题提供了解决的途径。再从生产作业技术来看，组织将投入转换为产出所使用的过程和方法，在常规化程度上是各不相同的。反之，非常规的技术，要求更大的结构灵活性。计算机手段在生产作业活动中的更广泛、更深入的应用，促使生产技术由常规化向非常规化演进，也相应地促使组织结构变得更具柔性和有机性。

据预测，2020 年以后的几十年里，生物经济将会处于统治地位。与此同时，信息经济将会变得衰老起来，当我们进入 21 世纪的最后 25 年时，建立在生物经济基础上的企业的增长速度将大大超过信息企业，信息企业将成为今天的制造业。

(四)组织规模和成长阶段

组织的规模往往与组织的成长或发展阶段相关联。伴随着组织的发展，组织活动的内容会日趋复杂，人数会逐渐增多，活动的规模和范围会越来越大，这样，组织结构也必须随之调整，才能适应成长后的组织的新情况。

组织变革伴随着企业成长的各个时期，不同成长阶段要求不同的组织模式与之相适应。例如，企业在成长的早期，组织结构常常是简单、灵活而集权的，靠的是领导人或合伙人的领导魅力。随着员工的增多和组织规模的扩大，企业必须由创业初期的松散结构转变为正规、集权的组织结构，其通常的表现形态就是职能型结构。而当企业的经营进入多元化产品和跨地区市场后，分权的事业部结构可能更为适宜。企业进一步发展而进入集约经营阶段后，不同领导之间的交流与合作以及资源共享、能力整合、创新力激发问题日益突出，这样，以强化协作为主旨的各种创新组织形态便应运而生。总之，组织在不同成长阶段所适合采取的组织模式是各不一样的。管理者如果不能在组织步入新的发展阶段之际及时、有针对性地变革其组织设计，就容易引发组织发展的危机。这种危机的有效解决，必须有领先的组织结构的变革。因此，哈佛大学葛雷纳教授指出，组织变革伴随着企业发展的各个时期，组织的跳跃式变革与渐进式演进相互交替，由此推动组织的发展。

三、组织变革的动力和阻力

组织变革是组织内部和外部因素综合作用的结果。其一，环境的变化对组织的生存与发展，既是一种压力，也是组织寻求新的发展机会和发展空间的动力；其二，组织内部成员对新目标的追求和要求以及改变现状的愿望，促使组织在变革中发展。这种作用的动力一旦超过组织管理层和操作层维持现有目标、体制和利益的阻力，组织将会发生革命性的变化，其结果是导致新的组织模式的产生和新的制度的发展。

组织变革是一种客观存在的事实，如果没有变革，社会将永远停留在一个静止的发展阶段，加之环境的变迁，甚至还会导致组织活动的倒退。作为组织的管理者，只有从不断变革出发，有意识地利用有利的条件和时机，才可能保持组织稳定发展的势头。

（一）推动组织变革的动力

推动组织变革的内外部动力主要包括以下几方面：

1. 生产力的发展

生产力，特别是作为第一生产力的科学技术的迅速发展，决定了社会生产组织方式与管理的模式。以科学技术进步为标志的技术革命在推动社会经济与文明发展的同时，创造了新的生产组织方式和流程，这一进步直接作用于社会各类组织，推动着组织的变革。当前，高新技术产业的发展以及传统产业的技术化，对各类组织提出了新的挑战，产生了组织变革的强大推动力。

2. 社会形态的变化

一定的社会形态对应着一定的社会发展阶段，它体现了由生产力和生产关系决定的政治形态、经济形态、资源配置形态和社会意识形态，决定了社会体制与各种基本的社会关系的变化。社会形态由社会发展的内部机制决定，社会形态的变革反过来作用于社会组织，由此决定组织形态和管理模式的变化。

3. 资源环境的变化

自然和社会资源是组织赖以生存和发展的基础，组织活动的目的是在开发、利用各种资源的基础上创造物质财富与知识财富，从而实现资源的增值。正是由于组织活动、资源环境处于不断变化之中，作为组织活动基础的物资、能源和信息资源的关联作用，决定了组织结构和运行机制的新模式。

4. 社会信息环境的变化

随着科学技术的进步，特别是信息技术的发展，社会信息的组织、流通与利用方式正在发生一系列革命性变化，信息资源的数字化和信息组织的网络化越来越深刻地改变着人们的生活面貌和社会工作面貌，促进了经济信息化和信息活动与业务活动的有效结合，基于网络的组织形式的出现拉开了组织活动信息化的序幕。

5. 社会需求的变化

无论是公益性还是营利性的组织，它的存在和发展从根本上取决于社会的需求。从发展观点看，随着物质文明和精神文明程度的提高，人们必然产生新的需求和需求激励下的新的目标。这一总体目标的综合作用，便是社会组织变革的新的推动力。

6. 组织构成要素的变化

随着组织的经营与发展，构成组织的基本要素总是处于不断变化之中。例如，随着规模的扩大，组织人员、资产、投入、目标、技术和其他要素及其要素作用关系必然发生变化。组织要素变化的结果促使组织不断调整结构，以适应变化着的组织活动环境。

7. 组织内部变革的动力

组织内部变革的动力来自组织自身的成长、战略的改变、组织成员对未来组织发展的期望以及组织管理层对新目标的追求，其结果是促使组织改变现有结构和运行模式，创造有利于组织发展的新的运行机制。组织内部变革的动力来源于竞争、环境和机遇对组织成员及管理者的激励，使得他们不得不主动考虑组织变革的问题。

(二)组织变革的阻力

组织变革的阻力既有来自外部的，也有来自内部的，主要包括以下几方面：

1. 外部环境的不确定性

组织活动对社会的依赖性以及社会环境的复杂性和变化性使得环境具有不确定性，特别是区域性的政治、经济环境在一定时期的变化往往难以准确把握，在这种情况下进行组织结构与经营战略的变革，具有客观上的风险性。因此，许多组织往往静观其变，很难作出改革的决策。

2. 社会保守力量的影响

社会体制的改革是一场涉及社会各方面的综合改革，既有改革的动力，也有制止改革的阻力，有时阻力的作用可能会大于动力的作用。在这种情况下，组织进行适应社会体制改革趋势的变革难免要经受来自社会保守力量的影响，以至于使组织延误变革时机。

3. 组织实力与条件的限制

组织变革是要付出代价的，许多情况下它不可能一次就变革成功，而要经过多次试验才能获得理想的结果。这对于本身实力不足、条件较差的组织来说是一种挑战，使得管理者难以做出改革的决策。因此，在组织变革中，应从多方面着手，将改革与建设结合起来，以便在增强实力、创造条件中获得改革的成功。

4. 组织成员的个人利益维护

任何改革都要付出代价，组织变革从全局上有利于组织发展和整体目标的实现，但在局部上有可能损害一部分组织成员的个人利益，从而受到他们的反对，形成组织成员心理、行为上的阻力。

5. 管理层的阻力

在组织变革过程中，组织管理者必然要承担变革失败的压力，必然要采用各种方法解决变革中的困难，必然要付出艰辛的努力。如果管理者的指导思想是保守、求稳、维持现状，那么他就不可能积极投入改革。同时，管理者受自身水平的限制，可能影响到他对改革的理解，使其难以下定决心进行组织变革而成为改革的阻碍者。

6. 组织运行的习惯作用

在客观物质世界中，任何运动着的或相对静止的物体都有惯性，其结果是保持原有的状态不变。社会中的组织活动也是如此，组织运行的惯性是客观存在的，它体现在组织作为整体对其结构、目标体系和运行机制的自然维持，表现为管理层和操作层对组织体系和关系的习惯性保留。

为了确保组织变革的顺利进行，必须采取一些消除组织变革阻力的管理对策：(1)客观分析变革的动力和阻力的强弱。勒温曾提出运用力场分析的方法研究变革的阻力。管理层应当采取有效措施，增强支持因素，削弱反对因素，推动变革的深入进行。(2)创新组织文化。冰山理论认为，假若把水面之上的冰山比作组织结构、规章制度、任务技术、生产发展等要素，那么水面之下的冰体便是由组织的价值观体系、组织成员的态度体系、组织行为体系等组成的组织文化。只有创新组织文化并渗透到每个成员的行为中，才能使露出水面的改革行为变得更为坚定，也才能够使变革具有稳固的发展基础。

四、组织变革的过程

组织如何实施组织变革呢？不同的组织行为学家有不同的看法，一般认为，组织变革须经历以下八个步骤：

1. 确定变革问题

一个组织是否需要进行变革以及确定所要变革的内容，必须结合组织的实际情况予以考虑。如果在日常的管理实践和反馈的信息中显露出以下现象：组织决策效率低或经常出错；组织内部沟通渠道阻塞，信息传递不灵或失真；组织机能失效，如生产任务不能按时完成、产品质量下降、成本过高、财务状况日益恶化、职能部门严重失调、组织成员的积极性不能充分发挥等；组织缺乏创新。那就表明，组织的现状已不尽如人意，如不进行及时的变革，组织的发展将受到严重的影响。组织有必要对出现的问题进行认真分析，找出引发问题的主要原因，以确定变革的方向。

2. 组织诊断

为了准确地掌握组织需要变革的事实和程度，有必要对组织进行诊断。首先，采取行之有效的方式将组织现状调查清楚；其次，对所掌握的材料进行科学的分析，找出期望与现状的差距，进一步确定要解决的问题和所要达到的目标。

3. 提出方案

制定多个可行的变革方案，以便进行选择。在方案中必须明确问题的性质和特点，以及解决问题需要的条件、变革的途径、方案实施可能造成的后果等。

4. 选择方案

在提出的方案中选出一个最合适方案，对选定的方案，既要考虑它的可行性、针对性，也要考虑到方案实施后可能带来的综合效益。

5. 制定计划

在选定方案的基础上，制定出一个较为具体、全面的计划，包括时间的安排、人员的培训、人员的调动、财力和物力的筹备等。

6. 实施计划

组织变革是一个过程。心理学家勒温从变革的一般特征出发，总结出组织变革过程的三个基本阶段，得到了广泛认可。

(1)解冻。解冻就是引发变革的动机、创造变革的需要、做好变革的准备工作。组织的变革会触及每个成员，要想使每项变革措施得以在组织内部顺利实施，就必须从改变人的生活方式和自我观念入手，使每个组织成员深刻理解组织变革的必要性和可行性，自觉地参与和适应组织的变革。

(2)变革。变革主要是指新的态度与行为模式被组织成员所接受，并逐渐地变成自己的态度与行为的过程。

(3)冻结。冻结是在变革工作告一段落后，利用一定的措施将组织成员业已形成的新态度和行为方式固定下来，使之得以巩固和发展。

7. 评价效果

评价效果就是检查计划实施后是否达到了变革的目的，是否解决了组织中存在的问题，是否提高了组织的效能。

8. 反馈

反馈是组织变革过程中关键的一环，也是一项经常性的工作。当反馈的信息所揭示的问题较为严重时，需要根据上述步骤再次循环，直到取得满意的结果为止。

思考题

1. 名词解释：组织设计、集权、分权、职能职权、参谋职权、直线职权。
2. 组织设计应遵循哪些原则？
3. 组织结构的类型有哪些？
4. 管理幅度设计应考虑的影响因素有哪些？
5. 授权过程及有效授权的原则是什么？
6. 组织变革的阻力和动力有哪些？

实践练习

分析你所在的组织是如何进行组织结构设计的，其如此设计的依据是什么，在组织发展的过程中又进行了怎样的变革。

第七章 领导

本章重难点

1. 领导的含义及实质、领导的特征、领导工作的作用及领导班子的构成
2. 领导者的权力概念、权力来源以及如何有效使用权力
3. 领导方式的类型
4. 领导理论的主要内容及各自的特点
5. 领导者的素质及领导艺术

走进管理：

休厄尔·埃弗里和他"不求增长"的决策

休厄尔·埃弗里1874年出生于美国密歇根州的萨吉诺，是一个富有的木材商的儿子，在他一生中的许多年里，他一直是一个值得敬佩的成功者。1894年，他从密歇根州立大学法学院毕业，开始在他父亲名下的一家小石膏厂做基层工作。22岁时，他已是这家工厂的经理。1901年，这家小企业被美国石膏公司兼并。4年以后，埃弗里成为美国石膏公司的总经理。《时代》杂志把他描述为"一个和蔼的、卓越的超级推销商"。正是他，把美国石膏公司建成了美国最大的建筑材料供应商。

在经济大萧条最严重的1932年，受沃德公司董事和债权人之托，商人埃弗里投入了挽救这家岌岌可危公司的工作，沃德公司在1931年出现了870万美元的巨额赤字。埃弗里将一批年轻干练的经理人员召集在自己周围；他在沃德公司的存货中增加了许多高档品，并声称"我们不再依靠那些乡下佬和土包子，我们不再只卖工装裤和防粪鞋"。他使公司重新进入了时髦商品市场；他改进了商品目录，关闭了70多家亏损商店。埃弗里成功了。12年后，他把1932年870万美元的亏损扭转为2 043.8万美元的盈利。但是多年来，埃弗里一直以一个老暴君的身份统治着这家有10亿美元资产的公司，从不考虑雇员或经理人员的感情。当他1957年终于从公司职位上退下来时，已是83岁的高龄。他独断而又错误的领导，使沃德公司大伤元气，特别是第二次世界大战后，他的"不求增长"的决策将沃德公司引向歧途，使其在竞争地位上受到无法弥补的重大损失。

埃弗里关于"不求增长"的决策的制定，是建立在对第二次世界大战后经济形势估计基础上的。他有一个不可动摇的信念，即战争结束后不久便会发生经济大萧条，依据就是第一次世界大战后发生的大萧条。他预计，由于工业从军工生产转向民用生产，几百万退伍军人又要寻找工作，所以整个国家在把经济向和平时期调整时将会遇到很大困难。他因此表示："我们（沃德公司）将不做任何反应，我们非常谨慎。"

如果形势的发展真如埃弗里所料，即在战争结束的3～4年内确实开始了严重的经济大萧条，那么他就可能成为一名英雄式的人物。即当他人都因经济萧条而陷入困境时，沃德公司的现金和流动资产就可推动公司以得天独厚的价格优势进行扩展。但是，随着一年年时光的流逝，静待时机这一策略的合理性变得越来越令人怀疑。沃德公司本该对策略进行重新评价和重点调整，埃弗里的下属们也多次提出这样的建议，可埃弗里却固执己见，听不进任何不同的意见，并且不能容忍那些不全部接受他观点的能干的下属。这不仅使沃德公司搁置了所有寻求发展的措施，丧失了大量的市场份额和本来可以通过合理扩大规模而获得的利润，而且他所造成的那种独裁式的管理环境，致使公司流失了众多精明强干的高级管理人才。据统计，在他任职期间，有3任总经理、不少于24个副总经理和许多其他高级管理人员离开了公司，因为他们希望能够享有自主权来作出积极推进的决策。直到埃弗里离开沃德公司后，沃德公司重新致力于发展，才开始逐步恢复生机。然而，逝去的岁月不再来，错误的判断、不允许下属发表不同意见，给沃德公司带来了可悲的后果。

一个领导者，在他一生的某个阶段可能是非常成功的。休厄尔·埃弗里在他担任美国石膏公司总裁期间以及他在20世纪30年代领导艰苦挣扎的沃德公司时，都作出了很大的成绩。然而，在另一个阶段，曾取得成功的领导者可能把一个组织引向灾难，特别是那些严厉而又固执的有才干的领导者，在其后期往往会变得易犯错误，并且不能容忍任何异己之见。埃弗里正是这样一位领导者。他的错误的判断、专制的领导作风，将沃德公司引向了歧途。但他还是固执地不承认这一点。

思考题：

1. 以埃弗里的成功与失败为例，运用权变理论分析独裁式领导可能的长处及进行独裁式领导的环境，并分析独裁式领导的弊端。

2. 参与和授权的领导方式需要什么条件？沃德公司具备这样的条件吗？

3. 在沃德公司第二次世界大战后经营策略的制定上，埃弗里应采取什么样的决策思维方式？

这是一个关于领导行为的案例，它主要说明了埃弗里独断专行的领导方式所造成的严重后果。埃弗里曾经有过辉煌的成就，但也正是他，将沃德公司引向了歧途。这就提醒我们，那些自信、果敢、严厉而又固执并且在年轻时获得极大成功的领导者，在其后期往往会听不进任何不同意见，变得独断专行，而自己却难以觉察到这一点。这是一个深刻的教训，领导者们应对此保持警惕。

第一节　领导概述

领导是领导者作用于被领导者的一种活动，有效实行领导必须明确领导的本质内涵。

一、领导与管理

(一)领导的含义

领导就是指挥、带领、引导和鼓励部下为实现目标而努力的过程。领导包含三个要素：一是必须有部下或追随者；二是领导者拥有影响追随者的能力或力量(包括制度职权和个人影响力)；三是领导的目的是影响部下来达到企业的目标。

对于领导的含义，至少有下列几种解释：

(1)领导,即领导者(名词属性)。

领导者有两种类型:一种是居于领导职位的人。组织所有被称为"上级"的人,包括全部的直线管理人员以及配有下属的职能机构的负责人,都属于这一类的领导者。他们是组织所正式任命的,拥有合法的权力(即职权)对被领导者进行指挥命令和奖励处罚。另一种是并不处于正式的领导职位但对他人有影响力的人。他们是从一个群体中自然产生出来的,如非正式组织中的领袖,他们虽然不拥有正式的职位和职权,也不需要运用这种权力,却能对他人的活动产生实质性的影响。

(2)领导,即领导者作用于被领导者的一种活动(动词属性)。

(3)领导,即在某种条件下,经由意见交流的过程所体现出的一种达到某种目标的影响力。——罗伯特

(4)领导,即说服他人热心于一定目标的能力。——戴维斯

(5)领导,即对组织内群体或个人施加影响的活动过程。——斯托格狄

(6)领导,即影响人们自动为达到群体目标而努力的一种行为。——泰瑞

(7)领导,即通过人际关系,借助某一种或几种力量来对他人行使影响,并使被影响者的行为和态度发生变化,以达到组织或团体的特定目标。——许庆瑞主编的《管理学》

由此可见,领导的本质是一种影响力,即领导通过其影响力来影响追随者的行为,以达到组织目标。影响力是一种追随、是一种自觉、是一种认同、是非制度化的。

(二)领导的权力

领导是一种影响力,影响力来源于权力。在组织中,权力可分为两大类共七种,如图 7—1 所示。

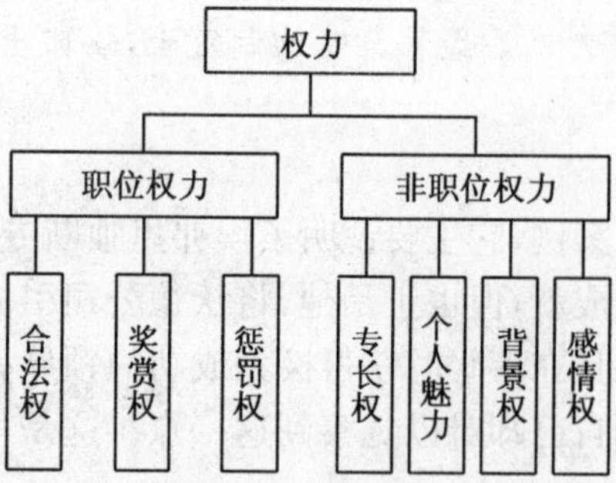

图 7—1 领导的权力

1. 职位权力

所谓职位权力(又称职权),就是处在领导岗位上的人,组织和上级授予他一定的法定权力(或称行政权力),这种职权使领导者具有支配下级的力量,凭借职权可以左右被领导者的行为、处境、得失甚至前途和命运,并使被领导者产生敬畏感。拥有一定的职权是领导者发挥影响力的基本条件。

职权包括以下几种:

(1)合法权。即组织中等级制度所规定的正式权力。它被组织、法律、传统习惯甚至常识所认可,通常与合法的职位紧密联系在一起。某公司的老李经群众推荐和组织考核,被上级组织正式任命为该公司的经理。老李担任公司经理,在其位谋其政,为实现公司目标而实施合法

的权力,他可代表公司与其他单位签订合同,因为他具有合法权。合法权源于被影响者内在化的价值观,部属认为领导者有合法的权力影响他,他必须接受领导的影响。

(2)奖赏权。即决定提供还是取消奖励、报酬的权力。例如,厂长可以根据情况给下级增加工资、提升职务,赋予更多的责任、表扬等;老师有权决定是否给某一个学生打高分。谁控制的奖励手段越多,谁的奖赏权就越大。奖赏权源于被影响其期望奖励的心理,即部属感到领导者能奖赏他,使他满足某些需要。可见,被影响者是否期望这种奖赏是奖赏权的一个关键。

(3)惩罚权。是指通过精神、感情或物质上的威胁,强迫下属服从的一种权力。如企业领导可以给予员工扣发工资、降职等惩罚。惩罚权源于被影响者的恐惧,部属感到领导者有能力将自己不愿意接受的事实强加于自己,使自己的某些需要得不到满足。惩罚权在使用时往往会引起忿恨、不满甚至报复行动,因此必须谨慎对待。

职位权力具有以下特性:

(1)强制性。强制性表现为领导者凭借权力强制别人按照自己的意愿来做事。强制性的好处在于效率高,但容易造成下属对权力的抗拒,权利的强制性是一把双刃剑。

(2)潜在性。权力的潜在性是指权力要用在关键时刻,如果用在影响力不起作用的地方,凡事都用权力,那么权力的效力就不大了。

(3)与职务相关特性。权力与职务相关,首先,权力的大小受职务大小的限制,领导者不能超出职务行使某种权力,也不能在职务范围内不行使权力,用多了叫滥用权力,用少了叫不负责任。其次,有多大的权力,就有多大的责任。领导不仅意味着权力,更意味着责任(和职务相关的责任)。职责不只是指你"管"的范围,例如营销总监的职责不只是对全公司的营销进行管理,更多的是承担培养的责任、发展的责任和激励的责任。

权力观主要有以下几种:

(1)传统领导观。职权是有效领导的关键因素,甚至是唯一因素,有职权就能领导,有权就有影响力。概括为公式就是:领导=权力。

(2)现代领导观。著名管理学家巴纳德称传统的领导观为"权力授予论",认为这种领导观是不正确的,奉行此观念的领导者的影响力可能不存在或大打折扣。巴纳德提出正确的领导观应当是"权力接受论",认为只有在下级和职工理解领导依靠职权所下达的命令,相信该命令符合组织和个人目标且可以办到的情况下,才能为职工接受,领导才能发挥影响力。

后来的学者发挥巴纳德的"权力接受论",认为领导者要有效地发挥影响力,必要的职权是需要的,还要在下级和职工中树立起威信,变"压服"为"信服"。即:领导=权力+威信。

所以,领导权力狭义上说是职权,广义上说是影响别人行为的能力。领导权力包括三个方面:领导者个人的专长权,即产生于领导者所拥有的专门知识或特殊技能;领导者个人的影响权,即来自追随者认可的由个人经历、性格或榜样产生的力量;领导者担任的管理岗位所赋予的管理制度权力。

前两种权力来自领导者个人的品德、知识和专长,是个人威信,主观性较强。领导者权力的发挥若来自这两种权力,则组织的稳定性将受到不稳定因素的冲击。后一种权力来自领导者在组织中的地位,是一种组织权力、职位权力,具有稳定性。权力是组织权力和个人威信的综合,是领导者对他人产生影响、使被领导者的行为和态度发生变化,以达成组织目标的重要手段。

2. 非职位权力

非职位权力即自身影响力,包括品德、学识、能力、情感等。

非职位权力是指与组织的职位无关的权力，主要有以下几种：

(1)专长权。这种权力源于信息和专业特长。从某种程度上讲，知识也是权力。谁掌握了知识、具有了专长，就有了影响别人的专长权。人们往往会听从某一领域专家的忠告，接受他们的影响。例如，某位权威医生指出某种生活习惯对健康有害，我们往往就会设法改变这种生活习惯。谁掌握的知识、信息越多，谁拥有的专长权就越大。专长权与职位没有直接的关系，许多专家、学者虽然没有什么行政职位，但是在组织和群体中具有很大的影响力，其基础就是专长权。

(2)个人魅力。个人魅力是一种无形的、很难用语言来描述或概括的权力。它是建立在超然感人的个人素质之上的，这种素质吸引了欣赏它、希望拥有它的追随者，从而激起人们的忠诚和极大的热忱。一些体育明星、文艺明星、传奇的政治领袖都具有这种魅力，个人魅力有着巨大而神奇的影响力。

(3)背景权。背景权是指个体由于以往的经历而获得的权力。例如，某人是战斗英雄、劳动模范等，只要人们知道他的特殊背景和荣誉，在初次见到他的时候，就倾向于听从他的意见、接受他的影响。

(4)感情权。指个体由于和被影响者感情比较融洽而获得的权力。例如多年的老朋友提出要求，请求一些帮助，无论在工作上有没有关系，人们都会难以拒绝，从而接受他的请求。

职位权力不等于影响力(见表7—1)。

表7—1　　职位权力与影响力的比较

项　目	职位权力	影响力
来源	法定职位，由组织授予	完全由个人素质、品质、业绩和魅力而来
范围	受时空限制，受权限限制	不受时空限制，可以超越权限，甚至超越组织的局限
大小	不因人而异	因人而异，同一职位的经理，有的有影响力，有的没有影响力
方式	以行政命令的方式实现，是一种外在的作用	自觉接受，是一种内在的影响
效果	服从、敬畏，也可以调职、离职的方式逃避	追随、信赖、爱戴
性质	强制性地影响	自然地影响

(三)领导与管理的区别和联系

领导和管理是密切相关的，但它们之间又有明显的区别，是两个不同的概念。

1. 领导与管理的联系

从行为方式看，两者都是一种在组织内部通过影响他人的协调活动来实现组织目标的过程。从权力的构成看，两者也都是组织层级的岗位设置的结果。管理中存在着领导活动，领导贯穿于管理的全过程，对于组织发展来说二者缺一不可，管理与领导经常是互相结合的，管理与领导的不同组合可以产生不同的效果。

2. 领导与管理的区别

管理者与领导者是两个既相关又有区别的概念。管理者是被任命的，他们拥有合法的权力，其影响力来自职位所赋予的正式权力；领导者可以是任命的，也可以从一个群体中产生出来，他可以不运用正式权力来影响他人的行动。从本质上说，管理是建立在合法的、有报酬的和强制性权力基础上的对下属命令的行为；而领导则有可能建立在合法的、有报酬的和强制性的权力基础上，也有可能建立在个人影响力和专长权以及模范作用的基础上，两者所担负的工作内容不同。领导与管理的区别见表7—2。

表7—2　　领导与管理的区别

	领　导	管　理
确定目标进程	指明方向、给出战略； 展现未来的愿景与目标； 指出达到愿景与目标的战略	编制计划与预算； 为达成目标制定出详细的步骤和计划； 为达到预期目标进行资源分配
开发实现目标所需的人力和网络结构	指导人们； 同协作者沟通，指明方向、路线； 让人们更好地理解目标、战略及实现目标后的效益； 指引人们根据需要组建工作组、建立合作伙伴关系	组织和配备人员； 组建所需组织结构及配备人员； 规定权责关系； 制定具体政策和规程指导行动； 建立系统和方法监督完工状况
执行	鼓动和激励； 动员克服改革中的障碍； 鼓动在初具条件的情况下，努力克服人力与资源的不足，实现改革	控制和解决问题； 通过具体详细的计划监督进程和结果
结果	取得较大进展的改革； 具备进一步改革的潜力	具有一定的预见性并建立良好的秩序； 得出各利益所有者（如用户、股东）所期望的关键效果

从目的和结果上看，领导引起变革，而管理则主要是维持秩序，使系统高效运转。

从对象上看，领导的对象只能是人，而管理的对象尽管主要是人，但也包括物等其他因素。

从逻辑上看，领导是一个归纳的过程，而管理则是一个演绎的推理过程。

从基础上看，领导的基础是职位权力和个人权力，而管理的基础只能是职位权力。

从核心职能来看，领导的核心职能是确定组织方向以实现变革，而管理的核心职能是通过控制使工作能按计划进行。

（四）领导的作用

领导的作用是什么？这一直是理论界和实业界所关注的。美国领导力大师史蒂芬·科维认为："领导活动分解为三个基本功能或活动：寻找路径、协同和授权"；"寻找路径功能的精髓和力量在于激发人们兴趣的远见和任务"；"协同活动可以保证组织结构、体系和运作过程全都有利于完成组织的任务和目标，以满足顾客和股东的要求"；"授权也意味着人们拥有巨大的才能、创意、潜力和创造性"。美国通用电气公司行政发展培训部经理辛西娅·特拉奇·莱克拉认为："领导人的首要任务就是为组织勾画愿景"；"第二项任务则是了解顾客和员工不断变化的需求"；"第三项任务是让人们愿意追随于他，好的领导必须能够鼓舞人心，使人们因为共同的愿景而凝聚在一起，并带领他们实现愿景"。

虽然人们对领导的作用有不同的理解，但领导者在组织中运用管理工具、职位和权力、个人特质和影响力，通常扮演组织者、指挥者、协调者、控制者和开拓者的角色。领导的作用具体表现在以下几个方面：

1. 指挥作用

通过引导、指挥、指导或先导活动，帮助组织成员最大限度地实现组织目标。在组织活动中，需要头脑清晰、胸怀全局，能高瞻远瞩、运筹帷幄的领导者来帮助组织成员认清所处的环境和形势，指明组织目标和达到目标的途径。领导者只有站在群众的前面，用自己的行动带领组织成员为实现组织目标而努力，才能真正起到指挥作用。

2. 协调作用

协调人们的关系和活动，统一人们的思想和认识，使组织成员步调一致地朝着共同的目标前进。在许多人协同工作的组织活动中，即使有了明确的组织目标，但因组织成员的才能、理解能力、工作态度、进取精神、性格、作风、地位的不同，加上外部各种因素的干扰，组织成员在思想上容易发生各种分歧，因此在行动上出现偏离目标的情况是不可避免的。这就需要领导者来协调人们之间的关系和活动，把组织成员团结起来，朝着共同的组织目标前进。

3. 激励作用

领导活动的目的在于把个人目标与组织目标结合起来，调动组织中每个成员的积极性，使其以高昂的士气自觉地为组织作出贡献。在组织活动中，尽管大多数人员具有积极工作的愿望和热情，但是这种愿望并不能自然地变成现实的行动，这种热情也未必能自动地长久保持下去。如果一个人在学习、工作和生活中遇到困难、挫折或不幸，某种物质的或精神的需要得不到满足，就必然会影响工作的热情。在复杂的社会生活中，组织的每一个成员都有各自不同的经历和遭遇，怎样才能使每一个成员都保持旺盛的工作热情，最大限度地调动他们的工作积极性呢？这就需要有通情达理、关心群众的领导来为他们排忧解难，激发和鼓舞他们的斗志，发掘、充实和加强他们积极进取的精神。

4. 控制作用

在组织活动过程中，领导者能够及时获取较为全面的信息，通过对活动效果和组织目标的比较，迅速发现组织问题之所在，保证组织活动按照组织目标的要求实施。领导者的控制主要包括制度控制和创新控制。制度控制要求领导者在准确把握组织目标的基础上，制定并运用相应的标准体系进行组织活动过程的控制。创新控制要求领导者培育良好的组织文化，准确把握不断变化着的组织内外部环境，通过有效组织学习和变革来更好地实现组织目标。

5. 开拓作用

组织的领导者是促使组织目标实现的“加速器”，是保障组织正常运转的“平衡器”，是领导过程中的灵魂人物。因此，身为领导者，必须勇于开拓进取，并且率先垂范，不断地为组织的领导活动注入新的活力，使成员能够看到组织的未来，并为之努力奋斗。

二、领导结构、领导素质和领导特质

（一）领导结构

领导是一个班子、一个具有合理结构的领导集体，领导班子不仅能使每个成员人尽其才，做好各自的工作，而且能通过有效的组合发挥出巨大的集体力量。领导结构一般包括年龄结构、知识结构、能力结构、专业结构等。

1. 年龄结构

年龄结构是指在领导集体中各成员按年龄分布和组合的状况。

现代生理科学和心理科学研究表明，一个人的年龄与智力有一定的定量关系。不同年龄具有不同的智力、不同的经验，领导班子应该是老、中、青三结合，向年轻化的趋势发展。年龄与智力之间的关系如表 7－3 所示。

表 7—3 年龄与智力之间的关系

智力＼年龄	10～17 岁	18～29 岁	30～49 岁	50～69 岁	70～89 岁
知觉	100	95	93	76	46
记忆	95	100	92	83	55
比较与判断力	72	100	100	87	67
动作及反应速度	88	100	97	92	71

2. 知识结构

知识结构是指领导班子中不同成员的知识水平构成。

每个成员都应具有较高的知识水平和广博的知识面，尤其是在知识经济时代。

3. 能力结构

能力结构是指领导集体中不同能力的人的构成。每个人的能力是不同的，有的人善于思考分析问题，提出好的建议与意见，但不善于组织工作；有的人善于组织工作，但分析问题的能力较差。因此，领导集体中既要有主导型的领袖，又要有组织型的组织家；既要有创新能力的思想家，又要有埋头苦干的实干家，同时还需要有协调沟通能力的公共关系专家等。

4. 专业结构

专业结构是指在领导班子中，各成员的配备应由各种专门的人才组成，形成一个合理的专业结构，从总量上强调这个班子的专业力量。例如，唐太宗李世民贞观之治：房玄龄善于谋划；魏征敢于提意见；李靖精于军事；杜如晦善于决断；王圭善于知人。

（二）领导素质

素质就是指人的体质，即人体的总的生理特点、条件和状态，以及人体各个组成部分的生理基础和质量。素质是指一个人进行一般生存和发展所必须借助的那些来自先天或后天的自身内在条件的总和。

领导者的素质是指从事领导工作所必须具备的基本条件，以及在领导工作中经常起作用的内在要素的总和。作为领导者必须具备一些基本的素质，如品德素质、知识素质、能力素质和身体素质等。

1. 品德素质

领导者的品德素质是指领导者的道德品质、人格、作风等，它反映在领导者的一切言行之中。品德体现了一个人的世界观、人生观、价值观、道德观和法治观念，持续有力地指导着他（她）对现实的态度和行为方式。作为一名领导者，应具有强烈的领导意愿和良好的心理素质。

领导者应具有强烈的领导意愿和责任感。如果一个人缺乏为他人工作承担责任、缺乏激励他人取得更大成绩的意愿，那么他就不可能成为一个合格的领导者。领导意愿是决定一个人能否学会并运用领导基本职能的主要因素。领导者只有树立起一定的理想，有强烈的事业心和责任感，才会有干劲，才能有作为。领导者要具有创新、实干、合作和奉献精神；要有朴实的工作作风，谦虚、无私、朴素、律己、亲善；要有较高的情商，即具有影响他人的魅力。

2. 知识素质

知识是提高领导水平和领导艺术的源泉。领导者应掌握政治、法律以及经济学、管理学、心理学、社会学和工程技术等几个方面的知识。

3. 能力素质

能力素质是指领导者把各种领导理论与业务知识用于实践，进行具体领导、解决实际问题的本领。一个成功的企业领导者应具备以下能力：较强的分析、判断和概括能力；决策能力；组织指挥和控制能力；沟通、协调组织内部各种关系的能力；不断探索和创新的能力；知人善用的能力。

4. 身体素质

一位智者曾说过："德智皆寄于体，无体是无德智也。体者，载知识之车而寓道德之舍也。"首先，良好的身体素质是通向权力之路的基本要求；其次，良好的身体素质是进行有效领导的基本保障；再次，领导人的身体素质在一定条件下可对集体形象产生影响。

(三)领导特质

领导者有七项特质不同于非领导者，即努力进取、领导欲望、正直与诚实、自信、智慧、公平和具有与工作相关的知识。

1. 努力进取

包括对成功的强烈渴望，不断地努力提高，精力充沛，对自己所从事的活动坚持不懈，具有高度的主动精神。

2. 领导欲望

他们有强烈的权力欲望，喜欢领导别人，而不是被别人领导。强烈的权力欲望驱使他们试图去影响别人，并在领导过程中获得满足和利益。

3. 正直与诚实

言行一致，诚实可信。据此与下属之间建立起相互信任的关系。

4. 自信

自信能让领导者克服困难，在不确定的情况下善于做出决策，并能逐渐将自信传递给他人。

5. 智慧

领导者必须有足够的才智来搜集、整理和解释大量的信息；高的学历在职业生涯中是重要的，但最终还是有关组织的业务专长更重要。

6. 公平

为人处事要求公正、平等、一视同仁。

7. 具有与工作相关的知识

一个有效的领导者对其公司、行业和技术问题有清楚的了解，广博的知识能使他们做出富有远见的决策，并能理解这种决策的意义。

但并非所有成功的领导者都具备上述特质理论所描述的品质，也许许多非领导者也具备上述大部分甚至全部品质。因此，领导特质理论无法指出哪些素质是领导者必需的，而且也无法对各种品质的相对重要程度作出评价。领导特质理论的缺陷在于它完全以特质为基础，忽略了情境因素。具备恰当的特质，只能使个体更有可能成为有效的领导者，但他还需要采取适合情境的正确行动。而且，在一种情境下正确的行动在另一种情境下可能未必正确。

第二节 领导方式及其理论

在管理过程中，领导者对权力的运用方式称为管理风格或领导风格。领导人如何形成适应环境的管理风格呢？对此，管理学者们对管理风格作了大量的研究，进行了各种各样的分类，产生了多种理论。虽然各种理论都有不同的表述方式和侧重点，但究其实质则是基于同一个理论体系发展中的不同阶段和不同视角而产生的。

一、领导方式的基本类型

领导方式是一个关于怎样领导的问题。心理学家勒温通过实验研究不同的工作方式对下属群体行为的影响，把领导者的领导方式分为三种极端的领导工作作风：专制作风、民主参与作风和放任自流作风。

（一）专制型领导

权力集中在领导者个人手中。领导者是以权力服人，即靠权力和强制命令让人服从。专制作风的领导者要求他人服从，为人教条且独断专行，主要依靠行政命令、纪律约束、训斥和惩罚来维护领导者的权威，偶尔也有奖励。

专制作风领导者的特点表现在以下几个方面：(1)个人独断专行，从不考虑别人的意见，决策完全由领导者独自做出；(2)领导者预先安排一切工作内容、程序和方法，下级只能服从；(3)除了工作命令以外，从不把更多的消息告诉下级，下级没有任何参与决策的机会，只能奉命行事；(4)主要靠行政命令、纪律约束、训斥惩罚来维护领导者的权威，很少或偶尔奖励员工；(5)领导者与下级保持相当的心理距离。

（二）民主型领导

权力集中在群体之中。领导者是以理服人、以身作则的领导，将拟议中的行动或决策同下属磋商，鼓励下属参与。对于民主参与作风的领导者来说，所有政策是领导和下属共同讨论决定的，是领导者和下级共同智慧的结晶。分配工作尽量考虑个人能力、兴趣和爱好，谈话时用商量、建议和请求的口气，下命令的方式仅占5%左右。

民主参与作风的领导者的特点表现在以下几个方面：(1)领导者在做出决策之前通常与下属磋商，得不到下属的同意不会擅自采取行动；(2)分配工作时，尽量照顾到组织每个成员的能力、兴趣和爱好；(3)对下属工作的安排并不具体，个人有较大的工作自由；(4)主要运用个人的权力和威信，而不是靠职权和命令使人服从；(5)领导者积极参加团队活动，与下级无心理距离。

（三）放任型领导

工作事先无布置，事后无检查，权力完全给予个人，一切悉听尊便，毫无规章制度。放任自流作风的领导者的特点是极少运用权力，给下属高度的独立性，依靠下属确定他们的目标以及实现目标的方法，为下属提供信息，充当群体和外部环境的联系人，以此帮助下属工作的开展。

实践证明，不同的领导方式对群体行为会产生不同的影响，以上三种领导方式各有优缺点。勒温根据实验得出的结论是：放任式的领导方式工作效率最低，只能达到组织成员的社交目标，但完不成工作目标；专制式的领导方式虽然通过严格的管理能够达到既定的目标，但组织成员没有责任感，情绪消极，士气低落；民主式的领导方式下的群体不仅能够完成工作目标，而且群体成员之间关系融洽，工作积极主动，富有创造性。勒温发现，只有民主参与型领导的效率最高。勒温提出了参与的概念，并注意到了参与的作用，为以后的“参与管理”理论奠定了基础。在实际工作中，由于领导过程是一个动态的变化过程，所以很多时候领导者采用的是一种复合型的领导方式。

二、领导方式行为论

(一)利克特的领导方式理论

利克特将领导行为作了进一步推演，提出了四种基本的领导类型。

1. 剥削式的集权领导(利用—命令式)

管理层对下级缺乏信心,下级不能过问决策的程序,决策由上层作出,并以命令的方式,甚至以威胁和强制方式执行,上下级间的接触在一种互不信任的气氛中进行。

2. 仁慈式的集权领导(温和—命令式)

决策权仍控制在最高一级,下级能在一定的限度内参与,但仍受高层的制约,对职工的激励有奖励也有惩罚。上下级间虽然态度谦和,但下属仍小心翼翼。

3. 协商式的民主领导(商议式方式)

上级对下级有高度的信任,但不完全信任。虽然主要的决策权掌握在最高层手里,可是下级也能做具体问题的决策。双向沟通在十分信任的情况下进行。

4. 参与式的民主管理(集体参与方式)

管理层对部属完全信任,决策采取高度的分权化;既有自上而下的沟通,也有自下而上的沟通,还有平行沟通。正式组织与非正式组织融为一体。

在调查中,利克特发现,应用第四种管理方式的主管人员都是取得最大成就的领导者,这种领导方式在设置和实现目标方面是最有效率的,通常也是最富有成效的。

(二)领导行为四分图

1945 年,美国俄亥俄州立大学商业研究所发起了对领导行为进行研究的热潮。他们对大型组织的领导行为进行了一系列深入的研究。一开始,研究人员列出了1 000多种描述领导行为的因素,通过逐步概括和归类,最后将领导行为归纳为两类:第一类是关心下属的行为;第二类是建立制度的行为。按照这两种类型的内容,研究人员设计了领导行为调查问卷:关于上述两种类型各列举了 15 个问题,由下属对上司的行为进行评价。两种领导行为在一个领导者身上可以是两个方面的任意组合。他们把二维坐标平面分为四个象限,每个象限代表一种组合,如图 7—2 所示。

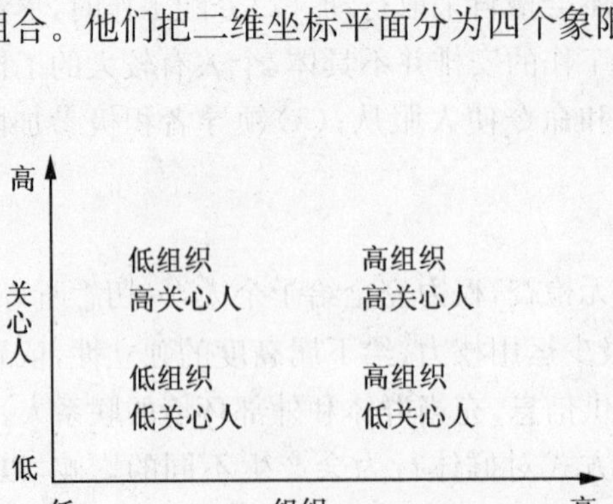

图 7—2

建立制度指的是为了达到组织目标,领导者界定和构造自己与下属的角色的倾向程度。关心下属指的是领导对下属信任,尊重他们的想法和感情,并与之建立相互信任的关系。

高—高型领导更能使下属达到高绩效和高满意度,但也有足够的特例表明这一理论还需要加入情境因素。

员工导向的领导者重视人际关系，它们总会考虑下属的需要，并承认人与人之间的差别。相反，生产导向的领导者倾向于强调工作的技术或任务事项，主要关心群体任务的完成情况，并把群体成员视为达到目标的工具。

最后得出结论是，员工导向的领导与高群体生产率和高工作满意度正相关；生产导向的领导与低群体生产率和低工作满意度联系在一起。

（三）管理方格理论

上述两项研究成果发表后，人们普遍认为一个理想的领导者应既为员工导向又为绩效导向，最有名的研究是美国得克萨斯州立大学的布莱克和莫顿在领导行为四分图的基础上，提出了管理方格理论。他们用横坐标表示领导者对生产的关心程度，用纵坐标表示对人的关心程度，将代表两类行为的坐标各划分为 9 等分，形成了 81 个方格，每个方格代表一种对"生产"和"人"不同程度关心的组合形成的领导行为（见图 7—3）。

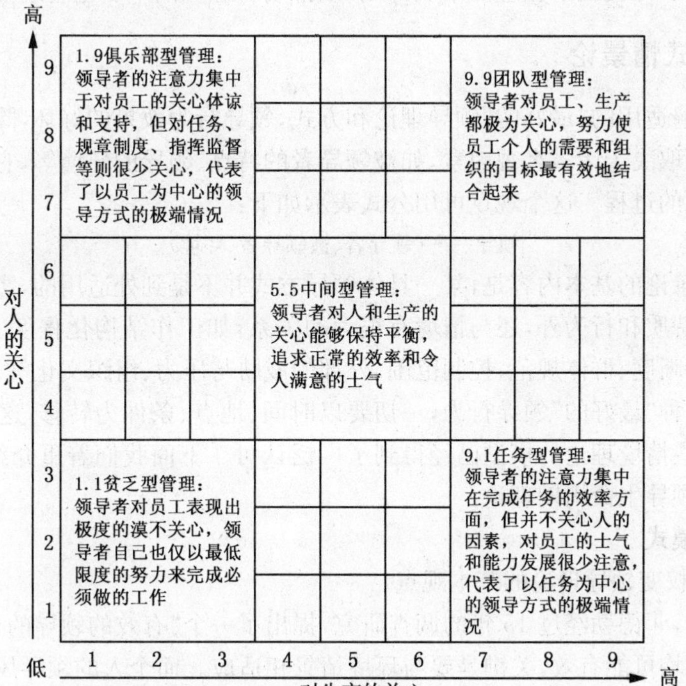

图 7—3

图 7—3 中列出了五种典型的领导方式：

1.1 型称为贫乏型管理，领导者付出最小的努力完成工作。

1.9 型称为俱乐部型管理，领导者只注重关心下属而不关心生产效率。

9.1 型称为任务型管理，领导者只注重生产效率而不关心下属。

9.9 型称为团队型管理，领导者通过协调综合与工作相关的活动来提高工作效率和工作士气。

5.5 型称为中间型管理，保持对生产和员工一定程度的关心，维持一定的生产率和员工士气。

以上五种领导方式的比较见表 7—4。

表 7—4 **五种领导方式的比较**

管理模式	特　点	评　价
贫乏型管理	放弃职责	将导致失败
任务型管理	通过权力与控制进行运作，只关心任务	员工士气不足
俱乐部型管理	重视创建友好气氛	难以完成任务
中间型管理	致力于完成工作与维持员工关系的平衡	缺乏创新
团队型管理	让群体成员广泛参与，为目标奋斗	最为有效的领导方式

布莱克和莫顿认为，9.9 型的管理者工作效果最好，是领导者努力的方向，因为这会使组织中的人员精诚团结，共同完成目标。但是，这种领导行为是很难做到的。为此，他们提出要对管理者进行培训，并提出了相应的培训计划，以推动管理者向 9.9 型管理发展。

三、领导方式情景论

没有一种普遍适用的"最好的"领导理论和方式，领导行为效果的好坏，除了领导者本人的素质和能力外，还取决于诸多客观因素，如被领导者的特点、领导的环境等，它们是诸多因素相互作用、相互影响的过程。这个观点可用公式表示如下：

$$领导 = F（领导者、被领导者、环境）$$

领导方式情景论的基本内容是，某一具体领导方式并不是到处适用的，影响领导效果的因素除了领导者的特质和行为外，还与情境有很大的关系，如工作结构化程度、领导者的管理风格、下属角色的清晰度、群体规范、控制范围、外部的威胁与压力、组织文化等。

因此，没有一种"最好的"领导行为，一切要以时间、地点、条件为转移，这便是领导的权变理论的实质。有些情境理论的模型已经得到了广泛认可。下面我们着重介绍菲德勒模式、路径一目标理论和领导生命周期理论。

(一)菲德勒模式

1. 菲德勒的权变领导理论的基本观点

从 1951 年起，菲德勒经过 15 年的调查研究，提出了一个"有效的领导的权变模型"。他认为，任何领导形态均可能有效，关键是要与环境情景相适应。而个人的领导风格是一种内在倾向，属于个性的一部分，要改变它并非不可能，但至少也是长期而艰巨的过程。所以领导者应首先摸清自己及下属的风格，并争取委派下属到最适合其风格的情景中去，以达到最佳的领导效果；要不就努力使自己适应具体的情景，即要改变自己的一贯风格。

菲德勒开发出最难共事者问卷，用以测量个体是任务取向型还是关系取向型。另外，他还分离出三项情境因素。该理论认为，当个体的 LPC(你最不喜欢的同事)分数与三项权变的评估分数相匹配时，则会达到最佳的领导效果。

对一个领导者的工作最有影响力的三个基本因素是职位权力、任务结构、领导者与被领导者之间的关系，其中最后一个因素对领导者来说是最重要的，这三个因素越显著，则领导者拥有的控制力和影响力越大。

职位权力是指领导者凭借其在组织中所处的地位而获得的法定权力、奖赏权力和强制权力的强弱，职位权力越强大，领导情境越有利于领导。

任务结构是指准备完成的任务的明确程度，以便下属知道自己需要完成哪些工作以及如何完成它们。当任务结构高时,情境有利于领导;当任务结构低时,情境不利于领导。

领导者与被领导者之间的关系是指下属爱戴、信任并忠诚于领导的程度。当领导者与被领导者之间的关系良好时,情境就更有利于进行领导。

上下级关系	好				差			
任务结构	明确		不明确		明确		不明确	
职位权力	强	弱	强	弱	强	弱	强	弱
情境类型	1	2	3	4	5	6	7	8
情境特征	有利			中间状态				不利
有效的领导方式	任务型			关系型				任务型

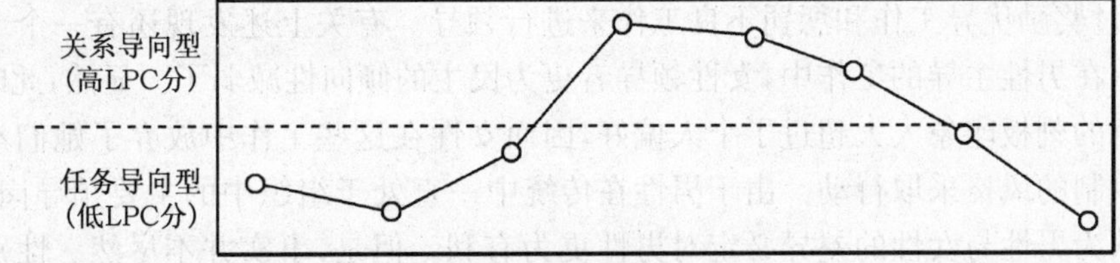

图 7—4　菲德勒领导模型示意图

菲德勒将这三种环境变数组合成八种领导工作情境或类型,每个领导者都可以从中找到自己的位置。研究结果表明,任务取向型领导者在非常有利和非常不利的情景下工作更有利。

菲德勒认为,领导行为是和该领导者的个性相联系的,所以领导者的风格或领导方式基本上是固定不变的。因此,提高领导的有效性实际上只有两条途径:一是替换领导以适应情境;二是改变情境以适应领导。

2. 菲德勒模型的现实意义

(1)强调为了领导有效需要采取什么样的领导行为,而不是从领导者的素质出发强调应当具有什么样的行为,为研究领导行为指出方向。

(2)不存在绝对的最好领导形态,组织的领导者必须具有适应能力,自行适应变化。

(3)必须按照不同的情况来选择领导人。

(4)改造环境以符合领导者的风格。

(二)路径—目标理论

路径—目标理论是由加拿大多伦多大学教授豪斯提出的。该理论认为,领导者的效率以激励下级实现组织目标并在其工作中使下级得到满足来衡量。领导者的主要职能是为下属设置和指明目标,帮助他们寻找实现目标的途径,并帮助他们清除障碍。

豪斯把领导行为分为以下四种类型:

(1)指导型:让下属知道期望他们的是什么,以及完成工作的时间安排,并对如何完成任务给予具体指导。

(2)支持型:十分友善,关怀下属需求;

(3)参与型:与下属共同磋商,决策前充分考虑下属建议;

(4)成就取向型:设定富有挑战性的目标,要求下属有水平地表现。

路径—目标理论模型如图 7—5 所示。

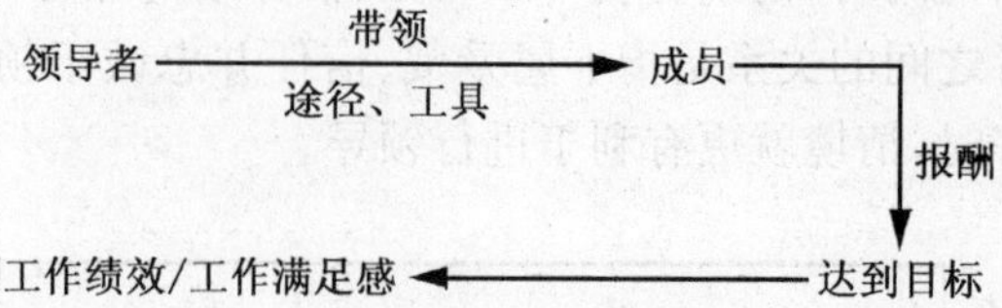

图 7—5

路径—目标理论提出了两类情境或权变变量作为领导行为—结果关系的中间变量。领导人的行为会影响下属的工作动机，而个人和环境特点也会影响这种关系的性质。

女性倾向于运用变革型的领导方式，通过将员工的自身利益转化为组织目标而激励他人。男性则更乐于使用指导型、命令加控制型的风格。他们以自己岗位所赋予的正式权力作为影响基础，通过奖励优异工作和惩罚不良工作来进行领导。有关上述发现还有一个十分有趣的补充说明。在男性主导的工作中，女性领导者更为民主的倾向性减弱了。显然，此时群体规范和男性角色的刻板印象大大超过了个人偏好，因而女性在这些工作中放弃了她们本质的风格而以更为专制的风格采取行动。由于男性在传统中一直处于组织中的主要领导岗位，因此人们可能会认为男性与女性的差异必定对男性更为有利。但是，事实并不尽然。性别并不必然意味着天生具有差异。并非所有的女性领导者都偏好民主型风格，也有不少男性采取变革型的领导方式。因此，当我们以性别来标识领导风格时应十分慎重。

一些人比其他人在调整领导风格适应不同情境方面更为灵活。因此，如果认为性别因素在领导中提供了一种行为倾向可能最为恰当。例如，一个人可能偏向于参与型的风格却实际运用了专制型风格，因为情境需要如此。

(三)领导生命周期理论

领导生命周期理论由科曼首先提出，后由保罗·赫西和肯尼斯·布兰查德予以发展，也称情景领导理论，这是一个重视下属的权变理论。赫西和布兰查德认为，依据下属的成熟度，选择正确的领导风格，就会取得领导的成功。西方不少企业在培训其管理者的领导艺术时常使用这一理论，如世界500强企业中的北美银行、IBM公司、美孚石油公司、施乐公司等都采用了此理论模型，甚至美国军队中的一些部门也采用这一模型培训其军官。

赫西和布兰查德重视下属在领导效果方面的作用，是因为下属可以接纳或拒绝领导者的命令，领导者的领导效果经常取决于下属的行为和活动。然而，这一问题的重要性却被许多的领导理论所忽视或低估。

赫西和布兰查德将成熟度定义为：个体对自己的直接行为负责任的能力和意愿。它包括两项要素：工作成熟度与心理成熟度。前者包括一个人的知识和技能，工作成熟度高的个体拥有足够的知识、能力和经验完成他们的工作任务而不需要他人的指导；后者指的是一个人做某事的意愿和动机，心理成熟度高的个体不需要太多的外部激励，他们主要靠内部动机激励。

1. 四种领导方式

领导生命周期理论使用的两个领导维度与菲德勒的划分相同：工作行为和关系行为。但是，赫西和布兰查德向前迈进了一步，他们认为每一维度有低有高，从而组成以下四种具体的领导风格：

(1)命令型领导方式(高工作—低关系)

领导者定义角色，告诉下属应该干什么、怎么干以及在何时、何地干。

(2)说服型领导方式(高工作—高关系)

领导者同时提供指导性的行为与支持性的行为。

(3)参与型领导方式(低工作—高关系)

领导者与下属共同决策,领导者的主要角色是提供便利条件与沟通。

(4)授权型领导方式(低工作—低关系)

领导者提供极少的指导或支持。

2. 下属成熟度的四个阶段

赫西、布兰查德的领导生命周期理论对下属成熟度四个阶段的定义是:

第一阶段(M_1):这些人对于执行某项任务既无能力又不情愿。他们既不胜任工作又不能被信任。

第二阶段(M_2):这些人缺乏能力,但愿意执行必要的工作任务。他们有积极性,但目前尚缺乏足够的技能。

第三阶段(M_3):这些人有能力,却不愿意干领导者希望他们做的工作。

第四阶段(M_4):这些人既有能力,又愿意干让他们做的工作。

3. 有效领导方式的选择方法

当下属成熟度为第一阶段时,选择命令型领导方式。

当下属成熟程度为第二阶段时,选择说服型领导方式。

当下属成熟程度为第三阶段时,选择参与型领导方式。

当下属成熟程度为第四阶段时,选择授权型领导方式。

领导生命周期曲线模型概括了情景领导模型的各项要素(见图 7—6)。当下属的成熟水平不断提高时,领导者不但可以不断减少对下属行为和活动的控制,还可以不断减少关系行为。在第一阶段(M_1),需要得到具体而明确的指导;在第二阶段(M_2),领导者需要采取高工作—高关系行为,高工作行为能够弥补下属能力的欠缺,高关系行为则试图使下属在心理上"领会"领导者的意图;对于在第三阶段(M_3)中出现的激励问题,领导者运用支持性、非领导性的参与风格可获得最佳效果。在第四阶段(M_4),领导者不需要做太多事,因为下属既愿意又有能力担负责任。

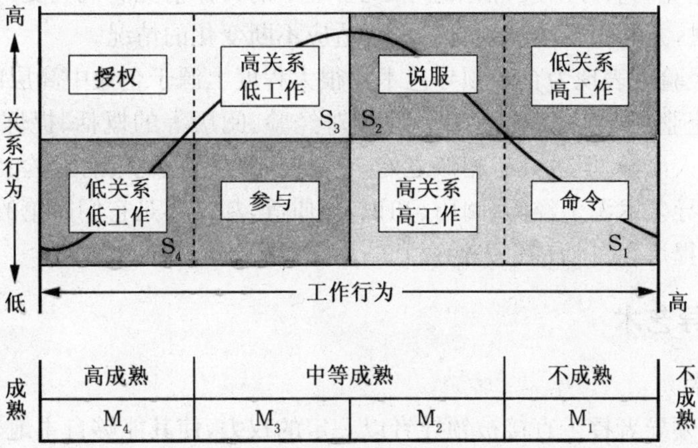

成熟	高成熟	中等成熟		不成熟	不成熟
	M_4	M_3	M_2	M_1	

图 7—6

第三节 领导修养与艺术

一、领导艺术概述

领导艺术是企业中高层领导对领导规律、领导原则、领导方法等的纯熟、巧妙、富有创造性的运用，是其厚实的科学文化知识和丰富实践经验的内聚与交融。企业领导艺术的主体是企业家。企业家在企业实践中不是消极、被动地适应对象，不是单纯地受制于外物或他人，而是积极地运用自己的智慧、能力去把握和支配对象，从而表现出极大的“自由创造”特性。

(一)领导艺术的含义

领导艺术是指为达到某一领导目标，领导者在其知识、经验、才能和气质等因素基础上形成的，巧妙运用各种领导条件、领导原则和领导方法，在领导过程中表现出的一种非模式化、富有创造性的才能与技巧。其实质是由于事物的复杂性和可变性，所以要求从实际出发，具体情况具体分析。领导艺术是富有创造性的领导方法的体现。

(二)领导艺术的特征

领导艺术作为一种行为艺术，在本质上属于领导科学的方法论范畴。它不仅具备“美”的基本价值，同时还有其他重要的审美特征，如形象性、创造性、随机性、经验性、多样性等。

领导者的形象对于被领导者具有重要的认识、教育和审美等影响作用。从某种意义上说，领导者的形象是组织形象的集中体现，是组织形象的人格化体现。一个好的领导者会带出一大批优秀的员工队伍，影响一个部门甚至一个地区；反之亦然。领导者的形象包括领导者的人格形象和视听形象，良好的领导形象是得到他人尊重与自愿服从的首要条件。

领导艺术的创造性表现为领导艺术随着领导活动的产生而出现，同时随着领导实践的发展而发展，随着客观情况的变化而变化。领导艺术是企业中高层管理者高度创造能力和智慧的结晶。创造性表现为在决策、用人、处事等领导活动中，不因循守旧、墨守成规，而是大胆创新、勇于探索，得出新判断、新方法、新思想。

领导艺术的随机性表现为企业中高层领导在观察、思考和处理随机事件时所具有的一种变通能力。领导艺术虽然有规律可循，但是绝没有一成不变的模式可供机械地套用。企业的高层领导必须从企业的实际出发，根据非常规管理中的具体情况随机应变，在较短的时间内找到切实可行的办法，并利用不同的领导艺术来适应不断变化的情况。

领导艺术的经验性表现为企业领导艺术在很大程度上源于企业中高层的经验、阅历、知识和素质。它是在企业领导实践的基础上，通过对经验、阅历等的概括、提炼和升华而取得的。因此，领导艺术因人而异，但也具有相似之处，它总是不可避免地带有经验、个性化的痕迹。但另一方面，虽然领导艺术源于经验、阅历、知识、素质等，却又不是它们简单的堆积，而是企业家将它们高度融合、提炼，去粗取精、去伪存真的结果。

二、主要领导艺术

(一)授权艺术

授权，是指由领导者授予直接被领导者以一定的权力，使其能够自主地对授权范围内的工作进行决断和处理。授权后，领导者拥有指挥和检查监督的权力，被授权者负有完成任务与报告的责任。授权只发生在领导者与直接被领导者之间，隔级之间不应该存在授权问题。

从授权的角度来看，级别越高的领导者手中所掌握的权力越大，因而级别高的领导者可以授权的范围就比较广。对于领导者来说，有些事情必须亲力亲为，不能将所有的事情都授予下属去完成。但是，在领导者做的所有事情中，确实有相当一部分是领导者亲自去做的，完全可以将这些事情授权出去让下属来完成。

【管理小知识】

目前，企业中大量的授权还没有形成制度化、法律化，加之上司与下属对于授权有着不同的想法，尽管划分为五个级别，但实际中还存在大量的授权问题，这就需要我们事先建立约定。建立适度的约定，才能够做到适度授权。建立授权的约定，意味着上司与下属要做四个方面的工作：(1)事先沟通期望；(2)平等对话；(3)约定“条款”(特殊情况)；(4)约定“硬约束”(目的、程度、可能出现的问题、处理方法等)。

在授权时应注意方式的选择：

(1)授权留责：领导者将权力授予下级后，下级在工作中出了问题，由下级负责任，领导也应负领导责任。

(2)视能授权：领导者向下级授权，授什么权、授多大权，应根据下级能力的大小而定。

(3)明确责权：领导者向下级授权时，应明确所授工作任务的目标、责任和权力，不能含糊不清、模棱两可。

(4)适度授权：领导者授权时应分清哪些权力可以下授、哪些权力应该保留。

(5)监督控制：领导者授权后，对下属的工作要进行合理的、适度的监督控制，防止放任自流或过细的工作检查两种极端现象。

(6)逐级授权：领导者只能对自己的直接下级授权，不能越级授权，防止反向授权。

(二)决策艺术

决策是从多种方案中做出的选择或决定，也可以说是多方案择优。通常讲的领导“拍板”，指的就是决策。但绝不能把决策仅仅理解为一瞬间的“拍板”，它包括决策前的提出问题、搜集资料、预测未来、确定目标、拟定方案、分析估计和优选，以及实施中的控制和反馈、必要的追踪等全过程。决策是人类社会确定方针、策略的活动，它涉及人们生活的各个领域，人和集体的各种行动都受决策的支配，它是有意识地指导人们的行动走向未来预定的目标。

领导要善于决策，不善于决策的领导是低效能的领导。领导的决策合理、及时、有艺术性，群众拥护、心情舒畅，就会政令畅通。领导的决策艺术主要表现在两个方面：第一，下放决策权，即对于那些可以合理地委任给下级的决策，决不要亲自出马；第二，容缓决策时间，即对于那些可以合理地拖到明天的决策，决不要今天来做。这里有个词“合理地”，是指对于某个特定的、迫在眉睫的决策来“合理”定义范围，这是一门需要大量实践和技术的艺术。

下放决策权：通常来说，领导人所面临的大多数需要做的决策都可以合理地委任给下级，但前提是这个领导者有着出色的下级助手，并且他能够从中选择出适合处理这类问题的最佳人选。但是领导者可以把决策权委任给下级，并不意味着他可以躲避承担这些决策所带来的责任，尤其是在出现问题的时候。这是一流领导艺术的精髓所在，领导人保留对这些决策的最终责任。

领导者决策的时间问题：对于那些可以合理地拖到明天的决策，决不要今天来做。这一点对于一般人来说是有悖直觉的，以至于显得有些荒谬。但是从长远来看，要想领导有方，这是非常必要的。对于决策时间的把握和决策本身一样重要。时间长一些，就可以深入调查研究，广泛听取意见，分析得失利弊；时间短，就意味着领导只能根据自己的判断，在很短的时间内，做出影响整个组织命运的决定。

(三)人际关系艺术

领导,最重要的责任在于圆满达成任务,并且确保质量的标准。因此,纵向、横向的沟通与协调非常重要,而偏偏这种工作十分困难,令人伤脑筋、费心神。中国的人际关系必须融入伦理,才能发挥高度的效能。使"有关系,没关系"合理化,享受人情却不为其所害。人际关系与沟通对任何人来说都是十分重要的课题,因为宇宙万物中人类的关系最为复杂,而且各地的风土人情不同,又形成不一样的人际关系。

领导者良好的公众形象往往通过良好的人际关系认同和传播而实现。因此,领导者要注意协调好各种复杂的人际关系。与上级领导关系的协调,要尊重、服从而不趋炎附势;与同级关系的协调,要诚信谦和而不随波逐流;与下属关系的协调,要平等体恤而不轻率许诺;与老同志关系的协调,要理解善待而不急躁从事;与家庭成员和朋友关系的协调,要以德为先而不盲目迁就。

领导者在工作与交往中应表现出对他人的信任、理解、同情、关怀与帮助。相互信任是人与人之间建立良好关系的基础。只有相互信任,大家才能善意相待,同心协力把工作做好。若相互间缺乏信任,就会出现"内耗",给事业带来损失。所以,建立领导与员工之间的信任关系尤其重要。一方面,领导者要懂得对下属员工的基本信任是交往的前提;另一方面,领导者还必须研究怎样使自己得到下属的信任。

三、提高领导艺术的途径

领导艺术可以体现在所有的领导活动过程中,应该说,只要存在领导活动,都需要有待提高领导艺术。

(一)自我检查

提高领导艺术主要靠领导者自身。领导者应对自身的领导艺术作自我检查。

1. 自我评价法

自我评价是领导者对自己的领导艺术进行自我分析、评定的方法。这种方法应把定性分析和定量分析结合起来。通过分析,自己找出领导工作中的优缺点,从而自觉地、有针对性地扬长避短,不断改进工作质量。

2. 反躬自问法

一个领导者如果能对自己的工作经常想想怎么办、为什么要这样办、这样办的好处与坏处,久而久之,就可以使自己逐步成熟起来,做到心中有数、遇事不慌,及时拿出解决问题的办法。

3. 自我校正法

自我校正就是加强自我检查。领导者如果经常检查自己工作中的失误,时刻对不良意识、不良行为保持警惕,就能充分发挥领导艺术。

4. 比较提高法

"以人为鉴,可明得失。"领导者如果能够经常拿自己的领导艺术和他人比较,就会不断发现别人的长处和自己的不足,促使自己克服弱点,取得进步。

(二)学习、实践相结合

端正思想、改变观念是领导者提高自身领导艺术的重要前提。领导艺术作为领导者才能、知识、经验、气质等的体现,离不开领导者的企业观念。管理者应检测自我提升之需要,明确自己的不足，收集有关学习资料，学习专业理论知识，如：搞企业管理的要钻研经济理论，搞人事调动的要精通用人科学；学习领导科学知识；学习与领导科学相关的其他科学知识。在学习方法上应注意制定切实可行的学习计划，坚持做好读书笔记，坚持泛读与精读结合，坚持向他人学习。

领导艺术作为一种领导工作的技能、技巧，很大程度上依赖于领导经验。领导者提高自身领导艺术，离不开参加领导工作的实践，这是提高领导艺术的关键。学习他人的领导经验，总结自己的领导经验，最重要的是根据自己的特点大胆改革创新，形成具有自己特色的领导艺术。首先，领导者进行领导实践要把基本的经济理论当作工作的指南而不能当作教条。其次，领导者在实践过程中要对理论、经验进行总结。领导者只有不断地总结实践经验，才能把握领导艺术的规律性。一方面，总结成功的领导经验，并把它上升为理论，使之条理化、系统化，有助于领导者把握领导活动的规律，提高领导工作的效能。另一方面，总结失败的教训，找出失误的原因，制定弥补损失、避免失误的对策，有助于领导者较快地提高领导艺术水平。可见，无论是总结成功的经验还是失败的教训，都有助于领导者认识领导活动的本质、把握领导艺术的规律，从而更自觉、更有效地指导领导实践活动。最后，领导者要在实践中创造出新东西。

思考题

一、名词解释

1. 领导　2. 领导者　3. 领导艺术　4. 授权

二、选择题

1. 美国管理学家菲德勒提出的决定领导方式有效性的环境因素包括(　　)。

A. 上下级关系　B. 任务结构　C. 职位权力　D. 领导艺术

2. 专制的领导易造成组织成员的(　　)。

A. 消极态度和对抗情绪　B. 人员流动率高，出勤率低

C. 不满事件增多，劳资纠纷严重　D. 领导者与被领导者关系对立

3. 豪斯考虑的领导方式有(　　)。

A. 指令型　B. 支持型　C. 成就导向型　D. 参与型

4. 菲德勒的权变模型指出，有效的群体绩效取决于(　　)两个因素的合理匹配。

A. 任务取向　B. 与下属相互作用的领导风格

C. 情景对领导者的控制和影响程度　D. 关系取向

三、简答题

1. 领导有哪些作用和特征？你心目中的领导是什么样的？
2. 什么是权力？领导者的权力来源是什么？发挥领导者的影响力为什么不能单纯依靠职权？
3. 你认为领导应具备哪些素质？其中哪些最重要？
4. 管理方格理论和权变理论的主要内容和各自的特点是什么？
5. 领导行为的理论模式有哪几种类型？各类型理论的特点是什么？
6. 从所学的领导方式及其理论中你得到了哪些启示？
7. 如何理解领导艺术？领导艺术有哪些？联系实际谈谈你的领导艺术。

实践练习

领导能力测试：

你是一个领导者还是一个跟随者？请你选择答案。

1. 别人拜托你帮忙，你很少拒绝吗？①是 ②否
2. 为了避免与人发生争执，即使你是对的，你也不愿发表意见吗？①是 ②否
3. 你遵守一般的法规吗？①是 ②否
4. 你经常向别人说抱歉吗？①是 ②否
5. 如果有人笑话你身上穿的衣服，你会再穿一次吗？①是 ②否
6. 你永远走在时尚的前列吗？①是 ②否
7. 你曾经穿过好看却不舒服的衣服吗？①是 ②否
8. 开车或坐车时，你曾经咒骂过别的驾驶者吗？①是 ②否
9. 你对反应较慢的人没有耐心吗？①是 ②否
10. 你经常对人发誓吗？①是 ②否
11. 你经常让对方觉得不如你或比你差劲吗？①是 ②否
12. 你曾经大力批评电视上的言论吗？①是 ②否
13. 如果请的工人没有做好，你会有反应吗？①是 ②否
14. 你习惯于坦白自己的想法，而不考虑后果吗？①是 ②否
15. 你是一个不轻易忍受别人的人吗？①是 ②否
16. 与人争论时，你总爱争胜吗？①是 ②否
17. 你总是让别人替你做重要的事吗？①是 ②否
18. 你喜欢将钱投资在财富上而胜于个人成长吗？①是 ②否
19. 你故意在穿着上吸引他人的注意吗？①是 ②否
20. 你不喜欢标新立异吗？①是 ②否

测试说明：

评分标准：回答“是”得 1 分，回答“否”得 0 分。

分数为 14～20 分：你是一个标准的跟随者，不适合领导别人，你喜欢被动地听人指挥。在紧急的情况下，你多半不会主动出头带领群众，但你很愿意同大家配合。

分数为 7～13 分：你是一个介于领导者和跟随者之间的人。你可以随时带头，或指挥别人该怎么做。不过，因为你的个性不够积极、冲劲不足，所以常常扮演跟随者的角色。

分数为 6 分以下：你是一个天生的领导者。你的个性很强，不愿接受别人的指挥。你喜欢使唤别人，如果别人不愿听从，你就会变得很叛逆，不肯轻易服从别人。

资料来源：http://wenku.baidu.com/view/23b7b3dfc1c708a1284a44df.html? from=search。

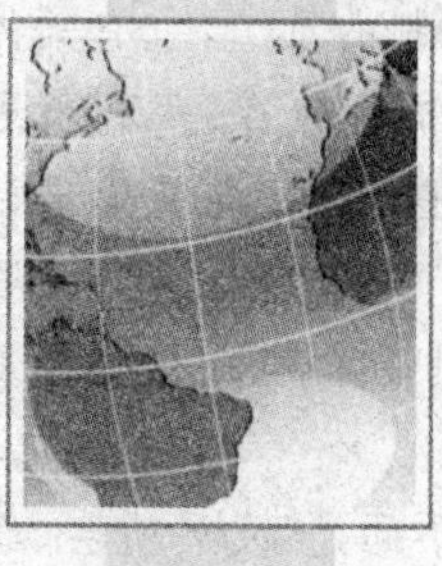

第八章
控　制

本章重难点

1. 控制的定义
2. 控制的重要性
3. 影响控制的因素
4. 控制的基本过程
5. 控制的类型
6. 控制的技术和方法

走进管理：

同仁堂的金字塔人才工程

“人生真的很奇妙，我从来没想过自己会成为同仁堂三百年历史上的首位妇科主任。”张庆说。

张庆毕业于北京中医药大学六年制本科，随后被分配至北京中医医院中医妇科工作，得到了著名中医妇科专家吴玉宁教授的高度肯定，预言她将成为北京中医医院未来的妇科主任。但十六年后，她却成为同仁堂中医医院的妇科主任，尽管这家医院才刚刚成立一年，而且是同仁堂三百多年来首次从药到医的尝试。

吸引张庆的是“同仁堂”三个字。“炮制虽繁必不敢省人工，品味虽贵必不敢减物力”，铸就了“同仁堂”的金字招牌，也让文化成为同仁堂最核心的竞争力。

因此，尽管同仁堂历史上从未涉足过医疗领域，但凭借中医医、药不分家的传统，“同仁堂”在中国人心目中就是质量、医德和中医文化的代名词。所以，同仁堂中医医院才会在没有成功经验借鉴、没有现成医疗人才储备的情况下，用了短短一年多的时间，就从筹备期的14人，发展成为70余名国家级、市级名老中医专家坐诊，拥有7名副主任以上医师及学科带头人、22名主治医师、8名住院医师、15名护理人员、30余名中西药学人员等组成的150多人的医疗团队，并顺利成为医保定点医疗机构，在中医行业打出了较高的知名度。

与一般企业“做大、做强、做长”的思路不同，同仁堂的发展思路是“做长、做强、做大”，即首先考虑企业的长远计划，企业只有做长了才可能做强、做大。

这种三百余年的坚持，不但造就了同仁堂今日的辉煌，也为在领导力建设方面亟待提升的中国企业贡献了一个极具特色、引人深思的独特样本。

优秀文化：变与不变

1992年，在整合21个核心单位的基础上，同仁堂集团公司正式诞生，至今已发展成为拥有10家公司（包括2家上市公司）、两个生产基地、两院（同仁堂研究院、同仁堂中医医院）、两中心(同仁堂信息中心、同仁堂培训中心)的大型国企,横跨现代制药业、零售药业和医疗服务三大板块,员工人数超过2万人。

鲜为人知的是,同仁堂的职工身份构成情况相当复杂。既有全民所有制的员工,也有集体所有制的员工,更多的是在发展中新招聘的合同制员工,形成了新老用人机制并存、薪酬待遇差等的格局。与此同时,中医的整体大环境不断恶化,"不为良相,便为良医"的社会基础早已荡然无存,甚至出现了"废除中医"的呼吁;而同仁堂近年来年轻员工数量飞速增长,同时又不断进入新的领域,比如2008年底正式对外营业的同仁堂中医医院,更加剧了管理的难度和复杂性。

面对上述情况,同仁堂紧紧抓住"人尽其才"这一主线,强调用人机制不同,但发展机会、管理标准、考核机制相同。干部任用不看出身,实行"海选",在人员管理方面做到了干部管理标准、职工岗位要求和执行制度标准三统一,逐步缩小两种体制员工在工资增长方面的差距。

在解决制度问题的同时,同仁堂深知品牌文化是企业之魂,是打造合格员工的重中之重,从强调文化认同入手,将资历背景各异、行业分工不同的数万名员工紧密团结在一起。

凡是走进同仁堂的员工,无论学历、职称、专业技术水平有多高,都必须统一接受集团公司对于企业文化、企业发展史等基本知识的培训,使之尽快融入企业中来。对于基层工作岗位,同仁堂侧重于通过校园招聘进行选拔,新员工必须在生产车间工作一年以上,再从中物色合格人才,提拔到各个岗位。

与此同时,同仁堂积极为员工建立一个明确的上升通道,放手向认同企业文化、工作积极努力的年轻员工授权。以同仁堂旗下的健康药业为例,公司规定,在一线工作2年以上且绩效优异、执行力强、具有奉献精神的员工均有机会成为储备店长。成为储备店长之后的考核非常严格,首先要经过人力资源部组织的店长培训并通过考核,之后在门店进行为期一年的实习,实习期间由区域经理、管理中心分别进行月度、季度考核,实习期通过考核后才能正式任命为店长,强调宽进严出。

这一举措收到了良好效果。2005年成都店开业时,超过2/3的员工都是成都中医药大学的应届本专科毕业生,等到2009年,此前担任营业员、调剂员、导医岗位的他们已经全部成长为店长、大堂经理等层级的管理者。如今,健康药业管理层平均年龄不足35岁,而且80%是由公司内部培养的,现有门店经理的平均年龄不足30岁,最年轻的店长仅23岁,100%是通过内部选拔任命的。

在进入新兴行业时,同仁堂更是充分发挥品牌优势,利用企业文化来凝聚人心。2008年,同仁堂中医医院建院,在面向全国进行招聘时,集团高层相当忐忑,因为毕竟隔行如隔山,而且同仁堂在薪资待遇方面的竞争力并不明显,但招聘反响之好超出所有人预料,报名人数接近3 000,先后有70多名国家级、省市级的知名中医专家欣然受聘,充分体现了同仁堂品牌在社会上的影响力以及同仁堂企业文化在行业内的认同度。

"管理方面的任何改变和创新,都只能在一个灵活而开放的文化环境中发生和发展,否则将极大地限制领导者技能的培养和发挥。"同仁堂宣传部长姜晓东认为,企业总是面临着不断变化的竞争环境,但优秀的企业文化则能使其"以不变应万变"。

"金字塔人才工程"

实现文化认同,需要强有力的培训体制。同仁堂坚持将培训作为常务工作来抓,建立了完善的三级培训梯度,即集团公司教育学院培训、商业公司组织培训及门店日常培训。

同时,同仁堂坚持中医药"师傅带徒弟"、口传心授的传统育人理念,辅以多岗培训、派出进修、竞赛比武、自学奖励等机制，强调课程体系差异化、培训资源多样化、全员培训普及化，充分调动青年员工的学习积极性，形成了人才接力梯队，并结合员工发展特点，建立了管理干部、重点专业人员、高级技工三大类人员的发展通道，因材施教，为员工提供不同的发展空间。

但最值得称道的是同仁堂倾全力打造的“金字塔人才工程”战略。该战略本着待遇留人、感情留人、事业留人的人才观，力图把每一位员工都纳入工程中来，“金字塔”的塔基是员工群体，然后是首席技师、优秀中青年人才，顶层则是专家、大师。从2005年开始，同仁堂每两年开展一次评选活动，评比不受名额限制，够资格的全部当选。凡是评上首席员工的，企业给予每月500元岗位津贴；首席员工工作成绩突出的，可以晋升为首席技师，每月享受1 000元的岗位津贴；塔尖部分是企业人才的最高层——专家、大师，他们都有自己独到而精湛的技艺，是企业的核心财富。

这为人才铺设了一个快速成长的绿色通道，让每位员工都能看到自己的发展前途和自我价值。众所周知，医疗人才多半有自己的一技之长，事业发展前景和技术学习机会往往比丰厚的薪酬待遇更有吸引力。同仁堂恰恰提供了这样的平台。

与金字塔工程相辅相成的是“师徒制”。集团明确规定，每位师傅最多可以带4名徒弟，师傅要签订带徒协议，带一名徒弟集团给师傅每月400元的补贴，带2名徒弟给500元的补贴，带3名徒弟给600元的补贴，最高补贴不超过700元。

对于很多大师来说，津贴并不是关键，重要的是把手艺传承给下一代，让同仁堂的药德、医德代代相传。2010年6月22日，同仁堂集团命名了20位德高望重、身怀绝技的中医药大师，其中同仁堂中医医院占了16个名额，引起了强烈反响。很多中医药人才都希望能拜其为师，有的人甚至提出如能获得一个向大师们学习的机会，情愿无偿为医院工作。最终，同仁堂为获得“大师”称号的张炳厚教授和药品专家崔庆利主任分别选配了8名中青年业务骨干，期望大师能够向他们传承技能、品格和同仁堂文化。

目前，这8名徒弟在大师指导下专业水平突飞猛进，在各自岗位上均能独当一面，有望成为新一代的名医名药大师。

资料来源：董道明，《同仁堂的金字塔人才工程》，载《中国企业家》，2010年第12期。

思考题：

1. 同仁堂是如何利用企业文化实现有效控制的？
2. 金字塔人才工程起到了什么控制作用？

第一节 控制概述

一、控制的含义

在组织活动过程中，无论在制定决策时考虑得多么严密，都会因为组织内外部环境的不断变化而发生组织行为与既定目标间的偏移，处理各种意外、随时使组织内部环境与外部环境相适应，是管理者的重要日常工作之一，这种日常工作就是控制。

在管理活动中，管理者所面临的任务首先是建立一种适当的组织结构去完成相应的工作或任务，然而仅仅依靠组织结构并不能达到促进组织有效利用资源的目的，必须要通过管理的控制职能来监督和规范组织及其成员的行为，使他们高效地去完成组织目标。因此，管理控制是管理活动中的一种监督过程。通过控制，管理者要对组织计划实施过程的状况进行监督和检查，保证实际的工作成效与计划方案相一致。当工作发生偏差时，必须及时找出原因，加以纠正，甚至需要对原来的计划或方案进行重新调整。因此，控制作为一种重要的手段，对管理目标的实现起着根本性的保障作用，管理的成败关键在于能否实施有效的控制。

在管理控制中，控制与计划是密不可分的。法约尔曾指出，"一个企业里，控制就是要验证是否各项工作都与计划相符，是否与下达的指示及已定的原则相符合，其目的在于指出工作中的缺点和错误，以便加以纠正并避免重犯"。孔茨认为，控制就是按照计划标准衡量计划的完成情况和纠正计划执行中的偏差，以确保计划目标的实现。斯蒂芬·P. 罗宾斯把管理的控制职能定义为"监控各项活动以确保它们按计划进行并纠正各种重要偏差的过程"，并将其分为三个步骤：衡量实际绩效；将实际绩效与标准进行比较；采取管理行动来纠正偏差或不适当的行为。所以，控制是指对组织的计划实施过程进行监控，并将监控结果与计划目标相对比，分析产生偏差的原因并加以处理的过程。

可见，管理的控制职能与计划职能是息息相关的。计划是控制的前提，没有计划的控制是盲目的控制；控制是计划完成的保障，没有控制，计划难以有效实现。控制作为对计划实施的监督和保证，贯彻于计划执行的每个阶段和每个部门，实施控制职能是每个负责执行计划的管理者的职责。

二、控制的重要性

控制职能的基本作用在于保证组织活动的过程和实际绩效与计划相一致，以确保实现组织目标，从而为企业或组织赢得竞争优势。控制的重要性体现在以下几个方面：

1. 适应环境变化需要

组织所面临的环境，不论是内部环境还是外部环境，都是动态的、经常变化的，而任何组织的计划和目标的制定都是在一个特定的时间、特定的环境下产生的。随着组织内外环境的变化，这些计划的执行过程和结果与计划目标本身往往是不相符合的。因此，管理者需要及时了解环境变化的程度和原因，建立控制系统，准确把握偏差的程度和原因，并进行相应的调整。

2. 分权管理的需要

在某些结构比较简单的组织中，由于组织的规模小，管理权限大多集中在高层，因此控制相对来讲比较容易。但是随着组织规模的不断扩大，组织结构越来越复杂，组织必然面临着分权管理的问题。要让管理权力相对分散的各部门活动紧紧围绕组织目标，就必须要建立控制系统。组织分权程度越高，越有必要加强控制。通过控制，对下放的权限使用状况进行监督和指导，及时检查下属的工作情况，保证被授权者的工作绩效和工作结果符合组织的要求。

3. 员工个人能力的需要

在理想情况下，即使组织制定的计划十分严密完备，组织面临的环境也相对稳定，控制仍是必需的。这主要是由于组织成员个体认识问题能力和工作能力有一定的差异，在管理活动中不可避免地会犯一些小错误，出现一些小失误。此外，由于每个员工的素质不同，对计划、目标的理解和认识也会出现分歧，从而会造成计划的实际执行情况和目标不一致。为了减少差错，及时更正缺点和失误，管理者必须依靠有效的控制系统加强对组织的控制工作，避免小问题引起的大损失。

4. 促进资源的有效利用

为了确定资源的利用效率，管理者必须能够精确地衡量生产一单位产出需要多少单位的投入（包括原材料、人力、资金等）。控制系统包含了管理者用于评价产品和服务的效率指标。

例如,在控制系统中采用的一些财务指标,如财务比率、盈利比率和经营比率等,可以很好地评价组织的偿债能力、盈利能力和资源利用率的状况,从而为组织改进资源的利用效率、提高组织的收益提供依据。如果没有控制,管理者就无从了解企业的经营状况,也无法知道该从哪些工作入手来改善绩效。

5. 提高组织的创新能力

组织的创新能力与组织的文化和环境有着密切联系,只有当组织文化是一种鼓励创新,允许员工大胆尝试、自由发挥,且能够承担失败风险的氛围,员工的创新激情才会被激发出来,组织才有可能充满创新的活力。因此,组织建立一种适当的控制系统来鼓励员工的冒险精神是一项重要的管理挑战。在福特公司,为了鼓励每个产品团队高效工作,管理者会监督每一个产品团队的业绩(例如,检查产品小组是否降低了成本或是否提高了产品质量),并使用一种与团队业绩挂钩的奖金制度。然后产品团队的管理者再对每一个团队成员的个人业绩进行评估,根据评审结果,最具有创新性的员工将得到与其杰出的工作业绩相对应的晋升和奖金。

三、影响控制的因素

控制系统在运行过程中会受到多种内外部环境因素的影响,这些因素如果不能消除,则或多或少会影响到控制系统的运行效率,使其不能发挥应有的作用。斯蒂芬·P.罗宾斯将影响控制的因素归纳为组织规模、职位层次、分权程度、组织文化和活动的重要性等。

1. 组织规模的影响

企业在建立控制系统时要考虑组织规模的大小。组织规模比较小时,企业依靠非正式和个人化的控制手段,通过直接监督、同步式控制或现场控制是最有效的。但随着组织规模的扩大,企业需要建立正式的、非个人化的控制系统,控制类型也由同步控制扩展到前馈控制、反馈控制等多种形式。

2. 职位层次的影响

个人在组织层次中的职位越高,越需要对其采用多重控制标准。这是因为,当个人沿着组织层次向上升迁时,其业绩衡量的模糊性将提高;相反,低层工作的业绩定义更为明确,控制标准也较单一,且更易量化。

3. 分权程度的影响

分权与控制之间存在着因果关系。分权是控制的原因之一,控制是分权的保障。分权程度越高,管理者越需要与员工业绩有关的反馈信息。因为授权的管理者需要对被授权人的行动负最终责任,所以前者有必要采取措施以保证员工决策的效率与效果。

4. 组织文化的影响

组织文化可能以信任、开放、自主、鼓励创新为特征,也可能以保守、害怕风险、讲究秩序为特征。前者常适用于非正式的自我控制,通过为员工提供一个自由、开放的平台来发挥员工的潜力。后者则往往需要通过正式的、外部强加的控制系统来确保业绩符合标准。

5. 活动重要性的影响

活动本身的重要性影响了它是否应受到控制和怎样控制。如果控制成本高昂,而错误产生的影响又很小,则不必使用详尽的控制系统。但是,如果错误会严重损害组织的绩效,则必须实施广泛的控制,即便控制成本很高。

以上关于控制因素的影响见图 8-1。

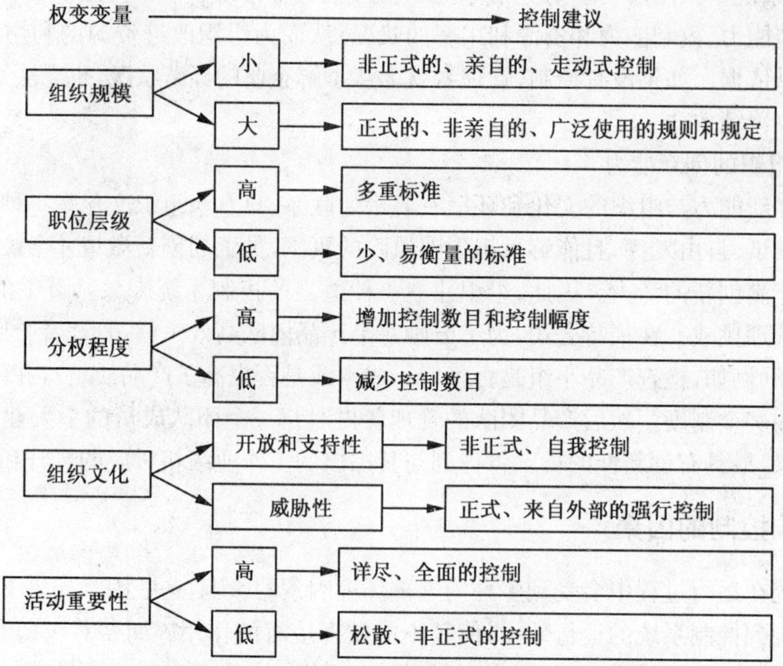

图 8—1　设计控制系统时应考虑的权变因素

第二节　控制的基本过程和类型

一、控制的基本过程

虽然管理控制的对象不同，但是控制的过程和基本程序却是相同的，不论控制的对象是产品设计开发还是产品的生产制造过程，不论是人员的业绩表现还是各种资源的利用效率，控制的过程基本包括三个步骤：确定控制标准、对照标准衡量绩效、纠正偏差，具体如图 8—2 所示。

(一)确定控制标准

1. 制定控制标准的原则

控制标准是控制工作得以顺利开展的前提，是检查和衡量实际工作的重要依据和尺度。控制标准既来源于计划，又不同于计划。计划是为了实现某一决策目标而制定的综合性的行动方案，其内容有时很难与具体情况完全接轨。因此，必须根据计划内容和组织实施的具体情况来确立专门的控制标准。在确立控制标准时要遵循以下原则：

(1)适用性原则。控制标准既要结合计划制定的目标，同时又要与实际工作接轨，以准确反映组织活动的状态。控制标准要求尽可能简单明了，易量化，能反映实际工作的成效。

(2)一致性原则。建立的控制标准应尽可能体现协调一致、公平合理的原则。管理控制工作既要涵盖组织活动的各个方面，制定出来的标准又要彼此协调，避免冲突。

(3)可行性原则。控制标准要难度适当，有一定的挑战性，既不能过高，也不能过低，要以绝大多数员工经过努力能够达到为尺度。同时，标准要具有可操作性，便于对实际工作绩效进行衡量、比较、考核和评价。

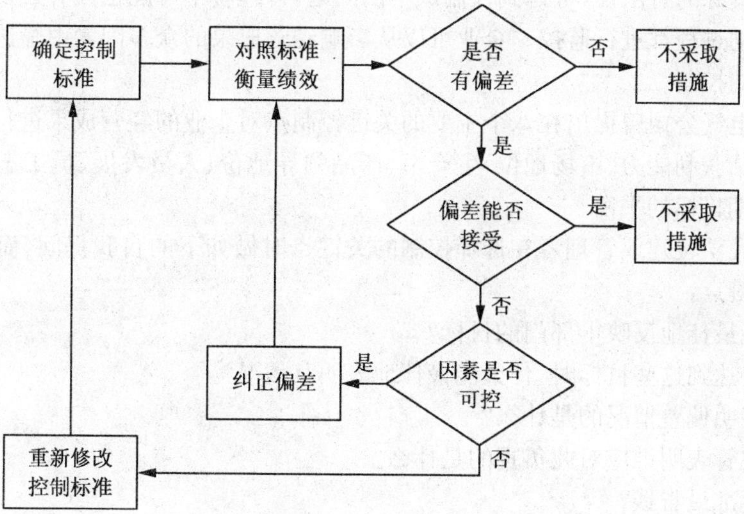

图 8—2　控制的过程

(4)稳定性原则。建立的控制标准要在一段时间内应保持不变,又要具有一定的弹性,对环境变化有一定的适应性,特殊情况下可以适当处理。

(5)前瞻性原则。制定控制标准时要有一定的前瞻性,既能反映过去的工作表现,符合现在的工作需要,同时也要考虑到未来的发展。

2. 选择控制对象

在进行控制时考虑的首要问题是“控制什么”。控制工作的目标是促进组织有效地达到预期的经营目标,因此,经营活动的成果就是控制的重点对象。然而,对经营活动成果的控制仅仅是一种事后控制,要保证组织能够获取预期的活动成果,在成果获得之前必须要对实现成果的整个过程进行控制,对影响组织经营成果的各种因素进行科学的研究和分析。这些影响组织经营成果的因素包括:

(1)经营目标因素。组织的经营目标会对未来的经营成果产生影响,因此在制定控制标准时必须首先确定组织的经营目标。一般而言,组织所选择的控制标准要与效率、质量、顾客响应度及创新能力等影响组织竞争优势的经营目标相结合。例如,当企业确定其经营目标是“在未来三年中削减10%的运营成本”时,企业建立的控制系统将着重于对各部门的运营成本的能力进行评估,并制定相应的降低成本的控制指标,而分部门的领导也会对自己下属设定削减成本的目标,如此层层推进,这种控制标准的建立将帮助企业实现整体运营成本的下降。

(2)经营环境因素。组织在制定计划时要以决策者对未来经营环境的预测和估计为依据,如果预测的经营环境发生了变化,或者预期的市场环境没有出现,必然会影响到原有计划的执行。因此,组织必须把对经营环境的认识和预测作为控制对象,密切关注环境的变化趋势,才能保证经营成果的实现。

(3)经营过程因素。组织的经营成果需要经过生产、加工、销售等各个阶段,通过全体成员的共同努力和劳动来得到,在经营过程中,各阶段工作的数量和质量会直接影响到经营活动的成果。因此,必须对整个经营活动的过程进行控制,明确各部门、各岗位、各员工在不同阶段的控制标准和要求,使其活动符合计划和预期结果的要求。

3. 选择控制的关键点

由于组织资源的有限性，考虑到控制成本的问题，管理者不可能也没有必要对企业所有的活动成果和活动过程都进行监控。企业可以从影响经营成果的众多因素中筛选出一些关键因素进行关键点的控制。

美国通用电气公司曾提出在八个主要的关键控制点对企业的经营成果进行控制。这八个关键控制点包括获利能力、市场地位、生产率、产品领导地位、人员发展、员工态度、公共责任、短期目标和长期目标的平衡。

管理学家孔茨也建议管理者在选择控制的关键点时做如下的自我提问，而问题的答案正是应选择的关键点：

(1)什么能最佳地反映本部门的目标？

(2)当没有达到这些目标时，什么能最佳地表明其情况？

(3)最能表明偏差情况的是什么？

(4)能向主管表明谁应对此负责的是什么？

(5)哪些标准最省钱？

(6)经济适用的信息标准是什么？

(二)对照标准衡量绩效

衡量绩效的主要内容是将实际工作绩效与控制标准进行比较，对工作做出客观评价，从中发现两者的偏差，为进一步采取纠偏措施提供依据。

1. 衡量绩效的内容

一般而言，管理者往往会从两个方面来考核绩效：一是工作的产出；二是员工的工作行为本身。

对于某些组织而言，特别当员工从事一些常规性的工作时，工作的产出绩效和行为绩效比较容易衡量。如在快餐店的经营中，管理者可以通过统计顾客的数量和消费的金额来考核产出，同时也可以通过观察员工在为顾客服务过程中的一言一行来考核员工的工作行为，从而迅速发现问题并采取行动。但是，当组织的员工从事的是一些比较复杂的、本质上难以考核的、非常规性的工作时，单纯衡量产出或行为就比较困难。如对于企业的研发部门而言，考核部门的绩效或个人的业绩是比较困难的。研发的新产品是否具有盈利性，是否能够获得市场的认可而给企业带来效益，往往需要产品投放市场后由市场来评价，这个周期是比较长的。因此，组织活动的非常规性或复杂程度越高，对产出和行为的考核就越困难。但相比而言，产出绩效的衡量比行为的考核要容易一些。企业可以首先建立产出绩效的衡量指标，在此基础上再逐步建立起员工行为的绩效衡量标准。

2. 衡量绩效的方法

管理人员用来衡量实际工作绩效的方法主要有以下几种：

(1)直接观察法。直接观察法是指通过直接接触受控对象来了解情况，收集第一手材料作出判断，如走动式管理和现场办公等。通过观察得到的信息不同于阅读报告得到的信息，它可以帮助管理者更直观地掌握员工的工作状况。

(2)例会报告。例会报告是指通过定期或不定期的会议、下属的口头或书面报告来调查受控对象的情况。口头报告是一种快速的、有信息反馈的形式，通过汇报人的语言、语调和词语本身来传达信息，其缺点是信息不易保存，因此需要做相应的记录或采用一些技术手段进行录制。书面报告则更为正式、精确和全面，易于保管和查找。

(3)统计分析。统计分析是指根据统计报表和其他统计资料来分析受控对象的工作情况。

随着计算机的普及和统计软件的不断开发，利用计算机和统计软件进行数据的统计处理使得这种工作方式的效率大为提高。统计分析不仅可以输出文字报告，还可以输出各种表格和图像，并按照管理人员的要求列出统计表格，满足人们对信息的需要。

(4)抽样检查。抽样检查是指从整个工作中抽取部分样本进行深入细致的衡量和评价，并根据衡量结果来推测全部工作的质量状况。

以上几种衡量绩效的方法各有千秋，管理人员可以将几种方法结合起来使用。一般而言，实际绩效与标准不可能完全一致。在某些活动中，偏差往往是难以避免的，因此确定一个可以接受的偏差范围是十分必要的。只要偏差超过了这个范围，就必须引起管理人员的高度重视。

3. 如何保证衡量绩效工作的质量

(1)通过衡量绩效来检验标准。衡量工作成效是以预定的标准为客观依据的，但利用预先制定的标准去检查各部门在各阶段的工作，本身也是对标准的客观性和有效性进行检验的过程。在为控制对象确定标准时，人们可能只考虑一些次要的因素，或者只重视一些表面的因素，因此利用既定标准去检查人们的工作，有时并不能达到有效控制的目的。衡量过程中的检验就是要辨别并剔除掉这些不能为有效控制提供必要信息、容易产生误导作用的不适宜标准。

(2)同步跟踪工作过程。人们通常认为衡量绩效要等工作做完以后才可进行，这不仅不全面，而且很危险。控制活动应当跟踪工作进展，及时预告脱离正常或预期成果的信息。只有了解和掌握偏差信息，才能决定是否应该采取纠正措施以及采取什么样的纠正措施。

(3)控制衡量的精度和频率。为了准确地测定执行情况，还必须考虑衡量的精度和频率问题。精度是衡量结果能在多大程度上反映被控对象的变化。精度越高，越能准确地反映被控对象的变化。而频率是指间隔多长时间衡量一次成效，是定期还是不定期地衡量。频率越高，就越能及时掌握状态的变化。但是精度和频率过高，不仅会增加控制的费用，而且也会引起有关人员的不满，影响他们的工作态度；精度过低或次数过少，则可能使一些重大的偏差不能及时被发现。因此，对精度和频率的测量要适当。

(4)及时反馈控制结果。负有控制责任的管理人员只有及时掌握了反映实际工作与预期工作绩效之间的偏差信息，才能迅速采取有效的纠正措施。然而，不是所有衡量绩效的工作都是由主管直接进行的，有时需要借助专职的检测人员，建立有效的信息反馈系统，使实际工作情况能迅速地收集上来，并传递给主管人员，由主管人员将纠偏指令传递给有关人员以便对问题做出处理。因此，控制评价反馈的及时性和准确性会影响到衡量绩效工作的结果。

(三)纠正偏差

纠正偏差是控制过程的第三个步骤，这一步是在衡量绩效的基础上，针对被控对象相对于标准的偏离程度，及时采取措施予以纠正，使其恢复到给定的状态上来。

在控制活动中，将衡量结果与控制标准进行比较后，都有可能存在一定的偏差。根据差异程度来确定控制程度是管理控制过程中的重要环节，并不是一有偏差就需要采取纠正措施。一般而言，如果偏差范围较小，在允许的范围内，就不必采取什么措施；如果偏差范围较大，超出了警戒范围，就必须针对造成偏差的原因尽快采取对策。因此，需要在已制定的控制标准的基础上确定或定义可接受的偏差范围。

对于纠正偏差，重要的是对产生的原因进行分析。偏差产生的原因往往是多方面的，不同的原因要求采取的纠正措施也不同。因此，搞清产生偏差的原因是采取控制措施的基础。产生偏差的原因包括：(1)标准本身基于错误的预测和判断，从而使该标准无法执行，也可能是由于客观条件的变化，使得原标准脱离实际情况；(2)从事该项工作的人员不能胜任工作，或者主观努力程度不够，或者没有得到确切的指令；(3)与该项工作相关的其他工作发生了问题，从而导致该项工作无法正常完成。

由于控制的意义不在于分辨出好的绩效(比标准高)和坏的绩效(比标准低)，而是在于找到原因之后采取补救措施，因此可能出现以下三种情况：(1)当实际绩效低于标准时，应找出原因所在，采取改进行动；(2)当实际绩效比标准更好时，应先分析目标是否制定得太低，还是因为环境的有利因素所致，从而需要调整标准；(3)当实际绩效与标准相差不大时，则应保持原有的活动进程，不采取任何补救措施。

综上所述，制定控制标准、找出偏差原因、采取纠正措施是控制工作的三项基本要素，它们相互关联、相互依存、缺一不可，共存于控制职能开展的整个过程。任何管理控制系统的建立都必须将这三个基本要素包含其中，否则该系统就是不完整的。这三个控制过程的基本步骤形成了一个完整的控制反馈系统，构成了一个控制周期。管理是计划、执行、控制、再计划、再执行、再控制这样一个螺旋上升的循环过程。通过每一次循环，使偏差不断缩小，保证管理活动向正确的目标方向发展，因此可以说，管理系统是一个典型的控制系统。

二、控制的类型

管理系统作为一种控制系统，由于管理对象不同、管理目标不同、系统状态不同，所运用的控制方式也不同。对于同一种管理系统，可以从不同角度来考察它的控制方式。

(一)前馈控制、现场控制、反馈控制

根据控制信息获取的方式和时点不同，将管理控制划分为前馈控制、现场控制、反馈控制。

1. 前馈控制

前馈控制也称事前控制或预先控制，指在工作正式开始前对工作中可能产生的偏差进行预测和估计，并采取措施将可能的偏差消除于产生之前。前馈控制是以系统的输入或主要扰动的信息作为输入信息，其目的是在系统运行过程的输出结果受到影响之前就作出纠正。在企业的生产经营中，我们有许多前馈控制的做法。例如，对产品生命周期有一个预见性，在原有产品的市场需求达到高峰前，就开始着手准备新产品的研发，以保证企业产品在市场上的持续竞争力；再如，企业为了生产出高质量的产品，在采购环节就严格制定采购程序，对进厂的原材料严格检验；又如，餐饮企业为了保证餐饮服务质量，建立一套餐饮服务的规程和标准，对员工进行上岗前的培训；等等。

前馈控制的优点：(1)防患于未然。前馈控制是在工作开始之前就进行了，能在问题产生之前就发现偏差，避免了事后控制对已经铸成的错误无能为力。(2)易于被员工接受。前馈控制主要是针对某项计划的条件进行控制，不针对具体人员，不易与员工发生冲突，容易为员工所接受。

前馈控制的缺点：(1)前馈控制要求有及时和准确的信息，并要求管理人员充分了解前馈控制的因素；(2)能够进行动态跟踪，对系统输入的数据和信息进行控制，定期评估实际输入量和计划输入量之间的差异，并评估这些差异对系统的影响。从现实来看，要做到以上这些是十分困难的，因此，前馈控制应与其他控制形式结合起来使用。

2. 现场控制

现场控制是在活动进行之中的控制，其控制作用发生在行动之中，与工作过程同步进行，也称为事中控制或同步控制。这类控制方法主要为基层单位所采用。现场控制是全面质量管理的核心。全面质量管理要求员工在生产过程的每一个环节持续监督所生产产品和服务的质

量，一旦发现问题，尽快通知管理人员。例如，丰田汽车公司的生产系统有许多优点，其中之一就是员工被授予一种权力——无论什么时候，只要他们发现存在质量问题，就可以按下让整个装配线停止运作的按钮。

现场控制有两个作用：一是监督。监督是按照预定的标准检查正在进行的工作，以保证目标的实现。二是指导。管理者针对工作中出现的问题，根据自己的经验指导下属改进工作，或与下属共同商讨矫正偏差的措施，以便使工作人员能够正确完成所规定的任务。在现场控制中，控制的有效性往往取决于管理人员的个人素质、管理作风、指导方式以及下属对于指导的理解程度。

现场控制的优点：(1)促进员工遵循组织内部的统一指挥，提高员工的自我控制能力。(2)指导下属采用正确的方法工作，锻炼管理人员的管理水平和领导能力。(3)及时发现在活动过程中与计划相偏离的现象，将问题消除在萌芽状态，避免偏差将会对企业产生的不利影响。

现场控制的缺点：(1)受时间、精力和业务水平的限制，管理者不能事事亲力亲为，只能抓住关键事件进行控制。(2)应用范围受到限制。一般来说，易计量的工作适合采用现场控制，对于难以计量的工作不宜采用现场控制。(3)在现场控制时，沟通方法很重要，如果处理不好，容易引起员工的反感，产生对立情绪。

3. 反馈控制

反馈控制是在工作结束后或行为发生之后进行的控制，因此也称事后控制。这种控制把注意力集中于工作或行为的结果上，通过对已形成的结果进行检测、分析和比较，发现偏差，然后制定出纠偏计划并实施，有时还需要对原有的标准进行调整，为下个阶段的工作做好准备。例如，企业在发现不合格产品后，要追究当事人的责任，并依此制定出严格的规章制度以避免类似事故再次发生；通过监控产品销售量的变化来分析消费者消费偏好的变化，以便对产品的产量做出及时的调整；等等。这些都属于反馈控制。

反馈控制的优点：(1)对于周期性或程序性的活动，可以找出偏差产生的原因，避免以后发生类似的问题；(2)通过反馈控制可以消除偏差对后续活动的影响；(3)帮助人们总结经验教训，了解工作失误的原因，为下一轮工作提供正确的方法。

反馈控制的缺点：(1)只能事后发挥作用，对于前期已经对组织造成的危害和影响无法弥补；(2)从偏差发生到采取纠偏措施，有一段时滞期，对偏差纠正的效果会产生较大的影响。

(二)直接控制和间接控制

控制工作所依据的事实是计划执行的结果，这必然受到人及其行为的影响。根据主管人员改进未来工作方式的不同，将控制分为直接控制和间接控制。

1. 直接控制

直接控制是相对于间接控制而言的，它通过提高管理者的素质来开展控制工作。其指导思想是，称职的管理者出的差错最小，这类管理者往往能察觉到正在形成的问题，并采取纠正措施。直接控制认为，计划执行的结果取决于计划执行的人，管理者及其下属素质越高，越不需要间接控制。因此，直接控制着眼于培养更好的管理人员，使他们能够熟练应用管理的概念、技术和原理，能以系统的观点来改善他们的管理工作，从而防止因管理不善造成的不良后果。

直接控制的优点：(1)直接控制使得个人委派任务时有较大的准确性。同时，为了提高主管人员的素质，企业在平时就注意对管理人员的培训，并不断进行绩效评价，使其能力和素质不断提高。(2)可以促使主管人员主动采取纠偏措施，鼓励自我控制。(3)可以获得较好的心理效果。一方面，主管人员由于得到上级的信任而获得满足和鼓励；另一方面，主管人员的素质提高后，下属对他们的支持和信任也会随之提高。(4)直接控制可以节约开支，主管人员的素质提高后，出现偏差的次数减少，节约了经费开支。

2. 间接控制

间接控制以这样一些事实为依据，即人们常常会犯一些错误，或常常没有察觉到将要出现的问题，因而未能及时采取适当的纠正或预防措施。因此，间接控制的方法主要是，根据计划的执行情况，发现计划执行中的偏差，分析偏差产生的原因，找出责任人，改进下一步工作。

显而易见，间接控制是在出现偏差、造成损失之后才采取措施。在工作中，出现问题和产生偏差的原因有很多，标准不正确固然会造成偏差，但是由于管理人员的经验、能力不足，或由于一些不确定性因素的存在，如外部环境的变化、经济政策的调整、市场竞争态势的变化、新技术的发展等，都会造成偏差，从而不得不进行间接控制。间接控制存在较大局限性。一方面，它是事后进行控制，存在时滞；另一方面，间接控制所需的前提假设条件也往往会影响到控制效果。例如，要实施间接控制，工作绩效必须是可衡量的；如果工作绩效难以计量，则间接控制无法实现。

综上所述，直接控制是通过提高管理人员素质进行的事前控制，间接控制是解决由于管理者能力而产生偏差的事后控制。传统的控制方法往往是间接控制，但直接控制更应引起我们的重视，管理控制也越来越多地运用直接控制方式。

以上所谈到的控制方式各有利弊，在管理活动中不能只依赖一种控制手段，而是要根据实际情况具体分析，将几种控制方法有机结合起来，真正达到控制的效果和目的。

第三节 控制的方法

为了保持创造力，提高质量，减少成本，管理者必须找到控制组织中各种问题的方法。近年来，为了适应不断变化的管理环境，管理人员采用了多种控制技术和方法。

一、预算控制

预算是一种传统的控制手段，在管理控制中的使用非常广泛。预算控制预估了企业在未来时期的经营收入和现金流量，同时又规定了各个部门或各项活动在资金、劳动、材料、能源等方面支出的限额，是以财务数字编制的反映企业在未来一定时期活动的综合计划。随着我国市场经济的发展，尤其是企业制度改革的完善，企业在市场竞争中的成败越来越依赖于企业的内部控制，预算管理在企业的地位越来越重要。

企业预算由许多项目构成，不同类型的企业由于生产活动的特点不同，预算表中的项目也会有所不同。常见的预算有以下几种：

1. 收入预算

收入预算主要是从财务角度预测企业在某个计划期内有关收益及其来源方面的预算，如企业销售收入、租金、专利收入及其他投资收益等。由于企业的大部分收入都来源于销售收入，因此销售预算构成企业收入预算的主要内容。销售预算是在销售预测的基础上，通过分析企业过去的销售情况、目前和未来的市场需求特点及其发展趋势，确定企业在未来计划期内为了实现目标利润必须达到的销售水平。

2. 支出预算

支出预算与收入预算相对应。为了实现销售收入,企业必须消耗一定的劳动力和各类物质资源。支出预算就是预测在实现既定销售预算的情况下所必须支付的费用计划,并将费用支出分配给各项活动。支出预算对于企业在实现销售收入的同时有效控制各项活动的支出额度、实现经济效益的目标有着至关重要的作用。根据具体支出项目的不同,支出预算可以分为直接材料预算、直接人工预算和附加费用预算等。

3. 现金预算

现金预算是对企业未来生产与销售活动中现金的流入与流出进行的预算,通常是由财务部门编制。现金预算不是反映企业资产负债的状况,而是反映企业在未来生产经营活动中实现的现金流量和流程。通过现金预算,可以直观准确地显示计划期内企业可用的多余现金或现金不足的情况,使企业能够及早安排暂时过剩的资金或及早筹措短缺的资金。通过现金预算,企业可以有效地安排资金周转,控制企业的经营风险。

4. 生产预算

因为用货币量表示的收支预算会受到价格波动的影响,可能造成收支预算与实物量投入产出计划不符,所以在生产管理中许多项目的预算用实物单位来表示就显得更有意义。其中较常见的实物单位预算有直接工时数、台时数、消耗原材料的数量、消耗工时数量以及生产数量等。

5. 投资预算

投资预算属于长期预算,它与企业的长期战略规划紧密联系在一起。当企业经营有了盈利之后,企业必须考虑如何利用盈利来进行生产规模和生产能力的扩充。投资预算包括:厂房的更新改造和扩充;产品性能、产品品种、生产工艺的研究与开发;人员的培训与发展支出;广告宣传、寻找顾客的市场发展支出;等等。

6. 资产负债预算

资产负债预算是对会计年度末期的财务状况进行预测。它通过将各部门和各项目的分预算汇总在一起,表明如果企业的各种业务状况达到预先规定的标准,在财务期末企业资产与负债会呈现出的状况。管理人员通过对资产负债预算表的分析可以发现预算的问题,从而有利于采取及时的调整措施。

预算控制的基本步骤包括:(1)编制预算。首先确定预算总体方针,然后编制部门预算和综合预算。(2)执行预算。根据预算,及时或定期检查预算的执行情况,观察其实际工作是否在预算范围内。(3)衡量预算差异,并采取一定的措施纠正偏差。(4)对预算控制结果进行分析总结,评价和考核预算控制的绩效。

二、财务控制

企业在经营过程中存在多种风险,概括而言可分为经营风险和财务风险。经营风险来自企业经营决策,财务风险则是指由于财务规划不当而导致的资金链断裂。财务控制就是运用财务分析方法,对企业资产负债表和损益表中的各项数据进行比较分析,从中找到某些偏差或发展趋向的一种控制方法。

(一)财务报表控制

1. 资产负债表

资产负债表反映的是企业在某一时点的财务结构。资产负债表分为三个部分:资产、负债、股东权益。资产是公司拥有的各种物品的价值，包括流动资产和固定资产；负债是公司的债务数量，包括流动负债（如应付账款、应付票据等）和长期负债；股东权益是公司的自有资本。资产、负债和股东权益三者的关系如下：

资产＝负债＋股东权益

2. 损益表

损益表反映的是企业收入和支出的各项内容。它概括了企业在给定时期内的财务绩效。损益表表明组织在一定时期内损益的具体情况，从而有助于说明直接造成损益的各种收支原因。在损益控制法中，每个主要部门或分公司都要详细列出它的收入和支出，并定期编制损益表，分部门或单位负责人必须对本部门或本单位的收入和费用、利润和亏损进行控制。如果采取预测的形式，损益表还可以使管理人员在事件发生之前，有机会设法影响收入和支出的各种情况，而最终实现利润目标。因此，损益控制也是事前控制的一种有效工具。

（二）比率控制

利用财务报表提供的数据，通过财务比率和经营比率，可以对组织整体绩效进行检查。

1. 财务比率

财务比率分析在于揭示企业的偿债能力和盈利能力等财务状况，其主要指标包括流动比率、负债比率和盈利能力比率。

(1)流动比率。流动比率是指企业的流动资产与流动负债之比。它主要反映企业偿还短期债务的能力。通常，流动比率越高，企业的偿债能力越强；流动比率越低，企业短期偿债能力越有风险。企业在计算流动比率时，要与同行业平均流动比率、本企业历史流动比率进行比较。在运用流动比率进行控制时，既要注意保持足够的流动性，也要避免因财务资源过高闲置而导致资金使用效益降低。

(2)负债比率。负债比率是企业的总负债与总资产之比。它反映了企业所有者提供的资金与外部债权人提供的资金的比率关系。企业可以通过提高负债比率来获取更高的利润，但是过高的负债比率也会使企业经营面临财务风险。企业必须充分估计预期的利润和增加的风险，在二者之间权衡利害得失，做出正确的决策，合理安排资本结构。

(3)盈利能力比率。盈利能力比率包括两种类型：一种与销售额有关，另一种与投资额有关，这两种比率共同反映了企业的综合经营效果。与销售额有关的盈利能力比率包括销售毛利率和销售净利率，它们主要反映企业在一定时期内的产品获利能力。与投资额相关的盈利能力比率如投资回报率，或称资产回报率，它是税后净利润与企业资产总额的比值，是反映企业或部门资金使用效率的重要指标。

2. 经营比率

经营比率是与资源利用情况相关的比率，通过经营比率可以分析企业经营效率的高低和资源的利用情况。常见的指标包括库存周转率、固定资产周转率、销售收入与销售费用比率等。

(1)库存周转率。库存周转率是销售总额与库存平均价值的比例关系，它反映与销售收入相比库存数量是否合理，表明投入库存的流动资金的使用情况。

(2)固定资产周转率。固定资产周转率是销售总额与固定资产之比，它反映了单位固定资产能够提供的销售收入，表明了企业固定资产的利用程度。

(3)销售收入与销售费用比率。该比率表明单位销售费用能够实现的销售收入，在一定程度上反映了企业营销活动的效率。

三、审计控制

审计是对反映企业资金运动过程和结果的会计记录及财务报表进行审核、鉴定，以判断其真实性和可靠性，从而为开展控制工作和管理决策提供依据。按审计的主体，可将审计分为外部审计、内部审计和管理审计三类。

（一）外部审计

外部审计是由外部机构如会计师事务所选派的审计人员对企业财务报表及其反映的财务状况进行独立的评估。为了检查财务报表及其反映的资产与负债的账面情况与企业真实情况是否相符，外部审计人员要抽查企业的基本财务记录，以验证其真实性和准确性，并分析这些记录是否符合公认的会计准则和记账程序。

外部审计的优点在于，审计人员与被审计单位之间不存在隶属关系，可以保证审计工作的独立性和公正性。但是外部审计人员往往不了解企业的组织结构、生产流程和经营特点，在对具体业务的审计过程中可能会产生困难。此外，外部审计容易使被审计单位的组织成员产生抵触情绪，增加审计工作的难度。

（二）内部审计

内部审计由组织内部机构或财务部门的专职人员独立进行。与外部审计相比，内部审计除了评估企业的财务会计信息是否准确真实外，还要分析财务结构是否合理，检查和监督企业的控制系统是否有效。内部审计可以根据需要在一年内连续进行，以便及时发现问题并予以纠正。

内部审计的优点很明显，企业通过内部审计可以深入了解企业各部门的运作状况，检查现有的控制程序和方法能否有效地保障实现既定的目标，提出改进工作程序和方法的对策建议；通过内部审计还可以为企业分权化管理提供保障。但是内部审计也存在一些局限性。内部审计所涉及的费用比较高，特别是当审计比较深入、详细和持久时更是如此。此外，内部审计需要企业拥有专业素质高、技能强的审计人员，而这种审计人员在企业中往往比较缺乏。内部审计也会由于审计人员与被审计单位或部门多少存在关联，而给审计工作带来一定的阻力。

（三）管理审计

管理审计的指导思想是以企业整体为研究对象，从系统的观点来评价企业整个管理系统的管理质量。它是一种对企业所有管理工作及绩效进行全面系统的评价和鉴定的方法。管理审计可以组织内外专家进行，对一些敏感领域的审计，最好聘请外部专家进行。

管理审计的方法是利用公开记录的信息，将本企业与同行业其他企业进行比较，以判断企业经营与管理的健康程度。美国的杰克逊·马丁德尔曾对反映和影响企业管理绩效的因素进行研究，结论如下：

(1)经济职能。检查企业产品或服务对公众的价值，估计企业对社会的贡献。

(2)组织结构。分析企业能否达到经营目标。

(3)收入的合理性。根据盈利的数量和质量（指盈利的持续性和稳定性）判断企业的盈利状况。

(4)研究和发展。评估企业研究和发展部门是否为企业的长远发展进行了必要的新技术和新产品的准备，以及管理者对研究和发展的重视程度如何。

(5)财务政策。检查企业的财务结构是否合理健全，评价企业的财务政策是否有效。

(6)生产效率。评估企业生产制造系统在产品数量与质量方面的保证程度，以及资源利用方面的有效性。

(7)销售能力。评估企业在商业信誉、代销网点、服务系统以及销售人员的工作技能和工作态度方面的好坏。

(8)管理人员的评估。对企业主要管理人员的知识、能力、勤劳、正直、诚实等素质进行分析和评价。

管理审计提出的概念较晚,在实践中也遇到了一些批评意见,诸如认为该种审计过多注重评价企业过去的努力和结果,而对未来工作的指导和预测不足。但是总体而言,管理审计是对整个组织的绩效进行评价,因而为指导企业在未来改进管理系统的结构、工作程序和结果方面提供了有用的参考。

四、常规控制

除了预算控制、财务控制、审计控制等方法外,还有一些与预算控制无关的控制方法,其中比较常见的有程序控制、资料统计法、专题报告分析、现场考察等。

(一)程序控制

程序是对操作或事务处理流程的一种描述、计划和规定。它通过文字说明、格式说明和流程图等方式,将一项业务的处理方法标准化,既便于执行者遵守,也便于管理人员进行检查和控制。合理而严密的程序可以有效地堵塞管理中存在的漏洞,提高管理人员的工作效率,减少工作中不必要的干扰。组织中常见的程序包括决策程序、投资审批程序、计划与控制程序、会计核算程序等。

(二)资料统计法

资料统计法是运用统计分析方法建立分析模型,对一些关键控制点进行数据分析。例如,企业的市场份额下降,可能是因为竞争对手的出现,也可能是因为消费者的偏好发生了变化,如果能够对相应的数据资料采用统计学上的相关分析方法,就可以容易地找到影响销售的因素,从而帮助企业做出经营战略决策。这种统计方法比单纯凭借管理人员的经验要准确得多。

(三)专题报告分析

日常的会计和统计报表虽然能够提供大量的信息,但是有些业务的信息仍然可能不足。前面提到的程序控制是对一些常规例行的活动进行控制,而专题报告则集中在特定的非常规问题上。从事复杂管理工作的经理,往往会聘请一些专业人员组成参谋小组,专门从事调查和研究分析工作。这种专题报告往往能够跳出日常工作的束缚,指出问题所在。管理人员可以通过专题报告,清晰地了解到工作中存在的问题,有效地把握控制的关键点,提高管理工作的效率。

(四)现场考察

现场考察也称走动式管理,是指管理者亲临工作现场,考察了解员工的工作内容、工作方法和工作运行状况。管理者在控制活动中面临的一个最大问题是信息是否真实有效。在信息收集和传递过程中,由于主观或客观的原因,不可避免地会存在一些噪音和干扰。因此,管理者必须经常到工作第一线进行实地考察,与员工面对面沟通,获取大量有用的信息。这不仅有助于管理者加强计划和控制的针对性,也能够鼓舞和激励员工的工作热情,提高管理控制的效率。

五、质量控制

质量控制是企业生产经营活动中的一项重要控制活动,它是为了使产品或服务达到质量标准而采用的方法、手段、操作技能和作业活动等综合性的管理技术活动。在企业质量控制活动中，国际上普遍采用的是全面质量管理方法。20 世纪 50 年代末和 60 年代初，美国通用电气公司的费根堡姆首先提出了全面质量管理的概念。日本在 20 世纪 50 年代引进了美国的质量管理方法，并对其进行了发展创新。根据全面质量管理思想，建立质量保证体系，不断提高质量管理水平，保证为市场提供品质优良的产品，成为企业管理的一项重要任务。

思考题

一、名词解释

1. 控制　2. 前馈控制　3. 现场控制　4. 反馈控制　5. 预算控制

二、简答题

1. 什么是控制？结合你的切身体会来谈谈控制的重要性。
2. 控制的过程包括哪几个步骤？试举例说明。
3. 前馈控制、现场控制和反馈控制的优缺点是什么？

实践练习

三只小猪

相信大家都听说过三只小猪盖房子的故事吧。在故事中，三只小猪相互合作盖了一座漂亮结实的房子，并最终抵挡住了大灰狼的袭击。在本游戏中，我们也来扮演一次小猪，看自己拿绳子是否能够建出满意的房子。

目的：理解如何把握好关键点的控制。

道具：三条绳子，分别长 20 米、18 米和 12 米。

时间：20 分钟。

程序：

1. 将学员们分成 3 组，每组 5 人左右。
2. 用眼罩把所有人的眼睛蒙上。
3. 发给第一组一条 20 米长的绳子，第二组一条 18 米长的绳子，第三组一条 12 米长的绳子。
4. 规定第一组围出一个正方形，第二组围出一个等边三角形，第三组围出一个等腰梯形。

规则：

1. 所有人在游戏开始时要戴好眼罩。
2. 不能和小组以外的人交流如何“盖房子”。

复习题：

游戏结束后，引导学员们思考，如何控制好关键点以使组成的图形（正方形、等边三角形和等腰梯形）符合要求？如何判断图形的误差并纠偏？哪一个小组的难度更大一些？最后，请小组代表发言，总结游戏中的体会。

考核：在规定的时间内完成，且围出来的图形最接近标准图形的小组获胜。

第九章 创 新

本章重难点

1. 创新的类型
2. 创新的哲学内涵
3. 管理创新的特点
4. 管理创新的过程
5. 管理创新的主体
6. 管理创新的内容
7. 管理创新的基本条件
8. 管理创新对企业持续发展的意义

走进管理：

苹果的成功在于它基于前人基础上的合理创新

美国时间，2011 年 10 月 5 日，苹果董事会主席、联合创始人史蒂夫·乔布斯去世，一位极具创新力的世界奇才与世人告别。乔布斯去世后，外界对其的评价已经上升到第二个爱迪生的高度，有人赞誉他“用设计和创意改变了世界”。

实际上，乔布斯的影响力涉及整个电子消费品行业。除了苹果本身外，诺基亚、联想、三星、索尼等手机品牌以及 IT 制造商，在产品形态及商业模式上有意无意间都受其影响。

即便他已然离开，在未来智能手机、电脑、平板电脑三大领域中，他的影子仍无处不在。乔布斯留给整个行业的影响力将在未来相当长的一段时间内延续，其中蕴含的商机不但影响着苹果，更影响着整个行业，甚至相关行业。

今天，苹果已经成为全球最大的智能手机个人供应商。2011 年 8 月初，苹果公司的市值一度超过石油巨头埃克森美孚，成为全球最值钱的公司。

而苹果的 iPhone 在 2010 年 10 月到 2011 年 6 月的 9 个月时间内一共卖出5 520万部，据说 iPhone 在全球市场占有率已经达到了近 19%。而且随着 iPhone 5 的即将面世，苹果在全球智能手机市场的占有率到 2012 年可能会达到 22%。

对于进入智能手机市场仅仅 4 年时间的苹果来说，这已经是非常了不起的成绩了。iPhone 对苹果来说是显著的成功，对市场来说也是标志性的产品。智能手机的销售额在苹果的总销售额中的占有率也在不断增长。

2009 年，苹果全部收入大约为 430 亿美元，其中大约 30%来自 iPhone 的销售。到了 2010 年，这个比率增长到了 39%左右。而 2011 年，预估 iPhone 的销售收入将占到苹果总销售额的 44%。

不得不承认，苹果的产品确实可以称为“好产品”。好的产品应该具备四个要素：满足顾客的真实需求性，产品的稀缺性，产品定价处于合理的价格区间，以及产品的品质性。

苹果的产品恰好符合以上诸点。从 iPod 到 iPhone，苹果每推出一款产品都是从人们普遍的需求入手，并在前人技术的基础上进行合理的创新，以此将产品所能带给消费者的体验做到极致，来最大限度地满足人们的需求。而且价位合理，例如风靡世界的 iPhone 4 的起售价仅 199 美元，与同类型手机相比，属于性价比极高的手机。

正是基于当年 iPod 的成功，为苹果积淀了大量的客户，为后来 iPhone 的推出奠定了必要的消费者和市场基础，也促进了 iPhone 的迅速成功。

很多人认为，苹果公司的成功是创新的科技、时尚的设计和新鲜的体验相结合的必然结果。的确，无论是 MP3 播放器、手机还是笔记本电脑，苹果公司的产品在设计上都保持着唯美的外观和张扬的个性，加上极富科技含量的性能，的确堪称电子产品中的佼佼者。

但是仅靠外观和科技含量，苹果还不足以称雄电子业界，因为其他厂商也可以推出设计更独特、科技含量更高的产品。众多优秀产品之间的替代效应迫使苹果不可能只靠产品来占领和保持市场份额。

那么，除了上面提到的因素，还有什么是促使苹果能够在众多手机品牌中脱颖而出的关键呢？以苹果最具代表性的产品 iPhone 为例，除了时尚新颖的设计和品质极佳的硬件，iPhone 最值得称道的就是它还拥有极强的操作便捷性和强大的应用功能。

其实，苹果的这些设计和性能，以及最值得称道的便捷性和应用性都不是凭空创造的，而是在前人的基础上加以整合和再创新的成果。所谓发明和创新，其实都是诞生在之前已有物质的基础上。它的伟大之处是在没有出现这种发明或者创新之前，你虽然也了解这些基础，却没有意识到或者没有想起来。

让我们回顾一下 iPhone 刚刚面世时的情景。当时，曾经有媒体这样形容它：“这简直太酷了——它没有任何按键，全部操作全靠一块 3.5 英寸触摸屏完成。最好玩的是，用两根手指在屏幕上‘捏’一下，就能调整窗口和图片的大小，就像你真的把它‘捏扁’了一样。”正是这种与众不同的体验使消费者疯狂地迷恋上了它，并在全球掀起了一股 iPhone 风潮。

而这一切效果的实现，都是建立在触摸屏技术的使用和不断发展的基础之上的，特别是“全触摸屏幕多点操控技术”的应用。触摸屏的技术并不是苹果发明的。早在 1971 年，美国一所大学的讲师山姆·赫斯特在自家小作坊里制作出最早的触摸“AccuTouch”，实现了通过把图形放在平板上或者用笔在平板上施加压力就能将图像数据保存起来的构想。之后，山姆·赫斯特建立公司，与西门子开展了一系列的合作，不断完善这项技术。直到 1982 年，山姆·赫斯特的公司在美国一次科技展会上展出了 33 台安装了触摸屏的电视机，平民百姓才第一次亲手“摸”到了神奇的触摸屏。

从此，触摸屏技术开始广泛应用于公共服务领域和个人娱乐设备。触摸屏的发明使消费者的体验感和操作的便捷性大大提高。而触摸屏技术也不断提升，发展出了电阻式触摸屏、电容式触摸屏、红外式触摸屏、声波式触摸屏和力反馈式触摸屏等多种形式。

而苹果也不是第一个推出触摸屏产品的公司，在手机领域，在苹果推出 iPhone 之前，市面上已经有了众多品牌的触摸屏手机，但 iPhone 仍能引起轰动，究其原因就在于苹果公司率先将“全触摸屏幕多点操控技术”应用到了手机上，这一关键技术帮助 iPhone 实现了“多点触摸”。

多点触控技术始于 1982 年由多伦多大学发明的感应食指指压的多点触控屏幕。1984

年，贝尔实验室研制出一种能够以多于一只手控制改变画面的触屏。苹果公司 iPhone 所采用的电容式触摸屏是由德国公司 Balda 制造，授权给苹果使用。与以往的手机触摸屏多采用电阻式、一次只能感知一个位置的触摸不同，iPhone 的这种多点触摸屏幕同时具有荧光屏和键盘按钮的多媒体功能，并且它搭配专用软件，可以同时处理多根手指的触摸指令，极大地增强了使用者的便捷性和应用性。而这种多点触摸式屏幕也充分说明了借鉴和模仿是创新的必由之路。

多点触控的出现是鼠标出现后用户控制界面的又一次全新升级，这种全新的用户界面通过创新的软件支持和超大的多点触控屏幕，能够通过手指轻松控制一切。这不由让我们想起了同样被誉为“最重要的技术产品”的鼠标。

如果说 1964 年鼠标的发明把电脑操作带入了一个新的时代，那么多点触摸屏的出现，则使图形化的人机交互界面变得更为直观易用。可以说，触摸屏之于 iPhone，就相当于当年的鼠标之于电脑，是其便捷性和应用性的重要根基。

世界上最早的鼠标诞生于 1964 年，是由美国人道格·恩格尔巴特发明的，在鼠标诞生之前，人们只能通过插入抽象的穿孔卡或者极易混淆的逻辑代码操作电脑。即便在鼠标诞生后的很长一段时间内，在 DOS 系统环境下，鼠标的作用仍然没有得到很大的展现。直到微软的 Windows 系统出现，才使鼠标实现了相当于电脑屏幕上的“多点触控”，将电脑变为一种可视化设备，人们可以通过鼠标点击屏幕的任何位置来进行操作，而不必像过去那样只能按照既定的位置进行输入和操作指令发布，从而将计算机带入了“所见即所得”的可视、直接时代，这令人们在使用中感到便捷无比。

鼠标的发明，曾被全球最大的专业技术学会 IEEE 选为“计算机诞生 50 年以来最重大的事件”之一。1981 年 4 月 27 日，施乐推出了第一台配有鼠标和视窗操作界面的商用电脑系统。直到现在，鼠标仍是电脑的主要配件。

试想，假如没有鼠标的出现，电脑便无法像现在这般操作简捷，而操作繁琐复杂的电脑是否还有可能像今天这般普及？人们要想使用电脑，就必须记住各种天书一样的操作指令和逻辑代码，还必须按照既定位置进行程序输入和其他操作，如此复杂繁琐，又有几个人愿意或者能够使用电脑？

同样，假如没有触摸屏，甚至多点触控触摸屏的广泛应用，触摸屏式手机和平板电脑也不可能操控起来如此简单便捷，就更不可能大行其道，成为今日的风尚潮流。这才是苹果的 iPhone 可以出奇制胜的最根本原因。而这一切也都是苹果公司在前人的科研成果基础上进行的合理再创新。

苹果所走的每一步，都是在不断地捕捉当前的用户需求和市场状态。可以说，苹果的每一件产品，都是把“最好的软件加到了最好的硬件里”。iPod 的流行，除了一流的设计以外，就是加入了东芝小硬盘这个微创新。因为这个小小的创新，iPod 使 MP3 播放器的内存达到了史无前例的增加。从 iPod 开始，苹果通过每一个微小的创新，对产品进行着持续的改进，从而成就了一个伟大的产品。在 iPod 中加入一个小屏幕，就有了 iPod Touch 的雏形。再加上一个通话模块，于是就有了 iPhone，再配上相应的软件，使多点触控的屏幕功用达到了最佳。把 iPhone 的屏幕拉大，就变成了 iPad。

正是这种基于前人基础的持续创新，使乔布斯带领下的苹果在成功的道路上一路高歌。虽然乔布斯确实从某种意义上改变了世界，但他并非是“神”，企业家不必对他过分顶礼膜拜，也不必盲目妄自菲薄。只要你可以真正找到消费者的需求或潜在需求（即消费者有这种需求，却没有意识到，看到满足此类需求的产品才恍然大悟)，在前人成果的基础上对产品进行合理的再创新，以提高消费者使用的便捷性和体验感，一定也会取得成功，相信还会有新的"苹果"诞生。

资料来源：尹杰，《苹果的成功在于它基于前人基础的合理创新》，www.cntv.cn，2011 年 10 月 21 日。

点评：

管理能力曾经是美国称霸全球的核心秘籍。阿波罗登月计划的总指挥韦伯说："我们没有一项别人没有的技术，我们的技术就是科学的组织管理。"美国经济在第二次世界大战后一跃成为世界第一，也被总结为"靠三分技术七分管理"。再看单个企业，史蒂夫·乔布斯领导下的苹果公司创造了一个个奇迹，靠的也是持续的"管理创新"。

21 世纪是一个知识经济时代，到处充满着竞争，组织管理将面临更大的挑战，同时也将有更大的发展。创新是一个民族进步的灵魂，是国家兴旺发达的不竭动力。事实证明，管理创新是组织管理的发展趋势，是组织保持活力乃至整个社会经济健康发展的根源。如今，创新这个词在社会生活中的各个领域无处不在。那么，什么是创新？什么又是管理创新呢？

第一节 创新与管理创新

一、创新的概述

(一)创新概念的起源

什么是创新？简单地说就是利用已存在的自然资源或社会要素创造新的矛盾共同体的人类行为。

创新概念最早在美籍经济学家熊彼特所著的 1912 年出版的《经济发展理论》一书中出现。熊彼特在其著作中，从经济学角度指出，创新就是建立一种新的生产函数，是企业家对生产要素的新组合，其中任何要素的变化都会导致生产函数的变化，从而推动经济的发展。它包括五种情况：生产一种新产品，也就是消费者还不熟悉的产品，或是已有产品的一种新用途和新特性；采用一种新的生产方法，也就是在有关的制造部门中未曾采用过的方法，这种方法不一定非要建立在科学新发现的基础上，它可以是以新的商业方式来处理某种产品；开辟一个新的市场，就是使产品进入以前不曾进入的市场，不管这个市场以前是否存在过；获得一种原材料或半成品的新的供给来源，不管这种来源是已经存在的还是第一次创造出来的；实现一种新的企业组织形式，比如建立一种垄断地位，或打破一种垄断地位。

到 20 世纪 60 年代，随着新技术革命的迅猛发展，美国经济学家华尔特·罗斯托提出了"起飞"六阶段理论，把"创新"的概念发展为"技术创新"，把"技术创新"提高到"创新"的主导地位。

1962 年，由伊诺思在其《石油加工业中的发明与创新》一文中，首次直接明确地对技术创新下定义，"技术创新是几种行为综合的结果，这些行为包括发明的选择、资本投入保证、组织建立、制定计划、招用工人和开辟市场等"。伊诺思是从行为的集合的角度来下定义的。而首次从创新时序过程角度来定义技术创新的林恩认为，技术创新是"始于对技术的商业潜力的认识而终于将其完全转化为商业化产品的整个行为过程"。

美国国家科学基金会也从20世纪60年代开始兴起并组织对技术的变革和技术创新的研究，迈尔斯和马奎斯作为主要的倡议者和参与者，在其1969年的研究报告《成功的工业创新》中，将创新定义为技术变革的集合。他们认为，技术创新是一个复杂的活动过程，从新思想、新概念开始，通过不断地解决各种问题，最终使一个有经济价值和社会价值的新项目得到实际的成功应用。到70年代下半期，他们对技术创新的界定大大拓宽了。在NSF报告《1976年:科学指示器》中，他们将创新定义为，"技术创新是将新的或改进的产品、过程或服务引入市场"，从而明确地将模仿和不需要引入新技术知识的改进作为最终层次上的两类创新而划入技术创新定义范围。

20世纪70～80年代，有关创新的研究进一步深入，开始形成系统的理论。厄特巴克在70年代的创新研究中独树一帜，他在1974年发表的《产业创新与技术扩散》一文中认为，"与发明或技术样品相区别，创新就是技术的实际采用或首次应用"。缪尔赛在80年代中期对技术创新概念作了系统的整理分析。在整理分析的基础上，他认为"技术创新是以其构思的新颖性和成功实现为特征的有意义的非连续性事件"。

著名学者弗里曼把创新对象基本上限定为规范化的重要创新。他从经济学的角度考虑创新，认为技术创新在经济学上的意义只是包括新产品、新过程、新系统和新装备等形式在内的技术向商业化实现的首次转化。他在1973年发表的《工业创新中的成功与失败研究》一文中认为，"技术创新是一技术的、工艺的和商业化的全过程，其导致新产品的市场实现和新技术工艺与装备的商业化应用"。其后，他在1982年的《工业创新经济学》修订本中明确指出，技术创新就是指新产品、新过程、新系统和新服务的首次商业性转化。

我国自20世纪80年代以来开展了技术创新方面的研究。傅家骥先生对技术创新的定义是:企业家抓住市场的潜在盈利机会，以获取商业利益为目标，重新组织生产条件和要素，建立起效能更强、效率更高和费用更低的生产经营方法，从而推出新的产品、新的生产(工艺)方法，开辟新的市场，获得新的原材料或半成品供给来源或建立企业新的组织，它包括科技、组织、商业和金融等一系列活动的综合过程。此定义是从企业的角度给出的。彭玉冰、白国红也从企业的角度为技术创新下了定义:"企业技术创新是企业家对生产要素、生产条件、生产组织进行重新组合，以建立效能更好、效率更高的新生产体系，获得更大利润的过程。"

进入21世纪，在信息技术推动下，知识社会的形成及其对技术创新的影响进一步被认识，科学界进一步反思对创新的认识:技术创新是一个科技、经济一体化的过程，是技术进步与应用创新"双螺旋结构"(创新双螺旋)共同作用催生的产物，而且知识社会条件下以需求为导向、以人为本的创新2.0模式进一步得到关注。《复杂性科学视野下的科技创新》在对科技创新复杂性分析的基础上，指出了技术创新是各创新主体、创新要素交互复杂作用下的一种复杂涌现现象，是技术进步与应用创新的"双螺旋结构"共同演进的产物;信息及通信技术的融合与发展推动了社会形态的变革，催生了知识社会，使得传统的实验室边界逐步"融化"，进一步推动了科技创新模式的嬗变。要完善科技创新体系，亟须构建以用户为中心、需求为驱动，以社会实践为舞台的共同创新、开放创新的应用创新平台，通过创新双螺旋结构的呼应与互动，形成有利于创新涌现的创新生态，打造以人为本的创新2.0模式。

管理新知识

"创新2.0"是一个新生的术语，它的应用可以让人了解目前由于信息及通信技术(ICT)发展给社会带来深刻变革而引发的科技创新模式的改变。创新2.0是知识社会条件下以人为本的典型创新模式，其例子包括Web 2.0、开放源代码、自由软件和微观装配实验室等。

可以说,信息通信技术的融合和发展催生了信息社会、知识社会形态,推动了科技创新模式的嬗变,创新 2.0 正逐步浮出水面以引起科学界和社会的关注。普通公众不再仅仅是科技创新的被动接收者,而可以在知识社会条件下扮演创新主角,直接参与创新进程。国内外关于创新 2.0 的关注和研究正在逐渐兴起,随着对面向未来的、以用户为中心、以人为本的创新 2.0 模式研究的深入,也将给我们科技创新模式的发展带来新的视野和动力,同时也推动了体验经济、知识经济的发展。

如果说创新 1.0 是以技术为出发点,创新 2.0 就是以人为出发点,特别关注用户创新,是以人为本、以应用为本的创新。《复杂性科学视野下的科技创新》一文中认为,创新 2.0 是"以用户为中心,以社会实践为舞台,以共同创新、开放创新为特点的用户参与的创新"。正如《创新 2.0:知识社会环境下的创新民主化》一文中在对知识社会环境下 Living Lab、Fab Lab、AIP 三种创新 2.0 模式对比分析基础上所指出的,创新 2.0 不仅是以复杂性科学视角对 ICT 融合背景下科技创新的重新审视,是一种适应知识社会的,以用户为中心,以社会实践为舞台,以大众创新、共同创新、开放创新为特点的用户参与的创新形态;从更宏观的视角看待,它更是知识社会条件下的创新民主化展现。

资料来源:http://www.mgov.cn/complexity/complexity16.htm。

我们总结前人的观点,以傅家骥先生的定义为基础,从企业的角度对创新加以界定:企业家抓住市场潜在的盈利机会或技术的潜在商业价值,以获取利润为目的,对生产要素和生产条件进行新的组合,建立效能更强、效率更高的新生产经营体系,从而推出新的产品、新的生产(工艺)方法,开辟新的市场,获得新的原材料或半成品供给来源,或建立企业新的组织,它包括科技、组织、商业和金融等一系列活动的综合过程。

(二)创新的类型

创新有很多种,如产品技术创新、产品设计创新、产品工艺创新,这些可以统称为产品创新。这里的产品是广义上的产品,还包括服务。此外,还有营销创新、管理创新和商业模式创新等各种不同形式的创新。众多形式的创新按照不同标准又可以划分成不同的类型。

1. 从创新的规模以及创新对系统的影响程度来考察,可分为局部创新和整体创新

局部创新是指在系统性质和目标不变的前提下,系统活动中的某些内容、某些要素的性质及其组合的方式可以有多种变化和调整;整体创新则往往是改变系统的目标和使命,涉及系统的目标和运行方式,影响系统社会贡献的性质。

2. 从创新与环境的关系来分析,可分为防御型创新与攻击型创新

防御型创新是指由于外部环境的变化对系统的存在和运行造成了某种程度的威胁,为了避免造成系统的损失,在系统内部进行局部或整体的调整;攻击型创新是指在观察外部世界运动的过程中,敏锐地预测到未来环境可能提供的某种有利机会,而采取积极主动的战略和战术调整,以获得对系统更加有利的发展空间。

3. 从创新的组织程度上看,可分为自发创新和有组织的创新

任何社会经济组织都是在一定经济环境中运转的开放系统,因此任何社会变化都会对系统产生一定的影响,系统内部无论是某个部门还是某个单个的人,在接收到这些变化的内部或外部信息时,都会产生自己的想法,以适应这种变化的要求,可以说,这类变化是一种自发性质的,没有任何的组织去强迫和要求。而组织创新则不同,它是一个群体的行为,系统的负责人根据创新的客观要求和创新活动本身的客观规律来制度化地检查外部环境和内部工作,寻求和利用创新机会,从而计划和组织活动。

(三)创新的哲学内涵

创新从哲学上说是人的实践行为,是人类对于发现的再创造、对于物质世界的矛盾再创造。人类通过物质世界的再创造,制造新的矛盾关系,形成新的物质形态。

创意是创新的特定形态,意识的新发展是人对于自我的创新。发现与创新代表两个不同的创造性行为。只有对于发现的否定性再创造,才是人类产生及发展的基本点。实践是创新的根本所在。创新的无限性在于物质世界的无限性。

创新的哲学要点体现在以下五个方面:

1. 物质的发展

物质形态对于我们来说是具体矛盾。我们认识的宇宙与哲学的宇宙在哲学上代表了实践的范畴与实践的矛盾世界两个不同的含义。创新就是创造对于实践范畴的新事物。任何有限的存在都是可以无限再创造的。

2. 矛盾是创新的核心

矛盾是物质的本质与形式的统一。物质的具体存在者与存在本身都是矛盾的。任何以人的自我内在矛盾创造的新事物都是创新。

3. 人是自我创新的结果

人以创新创造出人对于自然的否定性发展,这是人超越自然达成自觉自我的基本路径。人的内在自觉与外在自发构成规律在物质的总体上形成对立的内在必然与外在必然的差异。创新就是人的自觉自发。

4. 创新是人自我发展的基本路径

创新与积累行为构成一个矛盾发展过程。创新是对于重复、简单的劳动方式的否定,是对于人类实践范畴的超越。新的创造方式创造新的自我。

5. 从认识论上看,创新是自我意识的发展

自我意识的发展是自我存在的矛盾面,其发展必然推动自我行为的发展、推动自我生命的发展。

创新从认识的角度来说,就是更有广度、更有深度地观察和思考这个世界;从实践的角度说,就是能将这种认识作为一种日常习惯贯穿于生活、工作与学习的每一个细节,所以创新是无限的。

从辩证法的角度说,创新包括肯定和否定两个方面,从而也就包括肯定之否定与否定之肯定。前者是从认同到批判的暂时过程,而后者是一种自我批判的永恒阶段。所以创新从这个角度来说就是一种"怀疑",是永无止境的。

(四)如何创新

仔细想想,技术创新、工艺创新、管理创新、文化创新、体制创新等任何一种创新都来源于自我创新。所以,要做好创新,首先要从改变自己开始。具体分析如下:

1. 首先了解工作目的是什么

对个人来讲,创新的目的是为了进步,是为了提高工作效率、提高工作质量;对企业来讲,创新的目的是为了提高竞争力,是为了企业能更快、更好地发展。例如,日本人改造马桶的目的是为了节约用水。他们在马桶右上方设计了浅腰的洗手盆,洗手水通过排水管流入马桶的储水桶里。通过整合洗手盆与马桶,实现了节约用水,也实现了工艺的创新。

2. 要善于学习、善于总结分析

曾有人说过"学习能力是创新的原动力"。首先,必须善于学习,通过学习别人先进的思

想、理念、技术，领会其精髓并应用到实际工作中；其次，再结合具体情况，做到举一反三、触类旁通；最后，通过总结分析，发现原来的不足，只有了解到不足，才能更好地改进。

3. 坚信“办法总比困难多”

有一句话说，“没有做不到，只有想不到”。就是要求人们做任何事情要抱有“积极心态”，变“被动”为“主动”，多角度去想想。或者学会整合资源，集合大家的智慧，俗话讲，“众人拾柴火焰高”。

4. 要让领导做选择题，而不是问答题

有了这个意识后，人们就会多想。这个多想的过程不仅锻炼了自己，而且提高了效率。再说，可能下属的方案比领导的还要好。

5. 要有良好的执行力

很多人没有成功，不是因为他没有能力，而是因为他没有付诸行动。也就是说，提出的创新再合理、再可行，如果不把它应用到实际工作中，那么也是徒劳的。

二、管理创新概念的内涵、分类和特点

(一)管理创新概念的内涵

对于管理创新的概念，国内外学者在内涵上给出了各有侧重的界定，其中有代表性的论述如下：

(1)管理创新是指一种更有效而尚未被企业采用的新的管理方式或方法的引入，是组织创新在企业层次上的辐射。最有代表性的一次管理创新，是现代股份公司兴起后出现的所谓“所有权与经营权的分离”。管理创新的主要目标是试图设计一套规则和服从程序，以降低交易费用。

(2)管理创新是一种有目的的能动性实践活动，是管理者根据内外部环境的变化而采用的一种新的、更有效的资源整合和协调范式，以促进企业管理系统综合效率和效益目标实现的过程。

(3)管理创新是指创造一种新的、更有效的资源整合范式，这种范式既可以是新的有效整合资源以达到企业目标和责任的全过程式管理，也可以是新的具体资源整合及目标制定等方面的细节管理。

(4)管理创新是指为了更有效地运用资源以实现目标而进行的创新活动或过程，或者说是一个新的管理思想从提出到首次付诸实施并取得预期效益的非连续性创新过程。

综上所述，本书认为，管理创新是指为实现组织目标，管理者根据内外部环境的变化，对组织管理的思想、体制、模式、方法和手段进行改革、创建，以创造出一种更有效的资源整合范式的一系列活动过程。

有三类因素将有利于组织的管理创新，它们是组织的结构、文化和人力资源。

(1)从组织结构因素看，有机式结构对创新有正面影响；拥有富足的资源能为创新提供重要保证；单位间密切的沟通有利于克服创新的潜在障碍。

(2)从文化因素看，充满创新精神的组织文化通常有如下特征：接受模棱两可，容忍不切实际，外部控制少，接受风险，容忍冲突，注重结果甚于手段，强调开放系统。

(3)在人力资源这一类因素中，有创造力的组织积极地对其员工开展培训和发展，以使其保持知识的更新；同时，它们还给员工提供高工作保障，以减少他们担心因犯错误而遭解雇的顾虑；组织也鼓励员工成为革新能手；一旦产生新思想，革新能手们会主动而热情地将思想予

以深化、提供支持并克服阻力。

(二)管理创新的分类

1. 根据创新的程度不同,可将创新分为首创型创新、改创型创新和仿创型创新

(1)首创型创新。首创型创新是指观念上和结果上有根本突破的创新,通常是首次推出但对经济和社会发展产生重大影响的全新的产品、技术、管理方法和理论。这类创新本身要求全新的技术、工艺以及全新的组织结构和管理方法。首创型创新还常常引起产业结构发生变化,从而彻底改变组织的竞争环境和基础。

(2)改创型创新。改创型创新就是在借鉴别人先进管理的基础上进行大胆创新,探索出新的管理思路、方式和方法。简单地说,就是在别人已有的先进成果的基础上进行有创意的提高。日本是采用这种管理创新策略的典型国家。日本的企业管理水平在第二次世界大战之前是很落后的,20 世纪 50 年代日本派了大批人去美国学习企业管理技术,又邀请了许多美国专家到日本讲学,并结合日本的传统文化和国民气质,创造出了全新的日本企业管理模式,最终使美国反过来向日本学习某些管理方法。

(3)仿创型创新。仿创型创新是创新度最低的一种创新活动,其基本特征在于模仿。在创新理论的创始人熊彼特看来,模仿不能算是创新,但模仿是创新传播的重要方式,对于推动创新的扩散具有十分重要的意义,没有模仿的创新的传播可能十分缓慢,创新对社会经济发展和人类进步的影响也将大大减小。模仿可以分为创造性模仿和简单性模仿。创造性模仿就是我们上面介绍的改创型创新,而简单性模仿就是仿创型创新。

2. 根据创新的过程是量变还是质变,可将创新分为渐进式创新和突变式创新

(1)渐进式创新。是指通过不断的、渐进的、连续的小创新,最后实现管理创新的目的。这种创新策略从小的方面入手,不至于猛烈攻击既得利益者的利益,易于被这群人所接受。由于许多大创新需要与之相关的若干小创新的辅助才能发挥作用,而且小创新的渐进积累效应常常促进创新发生连锁反应,导致大创新的出现。所以,单个小创新虽然带来的变化是小的,但它的重要性不可低估。它说明,企业的管理创新是从无数的小创新开始的,当大量的小创新不断地改善着企业的经营管理并达到一定程度时,就会产生导致质变的大创新。这种创新具有渐进性和模仿性,创新的周期一般较长,而创新的效果却不错。日本企业多采用这种渐进式管理创新策略。日本政府在公务员改革过程中也采用了这种策略,通过有计划地每年逐渐减少公务员的数量,辅以编制法定化的配套措施,使日本的公务员改革取得了成功,值得我国在制定机构改革方案时学习借鉴。

(2)突变式创新。是指企业的管理首先在前次管理创新的基础上运行,经过一段时间,直到创新的条件成熟或企业运行到无法再适应新情况时,就打破现状,实现管理创新质的飞跃。它具有突变性,创新的周期相对较短,而创新的效果相对较好。这种突变式管理创新的实现,通常由专业管理人员、企业家来实现。欧美的企业和政府的管理创新多采用这种策略,例如,经过 20 世纪 80 年代初英国政府实现的“私有化运动”和 20 世纪 90 年代初由美国、英国、澳大利亚、新西兰等西方国家实行的“重塑政府”行动,在短时间内,政府的管理理论和管理实践都发生了重大变化。

3. 根据创新的独立程度,可将创新分为独立型创新、联合型创新和引进型创新

(1)独立型创新。其特点是依靠自己的力量自行研制并组织生产,同时独立型创新的创新成果往往具有首创性。国外大型企业大多拥有自己的研究开发机构,因而其研究工作特别是涉及公司特色产品的核心技术,多以自身力量进行,这样可以做到技术保密,使自己处于行业

竞争的领先地位。其缺点是，应用此策略的企业在投入了巨资且研究项目已经或将要取得成功时，有可能发现同样的产品或发明已经被别人领先创新出来，不但失去了占领市场的先机，而且造成人力、物力、财力的巨大损失。

(2)联合型创新。是若干组织相互合作进行的创新活动。联合型创新往往具有攻关性质，可以更好地发挥各方的优势。但是，这种创新活动涉及面广，组织协调及管理控制工作比较复杂。然而，随着科学技术的发展、高新技术的兴起，许多重大的创新项目，其所需资金、技术力量以及该创新项目内容的复杂性都不是一个企业或组织所能承担的，因此，联合型创新就变得日益重要。联合不仅包括企业和企业之间的合作，以及企业、科研机构和高校之间的联合创新，甚至各国政府都开始采取联合创新的策略，并且这种企业和其他部门的合作以及政府的跨国合作变得越来越普通。

(3)引进型创新。是从事创新的组织从其他组织引进先进的技术、生产设备、管理方法等，并在此基础上进行的创新。这种创新的开发周期相对较短，创新的组织实施过程有一定的参照系，风险相应降低。但是，这种创新策略需要对引进的技术进行认真的评估和消化。

(三)管理创新的特点

管理创新活动虽是"古已有之"并不罕见，但对于现代企业的意义却非同寻常。管理创新具有决定企业胜败的关键作用，具有鲜明的时代特征。

1. 管理创新的紧迫性

当前，企业宏观生存环境和市场竞争环境的变化比以往更快、范围更广泛，对企业管理创新活动的要求也更加紧迫，不变革就意味着在市场竞争中消亡。这已是企业的共识。如果企业在管理创新上没有空前的紧迫感，就只能永远落后于别人，直至被淘汰出局。如果说在以往，创新决定了一个企业是否比别人跑得更快；而在今天，创新则决定着一个企业的生死存亡。

2. 管理创新的广泛性

以往的创新主要体现在技术创新和产品创新领域。而现在的创新几乎涵盖了企业的一切经营管理活动。成功地进行管理创新的企业，经常仅靠改变一下模式、改进一个流程、改进一点服务，甚至改变一种想法，就可以在竞争中取胜。以前，企业主要是在市场游戏规则内进行创新；而今天，那些能够突破旧的游戏规则进行大胆创新的企业才能出奇制胜。

3. 管理创新的不确定性

"蓝海战略"一夜之间让传统的行业变成了一片"红海"，过去那些预测事物发展变化的方法也可能会在今天变得无效，昨天的空白市场今天会突然成为企业的主战场。这些难以预测的跳跃式的变化，让不少企业晕头转向、茫然失措，管理创新的风险也比以往大大提高。经营环境和市场的不确定性，对企业的管理创新活动提出了更高的要求：一方面需要突破传统思维方式，积极拓展开放式经营，大胆进行突破性创新；另一方面需要加强对管理创新活动的风险评估和管理，尽可能减少意外的风险和损失。

4. 创新平台的多层面性

以往，企业的创新活动主要在技术平台上，是对新产品、新技术、新工艺的开发和应用。现在，企业除了运用技术平台之外，更重要的是学会在信息平台、网络平台、市场平台、服务平台、观念和概念平台上进行创新。如何整合这些多层面的创新平台、实现企业创新资源的有效配置和运用，是增强企业管理创新能力的新课题。

第二节 管理创新过程与主体

一、管理创新的过程

要有效地组织企业的管理创新工作,就必须研究和揭示创新的规律。管理创新有无规律?对于这个问题目前颇有争议。美国是管理创新活动比较活跃的国家,对管理创新活动有着比较深的理解,所以3M公司的一位常务副总裁在一次演讲中甚至这样开头:“大家必须以一个坚定不移的信念作为出发点,这就是,管理创新是一个杂乱无章的过程。”

应该说,杂乱无章是创新的本质的说法,可以为人们所接受。因为创新是对旧事物的否定和对新事物的探索。对旧事物的否定,必定要突破原先的制度,破坏原先的秩序,必须不遵守原先的章法;对新事物的探索,意味着要在不断的尝试中去寻找新的秩序、新的方法,在取得最终成果之前,要经历无数次的反复、无数次的失败。因此,它看上去必然是杂乱的。但这种杂乱是相对于旧制度、旧秩序而言的,而就创新的总体来说,它们必然遵循一定的步骤、程序和规律。总结众多成功企业的经验,成功的管理创新需要经历以下四个阶段:

第一阶段,对现状的不满。在几乎所有的案例中,管理创新的动机都源于对公司现状的不满:或是公司遇到危机,或是商业环境变化以及新竞争者出现而形成战略型威胁,或是某些人对操作性问题产生抱怨。

例如,Litton互联产品公司是一家为计算机组装主板系统的公司,位于苏格兰的格兰罗塞斯。1991年,乔治·布莱克受命负责这家工厂的战略转型。他说:“我们曾是一家前途黯淡的公司,与竞争对手相比,我们的组装工作毫无特色。唯一的解决办法就是采取新的工作方式,为客户提供新的服务。这是一种刻意的颠覆,也许有些冒险,但我们别无选择。”很快,布莱克推行了新的业务单元架构方案。每个业务单元的员工都致力于满足某一个客户的所有需要,他们学习制造、销售、服务等一系列技能。这次创新使得客户反响获得极大改善,员工流动率也大大降低。当然,不论出于哪一种原因,管理创新都在挑战组织的某种形式,它更容易产生于紧要关头。

第二阶段,从其他来源寻找灵感。管理创新者的灵感可能来自其他社会体系的成功经验,也可能来自那些未经证实却非常有吸引力的新观念。有些灵感源自管理思想家和管理宗师。1987年,默里·华莱士出任惠灵顿保险公司的CEO。在惠灵顿危机四伏的关键时刻,华莱士读到了汤姆·彼得斯的新作《乱中取胜》。他将书中的高度分权原则转化为一个可操作的模式,这就是人们熟知的“惠灵顿革命”。华莱士的新模式令公司的利润大幅增长。

还有一些灵感来自无关的组织和社会体系。20世纪90年代初,奥迪康公司推行了一种激进的组织模式:没有正式的层级和汇报关系;资源分配是围绕项目小组展开的;组织是完全开放的。几年后,奥迪康公司取得了巨大的利润增长。而这个灵感却来源于公司的CEO——拉尔斯·孔林德——曾经参与过美国童子军运动。孔林德说:“童子军有一种很强的志愿性。当他们集合起来,就能有效合作而不存在任何等级关系。这里,没有钩心斗角、尔虞我诈,大家目标一致。这段经历让我重视为员工设定一个明确的‘意义’,这种意义远远超过了养家糊口。同时,建立一个鼓励志愿行为和自我激励的体系。”

此外,有些灵感来自背景非凡的管理创新者,他们通常拥有丰富的工作经验。一个有趣的例子是上述那家奥迪康公司的经理阿特·施奈德曼,也是平衡计分卡原型的发明者。在斯隆管理学院攻读 MBA 课程时，施奈德曼深受杰伊·福雷斯特系统动态观念的影响。加入奥迪康公司前，他在贝恩咨询公司做了 6 年战略咨询顾问，负责贝恩在日本的质量管理项目。施奈德曼深刻地了解日本企业，并用系统的视角看待组织的各项职能。因此，当奥迪康公司的 CEO 瑞·斯塔塔请他为公司开发一个生产质量改进流程的时候，他很快就设计出了一整套矩阵，涵盖了各种财务和非财务指标。

这三个例子说明一个简单的道理：管理创新的灵感很难从一个公司的内部产生。很多公司盲目观察竞争者的行为，导致整个产业的竞争高度趋同。只有通过从其他来源获得灵感，公司的管理创新者们才能够开创出真正全新的局面。

第三阶段，创新。管理创新人员将各种不满的要素、灵感和解决方案组合在一起，组合方式通常不是一蹴而就，而是重复、渐进的，但多数管理创新者都能找到一个清楚的推动事件。

第四阶段，争取内部和外部的认可。与其他创新一样，管理创新也存在风险巨大、回报不确定的问题。很多人无法理解创新的潜在收益，或者担心创新失败会对公司产生负面影响，因而会竭力抵制创新。而且，在实施之前，我们很难准确判断创新的收益是否高于成本。因此对于管理创新人员来说，一个关键阶段就是争取他人对新创意的认可。

在管理创新的最初阶段，获得组织内部的接受比获得外部人士的支持更为关键。这个过程需要明确的拥护者。如果有一个威望高的高管参与创新的发起，就会大有帮助。另外，只有尽快取得成果，才能证明创新的有效性。然而，许多管理创新往往在数年后才有结果。因此，创建一个支持同盟并将创新推广到组织中，是非常重要的。管理创新的另一个特征是需要获得"外部认可"，以说明这项创新获得了独立观察者的印证。在尚且无法通过数据证明管理创新的有效性时，高层管理人员通常会寻求外部认可来促使内部变革。

外部认可包括四种来源：

第一，商学院的学者。他们密切关注各类管理创新，并整理总结企业碰到的实践问题，以应用于研究和教学。

第二，咨询公司。他们通常对这些创新进行总结和存档，以便用于其他的情况和组织。

第三，媒体机构。他们热衷于向更多的人宣传创新的成功故事。

第四，行业协会。

外部认可具有双重性：一方面，它增加了其他公司复制创新成果的可能性；另一方面，它也增加了公司坚持创新的可能性。

二、管理创新的主体

(一)全体员工是管理创新活动的源泉

管理创新活动的源泉在于全体员工的积极性、智慧和创造力的发挥。因此，企业管理者要创造出鼓励创新的氛围，依靠全体员工开展管理创新活动。这样才能不断涌现新的创意，管理创新活动的推行也更容易得到支持。当然，作为个体的员工很难成为管理创新的主体，因为其工作性质属于操作层，且受到上司多方面的控制，虽有创意也很难在工作中进行实践。但作为群体的员工，却往往能成为管理创新的主体，这是因为群体中可以包容大量的创意，当这些创意得到企业家认可并付诸实施时，这些员工就成了真正的管理创新主体，他们在每天的工作中就可以亲身实践。例如，日本企业通过成立各种小组，全员性地参与管理创新，如合理化建议制度、零缺点运动、质量管理小组、创造发明委员会等，创造出许多广为流传的管理创新成果，如著名的全面质量管理、即时生产体制等，为企业创造了大量的财富。

（二）管理者是管理创新的中坚力量

企业中有许多管理者，在专业分工的条件下，对自己职责范围内的事务、人员、资源进行管理。这些管理领域如人事、财务、生产、营销等均存在大量的创新空间，因此这些管理者如果提出创意并加以有效实施，就会成为管理创新的主体。当然，这一阶层的管理者受到上级和自身权限的约束，其创意往往需要得到上级的认可才能转变为创新活动。如果在企业家的鼓励下，一个企业中许多管理人员都在进行管理创新的探索，那么这个企业必定是充满活力的。例如，福特在"让工薪阶层都有一部福特车"创新思维的指导下，生产管理部门的管理人员会同技术人员经过艰苦努力，不断修改创意，设计实施方案，最后终于推出了"生产流水线"这一生产流程方面的重大创新，极大地扩大了生产规模，降低了产品成本，成为自工业革命以来足以同其他重大科技发明创造相提并论的一项管理创新。

（三）管理专家和研究机构是管理创新的辅助

在复杂、多变和竞争激烈的环境中，单凭企业家和几个管理人员的知识、智慧和经验是不够的，还需要借助一些专门的管理专家、研究机构的理论和智慧，依靠他们来分析所收集的信息，制定创新方案，并帮助企业家付诸实施。这种利用"外脑"的方式对管理创新是非常重要的。据资料表明，国外一些企业的重大创新成果很多是由专家组成的"智囊团"和研究机构搞出来的。因此，管理创新也要充分发挥这部分力量的作用。

（四）创新型企业家是管理创新的关键

由于企业家在整个企业发展中所处的特殊地位和管理支配力，他们或亲自提出创意付诸实施，或对管理创新活动产生重大影响。因此，企业家是管理创新成败与否的关键人物。企业要想不断创新，首先必须有锐意进取的创新型企业家。

企业家应始终寻求变化并对变化做出及时反应，把变化作为创新机会加以利用。企业家的创新精神要求他们必须具备一定的心智特征和能力结构。

1. 创新型企业家的心智特征

心智特征是指由于过去的经历、素养、价值观等形成的基本固定的思维方式和行为习惯。作为管理创新主体的企业家，应具备下面一些心智特征：

(1)善于学习，具有广博的知识。这是产生对某一问题有超越常人看法或认识的基础。这是因为，新的知识和信息是对过去知识体系的一种冲击和发展，可以使人们从过去无法解决的问题中得到新的启迪，也是保证管理创新的主体具备较高思维起点的关键。

(2)善于思考，具有系统的思维方式。这是一种发散式的思维，同平常人的线性思维方式不同。创新型企业家通常采取一种系统的全方位思维方式，即从具体到综合、从局部到全局、从现象到原因的思考方式，对问题的相关方面都考虑到。许多管理上的创意都是这样产生的。

(3)勇于进取的价值取向。强烈的事业心、高度的责任感、永不满足的价值观，才能使他们对创新的追求没有止境，不断攀登管理的高峰。

(4)健全的心理素质。这是确保企业家创新活动成功的重要心理特征。它包括自知与自信、理智的情绪、坚强的意志、雄伟的胆略、宽容的心态、对挫折的忍耐、敢于冒险等多项素质。

(5)优秀的品质。使命感、信赖感、责任感、诚实、公平、勇气、热情等都是创新型企业家应具备的优良品质。

2. 创新型企业家的能力结构

作为管理创新主体的企业家必须具备一定的能力，才可能完成管理创新的过程。这些能力可分为三个层次：核心能力、必要能力和增效能力。核心能力突出地表现为创新能力；必要能力包括转化能力和应变能力；增效能力则表现为协调组织以加快进展的能力。

(1)创新能力。创新能力表现为，企业家善于敏锐地观察旧事物的缺陷，准确捕捉到新事物的萌芽，提出大胆新颖的推测和创意，继而进行周密的论证，拿出可行性方案并付诸实施。它基于一个人的创新意识，是管理创新主体最重要的能力，不具备这种能力，管理创新则无从谈起。

(2)转化能力。转化能力是指管理创新主体将创意转化为可操作的具体方案的能力。转化能力表现为企业家要善于在转化过程中运用综合、移植、改造、重组、创新等技法，保证好的创意能够转化为可实施的方案。

(3)应变能力。管理创新本身就是应变的产物，应变是主观思维的一种"快速反应能力"，是创新能力的基础。应变能力表现为能审时度势，在复杂的变化中辨明方向，产生应对的创意和策略。

(4)组织协调能力。管理创新需要投入相当多的资源，需要一定的周期，而且可能面临来自各方面的阻力，只有管理创新主体具备较强的组织协调能力，才能够有效地安排所投入的资源，能够在改变原来的管理模式、推行新的管理程式时，使企业依然有效运转，使创新行为得到各方面的合作与支持，从而提高管理创新成功的可能性。

第三节　管理创新的内容与方法

一、管理创新的内容

管理创新主要包括观念创新、组织创新、制度创新、技术创新、产品创新、环境创新、文化创新等方面，这些方面内容不同，但相互之间又紧密联系。

(一)观念创新

管理观念又称为管理理念，指管理者或管理组织在一定的哲学思想支配下，由现实条件决定的经营管理的感性知识和理性知识构成的综合体。一定的管理观念必定受到一定社会的政治、经济、文化的影响，是企业战略目标的导向、价值原则，同时管理观念又必定折射在管理的各项活动中。从 20 世纪 80 年代开始，经济发达国家的许多优秀企业家提出了许多新的管理思想和观念，如知识增值观念、知识管理观念、经济全球化观念、战略管理观念、持续学习观念等。我国企业的经营管理理念存在经营目标不明确、经营观念不当和缺乏时代创新精神等问题，应该尽快适应现代社会的需要，结合自身条件，构建自己独特的经营管理理念。

(二)组织创新

企业系统的正常运行，既要求具有符合企业及其环境特点的运行制度，又要求具有与之相适应的运行载体，即合理的组织形式。因此，企业制度创新必然要求组织形式的变革和发展。从组织理论的角度来考虑，企业系统是由不同成员担任的不同职务和岗位的结合体。这个结合体可以从结构和机构这两个不同层次去考察。所谓机构是指企业在构建组织时，根据一定的标准，将那些类似的或为实现统一目标而有密切关系的职务或岗位归并到一起，形成不同的管理部门。它主要涉及管理劳动的横向分工问题，即把对企业生产经营业务的管理活动分成不同部门的任务。而结构则与各管理部门之间，特别是与不同层次的管理部门之间的关系有关，它主要涉及管理劳动的纵向分工问题，即所谓的集权和分权问题。不同的机构设置要求不同的结构形式；组织机构完全相同，但机构之间的关系不一样，也会形成不同的结构形式。由于机构设置和结构的形成要受到企业活动的内容、特点、规模和环境等因素的影响，因此，不同的企业有不同的组织形式，同一企业在不同的时期，随着经营活动的变化，也要求组织的机构和结构不断调整。组织创新的目的在于更合理地通过组织管理人员的努力来提高管理劳动的效率。

（三）制度创新

制度创新需要从社会经济角度来分析企业系统中各成员间的正式关系的调整和变革。制度是企业运行的主要原则。企业制度主要包括产权制度、经营制度和管理制度三方面的内容。产权制度是决定企业其他制度的根本性制度，它规定着企业最重要的生产要素的所有者对企业的权力、利益和责任。不同时期，企业各种生产要素的相对重要性是不一样的。在主流经济学的分析中，生产资料是企业生产的首要因素，因此，产权制度主要是指企业生产资料的所有制。目前存在的相互独立的两大生产资料所有制——私有制和公有制（或更准确地说是社会成员共同所有的"共有制"）——在实践中都是不纯粹的。私有制正越来越多地渗入"共有"的成分，被"效率问题"所困扰的公有制正在或多或少地添进"个人所有"的因素（如我国目前试行中的各种形式的"股份制"）。

企业产权制度的创新也许应该朝着寻求生产资料的社会成员"个人所有"与"共同所有"的最适度组合的方向发展。经营制度是有关经营权的归宿及其行使条件、范围、限制等方面的原则规定。它表明企业的经营方式，确定谁是经营者，谁来组织企业生产资料的占有权、使用权和处置权的行使，谁来确定企业的生产方向、生产内容、生产形式，谁来保证企业生产资料的完整性及增值，由谁来向企业生产资料的所有者负责以及负什么责任。经营制度的创新方向应该是不断地寻求企业生产资料的最有效利用的方式。管理制度是行使经营权、企业日常运作的各种规则的总称。制度创新就是企业根据内外部环境需求的变化和自身发展壮大的需要，对企业自身运行方式、原则规定的调整和变革。制度创新要以反映经济运行的客观规律、体现企业运作的客观要求、充分调动组织成员的劳动积极性为出发点和归宿。企业制度创新的方向是不断调整和优化企业所有者、经营者、劳动者三者之间的关系，使各个方面的权利和利益得到充分体现，使组织成员的各种作用得到充分发挥。

（四）技术创新

技术创新是管理创新的主要内容，企业中出现的大量创新活动都是有关技术方面的，因此，技术创新甚至被视为企业管理创新的同义词。现代企业的一个主要特点是在生产过程中广泛运用先进的科学技术，技术水平是反映企业经营实力的一个重要标志，企业要在激烈的市场竞争中处于主动地位，就必须不断进行技术创新。由于一定的技术都是通过一定的物质载体和利用这些载体的方法来体现的，因此，技术创新主要表现在要素创新、要素组合方法的创新和产品创新三个方面。

（五）产品创新

产品是企业向外界最重要的输出，也是组织对社会作出的贡献。产品创新包括品种创新和结构创新。品种创新要求企业根据市场需求的变化，根据消费者偏好的转移，及时地调整企业的生产方向和生产结构，不断开发出用户喜欢的产品；结构创新在于不改变原有品种的基本性能，对现有产品结构进行改进，使其生产成本更低、性能更完善、使用更安全、更具市场竞争力。

（六）环境创新

环境是企业经营的土壤，同时也制约着企业的经营。环境创新不是指企业为适应外界变化而调整企业内部结构或活动，而是指通过企业积极的创新活动去改造环境，引导环境向有利于企业经营的方向变化。例如，通过企业的公关活动，影响社区、政府政策的制定；通过企业的技术创新，影响社会技术进步的方向；等等。

(七)文化创新

现代管理发展到文化管理阶段，可以说已经到达了顶峰。企业文化通过员工价值观与企业价值观的高度统一，通过企业独特的管理制度体系和行为规范的建立，使得管理效率有了较大提高。创新不仅是现代企业文化的一个重要支柱，还是社会文化中的一个重要部分。如果文化创新已成为企业文化的根本特征，那么创新价值观就能得到企业全体员工的认同，行为规范就会得以建立和完善，企业的创新动力机制就会高效运转。

二、管理创新的方法

为了有意识地进行管理创新，很多公司建立了研发实验室或是为某些个人规定了明确的创新职责。常用的管理创新方法有以下几种：

(一)头脑风暴法

头脑风暴法是美国创造工程学家奥斯本发明的一种创新方法。这种创新方法是通过一种别开生面的小组畅谈会，在较短的时间内充分发挥群体的创造力，从而获得较多的创新设想。当一个与会者提出一个新的设想时，这种设想就会激发小组内其他成员的联想。当人们卷入“头脑风暴”的洪流之后，各种各样的构想就像燃放鞭炮一样，点燃1个，引爆一串。这种方法的规则有以下几个方面：

(1)不允许对别人的意见进行批评和反驳，任何人不作判断性结论。

(2)鼓励每个人独立思考，广开思路，提出的改进设想越多越好、越新越好。允许相互之间存在矛盾。

(3)集中注意力，针对目标，不私下交谈，不干扰别人的思维活动。

(4)可以补充和发表相同的意见，使某种意见更具说服力。

(5)参加会议的人员不分上下级，平等相待。

(6)不允许以集体意见来阻碍个人的创造性意见。

(7)参加会议的人数不超过10人，时间限制在20分钟到1个小时之内。

这种方法的目的在于创造一种自由奔放的思考环境，诱发创造性思维的共振和连锁反应，产生更多的创造性思维。讨论1小时能产生数十个乃至几百个创造性设想，适用于问题比较单纯、目标比较明确的决策。这种方法在应用中又发展出“反头脑风暴法”，做法与头脑风暴法一样，但对一种方案不提肯定意见，而是专门挑毛病、找矛盾。它与头脑风暴法一反一正，正好可以相互补充。

(二)综摄法

综摄法是由美国麻省理工学院教授戈登发明的一种开发潜在创造力的方法。它是以已知的东西为媒介，把毫不相关、互不相同的知识要素结合起来创造出新的设想，也就是吸取各种产品和知识的精华，综合在一起创造出新产品或知识，这种方法称为综摄法。这样可以帮助人们发挥潜在的创造力，打开未知世界的窗口。综摄法有两个基本原则：

(1)异质同化，即“变陌生为熟悉”。这实际上是综摄法的准备阶段，是指对待不熟悉的事物要用熟悉的事物、方法、原理和已有的知识去分析它，从而提出新设想。

(2)同质异化，即“变熟悉为陌生”。这是综摄法的核心，是对熟悉的事物，用新的方法、原理和知识进行观察并分析，从而启发出新的创造性设想。

(三)逆向思维法

逆向思维是顺向思维的对立面。逆向思维是一种反常规、反传统的思维。顺向思维的常规性、传统性往往导致人们形成思维定式，是一种从众心理的反映，因而往往使人形成一种思维“框框”，阻碍人们创造力的发挥。这时如果转换一下思路，用逆向思维法来考虑，就可能突破这些“框框”，取得出乎意料的成功。逆向思维法由于是反常规、反传统的，因而它具有与一般思维不同的特点。

(1)突破性。这种方法的成果往往冲破传统观念和常规，常带有质变或部分质变的性质，因而往往能取得突破性的成就。

(2)新奇性。由于思维的逆向性，改革的幅度较大，因而必然是新奇、新颖的。

(3)普遍性。逆向思维法适用的范围很广，几乎适用于一切领域。

(四)检核表法

检核表法几乎适用于任何类型与场合的创造活动，因此被称为“创造方法之母”。它是用一张一览表对需要解决的问题逐项进行核对，从各个角度诱发多种创造性设想，以促进创造发明、革新或解决工作中的问题。实践证明，这是一种能够大量开发创造性设想的方法。检核表法是一种多渠道的思考方法，包括以下一些创造技法：迁移法、引入法、改变法、添加法、替代法、缩减法、扩大法、组合法和颠倒法。它启发人们缜密地、多渠道地思考和解决问题，并广泛运用于创造、发明、革新和企业管理。它的要害是一个“变”字，而不把视线凝聚在某一点或某一方向上。

(五)信息交合法

信息交合法是通过若干类信息在一定方向上的扩展和交合来激发创造性思维、提出创新性设想。信息是思维的原材料，大脑是信息的加工厂。通过不同信息的撞击、重组、叠加、综合、扩散、转换，可以诱发创新性设想。要正确运用信息交合法，必须注意抓好以下三个环节：

(1)搜集信息。不少企业已设立专门机构来搜集信息。网络化已成为当今世界搜集信息的发展趋势。例如，日本三菱公司在全世界设置了 115 个海外办事处，约 900 名日本人和 2 000多名当地职员从事信息搜集工作。搜集信息的重点放在搜集新信息上，只有新信息才能反映科技、经济活动中的最新动态、最新成果，这些新信息往往对企业有着直接的利害关系。

(2)拣选信息。包含着核对信息、整理信息、积累信息等内容。

(3)运用信息。搜集、整理信息的目的都是为了运用信息。运用信息，一要快，快才能抓住时机；二要交汇，即这个信息与那个信息进行交汇，这个领域的信息与那个领域的信息进行交汇，把信息和所要实现的目标联系起来进行思考，以创造性地实现目标。

信息交汇可以通过本体交汇、功能拓展、杂交、立体动态四个方式进行。总之，信息交合法就像一个“魔方”，通过各种信息的引入和各个层次的交换会引出一系列的新信息组合，为创新对象提供千万种可能性。

(六)模仿创新法

人类的发明创造大多是由模仿开始的，然后进入独创。勤于思考就能通过模仿作出创造发明。当今有许多物品模仿了生物的一些特征，从而形成了仿生学。模仿不仅被用于工程技术、艺术方面，也被应用于管理方面。

第四节 管理创新与企业持续发展

企业持续发展的主要含义是，企业既要考虑当前发展的需要，也要考虑未来发展的需要；不能以牺牲后期的利益为代价来换取现在的发展，满足当前的利益。21 世纪，创新已成为推动生产力发展的重要动力。要实现企业的持续发展，就必须要有新的管理模式与之相适应。

一、管理创新对企业持续发展的作用

在美国《财富》500 强的企业中，几乎每一个成功的企业都有一套严格的并不断创新的管理创新机制。管理创新已成为现代经济增长的重要源泉，也是单个企业兴衰成败的关键所在。

(一)管理创新促进企业提高竞争力

在全球化的市场中，企业之间的竞争已变为创新能力的竞争。企业要持续发展，就必须不断创新。任何不适应变化的陈旧模式和思想都会成为企业在激烈竞争中持续发展的包袱。只有及时适应市场的竞争要求，并有效结合企业实际进行不断创新，才能使企业提高市场竞争力，进而取得稳定有效的发展。管理创新的目的并不仅限于企业具体的经济目标，更重要的是通过创新，使企业对千变万化的外部环境做出快速反应，以确保企业能够在激烈的竞争中保持优势，立于不败之地。

(二)管理创新是企业参与市场竞争的有效手段

管理就是对一个组织所拥有的资源(人力资源、金融资源、物资资源和信息资源等)进行有效的计划、组织、领导、指挥和协调，用最有效的方法去实现组织目标。在企业的诸多创新环节中，管理创新是最积极、最活跃、最广泛、最不受时空限制和最不依赖相关条件的。因此，管理创新对其他方面的创新最富有影响力，也是参与市场竞争的最有效手段。

(三)管理创新是企业持续发展的动力

管理创新是企业成长的前提，如果没有企业内部创新力的支撑，企业就无法不断发展壮大。世界上任何一个企业发展壮大的历程，都是与企业管理创新的历史密切结合在一起的。从成功企业的发展情况看，可以发现一个普遍存在的规律，那就是创新推动了企业的不断成长，管理创新是企业持续发展的动力，是企业生命力的表现，也是决定企业能否基业长青的关键所在。

二、管理创新对企业持续发展的意义

促进企业持续发展有技术创新、管理创新等多种方法，但管理创新对企业的持续发展有独特的优势和意义。

(一)管理创新不一定花费大量资金，却可以产生效益

管理创新靠人的创造性思维，并不是在实验室产生的，也不是非得提出一套管理学上的革命性理念才能做到的。任何人只要能借鉴、引入先进管理经验，并根据实际加以调整运用，也会达到目标。中国企业国际竞争力不强的主要原因是企业体制落后、缺乏活力。企业的管理粗放、效率不高、机制不活、素质低下是影响企业竞争力的关键因素。而管理创新则能够在基本不花费大量资金投入的情况下，有效提高企业的竞争力。

(二)管理创新能够提高企业的经济效益

管理创新的目标是提高企业有限资源的配置效率。这一效率虽然可以在众多指标上得到

反映，比如资金周转速度加快、资源消耗系数减小、劳动生产率提高等，但最终还要在经济效益指标上有所体现，即提高企业的经济效益。管理创新能够在以下两个方面提高企业的经济效益，即提高企业当前的效益和提高企业未来的效益（企业的长远发展）。

(三)管理创新可以降低交易成本

现代企业可以将原本在企业之外的一些营业单位活动内部化，从而节约企业的交易费用。交易费用的节约表现在，由于生产单位和采购及分配单位的管理联结在一起，使获取市场和供应来源信息的成本也得到降低。

(四)管理创新能稳定企业、推动企业发展

企业管理的有序化、高度化是企业稳定与发展的重要力量。经常说管理与技术是企业发展的两个轮子，而管理创新则能使管理这个轮子更为有效地推动企业发展，让管理创新成果为企业提供更有效的管理方式、方法和手段。

(五)管理创新可以拓展市场

在市场营销方面进行管理创新，可以帮助企业有力地拓展市场、展开竞争。企业在进行市场拓展和竞争时，会遇到众多竞争对手即厂商和顾客，而这一拓展和竞争过程实为多个博弈对象的动态博弈过程。一个企业若能在这一过程中最先获得该博弈的均衡解，即管理创新具体方案，便能战胜对手，获得博弈的胜利。

(六)管理创新是企业持续发展的根本保证

企业是从事生产、流通、服务等经济活动，满足社会需要并以实现利润最大化为前提，以生存和发展为目的的经济组织。管理是社会化大生产的客观要求，更是企业生产经营活动有序运行的重要保证。从某个角度来看，社会与经济的进步或后退，在很大程度上取决于企业的发展战略在资源消耗、环境保护、社会和谐以及经济可持续增长方面是否采取了可持续发展的模式，而管理创新则是企业持续发展的重要手段和根本保证。

因此，要持续发展就必须改革企业旧的管理模式，只有创新管理模式，才能为企业发展提供有力保障。管理创新是时代的要求，是企业生存壮大的当务之急。

思考题

一、简答题

1. 创新的哲学要点体现在哪几个方面？
2. 简述管理创新的特点。
3. 管理创新包括哪些内容？
4. 管理创新对企业持续发展的作用有哪些？

二、论述题

论述管理创新对企业持续发展的意义。

实践练习一

创造性服务竞赛

目的：明白创新过程中市场调查和预测的重要性。

道具：每组一张小纸条，上面写着公司名称和所属行业（见“附注1”）。
时间：70分钟。
程序：
1. 根据活动的道具设计“点子”，使该“点子”既能宣传企业，又能更好地服务客户。
2. 小组代表陈述本组“点子”及理由。
3. 请陈述小组之外的同学发表对“点子”的认可度，并简要说明理由。
规则：
1.“点子”必须紧密联系本公司所经营的业务。
2.“点子”必须不能使公司亏本。
教师任务：
1. 把全班同学分成6～8个组。
2. 宣布活动的名称、程序、规则及时间。
3. 发放道具。
4. 在学生讨论的同时，教师在黑板上画一张表格（见“附注2”）。
5. 把陈述小组之外的同学看成客户，请他们谈谈对“点子”的看法，并在相应的位置打“√”。
6. 总结本次活动。
考核标准：
“点子”能够使陈述小组之外的同学最满意的小组获胜。

附注1：公司名称及所属行业

序号	公司名称	所属行业	序号	公司名称	所属行业
1	生命游戏	体育用品商店	5	给我电话	移动电话服务公司
2	君往何处	交通服务行业	6	第一页	书店
3	木材店	木制品商店	7	雏菊连锁店	花店
4	美女与野兽	男女皆宜理发店	8	城市动物园	国内最大的动物园之一

附注2：

序号	小组代表	公司名称	考核标准		
			满意	一般	不满意
1					
2					
3					
4					

实践练习二

创新游戏——九个点和十六个点

形式：集体参与。
时间：5～10分钟。

材料：将解决方法制成投影片。

场地：教室。

应用：

(1)创新能力的训练；

(2)打破思维定势。

目的：

1. 告诉学员，他们固有的思维模式在一定程度上会阻碍他们学习新事物。

2. 让学员领会这个游戏的关键在于，要打破脑海中九个点和十六个点形成的正方形，想到向外拓展。

程序：

1. 将九个点和十六个点的图形展示给学员看。请大家分别只用四条和六条相接的直线（每条直线必须相连，而且不能相互重叠），分别将这九个点和十六个点连接起来。

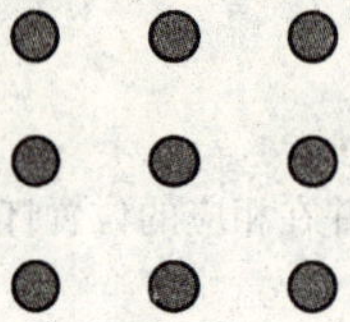

2. 给学员几分钟时间，让他们进行各种尝试。

3. 请一位学员上台演示。

4. 老师将正确答案展示给大家。

讨论：

1. 在我们尝试将点连接在一起的时候，哪些观点影响了我们？

2. 有什么关键的东西可以帮助我们摆脱这种困难？

3. 这个练习对我们的工作有什么启发？

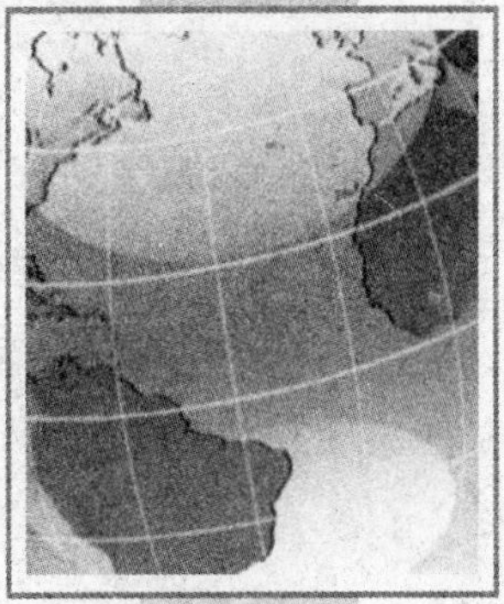

第三篇：管理应用篇

第十章 战　略

本章重难点

1. 愿景、使命和战略
2. 战略的层次和类型
3. 战略管理的过程

走进管理：

亚洲的一些经济评论家认为，香港以李嘉诚为代表的那些靠地产、航运、港口致富的传统富豪，将很快被知识经济时代所淘汰。但是……

李嘉诚父子上演了世纪之交的三大神话：

第一大神话，一只“橙子”值千亿。

第二大神话，盈动演出“蛇吞象”。

第三大神话，“汤姆”出世万人空巷。

一只“橙子”值千亿。1996年，李嘉诚控股的和记黄埔在英投资，组建了电讯公司Orange(橙子)并上市，总投资84亿港元。在此之前，Orange经营一直亏损，1998财政年度的亏损为98万英镑。但电讯业渐入轨道，客户基础不断扩大，成为英国排名第三的移动电话经营商。在此基础上，和记黄埔决定分拆上市，赚回41亿港元特殊收益，将以前投资收回过半。1999年，又以1 130亿港元为代价，出售Orange四成多股份给德国电讯财团，并与该财团进行换股，成功入主德国电讯财团，成为单一持股的最大股东。在这笔交易中，李嘉诚的成本几乎是零，而回报是1 000多亿港元的现金和大笔的股权。

盈动演出“蛇吞象”。1999年5月3日，李嘉诚的小儿子李泽楷旗下的盈科拓展集团收购了原来市值不足1亿港元的壳股“得信佳”，将其改名为盈科数码动力(以下简称“盈动”)，复牌后，股价由6.8港元一路飙升，直至28.5港元，市值居全港第6位。其后，盈动在资本市场上动作频频，颇有呼风唤雨之势，不久前盈动终于亮出大手笔，斥巨资收购香港电讯。香港电讯是一家上市公司，目前市值为3 140亿港元。而盈动仅为2 063亿港元，购并后的新公司市值将近5 400亿港元，成为香港第三大互联网公司。

“汤姆”出世万人空巷。眼见父亲和弟弟成为新的“网络英雄”，李家传统产业的接班人李泽钜也坐不住了，李泽钜早就想通过长江实业、和记黄埔投资10亿美元搞一个综合性门户网络。1999年12月7日，他花了2 000万港元终于从美国vortexx那里买到了他想要的域名：www.Tom.com。12月16日正式推出，其注册用户短短两个月就超过了4万人，新生的汤姆备受关爱，香港创业板为它预留了8001的号码，联交所先后豁免了对该公司经营超过两年、上市申请满25个交易日等例行要求，将其公众股以最快的速度推向市场。2月23日汤姆出售4.28亿新股，香港上演了万人空巷认购汤姆的场面，认购人数超过40万，超额认购约为1 500

倍，超过了两年前疯狂抢购“北京控股”的水平。1.78港元的招股价，被“一级半”市场狂炒到10港元，上市首日终盘价飙升了335.4%，创下了创业板上市首日涨幅纪录。

讨论题：

1. 李氏家族向新兴产业的进军有什么重大战略意义？

2. 李氏家族的成功是否同管理制度的革新有直接的关系？

第一节 愿景、使命和战略

一、愿景和使命陈述

愿景和使命陈述回答的是“我们想成为什么和我们的使命是什么”。愿景和使命陈述主要包括两个部分：核心意识形态和远大的愿景。

（一）核心意识形态

1. 核心价值观

核心价值观是组织持久的和本质的原则。它是一般性的指导原则，不能把它与具体的生产和经营做法混为一谈，不能为了经济利益或短期的好处而放弃它。“产业报国、追求卓越”与“创新”是海尔的核心价值观，它是企业核心竞争力赖以支撑的核心价值观的最高表现形式。

2. 核心目标

核心目标是企业存在的理由和目的，不是具体的目标或公司战略。有效的核心目标反映了为公司工作的内在动力，它不仅描述公司的产出或目标顾客，而且彰显了公司的灵魂。海尔张瑞敏说道：“世界名牌就是我们的目标。”

（二）远大的愿景

1. 10～30年的宏伟、大胆、冒险的目标

目光远大的公司常常利用大胆的目标作为促进进步的一种特别有效的手段。一个有效的“宏伟、大胆、冒险的目标”具有强大的吸引力，人们会不由自主地被它吸引，并全力以赴地为之奋斗；它非常明确，能够使人受到鼓舞；它让人一目了然，几乎无须任何解释。

1907年，43岁的亨利·福特全力以赴地推动自己的公司朝向一个惊人的目标前进：“使汽车大众化。”他宣布：“要为广大老百姓生产一种汽车……这种汽车价格如此低廉，以至于所有收入不丰的人都有能力拥有一辆，驾驶着它，和家人一起享受在广阔天地里驰骋的快乐。”

2. 生动逼真的描述

一旦确立了核心价值观、核心目标以及宏伟、大胆、冒险的远大目标，要想使它们发挥激励、鼓舞的作用，必须要用生动逼真的语言将它们表达出来。

愿景和使命描述了组织未来期望达到的图景和组织为之奋斗的任务。愿景和使命陈述与企业战略是不同的。战略是为了达到组织总目标而采取的行动和利用资源的总计划。战略是硬件，而愿景描述则是软件，它是组织的梦，如同个人一样对未来的梦。

二、战略与战略管理

“战略”一词原是军事术语，指为战争目的所制定的作战谋略。随着人类社会实践的发展，特别是在现代社会中，“战略”一词已超越军事领域有了广泛的外延，常用于政治和经济领域。20世纪60年代战略思想被引入企业经营管理中，随之产生了企业战略、战略管理等概念。在

20世纪60年代以后，钱德勒、安索夫等企业经营战略管理的研究先驱们在各自的著作中提出了"战略"的观点，企业战略才作为一个科学概念在现代企业管理中被广泛使用。

战略管理理论起源于20世纪的美国，它萌芽于20年代，形成于60年代，在70年代得到重大发展，80年代受到冷落，90年代又重新受到重视。

从战略管理理论发展的冷热变化这一过程来看，人们对战略管理的认识经历了一个比较曲折的过程。其背景是，第二次世界大战后的美国经济出现了空前的繁荣，随之而来的则是竞争的加剧。到了70年代，国际政治、经济又出现了动荡，企业生存和发展越来越艰难。在这种新竞争环境下，企业深切地感到，以前那种低价必胜的原则必须改变了，已经不适应新情况的发展。要获得持续的生存和发展，企业必须从战略的高度思考问题。随着部分企业多元化经营的成功(产品多元化、市场多元化、投资区域多元化等)，一些企业家认为，应该走多元化经营这样的"战略之路"来保护自己。但是到了80年代，战略管理理论一度受到冷落。然而到了90年代，人们又开始反思战略管理理论，因为他们发现许多企业7～8年就倒闭了，许多产业都成了短命产业。究其原因，短命的根源在于缺乏战略管理和长远发展的战略规划。

"战略管理"一词最初由美国企业家、学者伊戈尔·安索夫在其1976年出版的《从战略计划走向战略管理》一书中提出，在其1979年出版的《战略管理论》一书中又专门加以阐述。他认为，企业战略管理是将企业日常业务决策同长期计划决策相结合而形成的一系列经营管理业务。而美国学者斯坦纳在其著作《管理政策与战略》一书中指出，企业战略管理是确定企业使命，根据企业外部环境和内部经营要素制定企业目标，保证目标的正确落实并使企业使命最终得以实现的一个动态过程。在管理学中，"战略管理"一词主要用于企业的经营、管理。

当代战略管理在西方各国引起了重视，形成了许多战略管理理论，众多学者的争议也各自形成了不同的学派。来自加拿大麦吉尔大学的明茨伯格教授在他的《战略历程——纵览战略管理学派》一书中对此作了很好的总结，他将现有的战略管理研究分为十大学派。

1. 设计学派

设计学派认为，战略制定是领导者有意识的但非正式的构想过程，并建立了知名的SWOT(Strength，Weakness，Opportunity and Threat)战略形成模型。这一模型也是计划学派的基础。该模型表明，形成战略最重要的因素是对外部因素和组织因素进行匹配。正如安德鲁斯所指出的那样，"战略是对公司的实力和机会的匹配。这种匹配将一个公司定位于它所处的环境之中"。该模型考虑了企业面临的威胁与机会(外部评价)和企业本身的优势与劣势因素(内部评价)。

有关这一模型的主要假定也反映了该学派的主张：

(1)战略形成应当是一个受到控制的有意识的思想过程。因此，企业既不能靠直觉发展战略，也不能以自然形成的方式实现。相反，企业应当尽可能经过仔细慎重的考虑，才能形成战略。

(2)主要的领导人应当承担整个战略形成过程的责任，他不承担具体战略计划的制定工作，但他应当是整个战略计划的设计者。

(3)制定战略时，必须经过充分的设计。在勾画和选择了某种特别的战略，即完成"决策"过程之后，制定过程也告结束。

(4)战略应该是清晰的、易于理解和传达的。因此，战略必须简明扼要。只有这样，才能对其进行争议或检验，使其不断得到改进。同样，战略的形成模型也应当是简单的。

2. 计划学派

计划学派主要在 20 世纪 70 年代发展起来，基本上与设计学派处于同一发展时期，以安索夫为杰出代表。计划学派认为，战略的形成是一个受到控制的、有意识的、规范化的过程。战略行为是对其环境的适应过程以及由此而导致的企业内部结构化的过程。

同设计学派相似，计划学派也把市场环境、定位和内部资源能力视为制定战略的出发点。但它认为，企业战略的制定过程应该是一个正规化、条理化的计划过程，不应该只停留在经验和概念的水平上。例如，企业应采用什么方法去评价自己和外部环境，以保证对 SWOT 的分析是客观的；哪些优势、劣势、机会和威胁对企业最具有战略意义；等等。基于这样的理念，计划学派引进了许多数学方法和决策方法，提出了许多复杂的战略计划模型。

计划学派最早的代表著作当属安索夫于 1965 年出版的《公司战略》。安索夫提出，战略应当包括以下四个构成要素：

(1)产品与市场范围，即确定企业在所处行业中的产品与市场的地位。

(2)增长向量、企业经营的方向和趋势。

(3)协同效果，即“大于由公司各部分资源独立创造的总和的联合资源回报效果”。当各业务间存在资源、技术、管理和价值链活动的各环节间的匹配关系时，可以实现各因素的联合、共享和节约，产生 2+2>4 的效果。

(4)竞争优势，是指企业及其产品和市场所具备的不同于竞争对手的能够为企业奠定牢固竞争地位的特殊因素。这不仅发展了战略理论，而且对当时西方企业的管理活动以及现在的企业管理都起到了很重要的指导作用。

从战略要素的内容可以看出，设计学派和计划学派都将市场环境、定位和内部资源能力视为战略的出发点，并且这两个学派对于战略形成的看法也是相似的。

不同于设计学派，计划学派认为：

(1)战略的形成应当是一个受到控制的、有意识的、详细具体的、正规化的过程。该过程可以分解成几个主要的步骤，每个步骤要考虑大量的因素和各种技巧。

(2)战略原则上是由主要领导人承担整个过程的责任；但实际上，战略一般由计划人员承担实施的责任。

(3)需要详尽清楚地阐明战略形成的过程，以便具体落实目标、预算程序和各种运作计划，并加以实施。

在此观念指导下，计划学派在最大限度上追求战略决策过程的正规化、条理化。相对于设计学派那种松散的战略形成框架，计划学派列出了一系列精心设计的步骤和必须考虑的因素。

3. 定位学派

定位学派的创始人是哈佛大学商学院的迈克尔·波特教授。他提出，企业战略的核心是获得竞争优势，而竞争优势取决于企业所处行业的盈利能力，即行业吸引力和企业在行业中的相对竞争地位。因此，战略管理的首要任务就是选择最有盈利潜力的行业，其次还要考虑如何在已经选定的行业中自我定位。

波特深受以梅森和贝恩为代表的产业结构学派的影响，他于 1980 年提出，企业在考虑竞争战略时必须将企业与所处的环境相联系，而行业是企业经营的最直接的环境；每个行业的结构又决定了企业的竞争范围，从而决定了企业潜在的利润水平。

在这种思路下，企业战略的核心是获取竞争优势，而获取竞争优势的因素有两个：一是企业所处行业的盈利能力，即行业的吸引力；二是企业在行业内的相对竞争地位。因此，企业要获得竞争优势,首先必须选定有吸引力的行业。这就是说,战略管理的首要任务是选择有着潜在高利润的行业。围绕这一命题,该学派采用了各种方法和技巧来分析企业所处行业的状况。其中,最著名的方法是波特的行业五种竞争力模型。该模型说明行业的盈利能力主要取决于供应商、购买者、当前的竞争对手、替代产品及行业的潜在进入者五种因素。

企业需要考虑的第二个战略任务就是,如何在已选定的行业中进行自我定位。企业的定位决定了其盈利能力是高于还是低于行业的平均水平。在行业不理想、平均盈利能力低的情况下,定位适当的企业仍然可以获得较高的盈利。此时,企业可以结合具体形势,选择适当的战略,以增强或削弱其在行业内的竞争地位。低成本、差异化和集中这三种战略则为最常用的一般战略。波特教授在其 20 世纪 80 年代出版的两本著作《竞争战略》和《竞争优势》中详尽地说明了这种战略制定的过程。

相对于战略的制定过程,该学派更集中于对战略内容(差别化、集中、低成本)的研究。它在战略形成方面的意义在于,在制定战略时给出了分析的一种优先顺序,使企业可以在行业的范围内系统考察所面临的机会和威胁,合理选择适用的战略。此外,定位学派将战略分析的重点第一次由企业转向行业,强调了外部环境的重要性,并且为战略的选择过程提供了诸如公司地位、行业吸引力矩阵、价值链分析等极为有用的分析技巧,有效地指导了企业的实际经营活动。

4. 企业家学派

企业家学派又称创新学派、创意学派、创业学派,成立于 20 世纪 50 年代初期,主要代表人物及著作有:奈特,《企业家精神:处理不确定性》;克林斯和摩尔,《组织的缔造者》。

如果说前三个学派贡献了一种战略制定和分析逻辑,企业家学派则非常强调企业家的直觉和判断,强调其远见卓识,并认为这种能力是与生俱来的。在面对未来不确定的环境下,企业家凭着他的直觉,发现别人没有发现的机会,并采取超常规的方式,大跨度地向前发展。然而,我们更愿意看到企业家的这种远见一方面可能来自先天的特性,但更多的是通过对某一行业长期经营而形成的对这一行业的感悟而获得的。天才并不存在,企业家的价值在于其行业知识和经验的积累,并通过一种非线性的思维,把这种积累转化为一种判断,而这种判断决定了企业发展的方向和重大的投资决策,从而决定了企业的命运和前途——将战略的形成绝对地集中在个别领导人身上,这是企业家学派的重要特征。

企业家学派的战略思考可以归纳为"向前看""向后看""向下看""从侧面看""从远处看",最终要"看穿"。企业家学派的前提条件可以总结为以下六点:

(1)战略存在于企业家的头脑中,主要表现为企业家对组织长期发展方向和愿景目标的一种认知。

(2)战略制定的过程主要依靠企业家的经验与直觉,这往往不是一个完全有意识的过程。

(3)企业家以个体管理方式来推进组织愿景的实施、控制和调整。

(4)战略愿景是较柔性的,企业家的战略意图是计划与意外因素相结合的产物——总体方向是既定的,但细节随环境变化而调整。

(5)组织结构也是较为柔性和简单的,可根据企业家的动机来进行相应的调整。

(6)企业家学派的战略倾向于进行细分的利基市场,避免进行全面竞争。

5. 认识学派

认识学派又称认知学派,成立于 20 世纪 40 年代末期,代表人物是赫伯特·西蒙。

认识学派认为,战略形成过程是一个认识的过程。它提出,战略实质上是一种直觉和概念，战略的制定过程实质上是战略家心里的认识过程；由于战略家所处的环境是复杂的，输入的信息在认识之前要经过各种各样歪曲的过滤，因此战略在实际形成过程中偏重于实用性而不是最优化。

认识学派认为，如果要具体了解战略的形成过程，最好的方法就是研究战略家的思想。认识学派存在两个分支：其中一派倾向于实证主义，认为知识的处理和构成是产生某种勾画世界的客观想法的成果；而另一派认为，所有的认识都是主观的，将战略作为一种对世界的解释。如果说偏向客观的一派认为认知是世界的一种再创造，那么主观一派则认为认知本身创造了世界。

认识学派的理论前提可以总结为以下四点：

(1)战略形成是发生在战略家心里的认识过程。

(2)战略以概念、地图、图解和结构等方式出现，它决定了人们对环境信息处理的方式。

(3)输入的信息(按照认识学派客观派的观点)在认知地图译码之前需要经过各种各样的歪曲过滤器，否则，它们仅仅(按照主观派的观点)是对想象中存在的世界的解释，看到的世界是可以构建的。

(4)作为概念，战略在初始形成时比较困难，在实际形成过程中偏重于实用性而不是最优化，即使当战略不可行时，也很难改变。

6. 学习学派

学习学派成立于20世纪50年代末期，代表人物及著作有：查理·林德布罗姆，《"蒙混过关"的科学》(1959年)；詹姆斯·布雷恩·奎因，《应变战略：逻辑渐进主义》(1980年)；彼得·圣吉，《第五项修炼》(1990年)；等等。

该学派认为，战略的形成是不断学习的过程，战略规划和执行界限变得不可辨别；学习以应急的方式进行；在管理战略学习过程中可能出现新战略。这种学习过程更多表现为集体学习，领导的作用变得不再是预想深思熟虑的东西，而是管理战略学习的过程。学习学派带来了研究战略形成过程这样一个现实，而这一点正是前面学派所缺乏的：战略是一个共同学习的过程，企业在学习过程中理解和制定战略。但它可能导致战略的分散问题，比如没有战略、抛弃正确的战略、学习的无目的性。该学派认为，战略是人们开始研究形势时与其组织应付局势的能力一起出现的，有时以个人方式表现，而多数时候则以集体行为的方式出现，最后集中成为组织成员的行为模式。"战略管理不仅仅是对变化的管理，而且也是通过变化来进行管理。"

这一学派各观点的代表人物和著述很多，主要观点有：自然选择观点；逻辑渐进的观点；文化和政治的观点；想象的观点。

总之，学习学派实际上是将战略视为一个复杂的、进化的、渐进的、文化和政治的、想象的过程，这些为高层管理人员的决策提供了更全面的视野。

学习学派的理论前提可以归纳为以下几方面：

(1)组织环境具有复杂的和难以预测的特性，经常伴随对战略而言不可缺少的知识传播，从而战略的制定必须采用不断学习的形式，而战略制定和战略执行的界限在这个过程中变得不可辨别。

(2)尽管领导者也必须学习，但更重要的是集体学习，这意味着在组织中存在许多潜在的战略家。

(3)学习是以应急的方式进行的。战略可以在任何奇怪的地点以任何奇怪的方式出现，而它一旦被确认后，便正式成为深思熟虑的战略。

(4)领导者的作用不再是预想深思熟虑的战略,而是去管理战略学习的过程。

(5)战略首先是作为过去的行为模式出现,然后才可能成为未来的计划,并最终变成指导总体行为的观念。

7. 权力学派

权力学派成立于20世纪70年代初期,主要代表人物及著作有:麦克·米兰,《论战略形成:政治概念》(1978年);普费弗和萨兰西克,《组织的外部控制》(1978年)。与前几个学派不同的是,权力学派是从人性的角度来解释战略形成机制的。组织是一个"人的集合",任何决策的作出都是组织内部权力制衡的结果。而作为组织重要决策的战略制定,无疑将会对组织内部以及外部各个团体的利益产生重大影响。因此,战略的形成在现实生活中并非一个理性的过程,而是很大程度上反映了组织内外部各种政治力量对比的关系。

由于加入了利益因素,权力集团就可能会对战略的选择和确定产生一些非集体理性的影响。因此,战略制定不仅要考虑企业法人理性——经典文献假设管理人员既大公无私又忠诚可靠,他们以企业利益最大化为工作目标;同时也需要考虑企业成员的个体理性——员工是自利的,他们以自我利益最大化为行为准则。

8. 文化学派

文化学派成立于20世纪60年代后期,代表人物和著作有:艾瑞克·莱恩曼,《长远规划的组织理论》(1973年);彼得斯和沃特曼,《追求卓越》(1982年);博格·沃纳菲尔德,《资源为本理论》(1984年)。

文化学派认为,战略是一个集体思维的过程。英国的安德鲁·佩蒂格鲁等人揭示了文化因素在战略中的重要性。美国学者巴内(1986)提出,文化是企业对付对手最有效、最坚固的壁垒。文化学派认为:战略形成是社会交互的过程;个人通过文化潜移默化地适应战略;组织成员只能部分描述巩固着的组织文化信念;战略采取观念而非立场的形式;组织观念体系不鼓励战略改变。文化学派的缺点是其概念的模糊性,此学派的一个危害是,可能阻止组织的必要改变。

文化学派的理论前提主要表现为:

(1)战略的制定具有社会性,建立在组织成员共同信念和理解的基础上。

(2)个人通过文化适应过程或社会化过程来获得信念,而该过程通常是潜移默化的。

(3)组织成员只能部分描述组织的文化,而文化的来源和解释可能依然模糊。

(4)战略是一种集体意图的体现,这种意图嵌入了资源、能力、组织优势等分析模式。因此可以说,战略是一种深思熟虑的过程,尽管这一过程有时是下意识的。

(5)文化,尤其是企业的精神,不鼓励战略经常发生改变,顶多在组织的整体战略观念中做一些调整。

文化学派相对于定位学派人为的精确性,其缺点是概念的模糊性。另外,它还会阻碍必要的改变,由于文化是凝重的、稳固持久的,它赞成保持管理的连续性并将管理保持在一定的轨道上。而且,由于文化形成本身就是持久和困难的过程,对其重建和再造往往更难,并会对其造成破坏。但是,与设计学派、认识学派以及企业家学派的个人主义不同,文化学派引入了社会过程中重要的集体思维,确立了组织风格和个人风格的同等地位,并且便于建立整体性的观念。与计划学派和定位学派的"割断历史"的倾向相反,它将战略根植于色彩斑斓的组织历史画卷之中,而对计划学派和定位学派而言,改变战略往往和换衣服一样。

9. 环境学派

环境学派成立于 20 世纪 70 年代后期，代表人物有汉南和弗里曼。该学派将战略管理完全变成了一种被动的过程，企业战略管理就是企业观察了解环境并保证自己对环境的完全适应，研究两个组织在一个类似的环境中怎样能够成功地采用完全不同的两种战略。

该学派将注意力转移到组织外部，重点研究组织所处外部环境对战略制定的影响。环境作为一种综合力量，是企业战略形成过程中的中心角色，企业必须适应这些力量。领导由此变成了一种被动的因素，负责观察、了解环境并保证企业完全与之适应。它认为，拒绝适应环境的企业终将死亡。

环境学派的理论前提如下：

(1)环境作为一种综合力量向组织展现自身，是战略形成过程中的中心角色；

(2)组织必须适应这些力量，否则便被淘汰；

(3)领导变成了一种被动因素，负责观察、了解环境并使组织与之相适应；

(4)组织群集在原来所处的独特的生态学意义的活动范围内，直到资源变得稀少或条件恶化而最终消亡。

10. 结构学派

结构学派又译为构造学派、综合学派，成立于 20 世纪 70 年代早期，代表人物及著作有：钱德勒、普拉迪普·坎德瓦拉、亨利·明茨伯格、米勒，《"里卡洛斯"的悖论》(1990 年)。

结构学派包含了其他学派的所有内容，但它却运用了自己的独特视角，它和其他学派的根本区别在于：它提供了一种调和的可能，即一种对其他学派进行综合的方式。这一学派一方面将组织和组织周围的状态描述为结构，另一方面将战略形成过程描述为转变。它们反映了事物存在的两个方面：状态和变迁。

从某种意义上说，结构学派的前提包含了其他学派的前提，但每一前提都有一个明确界定的适用背景，正是这种包容成为结构学派独有的特征。其前提表述为：

(1)在很多时候组织都可被描述为某种稳定结构，即采用特殊的结构形式与特殊的内容相匹配，从而形成一种特殊的战略。

(2)这种稳定结构会偶然被一些转变过程所打破，向另一种结构进行量的飞跃。

(3)结构状态与转变时期的相继交替可能会形成一种规律，如表现为组织的生命周期。

(4)战略管理的关键就是维持稳定，至少大多时候是适应性的战略变化，但会周期性地认识到转变的需要。

(5)战略制定过程既可以是一种概念性的设计或正规计划，也可以是系统分析或领导的远见，又可以是共同学习，集中表现在个人认识、集体社会化或者是简单的对环境的反应，但每一种都有自己的存在时间和内容。也就是说，不同战略形成的思想学派本身就代表了特别的结构。

(6)战略采取计划或模式、定位或观念，甚至策略的形式，但都是依照自己的时间和情形出现的。

第二节 战略的层次和类型

一、战略的层次

战略是为完成使命和实现目标而做的计划。战略的三个层次是：公司层、事业部层和职能层。

公司层次战略是为管理多项经营业务而做的计划。很多公司，尤其是大公司，通常都是由几项业务组成的。菲利普·莫里斯公司包括烟草业务、啤酒业务和食品业务，通用汽车公司包括汽车、电子数据系统和电子工业。但大多数公司，尤其是小公司，只有一项业务，因此它们不需要公司层战略。

事业部层次战略是为管理某项业务而做的计划。对菲利普·莫里斯公司和通用汽车公司而言，是为了要适应行业竞争环境，它们的每一条业务线都有自身的战略。家乐氏公司从1906年以来一直集中在谷类食品这一单一业务上。

职能层次战略是为管理某一业务领域而做的计划。职能领域包括市场、财务、生产运作、人力资源以及其他基于业务流程的领域。

图10－1说明了战略和运作层次的关系。

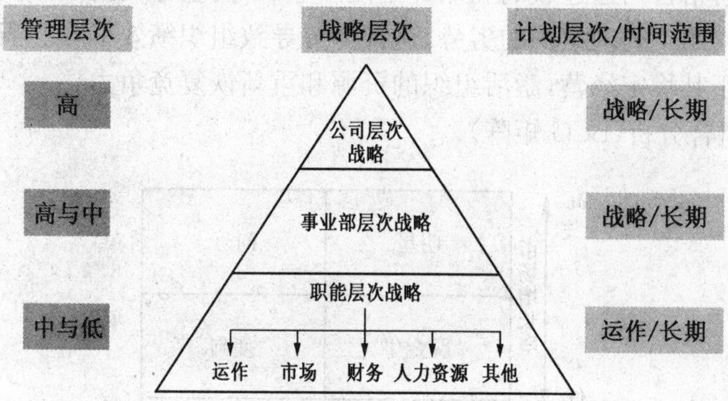

图10－1

二、战略的类型

公司层次战略寻求决定公司应当从事什么事业，以及计划从事什么事业；事业部层次战略决定组织应当如何在每一项事业上展开竞争；职能层次战略寻求如何支持事业层次战略。

(一)公司层次战略(大战略、总体战略)

1. SWOT分析与大战略

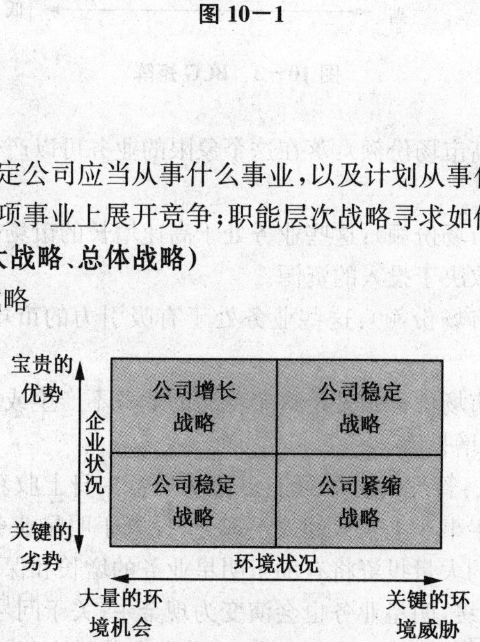

图10－2

(1)稳定战略。其特征为，基本不进行重大的变革。

具体方法：通过提供同样的产品和服务，持续不断地服务于同样的客户，保持市场份额，维持公司的投资回报率。

追求稳定性的时机：当对组织的绩效感到满意，同时环境是稳定和安全的，可以安于现状，不必进行重大变革。

(2)增长战略。寻求扩大组织的经营规模。

增长方式：直接扩张、纵向一体化、横向一体化、多元化、非相关多元化。

直接扩张(集中方式)：是从内部提高企业的销售额、扩大产能或扩大员工队伍，即通过扩大原有业务来增长，而不是通过收购和兼并来增长。

纵向一体化：试图对输入(后向一体化)、输出(前向一体化)或同时对二者进行控制。

横向一体化：通过合并同一产业的其他组织的方式实现增长，即合并竞争对手的业务。

多元化：相关多元化，指公司通过合并或收购相关产业不同业务的公司而实现增长。

非相关多元化：指公司通过收购和兼并不同产业、不同业务的公司而实现增长。

(3)紧缩战略。用于处理组织的劣势，这种劣势导致组织绩效下降。当组织面临绩效困境时，紧缩战略有助于其稳定经营，激活组织的资源和重新恢复竞争力。

2. 公司业务组合分析(BCG 矩阵)

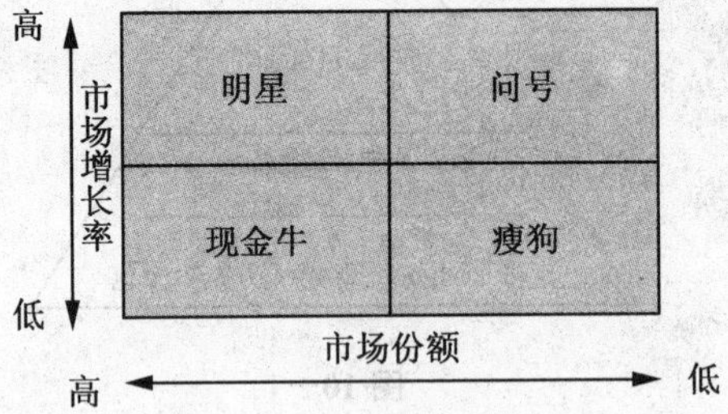

图 10－3　BCG 矩阵

(1)现金牛(低增长、高市场份额)：落在这个象限的业务可以产生大量的现金，但它未来增长的潜力是有限的。

(2)明星(高增长、高市场份额)：这些业务处于高速增长的市场中，并且占有主导的市场份额，它们对现金流的贡献取决于投入的资源。

(3)问号(高增长、低市场份额)：这些业务处于有吸引力的市场中，但只占有较小的市场份额。

(4)瘦狗(低增长、低市场份额)：处于这个范畴的业务不产生或不消耗大量的现金，但这些业务只有低市场份额和低增长率。

BCG 矩阵的战略意义：管理者应尽可能多地从现金牛身上收获现金，而限制在这些业务上的新投资；利用从现金牛事业上获得的大量现金，投资于明星业务和问号业务，这些业务具有增长潜力；对明星业务的大量投资将有助于明星业务的增长和保持较高的市场份额；随着市场的成熟和销售速度的放缓，明星业务也会演变为现金牛；关于问号业务，通过分析，其中一些业务被出售，有些业务将可能转换为明星业务；瘦狗业务将被出售或清算。

(二)事业部层次战略

1. 概述

事业部层次战略是指寻求决定组织应该怎样在每项事业上展开竞争，对于有多项事业的组织，每一个分部都应该有它自己的战略，这些战略定义了该分部服务的顾客以及应该提供的产品和服务。

当一个组织有多种不同的业务，每一种业务又相对独立并有自己的战略时，通常称这样的部门为战略事业单位。

这一层次战略的竞争优势是使组织别具一格和与众不同，这种与众不同来自组织的核心能力。

一个组织仅仅能够创造竞争优势是不够的，它还应该能够保持它，也就是说，建立可持续的竞争优势；正是可持续的竞争优势，才使组织能够保持它的特色，无论竞争对手采取什么行动，或者产业可能发生什么变化，其都可以生存发展。

2. 竞争战略

(1)行业分析。分析五种竞争力量，评估行业的吸引力(见图 10—4)。

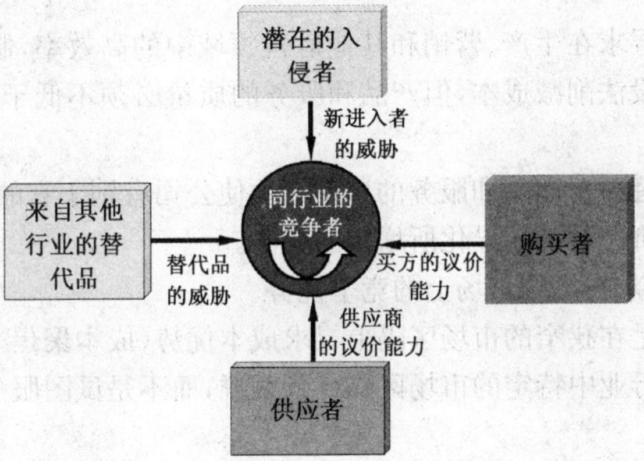

图 10—4 影响行业竞争的五种力量

①新进入者的威胁：新进入者可以是一个新办的企业，或是一个采用多元化经营战略的原来从事其他行业的企业。同时，某一行业被入侵的威胁大小取决于该行业的进入壁垒、行业对新进入者的报复能力和估计。包括这样一些因素，如规模经济性、品牌忠诚度和资本规模决定了新竞争者进入一个行业的难易程度。

②替代品的威胁：替代品是指与本行业产品具有相同或相似功能的产品。替代品威胁的分析主要包括两方面内容：第一，判断哪些产品是替代品；第二，判断哪些替代品可能对本企业经营构成威胁，如转换成本、购买者的忠诚度决定了顾客是否愿意购买替代品的程度。

③买方的议价能力：影响买方讨价还价能力的主要因素有以下八个方面：

一是买方是否大批量或集中购买；

二是买方这一业务在其购买额中的份额大小；

三是产品或服务是否有着价格合理的替代品；

四是买方面临的购买转移成本大小；

五是本企业的产品、服务是否是买方在生产经营过程中的一项重要投入；

六是买方是否采取“后向一体化”；

七是买方行业获利状况；

八是买方对产品是否具有充分信息。

这些都决定了买方在行业中的影响程度。

④供应商的议价能力：影响供方讨价还价能力的主要因素有以下六个方面：

一是要素供应方行业的集中化程度；

二是要素替代品行业的发展状况；

三是本行业是否是供方集团的主要客户；

四是要素是否是该企业的主要投入资源；

五是要素是否存在差别化或转移成本是否低；

六是要素供应者是否采取“前向一体化”。

这些因素都决定了供应商相对于企业在行业中的影响能力。

⑤同行业的竞争者：如产业的增长率、增长或下降的需求以及产品的差异，决定了行业中现有企业之间相互竞争的强度。

(2)选择竞争战略。

①成本领先战略：寻求在生产、营销和其他运营领域中的高效率，制造费用保持在尽可能低的水平上，企业想方设法削减成本，但产品和服务的质量必须不低于竞争对手，至少能够为消费者所接受。

②差异化战略：关键在于产品和服务的属性必须使公司有别于它的竞争对手，并且足以创造价格的溢价，这种溢价超过了差异化所增加的成本。

①②两种战略是寻求在广阔市场上的竞争优势。

③聚焦战略：目的是在狭窄的市场区隔上寻求成本优势(成本聚焦)或者差异化优势(差异化聚焦)。管理者选择行业中特定的市场区隔或顾客群，而不是试图服务于广阔的市场。

(三)职能层次战略

职能部门必须要为实现经营层使命和目标制定战略。职能层次战略包括营销战略、生产运作战略、人力资源战略、财务战略及其他职能战略。职能层次战略也要进行环境分析，从而确定优势和劣势，职能部门同样也要建立目标以及制定实现目标的战略。

在战略过程的实施阶段存在一个障碍，即组织要把经营战略转化为相应的竞争战略是有困难的。组织中的公司层次战略、事业部层次战略和职能层次战略需要更好地整合，在这一点上最困难的是跨部门合作。

1. 营销战略

营销部门主要负责了解消费者需要什么，或者如何提高消费者价值，以及定义目标市场。营销部门要负责四个P：产品(Product)、促销(Promotion)、渠道(Place)、价格(Price)。换句话说就是，营销部门要决定提供什么产品、如何包装、如何打广告、在哪里销售、产品如何送达以及产品的销售价格是多少。

2. 生产运作战略

运作部门(生产部门)负责从输入到输出的系统过程。运作部门要集中在产品质量和产品生产率上，这些产品是由销售部门确定的能够提供消费者价值的产品。

3. 人力资源战略

人力资源部门负责在员工的招聘、选择、培训、评价以及员工报酬等领域与其他职能部门合作。

4. 财务战略

财务战略至少有两部分：(1)通过发行股票或者债券、贷款获得资金为业务活动筹资，决定资产负债率,偿还债务和持股者分红(如果有);(2)记录经营成果,编制预算,汇报财务情况。

在许多组织中还有第三个领域的财务活动,包括现金储备的合理使用或决定收益性投资领域。一些组织还分别进行战略预算和作业预算。

5. 其他职能战略

根据经营业务的类型,其他部门也需要制定战略。一个比较重要的部门就是研发部门。相对于服务业务而言,在销售产品的业务中会给研发部门分配更多的资源(预算)。

第三节　制定战略

战略管理是对一个企业的未来发展方向制定决策和实施这些决策的动态管理过程。高层管理者制定长远计划,中低层管理者为实现长远目标制定运作计划。由此可知,高层管理者决定结果,而中低层管理者确定实现结果的方法。战略过程成功的关键在于战略计划和运作计划之间的协调。战略管理过程如图 10—5 所示。

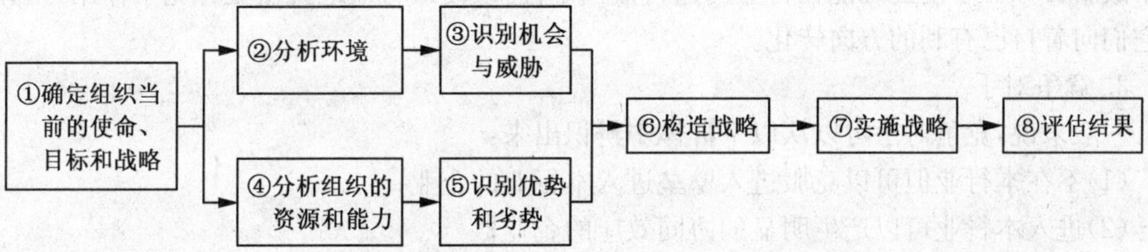

图 10—5　战略管理过程

一、步骤 1:确定组织当前的使命、目标和战略

使命是对组织目的的陈述,使命回答了"组织存在的理由是什么"的问题。

使命陈述构成要素:(1)谁是组织的顾客?(2)组织的产品和服务是什么?(3)组织在哪些地区开展竞争?(4)组织的技术状况如何?(5)组织的基本信念、价值观、追求和道德准则是什么?(6)组织的主要竞争优势和核心能力是什么(定位)?(7)组织怎样响应公众对社会和环境的关注?(8)组织怎样对待雇员?

二、步骤 2:分析环境

战略环境分为:

1. 外部一般环境

(1)政治环境。政治环境包括一个国家的社会制度,执政党的性质,政府的方针、政策、法令等。

(2)社会环境。社会环境包括一个国家或地区居民的教育程度和文化水平、宗教信仰、风俗习惯、审美观点、价值观念等。

(3)经济环境。经济环境主要包括宏观经济环境和微观经济环境。宏观经济环境主要指一个国家的人口数量及其增长趋势,国民收入、国民生产总值及其变化情况,以及通过这些指标能够反映的国民经济发展水平和发展速度。微观经济环境主要指企业所在地区或所服务地区的消费者的收入水平、消费偏好、储蓄情况、就业程度等。

(4)技术环境。技术环境除了要考察与企业所处领域的活动直接相关的技术手段的发展变化外，还应及时了解国家对科技开发投资和支持的重点、该领域技术发展动态和研究开发费用总额、技术转移和技术商品化速度，专利及其保护情况等。

(5)自然环境。自然环境主要指企业经营所处的地理位置、气候条件和资源禀赋状况等。

2. 行业环境

(1)行业性质；

(2)行业发展阶段；

(3)行业竞争结构。

按照美国学者迈克尔·波特的观点，一个行业的激烈竞争，根源在于其内在的经济结构。在一个行业中存在有五种基本竞争力量，即新进入者的威胁、同行业的竞争者、替代品或服务的威胁、供应者讨价还价的能力、用户讨价还价的能力。这些作用力汇集起来决定该行业的最终利润潜力，并且最终利润潜力也会随着这种合力的变化而发生根本性的变化。一个公司的竞争战略目标在于使公司能在行业内进行恰当定位，以便最有效地抗击五种竞争作用力，并影响它们向着自己有利的方向转化。

3. 竞争对手

一般来说，竞争对手可以从以下群体中辨识出来：

(1)不在本行业但可以克服进入壁垒进入本行业的企业；

(2)进入本行业可以产生明显的协同效应的企业；

(3)由其战略实施而自然进入本行业的企业；

(4)那些通过后向或前向一体化进入本行业的卖方或供方。

4. 企业自身

市场顾客在变化，满足市场顾客所需要的技术也在变化，以外部为中心不能为企业制定长期战略奠定牢固的基础。因此在外部环境多变的情况下，企业本身的资源和能力将是更稳固的基础。也就是说，企业的核心竞争能力是竞争对手无法迅速模仿的能力，是企业获得竞争优势的关键。其核心能力表现在：(1)建立电子商务网络和系统的技能；(2)迅速把新产品投入市场的能力；(3)更好的服务能力；(4)生产制造高质量产品的技能；(5)开发产品特性方面的创新能力；(6)对市场变化做出快速反应的能力；(7)准确、迅速地满足顾客订单的系统；(8)整合各种技术、创造新产品的技能等。

根据波特的产品价值链分析法，企业的各种活动分为两类：

(1)基本活动。基本活动由五部分构成：内部后勤；生产作业；外部后勤；市场营销和销售；服务。

(2)辅助活动。辅助活动主要包括企业基础设施、人力资源管理、技术开发、采购。

波特认为，企业的经营活动实际上是价值增值的活动，企业所创造的价值增值如果超过了成本，便有盈利，如果超过了竞争对手，便拥有了更多的竞争优势。总之，战略分析就是要厘清企业外部的机会与威胁、内部的优势和劣势，要回避威胁、克服劣势，利用机会发挥优势，为制定战略打下良好的基础。

4. 顾客(目标市场)

(1)总体市场分析。市场的主要特征可用市场容量和市场交易便利程度两个指标来描述。市场容量决定企业发展的可能边界；市场交易便利程度或市场交易成本反映市场交易的可实现程度。

应用市场容量这一指标，必须界定地域和需求性质。根据所界定的地域和需求性质，分析市场总需求。总需求中又分为有支付能力的需求、暂时没有支付能力的潜在需求。对于以上分析，需要再次分析宏观一般环境的一些因素，如居民收入水平、居民储蓄和消费倾向、人口数量等。

市场交易的便利程度主要取决于市场基础建设、法律法规建设、产权制度和市场制度建设等。这些建设搞得好，将大大刺激人们的交易，从而扩大市场的广度。对这些因素的考察，同样需要再次分析宏观一般环境的信息。

(2)市场细分。市场细分是将一个总体市场划分为若干具有不同特点的顾客群，每个顾客群需要相应的产品。对于一个总体市场，可能存在两种极端：一种是市场中所有顾客都具有完全相同的偏好，称之为“同质市场”或“无市场细分”；另一种是市场中每位顾客均具有不同的偏好，并且企业对顾客的偏好具有完全信息，企业能够根据每位顾客的需要提供别具一格的产品或服务，称之为“用户化市场”或“完全市场细分”。极端存在是偶然的。一般来说，一个总体市场可以根据一定的标准将顾客归类，每一类顾客具有相同或相似的偏好。市场细分一般包括调查、分析、聚类并描述三个阶段。

(3)目标市场确定。企业用以下三个主要指标来评价细分市场：细分市场的规模及其成长状况；细分市场结构的吸引力；企业的目标和资源状况。

良好的细分市场应具有如下特征：可测量性、丰富性、可接受性、可实现性。

(4)产品定位。产品定位是企业为了满足目标市场，确定产品(或服务)的功能、质量、价格、包装、销售渠道、服务方式等。这里的关键是，必须用“整体产品”概念来理解“产品定位”。整体产品概念认为，产品包括向市场提供的能满足人们某种需要的一切物品和劳务，产品是由核心产品、形式产品和扩增产品三个层次所组成的一个整体。企业可以在任一层次或多层次上创造产品差别化，从而吸引顾客。

三、步骤3：识别机会与威胁

机会是外部环境因素的积极趋势；威胁是消极趋势。识别企业的主要机会和威胁的依据来自一般环境和行业环境的研究资料、数据等信息。企业面临的最主要的环境是行业。分析行业的机会与威胁，能使企业从更广阔的背景来分析和理解企业的机会与威胁。在这一阶段，需要考察三种具有关联的环境：直接的或行业的环境、国家的或民族的环境，以及更广泛的社会经济环境，或称宏观环境。

行业环境分析是对组织所在的行业的竞争结构进行评估，包括组织的竞争地位和主要竞争对手。由于许多市场已经转变为全球化市场，所以行业环境分析还应包括全球化对行业内竞争的影响。这样的分析可以说明，企业是否应当将生产设施转移到另一个国家，是否应当积极地在新兴市场国家扩大业务，或是应当警惕来自新兴市场国家的竞争。

四、步骤4：分析组织的资源和能力

如果组织的任何能力和资源是与众不同的，那么这种能力和资源就称为组织的核心能力。

1. 资源方面的内容

组织资源的内容涵盖面非常广泛，大致可分为三类：有形资源、无形资源和人力资源。

(1)有形资源。有形资源是指组织的物资和资金，包括生产设备、原材料、财务资源、不动产和计算机系统等。

(2)无形资源。无形资源通常包括品牌、商誉、组织文化、技术、专利、商标以及积累的组织经验等。

(3)人力资源。人力资源是人们根据其技能、知识以及推理和决策制定能力向企业提供的生产性服务。

2. 能力方面的内容

独立的资源是无法为组织创造价值和建立竞争优势的,企业的各种资源必须组合起来,形成有能力的组织。企业能力是指对资源的综合利用和为完成特定任务对所需资源进行组合的方式和过程。

(1)从职能视角研究和分析企业的能力。如营销部门的营销能力,可从提供的产品和服务的能力、获取有用市场信息的能力、提高市场占有率的能力、营销渠道的建设能力、对消费者需求的洞察力等角度进行分析。

(2)从价值链视角研究和分析企业的能力。

(3)核心竞争能力。要辨识和确认核心竞争能力,必须对核心竞争能力进行研究和分析。核心竞争能力是组织独具的、使企业能在一系列产品和服务竞争中取得可靠地位所必须依赖的关键性能力,是在组织众多能力中处于核心地位、较竞争对手具有领先地位的独特能力。核心竞争能力通常表现为以下形式:核心技术能力、策略决策能力、核心生产制造能力、核心市场营销能力、组织协调能力、核心品牌形象能力、核心服务能力、反应能力。

所以说,如果资源是有价值的、稀缺的、不可模仿的和有组织的,它们就可以看作企业的核心能力。简单地说,核心能力是企业优于竞争对手的地方。例如,本田公司的核心技术在于小型发动机的设计和制造;联邦快递的核心能力是后勤保障和客户服务。典型的核心能力是指一套技术和经验,而不在于实物或金融资产。例如,在美国的汽车生产商中,通用汽车一直被认为在市场营销方面具有核心能力,而福特公司则以质量独树一帜。一个企业的核心竞争力是一个企业竞争的最有力的武器。

五、步骤5:识别优势和劣势

优势,即组织擅长的活动或专有的资源;劣势,即组织不擅长的活动或非专有的资源。

SWOT分析,即对组织的优势、劣势、机会和威胁的分析,以便发现组织能够开发的市场区域。

在这一步骤中,它的目的在于找出组织的优势与劣势。例如,确定公司资源和能力的数量与质量、如何建立独特技能以及公司专有和独特的竞争力,这些同竞争优势的来源有关。建立和保持竞争优势要求企业实现卓越的效率、品质、创新和客户响应。通过内部优劣势的分析,企业可以知道哪些企业优势有助于在上述领域中实现绩效,哪些企业劣势会导致企业在竞争中失利。这一步骤又包含三个子步骤:首先,必须理解企业为顾客创造价值、为自己创造盈利的过程。还应当了解在这一过程中,企业的资源、组织能力和独特竞争力所发挥的作用。其次,应当了解卓越的效率、创新、品质和客户响应对价值创造和提高盈利能力的重要性。最后,必须分析企业竞争优势的来源,判断企业利润的驱动因素和发现机会所在。换言之,必须知道企业的优势是如何提高盈利的,而企业的劣势是如何减少盈利的。

六、步骤 6:构造战略

战略管理者通过 SWOT 分析对不同的战略进行比较,分析其中哪一个战略最有利于实现主要目标和卓越绩效,最终找出能够创建和保持竞争优势的战略组合。各战略之间应当保持一致。也就是说,职能层次战略应当同事业部层次战略和公司层次战略保持一致或相互支持。同时,公司层次战略也应当支持事业部层次战略。将企业所实行的种种战略结合在一起,就形成了一个可行的商业模式。从根本上说,SWOT 分析是选择商业模式与完善商业模式的方法论。例如,对海尔来说,SWOT 分析帮助它找到了进入美国市场的最佳定位和行之有效的商业模式;对于沃尔玛公司来说,SWOT 分析用于完善自助式超级市场的商业模式。所以说,通过前面步骤的分析,可以帮助企业管理者寻找到各个层次的战略。

七、步骤 7:实施战略

在选择了一组相互协调旨在实现竞争优势和提高企业绩效的战略之后,管理者们的下一步工作就是实施战略。战略实施的内容包括:发起品质改善项目,改变产品设计,在市场上为产品寻找差异化的定位,细分市场和向不同的顾客群体提供不同的产品,涨价或降价,通过合并和收购扩大企业规模,或通过关闭或出售某些部门而缩小规模。

战略实施还包括设计最佳的组织结构、组织文化和控制系统,从而将战略落实为行动。此外,高层管理还必须设计出企业的治理系统,保证企业的行动不仅符合盈利能力和利润增长最大化的要求,同时也是合法的、合乎伦理的。

一般来说,战略实施包括以下四个相关的子步骤:

第一,确定战略任务。用简明的语言明确公司某个特定的业务领域必须做什么来创造或者维持竞争优势。确定战略任务是为了让员工明确他们可以为整个公司贡献什么,也可以重新确定组织内部各个部分之间的关系。

第二,评估组织能力。评估组织的能力是为了执行组织的战略任务。任务团队会与公司的员工和经理们面谈,认定哪些具体问题会有助于或者有碍于有效的实施。评估的结果被提供给公司的最高管理层。

第三,制定实施日程。管理层应当决定,公司的管理风格将在多大程度上被改变,怎样处理关键的连接点,在关键任务中需要什么样的技能和个人,最终需要什么样的结构、措施、信息和奖励支持特定的行为。

第四,实施计划。最高管理层、任务团队和其他人已经制定了实施计划。最高管理层要监控整个过程。任务团队负责反馈组织中其他人对变革的看法。这一过程虽然看起来简单,但是实施起来却并不容易。

当然,战略规划是一个持续动态的过程,永无止境。战略一旦进入实施阶段,管理层必须时刻注意它的执行情况,监督企业真正实现了哪些主要目标以及企业在多大程度上创造并保持了竞争优势。这方面的信息通过反馈传达到最高管理层,成为下一轮战略制定和实施的原始资料。高层管理者由此决定是否应当加强现在的企业目标和战略或作出改变。

八、步骤 8:评估结果

战略管理的最后一步是评估结果,即对战略的有效性进行评估,决定需要做出哪些必要的调整。组织内外部环境的变动性决定了要保证战略管理过程的顺利实现,必须通过战略评估体系对制定并实施战略的效果进行评估，以便采取相应的措施进行完善。战略评估决定战略管理的成败。

思考题

1. 各层次战略的侧重点是什么？
2. 制定战略的基本步骤有哪些？

实践练习

分析一家公司的战略

选一家最近频繁见诸报端的公司，利用各种渠道查找该公司近几年的年度报告，然后对这家公司做下述分析：

1. 从该公司的年度报告中确定其过去五年间所推行的主要战略，并试着分析推行这些战略的原因。
2. 该公司主要在哪一行业竞争？推行了什么类型的战略？
3. 该公司在哪些方面具有优势？分析公司是如何取得这些优势的。
4. 该公司现行的公司层次战略是什么？公司推行这一战略的原因有哪些？

第十一章 组织文化

本章重难点

1. 组织文化的含义及特征
2. 组织文化对管理的作用
3. 建立组织文化的基本步骤

走进管理：

微软公司：别具一格的文化个性

1975年，保罗·艾伦和比尔·盖茨合伙创建了微软公司，产品是微软BASIC，雇员为3人，当年收入16 000美元。1977年，微软在日本推行BASIC。1982年，在英国建立欧洲分部。1986年，微软在纳斯达克上市。上市后，微软的经营利润率持续保持在30%以上，到1995年，微软的年收入已达59亿美元，拥有200多种产品，约17 800名雇员。微软控制了PC软件市场中最重要的部分——操作系统的80%～85%。这些软件在操作系统上运行，使用户能在计算机上执行特定的任务。没有哪一个与计算机或信息技术有关的行业和用户不受到微软及其产品的影响。

微软从最早卖程序设计语言到出售操作系统，再到向零售店出售各种应用软件，从国内到国外，不断获得发展。但微软始终保持着公司早期结构松散、反官僚主义、微型小组文化等的基本部分，从而与顾客更接近，更了解市场的需要。

面对市场和技术方面的挑战，微软总是奉行最基本的战略，向未来进军。它拥有出色的总裁和高级管理队伍以及才华过人的雇员，拥有高度有效和一致的竞争策略与组织目标，组织机构灵活，产品开发能力强，效率高。微软人有一种敢于否定自我、不断学习提高的精神。当然，在其优点和成绩背后也隐藏着很多弱点。但微软正是在克服弱点和发挥优势的过程中不断向前发展。微软公司令人吃惊的成长速度，引起了世人的广泛关注。透过微软辉煌业绩我们不难发现，其成功不仅在于科技创新和优异的经营管理，更重要的是创设了知识型企业独特的文化个性。

一、比尔·盖茨缔造了微软文化个性

比尔·盖茨独特的个性和高超技能造就了微软公司的文化品位。这位精明的、精力充沛且富有幻想的公司创始人，极力寻求并任用与自己类似的既懂技术又善于经营的经理人员。他向来强调以产品为中心来组织和管理公司，超越经营职能，大胆实行组织创新，极力在公司内部和应聘者中挖掘同自己一样富有创新和合作精神的人才并委以重任。比尔·盖茨被其员工形容为一个幻想家，是一个不断积蓄力量和疯狂追求成功的人。他的这种个人品行，深深地影响着公司。他雄厚的技术知识存量和高度敏锐的战略眼光，以及在他周围汇集的一大批精明的软件开发和经营人才，使他自己及其公司屹立于这个迅速发展的行业的最前沿。盖茨善于洞察机会，紧紧抓住这些机会，并能使自己个人的精神风范在公司内贯彻到底，从而使整个公司的经营管理和产品开发等活动都带有盖茨色彩。

二、管理创造性人才和技术的团队文化

知识型企业的一个重要特征就是拥有一大批具有创造性的人才。微软文化能把那些不喜欢大量规则、组织、计划，强烈反对官僚主义的PC程序员团结在一起，遵循"组建职能交叉专家小组"的策略准则；授权专业部门自己定义他们的工作，招聘并培训新雇员，使工作种类灵活机动，让人们保持独立的思想；专家小组的成员可在工作中学习，从有经验的人那里学习，没有太多的官僚主义规则和干预，没有过时的正式培训项目，没有"职业化"的管理人员，没有要"政治手腕"、搞官僚主义的风气。经理人员非常精干且平易近人，从而使大多数雇员认为微软是该行业的最佳工作场所。这种团队文化为员工提供了有趣的、不断变化的工作以及大量学习和决策的机会。

三、始终如一的创新精神

知识经济时代的核心工作内容就是创新，创新精神应是知识型企业文化的精髓。微软人始终作为开拓者——创造或进入一个潜在的大规模市场，然后不断改进一种已成为市场标准的好产品。微软公司不断进行渐进的产品革新，并不时有重大突破，在公司内部形成了一种不断新陈代谢的机制，使竞争对手很少有机会能对微软构成威胁。其不断改进新产品、定期淘汰旧产品的机制，始终使公司产品成为或不断成为行业标准。创新是贯穿微软经营全过程的核心精神。

四、创建学习型组织

世界已进入学习型组织的时代，真正创建学习型组织的企业，才是最有活力的企业。微软人为此制定了自己的战略，通过自我批评、信息反馈和交流而力求进步，向未来进军。微软在充分衡量产品开发过程的各要素之后，极力在进行更有效的管理和避免过度官僚化之间寻求一种新平衡；更彻底地分析与客户的联系，视客户的支持为自己进步的依据；系统地从过去和当前的研究项目与产品中学习，不断地进行自我批评、自我否定；通过电子邮件建立广泛的联系和信任，盖茨和其他经理人员极力主张人们保持密切联系，加强互动式学习，实现资源共享；通过建立共享机制，影响公司文化的发展战略，促进公司组织发生变化，保持充分的活力。建立学习型组织，使公司整体结合得更加紧密，效率更高地向未来进军。

资料来源：代凯军，《管理案例博士评点：中外企业案例比较分析》，中华工商联合出版社2000年版。

第一节　组织文化及其发展

组织的成功或失败经常归因于组织文化。组织文化是被组织成员共同接受的价值观念、思维方式、工作作风、行为准则等群体意识的总称。组织通过培养、塑造这种文化来影响成员的工作态度，引导实现组织目标。因此，根据外在环境的变化适时变革组织文化，常被视为组织成功的基础。

一、组织文化的概念及其特征

（一）组织文化的形成

组织文化主要探讨企业文化，这一概念最早是由美国学者于20世纪70年代末至80年代初提出的，它是通过对日本经济飞速发展的实证分析以及与美国经济发展的比较所提出来的一个崭新的概念。

众所周知，日本的资源几乎等于零，第二次世界大战后千疮百孔，但为什么发展如此之快？美国企业界人士、管理学界的学者纷纷涌向日本，学习、考察和探索日本经济腾飞的奥秘。尽管美国人对日本经济迅猛发展的看法不尽一致，但他们都认为，日本的成功得益于其独特的管理模式。日本人的高明之处就在于重视人的管理、重视人的价值观及其作用，能够把“硬性”管理与“软性”管理有机地结合起来。因为文化的本质是人的问题，是人的价值观问题。“企业文化”的概念就这样被美国人提出来了。可见，企业文化是探索企业管理的本质，是属于管理领域的新问题。

企业文化建设的宏观环境因素主要有三个方面：

(1)科学技术的不断发展对企业产生了巨大影响，使企业的管理思想、管理组织、管理手段、管理行为以及管理人员构成等都发生了巨大的变化，特别是管理价值观的变化。

(2)市场竞争的不断加剧，在所有的竞争中，技术和人才的竞争最为突出，而在技术和人才的背后仍然是知识的竞争，因为知识是基础。

(3)在企业生存和发展过程中，人文环境因素的作用越来越重要。企业要立足于特定的社会环境，树立良好形象，努力回报社会，就必须准确地识别和研究人文环境的各种影响和作用，而这些也正是企业文化所要回答的问题。

我国还将长期处于社会主义初级阶段。同样，我国的经济就是在这样一个国情下的社会主义市场经济。那么分析和认识我国现阶段企业文化建设的时代背景，就必须着眼于这样的实际国情和经济环境。

从初级阶段和市场经济这两个最本质的背景特征看，一个反映国情基础，一个反映经济环境，企业文化建设就是要充分体现这两个特征的规范，认识和利用这两个特征所反映的规律对企业发展的意义来促进企业的发展。

(二)组织文化的基本概念

正确理解组织文化，首先应认识什么是文化。文化有广义和狭义之分。广义的文化是指人类在社会历史发展过程中所创造的物质文明和精神文明的总和，其中，物质文化可称为“器的文化”或“硬文化”，精神文化可称为“软文化”。狭义的文化是指社会的意识形态，以及与之相适应的礼仪制度、组织机构、行为方式等物化的精神。文化具有民族性、多样性、相对性、沉淀性、延续性和整体性的特点，它不仅作用于人类改造自然和社会的实践活动，推动社会历史的发展，同时人类文化又随着社会历史的发展，形成了各种门类、各种形式、各具特色的文化模式。

组织是按照一定的目的和形式构建起来的社会集合体，由于每个组织都有自己特殊的环境条件和历史传统，也就形成了自己独特的哲学信仰、意识形态、价值取向和行为方式，于是每一个组织也都形成了自己特定的组织文化。组织文化的任务就是努力创造这些共同的价值观念体系和共同的行为准则。从这个意义上说，组织文化是组织在长期实践活动中形成的且为组织成员普遍认可和遵循的具有本组织特色的价值观念、团体意识、工作作风、行为规范和思维方式的总和。

(三)组织文化的主要特征

1. 超个体的独特性

每个组织都有其独特的组织文化，这是由不同的国家和民族、不同的地域、不同的时代背景以及不同的行业特点所形成的。例如，美国的组织文化强调能力主义、个人奋斗和不断进取；日本文化深受儒家文化的影响，强调团队合作、家族精神。

2. 相对的稳定性

组织文化是组织在长期发展中逐渐积累而成的，具有较强的稳定性，不会因组织结构的改变、战略的转移或产品与服务的调整而变化。一个组织中，精神文化又比物质文化具有更多的稳定性。

3. 融合继承性

每一个组织都是在特定的文化背景下形成的，必然会接受和继承这个国家和民族的文化传统与价值体系。但是，组织文化在发展过程中也应该注意吸收其他组织的优秀文化，融合世界上最新的文明成果，不断充实和发展自我。也正是这种融合继承性，使得组织文化能够更加适应时代的要求，并且形成历史性与时代性相统一的组织文化。

4. 发展性

组织文化随着历史的积累、社会的进步、环境的变迁以及组织变革逐步演进和发展。强势、健康的文化有助于组织适应外部环境和变革，而弱势、不健康的文化则可能导致组织的不良发展。改革现有的组织文化，重新设计和塑造健康的组织文化过程，就是组织适应外部环境变化、改变员工价值观念的过程。

二、组织文化的结构与内容

(一)组织文化的结构

一般认为，组织文化有三个层次，即潜层文化、表层文化和显现层文化三层，如图 11－1 所示。

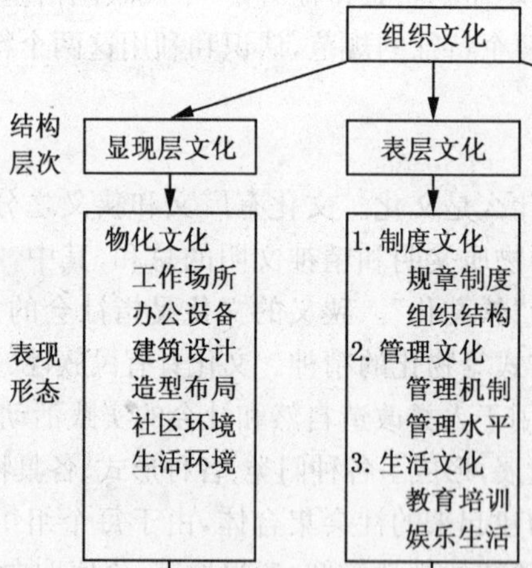

图 11－1 组织文化复合网络

1. 潜层次的精神层

这是指组织文化中的核心和主体，是广大员工共同而潜在的意识形态，包括管理哲学、敬业精神、人本主义的价值观念、道德观念等。

2. 表层的制度系统

表层的制度系统又称制度层，是体现某个具体组织文化特色的各种规章制度、道德规范和员工行为准则的总和，也包括组织体内分工协作关系的组织结构。它是组织文化核心层与显现层的中间层，是由虚体文化向实体文化转化的中介。

3. 显现层的组织文化载体

显现层的组织文化载体又称物质层，是指凝聚着组织文化抽象内容的物质体的外在显现，它既包括组织整个物质的和精神的活动过程、组织行为、组织体产出等外在表现形式，也包括组织实体性的文化设备、设施等，如带有本组织色彩的工作环境、作业方式、图书馆、俱乐部等。显现层文化是组织文化最直观的部分，也是人们最易于感知的部分。

（二）组织文化的内容

从最能体现组织文化特征的内容来看，组织文化包括组织的价值观、组织精神、伦理规范和组织素养等。

1. 组织的价值观

组织的价值观就是组织内部管理层和全体员工对该组织的生产、经营、服务等活动以及指导这些活动的一般看法或基本观点。它包括组织存在的意义和目的、组织中各项规章制度的必要性与作用、组织中各层级和各部门的各种不同岗位上的人们的行为与组织利益之间的关系等。每一个组织的价值观都会有不同的层次和内容，成功的组织总是会不断创造和更新组织的信念，不断追求新的、更高的目标。

2. 组织精神

组织精神是指组织经过共同奋斗和长期培养所逐步形成的认识和看待事物的共同心理趋势、价值取向和主导意识。组织精神是一个组织的精神支柱，是组织文化的核心，它反映了组织成员对组织的特征、形象、地位等的理解和认同，也包含了对组织未来发展和命运所抱有的理想和希望。组织精神反映了一个组织的基本素养和精神风貌，成为凝聚组织成员共同奋斗的精神源泉。

3. 伦理规范

伦理规范是指从道德意义上考虑的、由社会向人们提出并应当遵守的行为准则，它通过社会舆论来规范人们的行为。组织文化内容结构中的伦理规范既体现了组织自下而上环境中社会文化的一般性要求，又体现着本组织各项管理的特殊需求。因此，如果高层主管不能设定并维持高标准的伦理规范，那么正式的伦理准则和相关的培训计划将会流于形式。

由此可见，以道德规范为内容的基础的员工伦理行为准则，是传统的组织管理规章制度的补充、完善和发展，并使组织的价值观融入了新的文化力量。

4. 组织素养

组织素养包括组织中各层级员工的基本思想素养、科技和文化教育水平、工作能力和精力以及身体状况等。其中，基本思想素养的水平越高，组织中的管理哲学、敬业精神、价值观念、道德修养的基础就越深厚，组织文化的内容也就越充实丰富。可以想象，当一个行为或一项选择不容易判定对与错时，基本思想素养水平较高的组织容易帮助管理者正确做出决策，组织文化必须包含组织运作成功所必要的组织素养。

第二节　组织文化的功能与塑造途径

一、组织文化的功能

组织文化具有很多特定的功能，主要功能有以下几项：

1. 整合功能

组织文化通过培育组织成员的认同感和归属感，建立起成员与组织之间的相互信任和依存关系，使个人的行为、思想、感情、信念、习惯以及沟通方式与整个组织有机地整合在一起，形成相对稳固的文化氛围，凝聚成一种无形的合力，以此激发出组织成员的主观能动性，并为组织的共同目标而努力。

2. 适应功能

组织文化能从根本上改变员工的旧有价值观念，建立起新的价值观念，使之适应组织内外部环境的变化要求。一旦组织文化所提倡的价值观念和行为规范被组织成员接受和认同，组织成员就会自觉或不自觉地做出符合组织要求的行为；倘若违反组织要求，则会感到内疚、不安或自责，从而自动修正自己的行为。因此，组织文化具有某种程度的强制性和改造性，其效用是帮助组织指导员工的日常活动，使其能快速适应内外部环境因素的变化。

3. 导向功能

组织文化作为团体共同的价值观，与组织成员必须强行遵守的、以文字形式表述的明文规定不同，它只是一种软性的、抽象的理智约束，通过组织的共同价值观不断地向个人价值观渗透和内化，使组织自动生成一套自我调控机制，以一种适应性文化引导着组织的行为和活动。

4. 发展功能

组织在不断的发展过程中所形成的文化沉淀，通过无数次的辐射、反馈和强化，会随着实践的发展而不断地更新和优化，推动组织文化从一个高度向另一个高度迈进。

5. 持续功能

组织文化的形成是一个复杂的过程，往往会受到政治、社会、人文和自然环境等诸多因素的影响，因此，它的形成需要经过长期的倡导和培育。正如任何文化都有历史继承性一样，组织文化一旦形成，便会具有持续性，不会因组织战略或领导层人事变动而立即消失。

二、组织文化的塑造途径

组织文化的塑造是个长期的过程，同时也是组织发展过程中的一项艰巨细致的系统工程。许多组织致力于导入 CIS 系统并取得了一定成效，它已成为一种直观的、便于理解和操作的组织文化塑造方法。从路径上讲，组织文化的塑造需要经过以下几个过程：

1. 选择合适的组织价值观标准

组织价值观是整个组织文化的核心，选择正确的组织价值观是塑造良好组织文化的首要战略问题。选择组织价值观，首先要立足于本组织的具体情况，根据自己的目的、环境要求和组成方式等选择适合自身发展的组织文化模式。其次要把握住组织价值观与组织文化各要素之间的相互协调，因为各要素只有经过科学的组合与匹配才能实现系统整体优化。

在此基础上，选择正确的组织价值观标准要注意以下四点：

(1)组织价值观标准要正确、明晰、科学，具有鲜明特点；

(2)组织价值观和组织文化要体现组织的宗旨、管理战略和发展方向；

(3)要切实调查本组织员工的认可程度和接纳程度，使之与本组织员工的基本素质相和谐，过高或过低的标准都很难奏效；

(4)选择组织价值观要发挥员工的创造性，认真听取员工的各种意见，并经过自上而下和自下而上的多次反复，审慎地筛选出既符合本组织特点又反映员工心态的组织价值观和组织文化模式。

2. 强化员工的认同感

在选择并确立了组织价值观和组织文化模式之后，就应把基本认可的方案通过一定的强化灌输，使其深入人心。具体做法是：

(1)利用一切宣传媒体，宣传组织文化的内容和精要，使员工个个知晓，以创造浓厚的环境氛围。

(2)培养和树立典型。榜样和英雄人物是组织精神和组织文化的人格化身与形象缩影，能够以其特有的感召力和影响力，为组织成员提供可以仿效的具体榜样。

(3)加强相关培训教育。有目的的培训与教育，能够使组织成员系统地接受组织的价值观并强化员工的认同感。

3. 提炼定格

组织价值观的形成不是一蹴而就的，必须经过分析、归纳和提炼，方能定格。

(1)精心分析。在经过群众性的初步认同实践之后，应当将反馈回来的意见加以剖析和评价，分析和比较实践结果与规划方案的差距，必要时可吸收有关专家和员工的合理意见。

(2)全面归纳。在系统分析的基础上，进行综合化的整理、归纳、总结和反思，去除那些落后或不适宜的内容与形式，保留积极进步的形式与内容。

(3)精练定格。把经过科学论证和实践检验的组织精神、组织价值观、组织伦理与行为予以条理化、完善化、格式化，再经过必要的理论加工和文字处理，用精练的语言表达出来。

4. 巩固落实

要巩固落实已提炼定格的组织文化，首先要建立必要的制度。在组织文化演变为全体员工的习惯行为之前，要使每一位员工一开始就自觉主动地按照组织文化和组织精神的标准去行动比较困难，即使在组织文化业已成熟的组织中，个别成员背离组织宗旨的行为也是经常发生的。因此，建立某种奖优罚劣的规章制度十分必要。其次，领导者在塑造组织文化的过程中起着决定性的作用，应起到率先垂范的作用。领导者必须更新观念并能带领组织成员为建设优秀的组织文化而共同努力。

5. 在发展中不断丰富和完善

任何一种组织文化都是特定历史的产物，当组织的内外部条件发生变化时，组织必须不失时机地丰富、完善和发展组织文化。这既是一个不断淘汰旧文化和不断生成新文化的过程，也是一个认识与实践不断深化的过程。组织文化由此经过不断的循环往复，以达到更高的层次。

思考题

1. 名词解释：组织文化。
2. 简述组织文化的功能与塑造途径。

实践练习

通过网络，搜索一家知名企业的企业文化表述，分析它是从哪个角度描述企业文化的，以及该企业文化的塑造对企业的发展有何意义。

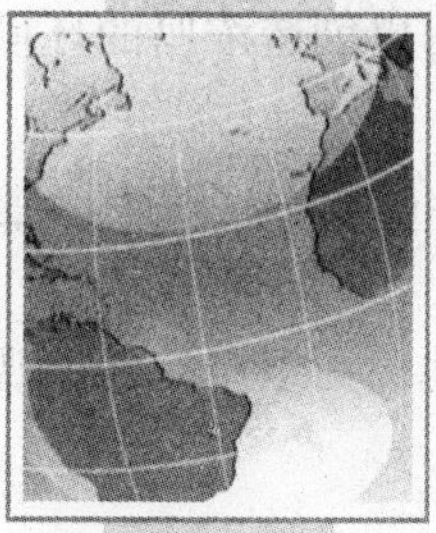

第十二章 人力资源管理

本章重难点

1. 人力资源计划的任务、过程及人员配置原则
2. 招聘的方法和流程，员工外部招聘和内部提升各自的优缺点
3. 培训的方式及过程
4. 绩效评估程序和方法

走进管理：

赛扬公司人力资源部的部门经理黄学谊和培训员汤征来到公司下属的一家工厂，培训必须参加该培训课程的所有车间管理人员。在上午培训班的开学仪式上，公司分管人力资源管理工作的副总经理吴豪添说："虽然我不知道黄学谊为本次培训做了哪些安排，但是我知道人员培训是非常重要的，首先要感谢黄学谊和汤征为本次培训所做的准备工作。我希望公司从这次管理人员培训中获得巨大收益，因此希望每个人都尽最大努力完成这一周的培训。"之后吴豪添就离开了会场；黄学谊主持完该仪式后也离开了。汤征开始主讲第一课——怎样有效地管理工人。但是，他发现整个教室里的人都对这堂课缺乏兴趣。

下午快下班时，黄学谊接到汤征打来的电话："黄经理，那些车间管理人员根本不想参加培训，当我利用上午课间休息与二车间主任吕安福谈话时，他居然说：'20多年来我在管理工人方面早就有一套，根本不需要你们那些书呆子发明的方法。'而且下午的计算机基础知识课，很多人根本没有来。黄经理，你看我该怎么做？"

参加这次培训的所有车间管理人员都是中专及以下文化程度，目前工作绩效不错，是工厂的中坚力量，但是他们基本上不会操作计算机，大多数人也不懂现代生产运作管理知识。公司马上要引进计算机管理系统来提高生产管理效率，正好利用这一周机器维修的时间进行生产管理基础知识与计算机简单应用培训。如果这次培训不力，可能会造成非常严重的后果，总不能把他们全都换掉吧？

第二天中午快午休时，黄学谊接到生产部经理马全打来的电话："黄经理，你能不能重新派一个培训员？那些参加培训的车间管理人员说，'汤征出生之前我就在管理工人，可是突然间我们做的都是不文明的了，我们倒是希望有机会教一下这个乳臭未干的大学生怎么管理工人'。而且今天上午我们的优秀车间主任蓝田基问他电脑方面的问题时，他根本不屑于回答，扭头就走了。"

汤征去年刚从某名牌大学信息管理与信息系统专业本科毕业，进入公司人力资源部工作刚满一年，今年22岁。因为工作表现不错，这次被黄学谊派到工厂独自培训车间管理人员。但是培训期间，常常是台上他在讲课，台下那些老工人在议论他。这简直是一种精神折磨，他甚至怀疑这次培训是否会真的提高员工素质，带来工作改进。

讨论题：

1. 如果你是人力资源部负责培训的主管，你将如何设计这次培训，使其更有效果？

2. 你认为这个案例中导致培训失败的原因有哪些？

第一节 人力资源管理概述

一、人力资源管理的概念和意义

（一）人力资源管理的概念

人力资源管理指的是为实现组织的战略目标，组织利用现代科学技术和管理理论，通过不断地获得人力资源，并对所获得的人力资源进行整合、调控与开发，给予他们相应的报偿，以有效地开发和利用人力资源的活动过程。

（二）人力资源管理的意义

1. 实现事得其人，人尽其才

人力资源管理并不直接管理社会劳动过程，而是对社会劳动过程中人与人、人与事之间的相互关系进行管理，谋求的是社会劳动过程中人与事、人与人、人与组织的相互适应。

2. 实现对人力资源的组织、协调、控制和监督

组织就是在知人识事基础上，因事择人，达到人与事的最佳结合；协调就是根据人与事的变化，及时调整两者关系，以保持人事相宜的良好状态；控制就是采用行政的、组织的、思想的种种办法，防止人与事、人与人、人与组织关系的对抗；监督就是对组织、协调、控制人力资源活动的监察。

3. 提高人力资源利用效率，增强企业竞争力

人力资源管理并不是使人消极、被动地适应事的需要，而是根据个人能力特点，安置在能充分施展其才华的最佳工作岗位上，根据其才智和能力的提高，及时调整其工作岗位，使其才能得以充分发挥。因此，人力资源管理不是消极、静态的管理，而是积极、动态的管理，这种动态管理带来了人力资源利用率的提高，进而促进企业生产率的提高和竞争力的增强。

4. 提高员工的工作生活质量和工作满意度

工作生活质量是指组织中所有人员，通过与组织目标相适应的公开交流渠道，有权影响决策，改善自己的工作，进而使员工获得更强的参与感、更高的工作满意度和更少的精神压力的过程。它集中反映了员工在工作中所产生的生理和心理健康的感觉。

二、人力资源管理的职能及其内容

现代人力资源管理是为了完成管理工作中涉及人或人事方面的任务所需要掌握的各种概念和技术。人力资源管理主要有以下五大职能：

（一）战略规划职能

人力资源战略规划是根据企业的发展战略，审视组织内外部环境，对整体的人力资源按组织目标进行分析后给出数量和质量上的明确要求，并制定出一系列的政策、措施、时间安排等。其主要内容如下：

1. 人力资源规划

人力资源规划是系统全面地分析和确定组织人力资源需求的过程，以确保组织在需要时

能够得到一定数量和质量的员工，满足组织现在及将来各个岗位的需要。在制定人力资源规划时，首先要评估组织的人力资源现状及其发展趋势，收集和分析人力资源供求信息和有关资料，预测人力资源供求的发展趋势，结合实际，制定组织的人力资源使用、培训和发展规划。

2. 组织结构设计与工作分析

组织结构设计与工作分析又称职务分析，是全面了解一项具体工作或具体职务的管理活动。工作分析的基础是组织结构设计。组织结构设计决定组织内如何进行专业分工和任务分解，决定不同职位的权限、责任和职能范围。工作分析是对组织中各个工作职位的特征、规范、要求和流程，以及能够胜任该职位的人的素质、知识、技能等要求进行描述，形成工作描述和工作说明书。

（二）获取与配置职能

1. 招聘

招聘是指根据人力资源规划和工作分析要求，为组织获得所需要的人力资源的过程，它是人力资源管理的首要环节。广义的招聘包括招聘准备、招聘实施和招聘评估三个阶段；狭义的招聘即指招聘的实施阶段，包括招募、筛选（或称选拔、甄选）、录用三个阶段。

2. 配置

人员配置是根据人岗匹配的原理，实现人力资源与物力、财力资源的有效结合而进行的一系列管理活动。

（三）保持职能

保持职能包括两个方面：一是保持员工的工作积极性，如公平的报酬、有效的沟通与参与、融洽的劳资关系等；二是保持健康安全的工作环境。

1. 薪酬与福利管理

薪酬是指员工为企业提供劳动而得到的各种货币与实物报酬的总和，包括工资、奖金、津贴、提成工资、劳动分工、福利等。它是组织吸引和留住人才、激励员工努力工作、发挥人力资源效能最有力的杠杆之一。社会保险是一种福利，由政府主办、强制用人单位和劳动者从其就业年份的收入中拨出一部分缴纳社会保险，作为社会保险基金。我国《劳动合同法》规定，社会保险项目主要包括养老保险、失业保险、医疗保险、工伤保险、生育保险等。

2. 员工关系管理

员工关系又称雇员关系，与劳动关系、劳资关系相近。人力资源管理涉及劳动关系的各个方面，如劳动时间、劳动报酬、劳动保护、劳动争议等。劳动关系是否健康、融洽，直接关系到人力资源管理活动能否有效开展。

（四）发展职能

1. 员工培训与开发

为了提高组织的适应能力和竞争力，需要对员工进行培训与开发，使他们明确自己的任务、职责和目标，提高知识和技能，具备与实现组织目标相适应的素质和业务技能。

2. 职业生涯管理

帮助员工制定个人发展计划，使个人的发展与企业的发展相协调，满足个人成长的需要。

3. 绩效评估

绩效评估是指为实现组织发展战略目标，采用科学的方法，通过对员工个人或组织的综合素质、态度行为和工作业绩进行全面监测、分析与考核评价，不断激励员工，改善组织行为，提高综合素质，充分调动员工的积极性、主动性和创造性，挖掘其潜力的活动过程。

(五)评价与调整职能

评价包括工作评价、绩效考核、满意度调查等。其中,绩效考核是核心,它是奖惩、晋升等的依据。通过对员工的基本素质、劳动态度和行为、技能水平、工作成果等进行全面考核和评价,作出相应的奖惩、升迁、解雇等调整决策,使员工的技能水平和工作效率达到并超过工作岗位的基本要求。

人力资源管理系统如图 12—1 所示。

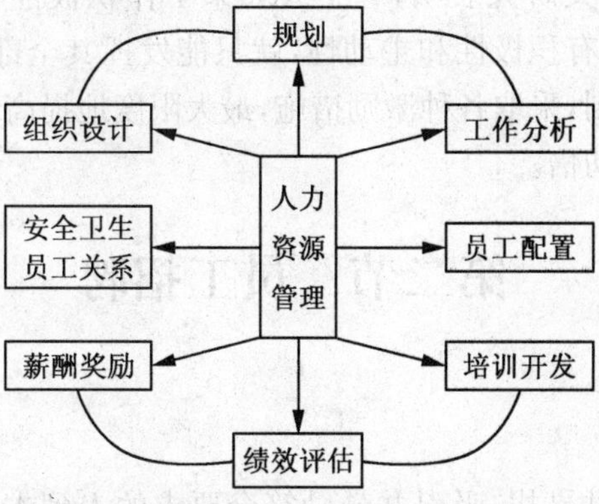

图 12—1　人力资源管理系统

三、人力资源管理的原则

(一)因事择人原则

所谓因事择人,是指应以所空职位和工作的实际要求为标准来选拔符合标准的各类人员。选取人的目的在于使其担当一定的职务,并能按照要求从事与该职务相应的工作。要使工作圆满完成并卓有成效,首先要求在保证工作效率的前提下安排和设置职位,其次要求占据职位的人应具备相应的知识和工作能力。因此,因事择人是实现人事匹配的基本要求,也是组织中人员配备的首要原则。

(二)因材器用原则

所谓因材器用,是指根据人的能力和素质的不同来安排不同要求的工作。从组织中人的角度来考虑,只有根据人的特点来安排工作,才能使人的潜能得到最充分的发挥,使人的工作热情得到最大限度的激发。如果学非所用、大材小用或小材大用,不仅会严重影响组织效率,而且会造成人力资源计划的失效。

(三)用人所长原则

所谓用人所长,是指在用人时不能够求全责备,管理者应注重发挥人的长处。在现实中,由于人的知识、能力、个性发展是不平衡的,组织中的工作任务要求又具有多样性,因此,完全意义上的“通才”是不存在的,即使存在,组织也不一定非要选用这种“通才”,而应该选择最适合空缺职位要求的候选人。有效的管理就是要能够发挥人的长处,并使其弱点减到最少。

(四)人事动态平衡原则

处在动态环境中的组织是在不断变革和发展的,组织对其成员的要求也是在不断变动的,当然,工作中人的能力和知识也是在不断提高和丰富的,因此,人与事的配合需要进行不断的协调平衡。所谓人事动态平衡,就是要使那些能力发展充分的人去从事组织中更为重要的工作，同时也要使能力平平、不符合职务需要的人被识别及合理调整，最终实现人与工作的动态平衡。

（五）激励原则

就是运用各种有效的方法去调动人的积极性和创造性。人的能力分潜在能力和显在能力。潜在能力是指人本身的各种因素决定的一种可能能力。显在能力是指人在实际工作中发挥出来的能力。潜在能力和显在能力一般来说是不等量的，这除了客观因素外，最主要受人本身积极性高低的影响。有关研究表明，一个人如果工作积极性很高，他（她）可以发挥自身80%～90%的才能；如果没有积极性和主动性，就只能发挥其全部才能的30%左右。所以人力资源管理要坚持激励原则，采取各种激励措施，最大限度地提高工作人员的工作积极性和创造性，做到人尽其才、事半功倍。

第二节 员工招聘

一、员工招聘的标准

员工招聘是指组织及时寻找、吸引并鼓励符合要求的人到本组织中任职和工作的过程。组织需要招聘员工可能基于以下几种情况：新设立一个组织；组织扩张；调整不合理的人员结构；员工因故离职而出现职位空缺；等等。

员工招聘是落实人力资源计划的一个重要步骤，必须依据一定的标准慎重决策。这是因为，员工一旦被聘用，即使能力和业绩平平，组织也很难迅速将其解聘。因此，在员工招聘初始，就应对不同层次上不同员工的具体要求总结出一些基本的相同点，以供决策时参考。管理人员招聘的标准主要有以下几条：

（一）管理的愿望

强烈的管理愿望是有效开展工作的基本前提。对某些管理人员来说，担任管理工作，意味着在组织中将取得较高的地位、名誉以及与之相应的报酬，这将产生很强的激励作用，但对大多数员工来说，管理意味着可以利用制度赋予的权力来组织劳动，意味着可以通过自己的知识和技能以及与他人的合作来实现自我，这将获得心理上的极大满足。毋庸讳言，管理意味着对种种权力的运用。管理能力低下、自信心不足或对权力不感兴趣的人，自然也就不会负责任地有效使用权力，这就难以达到理想而积极的工作效果。

（二）良好的品德

良好的品德是每个组织成员都应具备的基本素质。对于管理人员来说，担任管理职务意味着拥有一定的职权，而组织对权力的运用不可能随时进行严密、细致、有效的监督，所以权力能否正确运用，在很大程度上只能取决于管理人员的自觉、自律行为。因此，管理人员必须是值得信赖的，并且要具有正直而高尚的道德品质。对于一般员工来说，良好的品德意味着对上不曲意逢迎、阳奉阴违，敢于坚持真理，修正错误；对下则一视同仁，不以个人的好恶和偏见论是非，不拉帮结派、亲此疏彼。品行优良意味着脚踏实地地工作，而不是为了哗众取宠做表面文章。总之，良好的品德应该成为员工的基本要求，特别是在一个学习型的团队组织中，如果员工缺乏这种品质，就可能会涣散人心而使团队合作无法进行。当然，只有正直的品质而无工作能力之人，也不能成为一名合格的技术或管理人才，组织必须予以充分的考察，慎重取舍。

(三)勇于创新的精神

对于一个现代组织来说,管理的任务决不仅仅是执行上级的命令,维持系统的运转,而是要能在组织系统或部门的工作中不断创新。只有不断创新,组织才能充满生机和活力,才能不断发展。创新意味着要打破传统机制的束缚,做以前没有做过的事,而这一切都没有现成的程序或规律可循。因此,创新需要冒很大的风险,且往往是希望取得的成功越大,需要冒的风险也越大。要使组织更具创新活力,组织就必须努力创造敢于冒险、鼓励创新的良好氛围。

(四)较高的决策能力

随着组织权力的日趋下移,组织中员工的决策能力要求有不断提高的趋势。为了更好地完成组织的任务,对管理人员来说,不仅要计划和安排好自己的工作,而且更重要的是要通过一系列的决策,组织和协调好部属的工作。例如,本部门未来一段时期内要从事哪些活动?这些活动须达到怎样的工作效果?谁去从事这些活动?如何授权?利用何种条件、在何时完成这些活动?等等。对管理人员来说,要通过建立广泛的合作,尽可能使工作中的决策得到各方的支持与拥护。

二、员工招聘的来源与方法

(一)员工招聘的来源

员工招聘的来源可以是多方面的,如学校、人才市场、部队转业军人等,但招聘工作的有效性更多地要依赖于劳动力市场的状况、组织内部空缺职位的高低、组织规模的大小、组织形象等因素。显然,劳动力市场越大,人员就越容易招聘,而职位越高或要求的技能越多,招聘的范围就可能越宽泛。一般而言,组织规模越大,可选机会也就越多;组织形象越好,社会地位也就越高。显然,一个组织中发展的机会越多,应聘者就会越多。

一般来讲,组织可以通过以下几种渠道获取必要的人力资源:

(1)广告应聘者。通过广播、报纸、电视等传媒渠道发布用人信息。广告是最常用的招聘方式。应聘者可以根据自己的情况选择自己适合的职业,减少盲目应聘;组织也可以通过此办法集中挑选需要的人员。一般而言,组织中空缺职位越高或者所需具备的技能越强,广告的辐射范围就越广。

(2)员工或关联人员推荐。研究表明,经内部员工或关联人员推荐的人员要比广告等其他形式招募来的满意度高。这是因为,做这样的推荐,事关推荐人的名声,并且本人对组织也比较了解,容易形成凝聚力,也可以省去部分招聘成本。

(3)职业介绍机构推荐。对于规模小且没有正式人事机构的组织而言,职业介绍机构能使组织以较低的成本找到职位应聘者,当然,规模大的组织也可以求助于此类机构,因为这类机构拥有的专业技术可能会比组织的人事部门强。职业介绍机构有三种类型:第一类是公营机构,该类机构雇用的职员不必具备太强的技术或太多的培训,因此收费较低;第二类是私营机构,这类机构介绍的职位较高,提供的服务也较为完善,因此收费较高;第三类是管理顾问公司,也称“猎头公司”,这种公司收费昂贵,主要推荐的是中层至高层管理人员,它比上述两类机构服务更周全、信息更完整,因此成功率也更高。

(4)其他来源。除了上述几种渠道之外,许多高中、大专院校都设有职业介绍服务部门。用人单位可向这些学校征求所需人才。同时还有很多专业组织也能够提供职业介绍服务。

人力资源计划中最为关键的一项任务是能够招到并留住有才能的员工,因此组织的晋升制度对招聘工作有着非常重要的影响。依据招聘的内外部环境不同,组织大致可通过外部招聘和内部晋升两种方式来选择和填补员工的空缺。

外部招聘就是根据组织制定的标准和程序从组织外部选拔符合空缺职位要求的员工。选择员工具有动态性，特别是一些高层管理人员工和专业岗位人员，组织常常需要将选择的范围扩展到全国甚至全球劳动力市场。

外部招聘具有以下优势：

（1）具备难得的“外部竞争优势”。所谓“外部竞争优势”，是指被聘者没有太多顾虑，可以放手工作，具有“外来和尚好念经”的外来优势。组织内部成员往往只知外聘员工目前的工作能力和实绩，而对其历史，特别是职业生涯中的负面信息知之甚少。因此，如果他确有工作能力，那么就可迅速打开局面。相反，如果从内部提升，部下可能对新上司在成长过程中的失败教训有着非常深刻的印象，这反而会影响后者的权威性和指挥力。

（2）有利于平息并缓和内部竞争者之间的紧张关系。组织中某些管理职位的空缺可能会引发若干内部竞争者的较量，事实上，组织中的每个人都希望获得晋升的机会。如果员工发现处在同一层级上、能力相差无几的同事得到提升而自己未果时，就可能产生不满情绪，这种情绪可能会被带到工作上，从而影响组织任务的完成，这反而会给组织造成负面影响。而从外部选聘则可以使这些竞争者得到某种心理上的平衡，有利于缓和他们之间的紧张关系。

（3）能够为组织输送新鲜血液。来自外部的候选人可以为组织带来新的管理方法和经验。他们没有太多的框框程序束缚，工作起来可以放开手脚，从而给组织带来更多的创新机会。此外，由于他们新近加入组织，没有与上级或下属历史上的个人恩怨关系，从而在工作中可以很少顾忌复杂的人际关系。

外部招聘也有许多局限性，主要表现在：

（1）外聘者对组织缺乏深入了解。外聘者一般不熟悉组织内部复杂的情况，同时也缺乏一定的人事基础，很难短时间内进入工作角色。因此，外聘者需要相当长的一段时期的磨合才能与组织现有的文化相适应，也才能真正开展有效的工作。

（2）组织对外聘者缺乏深入了解。在选聘时虽然可以借鉴一定的测试和评估方法，但一个人的能力是很难通过几次短暂的会晤或测试就得到确认的。被聘者的实际工作能力与选聘时的评估能力可能存在很大差距，因此组织可能会聘用到一些不符合要求的员工。这种错误的选聘可能会给组织造成一定的危害。

（3）外聘行为对内部员工的工作积极性造成打击。大多数员工都希望在组织中能有不断升迁和发展的机会，都希望能够担任越来越重要的工作。如果组织过于注重从外部招聘管理人员，就会挫伤他们的工作积极性，影响他们的士气。同时，有才华、有发展潜力的外部人才在了解到这种情况后也不敢轻易应聘，因为一旦定位，虽然在组织中已有很高的起点，但今后升迁和发展的路径却很狭小。

内部晋升是指组织内部成员的能力和素质得到充分确认之后，被委以比原来责任更大、职位更高的职务，以填补组织中由于发展或其他原因而空缺了的管理职务。

内部晋升制度具有以下优点：

（1）有利于调动员工的工作积极性。内部晋升制度给每个员工带来希望和机会，且会带来示范效应。如果每个组织成员都知道，只要在工作实践中不断学习，努力提高业务能力，就有可能被分配担任更重要的工作，这常常可以鼓舞士气、提高员工的工作热情。当然，职务晋升的前提是要有空缺的管理岗位，而空缺管理岗位的产生主要取决于组织的发展，只有组织发展了，个人才可能有更多的晋升机会。因此，内部晋升制度还能更好地维持成员对组织的忠诚，鼓励那些有发展潜力的员工更加自觉、积极地工作，以促进组织的发展，也为自己创造更多的职务晋升机会。

(2)有利于吸引外部人才。内部晋升制度表面上看是排斥外部人才、不利于吸收外部优秀人才，其实不然。真正有能力和发展潜力的人都知道，加入这种组织，尽管担任管理或技术职务的起点比较低，可能有时还会从头做起，但是凭借自己的知识和能力，可以在较短的时间内熟悉基层业务，从而能有条件晋升到较高的管理或技术职位。由于内部晋升制度也为新来者提供了美好的发展前景，因此外部的人才也会乐意应聘到这样的组织中工作。

(3)有利于保证选聘工作的正确性。已经在组织中工作若干年的候选人，组织对其了解程度必然要高于外聘者。候选人在组织中工作的时间越长，组织越有可能对其工作能力、业绩以及基本素质进行全面深入的考察、跟踪和评估，从而保障选聘工作的正确性。

(4)有利于被聘者迅速开展工作。被聘者能力的有效发挥要取决于他们对组织文化的融合程度和对组织本身及其运行特点的了解。在内部成长提升上来的被聘者，由于熟悉组织中错综复杂的机构、组织政策和人事关系，了解组织运行的特点，所以可以迅速适应新的工作，工作起来要比外聘者显得更加得心应手，从而能迅速打开局面。

内部晋升制度也可能会带来如下一些弊端：

(1)可能会导致组织内部"近亲繁殖"。从内部晋升的人员往往喜欢模仿上级的管理方法。这虽然可使过去的经验和优良作风得到继承，但也有可能使不良作风得以发展，这极不利于组织的管理创新和管理水平的提高。

(2)可能会引起同事之间的矛盾。在若干候选人中提升其中一名员工时，虽可能提高员工的士气，但也可能使其他落选者产生不满情绪。这种情绪可能出于嫉妒，也可能出于"欠公平感觉"，无论哪一种情况都不利于被提拔者开展工作，不利于组织中人员的团结与合作。

(二)员工招聘的程序与方法

为了保证员工选聘工作的有效性和可行性，应当按照一定的程序并通过竞争来组织选聘工作。具体步骤是：

1. 制定并落实招聘计划

当组织中出现需要填补的工作职位时，有必要根据职位的类型、数量、时间等要求确定招聘计划，同时成立相应的选聘工作委员会或小组。选聘工作机构既可以是组织中现有的人事部门，也可以是代表所有者利益的董事会，或由各方利益代表组成的专门或临时性机构。选聘工作机构要以相应的方式，通过适当的媒介，公布待聘职务的数量、类型以及对候选人的具体要求等信息，向组织内部和外部公开"招聘"，鼓励那些符合条件的候选人积极应聘。

2. 对应聘者进行初选

当应聘者数量很多时，选聘小组需要对每一位应聘者进行初步筛选。内部候选人的初选可以根据以往的人事考评记录来进行；对外部应聘者则需要通过简短的初步面谈，尽可能多地了解每个申请人的工作经历及其他情况，观察他们的兴趣、观点、见解、独创性等，及时排除那些明显不符合基本要求的人。

3. 对初选合格者进行知识与能力的考核

在初选的基础上，需要对留下的应聘者进行材料审查和背景调查，并在确认之后进行细致的测试与评估。其主要内容是：

(1)智力与知识测试。该测试是通过考试的方法测评候选人的基本素质，它包括智力测试和知识测试两种基本形式。智力测试的目的是通过候选人对某些问题的回答，测试他的思维能力、记忆能力、应变能力和观察分析复杂事物的能力等。知识测试是要了解候选人是否具备待聘职务所要求的基本技术知识和管理知识,缺乏这些基本知识,候选人将无法进行正常工作。

(2)竞聘演讲与答辩。这是对知识与智力测试的一种补充。测试可能不足以反映一个人素质的全貌,不能完全表明一个人运用知识和智力的综合能力。发表竞聘演讲,介绍自己任职后的计划和愿景,并就选聘工作人员或与会人员的提问进行答辩,可以为候选人提供充分展示才华、自我表现的机会。

(3)案例分析与候选人实际能力考核。在竞聘演说与答辩以后,还需对每个候选人的实际操作能力进行分析。测试和评估候选人分析问题和解决问题的能力,可借助"情景模拟"或称"案例分析"的方法,将候选人置于一个模拟的工作情景中,运用各种评价技术来观测考察其工作能力和应变能力,以判断他是否符合某项工作的要求。

4. 选定录用员工

在上述各项工作完成的基础上,需要利用加权的方法,计算出每个候选人知识、智力和能力的综合得分,并根据待聘职务的类型和具体要求决定取舍。对于决定录用的人员,应考虑由主管再一次进行面试,并根据工作的实际,与聘用者再作一次双向选择,最后决定选用与否。

5. 评价和反馈招聘效果

最后要对整个选聘工作的程序进行全面检查和评价,并且要对录用的员工进行追踪分析,通过对他们的评价,检查原有招聘工作的成效,总结招聘过程中的成功与过失,及时反馈到招聘部门,以便改进和修正。

(三)选聘工作的有效性分析

员工的选聘必须坚持慎重的原则,必须将错误发生的可能性减至最低,增加正确决策的概率,这是开展组织工作的基本前提。

选聘工作的基础是有效性。所谓有效性,是指员工选聘时所选用的各种凭证——招聘表、测验、面谈记录或背景调查——必须有效,而且这些凭证和员工实际绩效之间要有某种相关性。

选聘工作的有效性要求被选用的凭证具有规范性、客观性和可靠性。选用凭证的内容包括:

1. 招聘表

这种表格包括应聘者的姓名、地址、电话、学历、履历、技术类型以及过去的工作经验或成就等。由于表格中的各个项目的重要性权数会随着各个特定的工作发生变化,所以随着时间的推移,必须不断地加以调整。

2. 书面测试

书面测试包括智力测验、性格测验、能力测验等。对于组织而言,这些测验可以适度地预测出应聘者是否能够胜任相应的职位。当然,主管人员应更加注重工作绩效的模拟测验。

3. 绩效模拟测验

这种测验以工作分析的资料为依据,由实际的工作行为组成,因此比传统式的任何书面测试更能证实与工作的相关性。工作抽样法和评估中心法是两种典型的绩效模拟测验,前者适用于一般工作职位,后者适用于管理职位。

工作抽样法的设计思想是先设计出一种小型的工作样本,然后让应聘者实际去做,看其是否具备必需的才能。工作样本是根据工作分析的资料琢磨出来的,里边含有各个工作所必备的知识、技术与能力。工作样本中的各项要素必须与工作绩效要素相搭配。

评估中心法是由直线主管、监督人和受过培训的心理学者用2～4天的时间，让应聘者去模拟处理他们将遇到的实际问题，然后由评估中心的人员考核评分。评估中心法所进行的活动包括面谈、模拟解决问题、群体讨论、企业决策竞赛等。

4. 面谈记录

面谈可以对应聘者有一个初步的印象。不过，这种方式与往后的工作绩效并无多大的关系，其有效性比较低。面谈需要克服的缺点是：面试者在初评时容易产生印象偏差，因为固有的模式往往使面试者倾向于喜欢和他有同样态度的应聘者，这样，面试者所下的权数比重可能会有偏差。尽管如此，面谈对于决定应聘者的智力、勤奋程度以及人际沟通方面的能力还是有一定预测效度的。

5. 背景调查

背景调查有两种类型：审评应聘材料和调查一些参考附件。前者提供的信息很有价值，而后者通常只是一种参考。审核的原因是一些应聘者往往会夸大他以前的经历、成就或隐瞒某些离职的原因，因此向以前的用人单位了解应聘者过去的工作情况很有必要。当然，还可以通过应聘者的朋友等其他渠道来了解他(她)过去的情况。

6. 体检

体检的目的是确定应聘者的一般健康状况，检查其是否有工作职务所不允许的疾病或生理缺陷，以减少员工因生病所增加的费用支出以及由于员工存在生理缺陷或体能不支而对今后工作带来的负面影响。

三、员工的解聘

如果人力资源规划过程中存在冗员，组织面临结构性收缩要求，或者员工存在违反组织政策的行为时，组织应当裁减一定的员工，这种变动称为解聘。解聘的方式有多种，表12－1概括了几种主要的解聘方案。

表12－1　　几种主要的解聘方案

方案	说　明
解雇	永久性、非自愿地终止合同
临时解雇	临时性、非自愿地终止合同；可能持续若干天，也可能延续几年
自然减员	对自愿辞职或正常退休腾出的职位空缺不予填补
调换岗位	横向或向下调换员工岗位，通常不会降低成本，但可减缓组织内的劳动力供求不平衡
缩短工作周	让员工每周少工作一些时间，或者进行工作分担，或以临时工身份做这些工作
提前退休	为年龄大、资历深的员工提供激励，使其在正常退休期限前离位

第三节　员工培训

一、培训目标

世界进入信息时代，知识更新和技术进步在不断加快，在这种社会中企业的生存和发展主要取决于创造与革新，而创造与革新，说到底取决于企业人力资源的质量。“企业间的竞争实质上就是人才的竞争”，这已被人们所共识。

英明的企业主管人员善于未雨绸缪，着眼于未来。他们所采用的一种重要方法是对员工特别是管理人员进行开发和培训，使他们能够应付新的需求、新的问题和新的挑战。事实上，企业主管人员有责任向其下属提供培训和发展的机会，这样，后者才能充分发挥其潜力。

培训是指组织通过对员工有计划、有针对性的教育和训练，使其能够改进目前知识和能力的一项连续而有效的工作。培训旨在提高员工队伍的素质，促进组织的发展，实现以下四个方面的具体目标：

1. 补充新知识，提炼新技能

随着科学技术进步速度的加快，人们原先拥有的知识和技能在不断老化。为了防止组织中各层级人员工作技能的衰退，组织必须对员工进行不断的培训，使他们掌握与工作有关的最新知识和技能。这些知识和技能，虽然可以在工作之前的学校教育中获取，但更应该在工作中根据实际情况不断地加以补充和更新。

2. 全面发展能力，提高竞争力

员工培训的一个主要目的是根据工作的要求，努力提高他们在决策、沟通、创新等方面的综合能力，特别是随着工作的日益复杂化和非个人行为化，组织内部改进人际关系的能力要求不断提高，这使得组织对合作的培训要求变得越发重要，这也是衡量组织竞争力的重要体现。

3. 转变观念，提高素质

每个组织都有自己的文化、价值观念、基本行为准则。员工培训的重要目的就是要通过对组织中各个成员，特别是对新聘管理人员的培训，使他们能够根据环境和组织的要求转变观念，逐步了解并能够融入组织文化之中，形成统一的价值观念，按照组织中普遍的行为准则来从事管理工作，与组织目标同步。

4. 交流信息，加强协作

组织培训员工的基本要求是要通过培训，加强员工之间的信息交流，特别是使新员工能够及时了解组织在一定时期内的政策变化、技术发展、经营环境、绩效水平、市场状况等方面的情况，熟悉未来的合作伙伴，准确而及时地定位。

二、培训方法

一个组织中的培训对象主要有新来员工、基层员工、一般技术或管理人员、高级技术或管理人员。员工培训的方法有多种，具体如下：

(一)依据所在职位的不同进行的分类

1. 新来员工的培训

一旦决定录用应聘者，组织中的人事部门应该对他们将要从事的工作和组织的情况给予必要的介绍和引导，西方国家称之为职前引导。

职前引导的目的在于减少新来人员在新的工作开始之前的担忧和焦虑，使他们能够尽快熟悉所从事的工作以及组织的基本情况，如组织的历史、现状、未来目标、使命、理念、工作程序及其相关规定等，并充分了解他们应尽的义务和职责，以及绩效评估制度和奖惩制度等，如有关的人事政策、福利以及工作时间、加班规定、工资状况等。这样做，一方面可以消除新员工中一些不切实际的期望，充分预计到今后工作中可能遇到的各种困难和问题，了解克服和解决这些困难和问题的渠道；另一方面可以引导新员工了解工作单位的愿景目标、工作中的同事以及如何进行合作等。组织有义务使新员工的不适应降至最低，并应使其尽快调整自我，尽早地适应工作环境。

2. 在职培训

对员工进行在职培训是为了使员工通过不断学习，掌握新技术和新方法，从而达到新的工作目标要求所进行的不脱产培训。工作轮换和实习是两种最常见的在职培训。所谓工作轮换，是指让员工在横向层级上进行工作调整，其目的是让员工学习多种工作技术，使他们对于各种工作之间的依存性和整个组织的活动有更深刻的体验和更加开阔的视野。所谓实习，是让新来人员向优秀的老员工学习，以提升自己知识与技能的一种培训方式。在生产和技术领域，这种培训方式通常称为学徒制度；而在商务领域，则称为实习制度。实习生的工作必须在优秀的老员工带领和监督下进行，老员工有责任和义务帮助实习生克服困难，顺利成长进步。

3. 离职培训

离职培训是指为使员工能够适应新的工作岗位的要求而让员工离开工作岗位一段时间，专心致力于一些职外培训。最常见的离职培训方式包括教室教学、影片教学以及模拟演练等。教室教学比较适合于给员工们集中灌输一些特殊的信息、知识，可以有效地增进员工在管理和技术方面的认知。影片教学的优点在于它的直观示范性，可以弥补其他教学方式在示范效果方面的不足。而如何在实践中处理好人际关系，如何提高解决具体问题的技能，则最适于在模拟演练中学习。这包括案例分析、经验交流、角色模拟以及召开小群体行动会议等。有效利用现代高科技及电脑的模式也属于模拟演练的一种，如航空公司用此方法培训驾驶员等。另外还有辅导培训，也是模拟演练的一种有效方式。员工在实际上岗前先在同样的设施内模仿他们日后的工作，为日后开展工作打下基础。例如，大型连锁零售商可以在一个模拟营业情形的实验里教导收款员如何操作电脑记账机，这样可以让错误在学习过程中及早暴露和纠正，就能大大提高以后的营业效率。

(二)依据培训的目标和内容不同进行的分类

1. 专业知识与技能培训

专业知识与技能培训有助于员工深入了解相关专业的基本知识及其发展动态，有助于提高员工的实际操作技能。进行专业知识与技能培训，可以采取脱产、半脱产或业余等形式，如各种短期培训班、专题讨论会、函授、业余学校等。

2. 职务轮换培训

它是指人员在不同部门的各种职位上轮流工作。职务轮换有助于受训人员全面了解整个组织的不同工作情况，积累和掌握各种不同的工作经验，从而提高他们的组织和管理协调能力，为今后的发展和升迁打好基础。

3. 提升培训

提升是指将人员从较低的管理层级暂时提拔到较高的管理层级，并给予一定的试用期。这种方法可以使有潜力的管理人员获得宝贵的锻炼机会，既有助于管理人员扩大工作范围，把握机会展示其能力和才干，又能使组织全面考察其是否适应和具备领导岗位的能力，并为今后的发展奠定良好的基础。

4. 设置助理职务培训

在一些较高的管理层级上设立助理职务，不仅可以减轻主要负责人的负担，而且有助于培训一些后备管理人员。这种方式可以使助理接触到较高层次上的管理实务，使他们不断吸收其直接主管处理问题的方法和经验，在特殊环境中积累特殊经验，从而促进助理的成长。

5. 设置临时职务培训

设置临时职务，可以使受训者体验和锻炼在空缺职位上的工作情景，充分展示其个人能力，避免“彼得现象”的发生。劳伦斯·彼得曾经发现，“在实行等级制度的组织里，每个人都崇尚爬到能力所不及的层次”。他把这种由于组织中有些管理人员被提升之后不能保持原来的成绩，反而可能给组织效率带来大滑坡的现象归结为“彼得原理”。

三、培训流程

组织完整的培训活动包括培训需求分析、培训计划制定、培训活动组织与实施、培训效果评估。

(一)培训需求分析

培训需求分析是培训工作流程的出发点，需求分析的结果是确定培训目标、培训课程设计等的依据和前提。培训需求分析是否准确，直接决定了培训工作的质量。

(二)培训计划制定

培训计划是培训活动实施的指导性文件，包括长期计划和短期计划。长期计划是依据组织长期经营战略规划制定的，是人力资源规划的一部分；短期计划是关于培训具体细节的安排。一个比较完整的培训计划包括“6 个 W 和 1 个 H”，即：why，培训目标；what，培训内容；whom，培训对象；who，培训者；when，培训时间；where，培训地点及培训设施；how，培训方法及培训费用。

(三)培训活动组织与实施

培训活动组织与实施是对整个培训活动的过程进行管理，包括培训对象和培训机构选择、培训教师选配、培训课程设置、培训教材开发、培训活动安排等。

(四)培训效果评估

培训效果评估是对整个培训活动实施成效的总结和评价。通过效果评估，不仅可以监控培训活动是否达到了预期的目的，更重要的是有助于以后培训活动的改进和优化。

第四节　绩效评估

一、绩效评估的定义和作用

员工的工作绩效，是指他们那些经过考评的工作行为、表现及结果。所谓绩效评估，是指组织定期对个人或群体小组的工作行为及业绩进行考察、评估和测度的一种正式制度。用过去制定的标准来比较员工的工作绩效记录并及时将绩效评估结果反馈给员工，可以起到有效的检测及控制作用。

绩效具有多因性、多维性与动态性。绩效的多因性是指，绩效的优劣不是取决于单一的因素，而是受制于主、客观的多种因素影响，如激励、技能、环境与机会；绩效的多维性是指，需从多种维度或方面去分析与考评，例如，一个工人的绩效除了产量指标外，质量、原材消耗、能耗、出勤以及团结、服从、纪律等都需要综合考虑、逐一评估；绩效的动态性是指，员工的绩效是变化着的，随着时间的推移，绩效差的可能转好，绩效好的也可能变差，因此管理者不能只凭一时印象，以僵化的观点看待下级的绩效。

绩效评估是组织与员工之间的一种互动关系，在实际工作中，绩效评估因为在制度设计、评估的标准及方法、执行程序等诸多方面很难真正做到客观和准确，所以管理人员与员工之间往往会发生一些矛盾和冲突。也由于绩效评估给人力资源的各个方面提供了反馈信息，并与组织中的各个部分紧密联系在一起，因此，实施绩效评估一直被认为是组织内人力资源管理中最棘手也是最强有力的方法之一。

在人力资源管理中，绩效评估的作用体现在以下几个方面：

(一)绩效评估为最佳决策提供了重要的参考依据

绩效评估的首要目标是为组织目标的实现提供支持，特别是在制定重要的决策时，绩效评估可以使管理者及其下属在制定初始计划过程中及时纠偏，减少工作失误，为最佳决策提供重要的行动支持。

(二)绩效评估为组织发展提供了重要的支持

绩效评估的另一个重要目标是提高员工的业绩，引导员工努力的方向，使其能够跟上组织的变化和发展。绩效评估可以提供相关的信息资料作为激励或处分员工、提升或降级、职务调动以及进一步培训的依据，这是绩效评估最主要的作用。

(三)绩效评估为员工提供了一面有益的"镜子"

绩效评估使员工有机会了解自己的优缺点以及其他人对自己工作情况的评价，起到有益的"镜子"作用。特别是，当这种评价比较客观时，员工可以在上级的帮助下有效发挥自己的潜能，顺利执行自己的职业生涯计划。

(四)绩效评估为确定员工的工作报酬提供依据

绩效评估的结果为确定员工的实际工作报酬提供了决策依据。实际工作报酬必须与员工的实际能力和贡献相结合，这是组织分配制度的一条基本原则。为了鼓励员工出成绩，组织必须设计和执行一个公正合理的绩效评估系统，对那些最富有成效的员工和小组给予明确的加薪奖励。

(五)绩效评估为员工潜能的评价以及相关人事调整提供依据

绩效评估中对能力的考评是指通过考察员工在一定时间内的工作业绩，评估他们的现实能力和发展潜力，看其是否符合现任职务所具备的素质和能力要求，是否具有担负更重要工作的潜能。组织必须根据管理人员在工作中的实际表现，对组织的人事安排进行必要的调整。对能力不足的员工，应安排到力所能及的岗位上；而对潜能较强的员工，应提供更多的晋升机会；对另一些能力较为平衡的员工，则可保持其现在的职位。当然，反映员工过去业绩的评价要与描述将来潜力的评价区分开来，为此，组织需要创设更为科学的绩效评估体系，为组织制定包括降职、提升或维持现状等内容的人事调整计划提供科学的依据。

二、绩效评估的程序与方法

(一)绩效评估的程序

绩效评估的有效性依赖于一定的执行程序。在执行程序之前，首先要对影响绩效评估过程的内外环境因素进行分析，确定哪些因素影响评估的有效性。例如，一个封闭型的、缺乏信任的组织文化很难为个人或团队的努力提供需要的环境，而在这样一个环境中，即使个人付出很大的努力，业绩也往往难以实现。因此，在绩效评估过程中，组织应避免使用那些不能动态反映内外部环境变化的执行程序。

绩效评估可以分为以下几个步骤：

1. 确定特定的绩效评估目标

在不同的管理层级和工作岗位上，每个员工所具备的能力和提供的贡献是不同的，而一种绩效评价制度不可能适用于所有的评估目标。例如，有些组织想要确定中层员工的潜能，而另一些组织想对一般员工进行工资的调整，显然，两者的侧重点不同，选用的评估制度也不同。因此，在考评员工时，先要有针对性地选择并确定特定的绩效评估目标，然后根据不同岗位的工作性质来设计和选择合理的考评制度。

2. 确定考评责任者

考评工作往往被视为人事部门的任务。实际上，人事部门的主要职责是组织、协调和执行考评方案，要使考评方案取得成效，还必须使那些受过专门评估培训的直线管理人员直接参与到方案的实施中来，因为直线领导可以更为直观地识别员工的能力和业绩，并负有直接的领导责任。当然，下属和同事的评价也可以列为一种参考。

3. 评价业绩

在确定了特定的绩效评估目标和考评责任者之后，应当通过绩效评价系统对员工特定的目标评估内容进行正确的考评。考评应当客观、公正，杜绝平均主义和个人偏见。在综合各考评表得分的基础上，得出考评结论，并对考评结论的主要内容进行分析，特别要检查考评中有没有不符合事实以及不负责任的评价，检验考评结论的有效程度。

4. 公布考评结果，交流考评意见

考评人应及时将考评结果通知本人。上级主管可以与被考评对象直接单独面谈，共同讨论绩效评价的结果。这种面谈应该被看作是一次解决问题而不仅仅是发现错误的良机。及时通报考评结果，可以使本人知道组织对自己能力的评价以及对所作贡献的承认程度，认识到组织的期望目标和自己的不足之处，从而确定今后需要改进的方向。如果认为考评有不公正或不全面之处，也可在认真反思和考虑之后进行充分申辩或补充，这有利于本人事业的发展，也有利于组织对本人工作要求的重新建立。

5. 根据考评结论，将绩效评估的结论备案

根据最终的考评结论，可以使组织识别那些具有较高发展潜力的员工，并根据员工成长的特点，确定其发展方向。同时还需要将绩效评估的结果进行备案，为员工今后的培训和人事调整提供充分的依据。

上述对绩效评估程序的讨论通常是在一种文化背景下进行的，而在跨文化背景之下则必须考虑评价系统的可转换性问题。在动荡的环境之下，评价系统必须具有灵活性和可行性。

(二)绩效评估的方法

组织确定使用某种绩效评估方法，就是为了达到理想的考核目标。尽管绩效评估的方法有很多，但是还没有一种适用于一切组织的一切评估目标的通用方法。因此，管理者必须根据实际需求对绩效评估的各种方法进行选择，使评估结果既能达到评估目的，又能适合组织的具体特点。

组织所采取的传统绩效评估方法主要有个人自我评价法、小组评议法、工作标准法、业绩表评估法、排列评估法、平行对比评估法等。现代绩效评估更多采用目标管理法。

在传统的绩效评估方法中，组织往往更多地把员工的个人品质作为主要的业绩评判标准，同时也过多地掺杂了考评者个人的偏好和主观意见。而目标管理法则把评估的重点放在员工的贡献上，通过管理者与员工共同建立目标的方式，实现双方工作态度的彻底转变。共同的目标使管理者由评判人转化为工作顾问，而员工也由消极的旁观者变为过程的积极参与者，双方

将始终保持密切的合作与联系。这样,在绩效评估的每一个阶段,双方都会努力解决存在的问题,并为下一个评价期建立更为积极的目标。

思考题

1. 名词解释:人力资源管理、员工培训、绩效评估。
2. 人力资源管理的原则有哪些?
3. 员工培训的方法有哪些?
4. 管理者如何评估员工的绩效?

实践练习

对人力资源系统进行分析

想一下你现在的工作或过去的工作。如果你从来没有工作过,那么询问你正在工作的朋友或家人,试着回答下列问题:

1. 你是如何获得这份工作的?该组织所采用的招聘过程是否有效?
2. 获得这份工作的人员接受了什么样的培训?分析该培训是否合适?
3. 如何评估这份工作的绩效?

第十三章 沟　通

本章重难点

1. 沟通的定义
2. 沟通的过程模型和基本要素
3. 有效沟通的主要障碍
4. 提高沟通效果的策略
5. 冲突的来源与影响因素
6. 人际冲突的管理方法

走进管理：

集体辞职

郑总："听说你们要集体辞职，能把你们的想法告诉我吗？"

甲开口："从进公司的第一天起，我们只是接受任务，一天到晚埋头干活，干得不明不白的，无从了解我们工作是为了什么。"

乙说："招聘的时候，林经理答应的月工资是1 600元。我们来报到了，报到后方知试用期工资仅 850 元/月，当月底拿到的第一次工资是按天计算的，8 天总计是 213 元，这无疑给我们泼了一盆凉水。第二个月的工资，扣掉办理有关的人事手续费 100 元，午、晚餐伙食费 300 元，再扣掉住宿费 100 元，到手仅有 300 元；工资的高低并不是最重要的，这种计算报酬的方法是对我们的轻视，也是对我们母校的公开蔑视。我们会告诉母校，以后不再推荐同学来这里工作。"

丙也开口了："你们这么斤斤计较，按天给我们付酬，我们也只好按小时来计算工作。以往我们为了完成项目，考虑到工作的连续性，经常自愿加班到夜晚 11 点。以前我们愿意这么做，也从工作中找到不少的乐趣。但现在我们学乖了，不必那么卖力，到了下班时间，该下班就下班。我们清楚手上的项目要在 9 月 10 日前完成，现在明确告诉你，就是到了 11 月 10 日也交不了差的。"

听到这里，郑总说："谢谢你们都讲了真心话，公司成立两年来，我和几个副总经理白手起家，奋斗打拼，才有了目前的局面。由于订单都做不完，我们一直没有时间认真考虑管理上的问题。前些日子，我碰巧听了一个有关人力资源的讲座，深受启发。回来后，我马上成立了人力资源部，还聘请了省委机关部门的处长来负责企业管理部，你们看(他指着人力资源部经理)，就是他。我还请来了一位受过正规 MBA 教育的研究生来帮助我制定各项规章制度，希望能做到公司所有成员和公司一起发展。现在，管理水平的提高是公司迫在眉睫的事情。请你们相信我，给我一段时间，我会做得让你们满意。你们先回去安心工作。"

智明公司是专门从事计算机软件开发的民营高科技公司，两年前，郑总和另外 4 名技术人员共同筹资成立了该公司。目前，公司在全国拥有10个分公司，职工417人，几乎所有的人员都是技术出身。企业根据项目来设立负责人，形成柔性的组织结构。除了4个副总经理和5个职能部门外，其他成员的责任随项目变化而变化。所有员工均是通过各种渠道招聘来的，部门经理大多数年龄在26～30岁。

1. 公司的报酬政策

在报酬管理方面，公司实行保密工资制，由总经理和职工直接商定职工的工资。工资确定后，员工之间不得相互打听，不得泄露各自的工资收入。基本上可以说，整个工资管理完全由总经理控制，除财务部门外，其他人无从了解工资确定的标准和发放的依据。据不完全的数据估计，人员的工资水平大致如下：(1)试用期间(3～6个月)，本科生850元/月，大专生750～850元/月；(2)试用期合格后，一般技术人员可达2 000元/月；(3)中层管理人员，每月3 000元左右；(4)技术骨干及高级管理人员，情况则无可估计。

2. 公司的福利情况

由于年轻职工多来自外地，公司就近租用公寓并采取补贴的方式为他们提供住宿，每套两房一厅住4人，每人每月交100元的住宿费。再有，公司提供午餐和晚餐，价值450元，收取每人300元的伙食费。另外，企业还为员工按国家规定办理了养老保险和社会保险，并在企业内部建立了医疗互助基金会。除此之外，尚未有更多的考虑。

3. 人员考核的管理

公司对人员的考核形式较为简单，到了年终，一张大白纸分两栏，其中一栏由职工自己填写个人鉴定，另一栏则由小组负责人填写小组评价。由此得来的结果是，所有人员的考核结果都基本一样。

思考题：

1. 智明公司在管理方面是否存在问题？如何改善？

2. 本案例用到了哪些沟通方式？谈谈你的认识。

3. 智明公司可以通过哪些手段来扭转目前管理的困境？

资料来源：http://wenda.haosou.com/q/1365487353061496。

讨论：按照自己的理解，什么样的沟通是有效沟通？如果你的领导经常与你沟通，你认为会收到怎样的效果？

第一节　沟通的含义、过程模型及基本要素

微软中国公司前总裁唐骏在一次访谈中当被问及管理者最重要的工作时，只回答了两个字——“沟通”。不知何时，“沟通”两个字已成为人们最常使用的时髦字眼。但是，如何真正理解沟通的内涵并有效使用，才是根本所在。

在当今残酷的市场竞争中，孤立于社会就不能生存，在获取各种信息和知识的同时，要向周围推销和展示自己，这就需要沟通来发挥作用，沟通在个人生活中如此，在企业发展中更是不可缺少。

沟通是有效地传达信息给对方，沟通是双向的互动过程，沟通的目的不是要证明谁是谁非，也不是一场你输我赢的游戏。学习沟通之后也不能保证日后的人际关系就能畅通无阻，但有效地沟通可以使我们很坦诚地生活，很有人情味地分享，以人为本，以人为关怀，在人际互动过程中享受自由、和谐、平等的美好体验。

一、沟通的含义

沟通，是指发讯者把信息（也包括发讯者的思想、知识、观念、意图、想法等在内）按照可以理解的方式传递给收讯者，达到相互了解和协调一致的效果，以确保组织目标的实现。

沟通是指信息的交流，沟通可以是通信工具之间的信息交流，如电报、传真等，也可以是人与机器之间的信息交流，还可以是人与人之间的信息交流，即人际沟通。

沟通应具备的基本条件：(1)沟通必须在两个或两个以上的人之间进行；(2)沟通必须有一定的沟通客体，即沟通情况等；(3)沟通必须有传递信息情报的一定手段，如语言、文字等。

二、沟通的过程模型和基本要素(Process of MC)

(一)沟通的过程模型

如图 13－1 所示，沟通过程模型反映的是信息沟通的一般规律，作为人与人之间的信息沟通过程也遵循这一基本模型，不过它与其他沟通过程有着质的差异或特殊性。首先，人与人之间的沟通主要是通过语言进行的；其次，人与人之间的沟通不仅仅是消息的传递，同时还包括情感、思想、态度及观点的交流；最后，在人与人的沟通过程中，心理因素尤为突出，因而会使沟通过程遇到特殊的障碍。

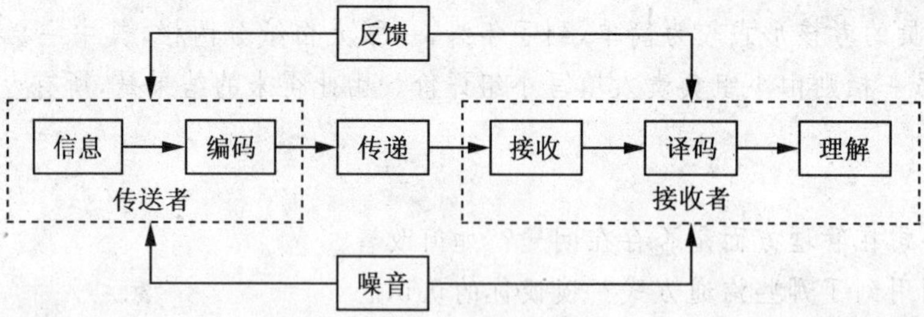

图 13－1　沟通过程模型

(二)沟通的基本要素

1. 传送者与接收者

在信息交流过程中，传送者的功能是产生、提供用于交流的信息，是沟通的初始者，具有主动地位。而接收者则被告知事实、观点或被迫改变自己的立场、行为等，所以处于被动的位置。这种地位对比的特点对于信息交流的过程有着重大的影响。

2. 传送器与接收器

传送器与接收器仅指信息传递及接收时所使用的工具和媒质而言。在个人之间信息交流时，信息传递的工具通常是人的感官，即视觉、听觉、触觉、嗅觉和味觉。传送是通过言语性的或非言语性的媒质进行的。信息通过通道到达接收者的接收器。接收器主要有两类：首先是接收者的感官，其次是借助于高新技术诸如电话、互联网等人造器官来强化接收效果。

3. 编码与解码

编码是发送者把自己的思想、观点、情感等信息根据一定的语言、语义规则翻译成可以传送的信号。这些信号可以是文字、图画、声音或身体语言等。

解码就是把接收到的信号翻译、还原为原来的含义。

中国有一个典故——“指鹿为马”,可以恰如其分地说明沟通中什么是编码过程,以及编码过程对沟通的决定性作用。当一个四条腿的动物被牵上殿堂时,在座的各位大臣脑海中跳出“鹿”这个字,但当皇帝问大臣此为何物时,听到赵高说是“马”,然后人人皆曰“马”。在此,站在那儿的四条腿动物代表了一种事实,是被认识的对象,出现在大家的脑海中的“鹿”,是经过认知过程得到的理解和解释,最终大臣们说出的“马”是一种表述思想的符号。当表述的符号和代码不能真实反映对事实的理解,或者对事实的理解出现偏差时,沟通的结果可想而知。

评价传送者编码能力的三个标准是:认知(对不对的问题);逻辑(通不通的问题);修辞(美不美的问题)。

4. 通道与噪音

通道是信息得以从传送者传递到接收者所凭借的手段,一般有言语通道和非言语通道。沟通通道的丰富性,应根据不同沟通通道的丰富性程度和要沟通的信息的结构化程度选择恰当的沟通通道,如图 13-2 所示。

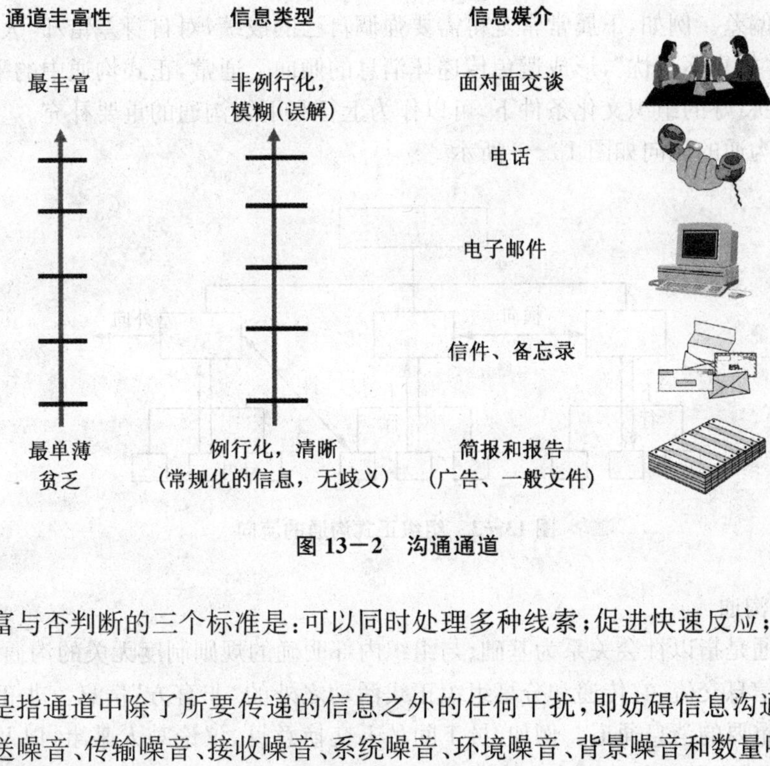

图 13-2　沟通通道

通道丰富与否判断的三个标准是:可以同时处理多种线索;促进快速反应;有直接的身体接触。

噪音则是指通道中除了所要传递的信息之外的任何干扰,即妨碍信息沟通的任何因素。主要包括发送噪音、传输噪音、接收噪音、系统噪音、环境噪音、背景噪音和数量噪音。

噪音本身也是一种信息。这种信息通常增加信息编码和解码中的不确定性,导致信息传送和接收时的模糊与失真,并将进一步干扰个人之间的信息交流。一般可借助于重复传递信息或增加信息的强度来克服。

5. 反馈

从管理沟通的角度出发,反馈是指接收者把收到并理解了的信息反送给发送者,以便发送者对接收者是否正确理解了信息进行核实,可以检验信息传递的程度、速度和质量。

从管理过程的角度看,整个管理过程实际上就是信息的输入、输出和反馈的过程,所有管理工作也就是以信息处理为中心工作的。

三、沟通的类型与特点

(一)正式沟通与非正式沟通

按照组织管理系统和沟通体制的规范程度,可以将沟通分为正式沟通和非正式沟通。

1. 正式沟通

正式沟通是指组织和群体中正式的沟通过程,它是按照组织的结构和功能性沟通进行传递的,通过组织管理渠道进行的信息交流,传递和分享组织中的"官方"工作信息。例如,上级文件按组织系统逐级向下传达,或下级情况逐级向上反映等,都属于正式沟通。正式沟通在很大程度上受组织结构的影响,管理沟通的流程与正式沟通有密切的关系。通常,上行沟通多用于向上传递信息,下行沟通多用于下达指示、指令或绩效反馈,而平行沟通则多用于协调努力与活动。在多层次的正式沟通中,由于人们的价值取向和认识水平不同,在上行沟通和下行沟通中都会不同程度地出现由于"过滤""夸大""缩小"甚至"曲解"而带来的偏差。从组织基层向较高层次的直接上级交流信息的上行沟通一般少于下行沟通,大体为15%,而且往往会出现严重的失真或偏差。例如,下属常常觉得需要强调自己的成绩,对自身差错却"大事化小,小事化了",或者是"报喜不报忧",形成避免传递坏消息的倾向。通常,正式沟通中的平行沟通比较随意和准确,在良好的组织文化条件下,可以作为上行和下行沟通的重要补充。

组织正式沟通的流向如图13－3所示。

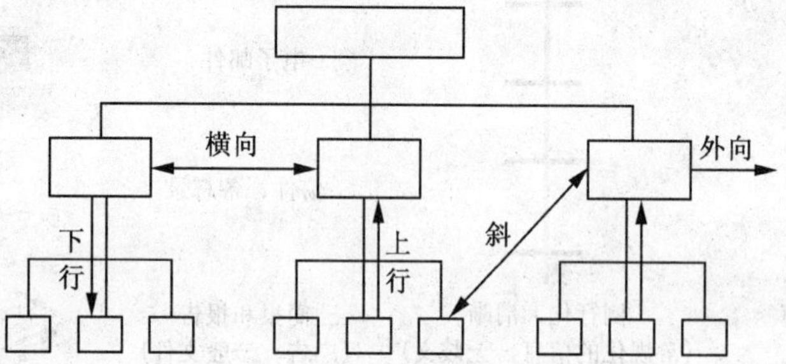

图13－3　组织正式沟通的流向

2. 非正式沟通

非正式沟通是指以社会关系为基础、与组织内部明确的规则制度无关的沟通,是在正式渠道之外进行的信息交流,它传递和分享组织正式活动之外的"非官方"信息。非正式沟通网络构成了组织中重要的消息通道。例如,员工间私下交换意见,议论某人某事,以及传播小道消息等,都是非正式沟通的行为。当正式沟通渠道不畅通或出现问题时,非正式沟通就会起到十分关键的作用。非正式沟通在管理活动中十分普遍,而且人们真实的思想和动机往往在非正式沟通中更多地表露出来。常见的非正式沟通有小道消息、"铁哥们儿网络"等。

(1)小道消息。小道消息主要以熟人或朋友为基础,跨组织边界传播,时间快、范围广。研究表明,小道消息沟通的主要问题在于信息源本身的准确性低,而不是沟通方式的问题。戴维斯(1953)研究发现,小道消息沟通有四种基本模式:聚类式、概率式、流言式、单线式。聚类式沟通是把小道消息有选择地传递给朋友或有关人员;概率式沟通以随机的方式传递信息;流言式沟通是有选择地把消息传播给某些人;单线式沟通则以串联方式把消息传播给最终接收者。戴维斯的研究结果表明,小道消息传播的最普通形式是聚类式,传播小道消息的管理人员一般占10%。后来进行的研究也证实,非正式沟通网络的发送者并不多。

(2)"铁哥们儿网络"。这是指哥们儿朋友形成非正式沟通网络,其信息传播较具感情色彩,"铁哥们儿网络"关系联络的功能强于信息功能,范围也比较小。

非正式沟通能够发挥作用的基础是组织中良好的人际关系。其缺点表现为:沟通双方或多方都可以不负责任,因此也难以控制,容易失真,甚至会强化非组织活动,影响组织内的凝聚力和正式沟通的权威性。

(二)单向沟通和双向沟通

按照沟通的信息传递方向,可以把沟通分为单向沟通和双向沟通。

单向沟通是指发送者和接收者之间没有反馈的信息沟通。双向沟通是指发送者和接收者之间有反馈的信息沟通。

有关单向沟通和双向沟通的效率与利弊比较的研究表明:单向沟通的速度比双向沟通快;双向沟通的准确性比单向沟通高;双向沟通中有更高的自我效能感;双向沟通中的人际压力比单向沟通时大;双向沟通动态性高,容易受到干扰。具体区别详见表13—1。

表13—1　单向沟通和双向沟通比较

因　素	结　果
时间	双向沟通比单向沟通需要更多的时间
信息理解的准确程度	在双向沟通中,接收者理解信息发送者意图的程度大大提高
接收者和发送者的自信程度	在双向沟通中,接收者和发送者都比较相信自己对信息的理解
满意	接收者比较满意双向沟通,发送者比较满意单向沟通
噪音	由于与问题无关的信息比较容易进入沟通过程,双向沟通的噪音比单向沟通要大得多

(三)口头沟通、书面沟通和电子沟通

从沟通的方式来看,沟通可以分为口头沟通、书面沟通和电子沟通。

口头沟通是指通过口头语言进行交流,如传达、面谈、讨论、会议、演说等。书面沟通是指文件、通知、告示、刊物、书面报告等。而电子沟通则是指通过互联网络、电子邮件及各种信息网络传递、交流信息。通常来说,在管理工作中,口头沟通和书面沟通都必不可少,而电子沟通是近年来日益流行、迅速发展并受人关注的沟通类型。这些沟通方式各有优缺点。口头沟通比较灵活,速度快,可以双向交流,及时反馈,信息比较综合,并且容易传递带有感情色彩或态度的信息,但是口头沟通容易"走样",出现"过滤"或"夸大"的偏差。书面沟通比较正式,具有永久记录性,可以重复使用和阅读,但有不易传递情绪信息、不够灵活等弱点。电子沟通的速度快、效率高,可以多方位沟通,空间跨度大,但是难以得到及时反馈,受硬件条件的限制较大。

第二节　有效沟通的障碍及其克服

一、有效沟通的障碍

所谓沟通障碍,是指信息在传递和交换过程中,由于信息意图受到干扰或误解而导致沟通失真的现象。在人们沟通信息的过程中,常常会受到各种因素的影响和干扰,使沟通受到阻碍。沟通在工作中就如人的血脉,在生活中也同样重要。如果沟通不畅,就如血管栓塞,其后果可想而知。所以要学会沟通,就要懂得其途径,因为它不只是语言,还包括动作、姿态、眼神、表情等。有时一个眼神、一句"我来了"、拍一下肩膀、笑一笑……都会有很大的作用,让你工作开心、事业有成。

沟通是如此重要,以至于各公司为了沟通耗用大量的人力,但是为什么并非都卓有成效呢?是不是通过沟通都做到了资料齐全、上下通气、行动协调、人际关系融洽呢?回答是否定的。这是因为,一个有效的沟通必须包含诸多要素和步骤。在每一个要素和步骤中都可能存在各种障碍,它们直接影响沟通效能的发挥。

(一)发送者的障碍

在沟通过程中,信息发送者的情绪、倾向、个人感受、表达能力、判断力等都会影响信息的完整传递。障碍主要表现在:

1. 目的不明,导致信息内容的不确定性

传送者在信息交流之前必须有一个明确的目的和清楚的概念,即"我要通过什么通道、向谁传递什么信息,并达到什么目的"。

只有找准了沟通对象,才能取得沟通的成功,否则再努力也没有用。比如说推销一件产品,无论你同前台小姐谈得多么愉快,也很难把产品推销给公司。只有找到有效的沟通对象,找到能做出决定的人,才是找到了沟通的捷径。

2. 语言障碍,产生理解差异

如果传送者口齿不清、语无伦次、词不达意等,都会产生噪音或使传递失真,使接收者无法了解对方所要传递的真实信息。

中国地域辽阔,各地方言差别大,即使话听得懂,但语言本身并不是客观事物本身,思想和语言往往并不是一回事,各人的语言修养和表达能力差异很大,加上有些沟通者事先缺乏必要的准备和思考,或用词不当或说话意图不清,听了半天不知所云。即使意思清楚、用词得当,但由于语音复杂,一词多义,理解的可变度较大,个人在翻译、接收过程中还会加上主观的综合推理,从而产生不同的理解和推论。

用对方听得懂的语言进行沟通,是沟通成功的保障。如果一个销售人员完全从技术的角度向消费者讲解产品的好处,效果一定不会好。所以熟悉对方语言,对于进行有效沟通十分重要。企业的员工千差万别,对于管理者来说,成功的管理就是要善于同各种类型的员工打交道,其根本在于,企业管理者准确掌握员工的语言与行为方式。若企业管理者能做到利用员工的语言去与他们打交道,就能轻而易举地突破沟通障碍,减少许多不必要的管理麻烦。

3. 选择失误

选择失误是指信息通道选择失误,使信息传递受阻,或延误时机(传送者缺乏审时度势的能力)。一是选择沟通媒介不当。比如对于重要事情而言,口头传达效果较差,因为接收者会认为"口说无凭""随便说说"而不加重视。二是几种媒介相互冲突。当信息用几种形式传递时,如果相互之间不协调,会使接收者难以理解传递的信息内容。如领导表扬下属时面部表情很严肃甚至皱着眉头,就会让下属感到迷惑。

(二)接收者的障碍

1. 过度加工

早上出门时,太太对先生说:"你不用买菜了,下班后我会买。"但晚上回到家中,发现两个人都买了菜,经过费劲的唇舌之辩,才弄清楚先生听到太太的话是:"晚上你买菜。"因为太太从末对先生说过此类话，所以先生认为太太是特意关照他买菜。

该事例中沟通失败的主要原因是，先生对信息做了过多的加工，认为太太很少嘱咐他买菜，这次一定是特意让他买菜才说那番话。

2. 知觉偏差(含思想差异)

接收者个人特征(如个性特点、认知水平、价值标准、权力地位、社会阶层、文化修养、智商情商等)影响到对传送者的正确认识。

3. 心理障碍

由于接收者在人际沟通或信息交流过程中曾经受到过伤害，具有不良的情感体验，造成"一朝被蛇咬，十年怕井绳"的心理定势，会拒绝接收所传递的信息，甚至抵制参与信息交流。

(三)沟通通道的障碍

沟通通道的问题也会影响沟通的效果。沟通通道障碍主要有以下两个方面：

1. 沟通通道过长

组织机构庞大，内部层次多，从最高层传递信息到最低层，从最低层汇总情况到最高层，中间环节太多，容易使信息损失大。

传达和汇报是我们经常使用的沟通方式，但每经过一次传达，就多一层丢失和错误，一般每经过一个中间环节，就要丢失 20%左右的信息，如图 13－4 所示。

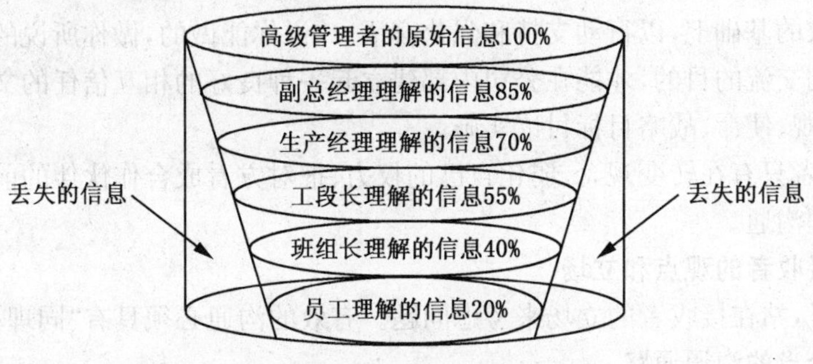

图 13－4　信息理解漏斗

2. 外部干扰

信息在沟通过程中经常会受到自然界各种物理噪音、机器故障的影响，或被另外事物所干扰。

(四)地位差异，妨碍交流

在管理实践中，信息沟通的成败主要取决于上级与下级、领导与员工之间的全面有效的合作。但在很多情况下，这些合作往往会因下属的恐惧心理而形成障碍。如果主管过分威严，给人造成难以接近的印象，或者管理人员缺乏必要的同情心，不愿体恤下属，就容易造成下级人员的恐惧心理，影响信息沟通的正常进行。一般人在接收信息时不仅判断信息本身，而且判断发信人，信息发源的层次越高，便越倾向于接受。所以，一个领导者不容易得到充分而真实的信息，特别是当领导者不愿听取不同意见时，必然堵塞言路，使下级保持沉默。

(五)地理障碍，沟通困难

企业组织庞大，地理位置分散，相距较远或地形复杂都会引起沟通困难，虽然有电话和文件联系，但缺乏面对面沟通，也是沟通的一大障碍。

二、克服沟通障碍的策略与技巧

为了有效克服沟通障碍，需要注意以下几点：

(一)沟通要有认真的准备和明确的目的

沟通者自己首先要对沟通的内容有正确、清晰的理解。重要的沟通最好事先征求他人意见，每次沟通要解决什么问题、达到什么目的，不仅沟通者清楚，还要尽量使被沟通者也清楚。此外，沟通不仅是下达命令、宣布政策和规定，而且是为了统一思想、协调行动。所以沟通之前应对问题的背景、解决问题的方案及其依据和资料、决策的理由和对组织成员的要求等做到心中有数。

(二)沟通的内容要确切

选择好沟通的内容也十分重要，沟通内容选择好了，才能直入主题，简洁高效。沟通内容要言之有物，有针对性，语意确切，尽量通俗化、具体化和数量化；要避免含糊的语言，更不要讲空话、套话和废话。

(三)诚心诚意的沟通以行动强化语言

真诚是理解他人的桥梁，而缺乏诚意的交流难免带有偏见和误解，从而导致交流的信息被扭曲。身为管理者若说的是一套，做的是另一套，开始或许还能蒙蔽过去，但时间久了，总会被拆穿或者不被信任，而后彼此的沟通障碍即会产生。

在言行一致的基础上，以行动支持和强化言语。"说你能做的，做你所说的。"这样，管理沟通才能真正达到交流的目的，才能在公司内部建立起一种良好的相互信任的文化氛围，并使公司的愿景、价值观、使命、战略目标付诸实施。

因此，管理者只有在转变观念、弱化自己的权力、把对方看成合作伙伴的前提下，才能与被管理者进行心理沟通。

(四)考虑接收者的观点和立场

即换位思考，站在接收者的立场来考虑问题。有效的沟通必须具有"同理心"。

(五)使用恰当的沟通通路

条条大路通罗马——达成目标有多种途径。例如，在一个刚组建的项目团队，团队成员彼此会小心翼翼、相互独立，若此时采取快速沟通与参与决策的方式，可能会失败；一旦一个团体或组织营造了学习的文化氛围，即组建了学习型组织时，可以导入深度会谈、脑力激荡等开放式的沟通方式。

1. 提倡平行沟通

所谓平行沟通，是指组织系统中处于同一个层次之间的相互沟通。有些领导整天忙于当仲裁者且乐此不疲，想以此说明自己的重要性，这是不明智的。领导的重要职能是协调，但是这里的协调主要是目标和计划的协调，而不是日常活动的协调。日常活动的协调应尽量在平级之间进行。

2. 提倡直接沟通、双向沟通、口头沟通

美国曾有人找经理们调查，请他们选择良好的沟通方式。55%的经理认为直接听口头汇报最好，37%的喜欢下去检查，18%的喜欢定期会议，25%的喜欢下级写汇报。另外一项调查是，部门经理们在传达重要政策时认为哪种沟通最有效。被调查者共51人(可多项选择)，选择召开会议做口头说明的有44人，亲自接见重要工作人员的有27人，在管理公报上宣布政策的有16人，在内部备忘录上说明政策的有14人，通过电话说明政策的仅有1人。这些数据说明，经理们倾向于面对面的沟通、口头沟通和双向沟通。

(六)认真倾听

倾听是沟通中的重要行为，如何掌握倾听的艺术已经成为沟通技巧改善和提高的关键。有人对经理人员的沟通做过分析，经理们一天用于沟通的时间约占70%。但经理一般都不是一个好听众，效率只有25%。究其原因，主要是缺乏诚意。缺乏诚意大多发生在自下而上的沟通中。

积极倾听是指不带先入为主的判断或解释的对信息完整意义的接收，因此它要求听者全神贯注。提高积极倾听的效果可采取的一种方法是发展对信息发送者的共情，也就是让自己处于发送者的位置。鉴于不同的发送者在态度、兴趣、需求和期望方面各有不同，因此共情使接收者更易于准确理解某一信息的真正内涵。另外，倾听时要真诚，目光不要游离，身体前倾，表情专注、认真，要对对方的表达及时准确地给予回应。

(七)充分利用反馈机制

没有反馈的沟通是无效的沟通。一个完整的沟通过程包括信息接收者对信息做出反应，只有确认其接收并理解了，沟通才算完整与完成。通过反馈，可以检查沟通的效果，改进沟通的方法，并通过多次的反复过程，使沟通达到最佳效果。要检验沟通是否达到目标，只有通过获得接收者的反馈才能确定。

第三节　冲突与谈判

一、冲突的含义、类型及两重性

(一)冲突的含义

当人们具有不同的目标或利益时，往往会产生外显或潜在的意见分歧或矛盾，从而体验到心理冲突或人际冲突。在中国文化背景下，“冲突”一词往往具有一定的负面含义。因此，很多时候，人们会忌讳谈论“冲突”，更多愿意用“矛盾”或“分歧”的概念来分析所存在的问题。

冲突是指两个或两个以上的行为主体，由于在目标、认知与情感方面产生差异，在特定问题上采取相互排斥、对抗、否定等行为或情绪而形成的一种状态。冲突是人们对重要问题意见不一致而在各方之间形成摩擦的过程，即由于目标和价值理念的不同而产生对立或争议的过程。可见，冲突表现为一个发展过程。研究表明，冲突具有四个关键成分：

(1)对立内容：人们具有对立的利益、思想、知觉和感受。

(2)对立认知：冲突各方承认或认识到存在着不同的观点。

(3)对立过程：分歧或矛盾具有一个发展过程。

(4)对立行动：分歧各方设法阻止对方实现其目标。

(二)卢因的冲突类型理论

在早期的冲突研究中，最具影响力的是著名心理学家卢因于20世纪30到40年代开展的研究。卢因按照冲突中相互接近与回避这两种倾向的不同组合，划分出“人内冲突”的各种类型。以下是这些冲突类型及其特点。

1. 接近—接近型冲突

这是指一个人同时要达到两个相反的目标，由于目标背道而驰、难以同时达到，从而引起内心冲突。在解决这类“人内冲突”时，必须采取放弃其中一个目标，或者同时放弃两个目标，以便追求另一个折中目标等方式。

2. 回避—回避型冲突

这是指当一个人面临需要同时回避的目标时所产生的冲突类型。在这种情况下，人们往往会设法摆脱这种困境。在许多情况下，客观条件却使人难以摆脱这种处境，因而陷入内心冲突状态。

3. 接近—回避型冲突

在有些冲突条件下，人们一方面要接近某个目标，同时又想回避这一目标，这时，会产生接近—回避型冲突。这种冲突包含激烈的心理冲突，也是近期研究较多的冲突类型。卢因的研究指出，一个人越接近所希望达到的目标，其达成目标的愿望也会越强烈；但是与此同时，回避这一目标的愿望也会迅速增长；而且，回避倾向会随着向目标的接近而增强，其速率会超过接近目标的倾向。这时，处于内心冲突状态的人会停止接近或后退，进入犹豫不决状态，直到最后作出决定或情景发生变化。

4. 双重接近—回避型冲突

两种接近—回避型的冲突有时会交织在一起，形成一种复杂的模式，称为双重接近—回避型冲突模式。

在现实生活中，上述"人内冲突"的基本模式并非如此单一。人的内心冲突是极其复杂的，必须从实际管理与工作情景出发进行分析。了解冲突的各种基本模式，有助于进一步了解更复杂的冲突状态及其对策。

(三)冲突的两重性

一些心理学家认为，冲突作为一种矛盾的存在形式，存在着正面与反面、建设与破坏、有益与有害两种功能，应把冲突分为破坏性冲突和建设性冲突。

1. 冲突的建设性

在特定的情况下，冲突往往是促进组织向前发展的重要诱因。冲突是工作或生活的一个组成部分，可以起到有益和更新的作用，是"功能性"的。冲突可以体现活力，帮助人们关注工作任务，增强群体内聚力。因此，应该运用多种手段利用冲突，改进和提高决策质量，增强管理效能。最早提出"冲突不是坏事"的是科塞，他在《社会冲突的功能》一书中认为，冲突的益处表现在：

(1)群体内的分歧与对抗，能造成一个各社会部门相互支持的社会体系；

(2)让冲突暴露出来，恰如提供一个出气孔，使对抗的成员采取适当方式发泄不满，否则压抑怒气反而会酿成极端反应；

(3)冲突增加内聚力，在外部压力下反而更加团结，一致对外；

(4)两大集团的冲突可以显现出它们的实力，并最终达到权力平衡，结束无休止的斗争；

(5)冲突可以促进联合，以求共存，或为了战胜更强大的敌人而结成同盟。

2. 冲突的破坏性

一种曾经比较流行的观点认为，管理情景中，出现冲突是消极的，冲突影响组织功能的正常发挥，甚至具有破坏作用。有害冲突是组织中具有破坏性的或阻碍组织目标实现的冲突。这种冲突会使人力、物力和精力分散，凝聚力下降，造成人际关系紧张与敌意，降低工作关心与效率等。冲突容易使人们脱离工作任务要求，以"成败论英雄"，进而造成决策偏差或失误。因此，管理者的任务是采取各种办法避免冲突，设法协调各方的利益，寻求共同目标，尽可能减少冲突的发生。

德国社会学家齐尔美针对传统冲突对策的不彻底性、消极看待和处理冲突的方法而提出的"宣泄"理论和由此而来的社会冲突论中的"安全阀"理论，是很有借鉴意义的。因此，领导者应从多维角度来看待冲突，既要看到它的破坏性，也要看到它的建设性，不能简单地把冲突等同于破坏。面对冲突与矛盾，要因势利导、化害为利，而不能一味地采取压制与打击的办法。

二、冲突的来源与影响因素

(一)冲突的来源

心理学研究表明，关于冲突的来源有两种思路。比较流行的看法认为，冲突是对稀有资源的竞争，对目标实施和自主权的渴望是冲突的基本来源。当一个人的行为阻碍了另一个人的目标达成时，就会产生冲突。另一种较为流行的思想是把冲突看成"不相容的活动"，认为冲突是由于一种活动以某种方式干涉或阻碍了另一种活动的进行，从而产生不相容行为。无论人们是在合作还是在竞争方式下工作，无论目标利益是否一致，都会由此形成争议或挫折。这时，冲突是一种动机行为，人的价值观念以及竞争或合作的动机，导致"不相容活动"，竞争因素往往会强化冲突倾向，而合作因素则产生协商动机，以便在冲突情景中达成一致意见。从管理心理学的研究来看，"不相容活动思路"能够比"目标竞争思路"更好地解释和预测冲突行为及其过程，并且在研究中得到更多的实证支持。

(二)影响冲突的因素

影响冲突的因素有很多，冲突的内容各不相同，造成冲突的原因更是多种多样。有关冲突的心理学研究表明，以下是一些常见的造成冲突的因素：

(1)性格或价值观念不相容；

(2)对于诸如工作职务、薪酬、晋升等方面的期望落空；

(3)资源有限而产生竞争；

(4)工作职责边界重叠或者不明确；

(5)工作任务的相互依存和制约；

(6)工作任务的期限不合理或者高度的时间压力；

(7)组织体制或管理层次复杂，沟通不良；

(8)寻求一致意见决策的倾向；

(9)群体决策中的意见分歧或利益矛盾；

(10)管理制度不合理或不明确，部门工作利益不协调。

从影响冲突的因素类别来看，可以分为心理特征因素(如不同的性格、价值观、工作期望等)，任务特征因素(如任务依存程度、职责交叉的特点、任务期限等)，群体过程因素(如沟通不良、群体决策、部门协调等)和组织特征因素(如政策规章、组织体制等)。对于不同的影响因素，需要采取不同的处理策略，以便减弱或转变"非功能冲突"，利用和引导"功能性冲突"。

三、人际冲突及管理

(一)人际冲突的定义

人际冲突，是指个人与个人之间发生的冲突，即由于个人之间生活背景、教育、年龄、文化、价值观等的差异，或者双方潜在的利益的对立而导致的一种对抗性相互交往方式。

1. 约哈里窗

分析人际冲突来源的有效理论框架——约哈里窗——是由约瑟夫·勒夫特和哈林顿·英

格拉姆于1961年提出的一种用于研究人们改进信息沟通的方法。

图13－5中的两个椭圆代表两个人的全部特征。椭圆中绿色和黄色的部分为自己所了解的自我。两个椭圆相交的绿色部分代表两个人公开的想让对方知道的部分，这部分由于具有开放性和一致性，没有理由去防卫，所以沟通时几乎不会产生冲突，称为安全区域。

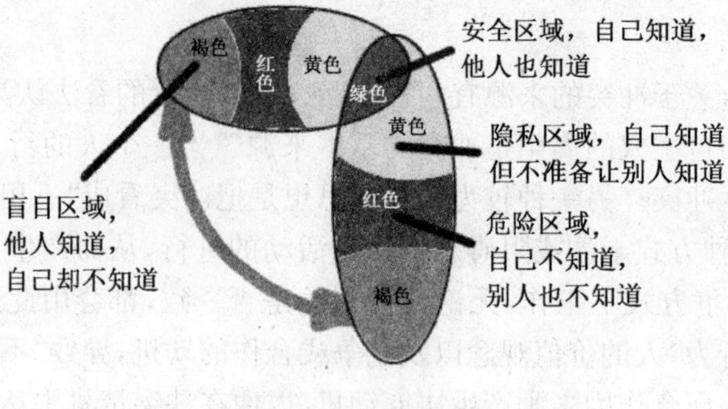

图13－5　约哈里窗

同时，两个人都有自己了解但不准备让别人知道的部分，这部分称为隐私区域。你如果进入对方的隐私区域，就有冲突的可能。不过，这部分由于属于自己了解的，其冲突一般均在可以控制的范围内。

椭圆中褐色和红色的区域代表自己所不了解的自我。褐色区域是一个很特别的区域，该部分的个性特征属于自己不了解但别人了解的部分。你可能在无意中触怒了别人，但由于他人了解你，可能会告诉你，但又担心伤害到你的感情，这也是一种潜在的冲突。当然最危险的情况就是红色区域，该部分属于未发现的自我，就是自己不了解、他人也不了解的部分。该部分极易引起冲突。

2. 理想的沟通模型

理想的约哈里窗模型如图13－6所示。理想情况下，自己应绝对多地了解自己，同时将自己的绝大多数自我暴露在他人面前，这样可以形成更大的安全区域。在该区域，冲突是极其轻微的。当然，也应该适当地保留部分自我，但该部分应绝对地最小化，能有多小就有多小。

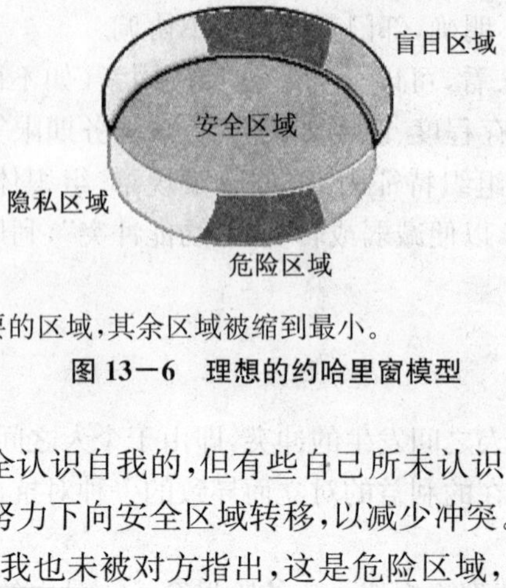

说明：安全区域变为最主要的区域，其余区域被缩到最小。

图13－6　理想的约哈里窗模型

理论上，人是不可以完全认识自我的，但有些自己所未认识的自我会被对方指出，该部分称为盲目区域，应在双方的努力下向安全区域转移，以减少冲突。

还有些自己未认识的自我也未被对方指出，这是危险区域，这些就是冲突的最大来源，应该逐渐向盲目区域转移，也就是说，争取被对方指出或直接自己发现后向安全区域转移。

(二)人际冲突的管理

美国行为科学家托马斯和他的同事克尔曼提出了一种两维模式：以沟通者潜在意向为基础，认为冲突发生后，参与者有两种可能的策略可供选择：关心自己和关心他人。其中，“关心自己”表示在以追求个人利益过程中的武断程度为纵坐标的坐标轴上，“关心他人”表示在以追求个人利益过程中与他人合作的程度为纵坐标的坐标轴上，从而定义冲突行为的二维空间。于是，就出现了五种不同的冲突处理的策略：妥协、强迫、回避、迁就和合作。

1. 妥协

妥协，是指在冲突双方互相让步的过程中达成一种协议的局面，是谈判的一个组成部分。优点：双方都做出一定程度的让步，当双方势均力敌、希望复杂问题取得暂时的解决方法、时间要求紧需要权宜之计时，妥协是最佳策略。缺点：得不到所要的利益，有时有挫折感。妥协模式会使冲突趋于缓和或达到一种平衡。这种解决冲突的管理方式适用于以下情况：

(1)对双方而言，协议的达成要比没有达成协议更好；

(2)达成的协议不止一个。

2. 强迫

强迫是指利用奖惩的权力来支配他人，迫使他人遵从自己的决定。优点：高效率，完全以自己的意见为准，有利于强化权威。缺点：易引起反弹和潜在的反感，激发矛盾的可能性大(负面效果大)，不适合人性化管理。

3. 回避

回避是指在冲突的情况下采取退缩或中立的倾向。优点：避免精力和资源的消耗。例如，冲突微不足道，不值得花费精力；冲突发生在影响力之外，无能为力；冲突双方情绪极为激动，需要时间恢复平静；行动的破坏性大过冲突解决后的利益，破坏大局，引起更大的问题。缺点：冲突的根源没有消除，可能引发更大的冲突，或在某时重新爆发。回避是解决人际冲突的消极方法，会使问题和矛盾不断积累。

4. 迁就

迁就是指在冲突的情况下尽量弱化冲突双方的差异，更强调双方的共同利益。优点：维持和谐，讨好对方(在问题不很重要时)。缺点：自己的考虑屈从于别人。

5. 合作

合作是指冲突双方愿意共同了解冲突的内在原因，分享双方的信息，共同寻求对双方都有利的方案。优点：双赢的解决方式，各方满足了自己的利益。需要各方开诚布公地讨论，彼此意识到对方的差异，积极倾听对方意见，也表达自己意愿，慎重考虑。当没有时间压力、问题很重要而不可能妥协时，合作是最好的方法。缺点：不太容易达到，要发挥创造性，双方互动。

四、谈判与跨文化冲突管理

(一)谈判的定义

虽然不同的学者对谈判的理解角度不同，但无论何种谈判，都应该包含以下几层含义：

1. 谈判建立在实际交流需要的基础上

这一点说明了谈判的前提。在实际交流中，观点、利益、行为方式等都可能存在差别，发生矛盾冲突，正因为如此，才需要通过谈判解决问题，这是谈判产生的前提。实际需要是他们联系的条件和基础。

2. 谈判应围绕双方或多方共同关心的话题展开

这表明谈判的各方相对独立且讨论共同认可的话题。

3. 谈判在各自有限利益前提下追求最大效益

谈判中，各方都在追求最大效益，但是必须明确，不能违反公平、公正的利益关系原则，应在新的基础上达成一致的运行机制，整个过程合乎有关法律、政策、条例。

4. 谈判以契约的形式协调关系，规范行为

即谈判的规则需要约定，共同遵守。

5. 谈判以文明的方式消除分歧，改善关系，实现需求

这一点强调以文明谈判的方式达到需求。只有这样，才能有效调整利益关系，在相互理解的基础上妥协和让步，才有合作的可能，才能实现共同发展。

由此看来，谈判的概念应该这样定义：谈判，是人们为了满足各自的一定需要，在一定的时空条件下采取协调行动，争取达到意见一致的过程，其本质是沟通。

(二)谈判过程

许多冲突是通过谈判协调解决的。因此，谈判过程是冲突管理的重要方面。谈判包含四个成分：谈判各方的相互依存性；谈判各方的目标或程序冲突性；谈判各方的动机与影响力；谈判各方对达成一致意见的信念。

心理学把谈判分为四个阶段：

(1)调查准备阶段。这是最重要的谈判步骤，需要收集问题与方案的事实信息，了解他方的谈判风格、动机、个性与目标，分析基本背景。

(2)方案表达阶段。这个阶段包括提出最初要价、表达我方需求。这时，表达能力与沟通能力十分重要，跨文化差异在这一阶段比较明显。

(3)讨价还价阶段。这一阶段，管理人员运用各种公关手段、沟通技能和谈判策略，努力达成原则意见。

(4)达成一致阶段。这一阶段处于谈判的尾声，通过讨论，达成一致意见或协议。

(三)谈判的能力

谈判是一个过程，存在一些较为普遍的差误。例如，非理性地加大承诺，一方得利、一方受损，以及过分自信等。常用的解决策略是运用多种能力，形成处理方案。谈判能力主要有以下方面：

(1)创造性能力：用多重角度看待问题。

(2)灵活性能力：能够快速思维。

(3)控制能力：对于当前状况，拟对各个环节进行控制。

(4)激励能力：主要要求了解自己，关注和比较各类其他活动。

(5)否决的能力。

研究表明，谈判策略可以划分为四大类，图 13－7 是四种谈判策略的图解。图中表示的“信任合作”“开放顺从”“坚定竞争”“主动回避”四种谈判策略，分别属于不同的关系结果与事实结果。

(四)跨文化冲突管理

跨文化沟通成为日益流行的管理沟通方式。这里所说的“跨文化沟通”有两层含义：一是中外文化条件下的人际沟通，如外资企业中来自不同文化背景的经理人员之间的沟通；二是不同区域或价值观念下的人际沟通，如来自沿海发达地区和中西部地区的人员之间可能会形成

关系结果重要性＼事实结果重要性	高	低
高	信任合作 开放、合作 双赢、解题	开放顺从 开放性、有成果 单向接受
低	坚定竞争 攻击性 强迫压力 一方赢、一方输	主动回避 无互动 无赢家 无解决方案

图 13－7　谈判的四种策略

某种跨亚文化背景的人际沟通。

跨文化冲突是由于人们的文化背景显著不同而出现文化冲突。心理学研究表明，在注重个体价值取向的文化背景下，人们会鼓励竞争行为；在群体价值取向占支配地位的文化背景下，则注重合作精神。当来自多种不同文化背景的员工或管理人员共事时，比较容易出现跨文化冲突。

随着公司经营国际化，公司间的伙伴式联合不断扩大。但研究表明，这些跨国经营往往不能达到预期目标，其中的主要原因是受跨文化冲突的影响。大量的冲突管理研究都涉及跨文化冲突管理。不同文化背景的人在处理冲突时，可能偏好不同的策略。文化差异在冲突内容认知、对他人不相容行为的反应模式、冲突处理方式，以及判断对方采用的策略是合作还是竞争时所使用的推理等方面都起着关键作用。冲突在跨文化交互作用中是常见的，即使具有共同的目的和目标，由于文化观念表达和理解方面的差异，可能导致完全不同的结果。因此，跨文化冲突管理在跨国经营中尤其值得重视。

大部分的跨文化研究都是在海外特别是北美进行的，这些研究结果对我们高效率地解决冲突问题和加强冲突管理具有借鉴作用。跨文化冲突与谈判风格差异的研究也有很大的发展，不同的文化使用明显不同的谈判方式，包括所使用的交流方式、谈判策略及使用的案例等。N. J. Adler 等（1992）对 134 名美国商人和 40 多名中国商人在面对面商务谈判中的差异进行了研究。他们采取模拟情境，假定谈判的对方是同一种文化，并采用摄像、录音等手段来分析非语言特征。研究结果发现，中美两国商人存在着微妙的差异，如中国商人趋向于向对方问更多的问题，更经常地打断对方等，这些特征可能导致谈判时出现不愉快的情况。有关中国传统文化和心理因素对冲突知觉和解决方法所产生影响的研究认为，传统文化价值观和认知倾向对解决冲突具有较大的影响。中国商人为追求和谐，往往通过回避对抗和采用低确定性的方法，期望通过折中方式解决冲突，因而在谈判过程中缺少公开争论。有关跨文化谈判的管理心理学研究发现，我国经理人员在出现冲突时，更多表现为回避冲突，采用较为被动的策略（如中断、拖延、推迟谈判等）。

思考题

一、单项选择

1. 管理需要信息沟通，而信息沟通必须具备的三个关键要素是（　　）。

A. 传递者、接收者、信息渠道　　B. 发送者、传递者、信息内容
C. 发送者、接收者、信息内容　　D. 发送者、传递者、接收者

2. 从沟通媒介自身的丰富性程度看，排在第一位的应该是（　　）。

A. 电话　　B. 电子邮件　　C. 面对面交谈　　D. 文件

3. 实际工作中存在着下级向上级报喜不报忧的现象，从沟通上分析，这属于纵向沟通中的（　　）。

A. 夸张　　B. 过滤　　C. 扭曲　　D. 焦虑

4. 人际沟通中会受到各种"噪音干扰"的影响，这里所指的"噪音干扰"可能来自（　　）。

A. 信息编码过程　　B. 信息传递过程　　C. 信息解码过程　　D. 沟通的全过程

二、问答题

1. 简述沟通的过程模型和基本要素。
2. 联系实际分析冲突的两重性。
3. 冲突的主要来源及影响因素有哪些？
4. 处理人际冲突的方法主要有哪些？如何在管理过程中加以应用？
5. 谈判的过程主要有哪几个阶段？

实践练习

"变形虫"

一、活动目的

1. 通过心理游戏"变形虫"，让学生体验沟通的必要性。
2. 通过小组交流，让学生感悟人际中交往中理解、合作、认同的重要性。
3. 在体验和分享中学习人际交往技巧，提高人际交往能力。

二、活动时间

大约需要 20 分钟。

三、活动道具

13 米的长绳 2～3 根；5 个眼罩为一套，需要若干套。

四、活动场地

以室外场地为宜。

五、活动程序

1. 主持人先把 13 米长的绳子两头相系结成一个大绳圈，这样的大绳圈准备 2～3 个。
2. 全班学生分成若干个组，每组 5 人。2～3 组同时进行游戏比赛。
3. 5 名同学分别戴上眼罩，主持人把事先准备好的大绳圈分别交给他们。
4. 根据主持人发出的变形指令，如正三角形、正四边形、正五边形……5 名参与者通过合作完成，用时最少的组为胜。
5. 在合作变形的过程中，不允许用语言交流。

六、注意事项

1. 长绳的长度以比 5 个人伸直双臂的总长度多 5 米为宜，不要太短，也不能太长，否则都会影响游戏的难度。
2. 一般以 2～3 个小组同时开展竞赛为宜，这样可以节省时间。
3. 在"变形"过程中，要求绳子充分展开，不可以收缩部分绳子，减短边长，降低难度。

七、设计介绍

当五个人之间的角色关系确定后，对主持人提出的变形要求可做出规律性的变化。明确一个人可以是一

个点，一只手也可以是一个点，一个人也可以代表两个点。两个点可以形成一条线，所以一个人也可以形成一条边。假如要变出一个正三角形，五个人中只需要三个点，必然出现两组两人重叠的情况。假如要变出一个六边形，需要四个人每人一个点，一人出两个点，共六个点构成，调整六条边为等长即可。

由于整个游戏要求参与者不用语言交流，所以一个组要顺利完成变形过程，需要产生"领导者"。通过自发产生的"领导者"进行统一管理，才能从无序逐步到有序。在游戏中存在"领导"与"服从"两种角色，学生之间需要有一个协调、服从、合作的过程，主持人需要有充分的耐心来等待"变形"过程的完成。周边同学也要保持安静，不要大声提醒和暗示，当"变形"成功时，集体鼓掌给予鼓励。

资料来源：http://wenku.baidu.com/view/d437d1c19ec3d5bbfd0a743c.html。

第十四章 激 励

本章重难点

1. 激励的动机、内容和作用
2. 典型的激励理论
3. 领导者激励下属的原则和方法

走进管理：

林肯电气公司的按件计酬与职业保障

林肯电气公司年销售额44亿美元，拥有2 400名员工，并且形成了一套独特的激励员工的方法。该公司90%的销售额来自生产弧焊设备和辅助材料。

林肯电气公司的生产工人按件计酬，他们没有最低小时工资。员工为公司工作两年后，便可以分年终奖金。该公司的奖金制度有一整套计算公式，全面考虑了公司的毛利润及员工的生产率与业绩，可以说是美国制造业中对工人最有利的奖金制度。在过去的56年中，平均奖金额是基本工资的95.9%，该公司中相当一部分员工的年收入超过10万美元。近几年经济发展迅速，员工年平均收入为44 000美元，远远超出制造业员工年收入17 000美元的平均水平，在不景气的年头里，如1982年的经济萧条时期，林肯电气公司员工收入降为27 000美元，这虽然相比其他公司还不算太坏，可是与经济发展时期相比就差了一大截。

公司自1958年开始一直推行职业保障政策，从那时起，他们没有辞退过一名员工。当然，作为对政策的回报，员工也相应要做到几点：在经济萧条时期他们必须接受减少工作时间的决定，而且接受工作调换的决定，有时甚至为了维持每周30小时的最低工作量，而不得不调整到一个报酬更低的岗位上。林肯电气公司极具成本和生产率意识，如果工人生产出一个不合标准的部件，那么除非这个部件修改至符合标准，否则这件产品就不能计入该工人的工资中。严格的计件工资制度和高度竞争的绩效评估系统，形成了一种很有压力的工作氛围，有些工人还因此产生了一定的焦虑，但这种压力有利于生产率的提高。据该公司一位管理者估计，与其国内竞争对手相比，林肯电气公司的总体生产率是他们的两倍。自20世纪30年代经济大萧条以后，公司年年获利丰厚，没有缺过一次分红。该公司还是美国工业界工人流动率最低的公司之一。前不久，该公司的两个分厂被《幸福》杂志评为全美十佳管理企业。

思考题：

1. 为什么林肯电气公司的方法能够有效地激励员工工作？
2. 你认为这种激励系统可能会给管理层带来什么问题？

资料来源：http://wenda.haosou.com/q/1404422936728767。

优秀的管理者要了解员工的个性、态度和能力，更要激励员工，即创造条件，采取措施，推动、引导员工的行为，激发员工的工作积极性，使员工的行为指向组织目标并同组织目标保持一致。

第一节　激励的内涵

激励一词来自古拉丁语“movere”，其原意是“移动”。现在，人们已经将其引申至有关员工的激励方面，并且将其定义为鼓舞、导向人的行为，使人们朝向某一特定目标行为的倾向。

激励可以激发人的潜能，使其充分发挥积极性和创造性。因此，一个组织要能够卓有成效，就必须重视能够使人加入某一组织并在其中努力工作、业绩突出的激励问题。只有这样，才能使外界推动力转化为自身动力，使组织目标转化为个人目标，使个体由消极的“要我做”转化为积极的“我要做”。当前，激励问题已经为越来越多的组织和管理人员所重视，并且也是管理人员和心理学家们所关注的中心问题。

一、激励的含义及功能

(一)激励的含义

所谓激励，是指影响人们的内在需求或动机，从而加强、引导和维持行为的活动或过程，是人类的一种心理状态，它具有加强和激发动机，推动并引导行为指向目标的作用。激励的对象是人，在管理中，激励的功能就是研究如何根据人的行为规律来提高人的积极性。通常认为，一切内心要争取的条件、欲望、需要、动力等都构成对人的激励。

激励作为一种内在的心理活动过程和状态，不具有我们可以观察的外部状态。但是，由于激励对人的行为具有驱动和导向作用，因此，可以通过人的行为表现及效果来对激励的程度加以推断和测定。

激励的实质就是根据员工的需要设置某些目标，通过一定措施激发员工的目标和组织目标一致的强势动机，并按组织所需要的方式导引员工行为的过程。激励的实质主要强调以下几个方面：

(1)激励是一个满足员工需要的过程；

(2)激励是激发员工动机、调动员工积极性的过程；

(3)激励是引导员工的行为指向组织目标，并且和组织的目标保持一致的过程；

(4)激励是减少员工挫折行为、增加建设性行为的过程。

(二)激励在管理中的功能

1. 激励有助于激发和调动员工的工作积极性

通俗地讲，激励就是调动积极性。积极性是员工在完成工作任务时的一种能动的自觉的心理和行为状态，这种状态可以促进员工智力和体力能量的充分释放，并导致一系列积极的行为后果，从而更加富有成效地努力工作。美国哈佛大学心理学家威廉·詹姆士研究发现，按时计酬的职工仅能发挥其能力的20%～30%，而受到充分激励的职工，其能力可发挥到80%～90%。人们将这种关系描述为如下公式：

$$工作成效=工作能力\times工作积极性$$

在决定工作成效的因素中，能力自然是最基本的，然而工作的积极性则是最活跃、最积极的因素。一个人的能力变化是比较缓慢的，而工作态度、积极性的高低常常可以在短期内发生较大变化，从而对工作成效产生重大影响。从这个意义上讲，工作积极性是提高工作成效的关键因素。也就是说，同样一个人，在通过充分激励后所发挥的作用相当于激励前的 3～4 倍。如果企业中职员都发挥出了最大的潜能，企业目标的实现就容易了许多。

2. 激励有助于企业目标的实现

实践证明，通过激励可以把有才能的、企业所需要的人才吸引过来，并长期为该企业工作。从世界范围看，美国特别重视这一点。它从世界各国吸引了很多有才能的专家、学者。为了吸引人才，美国的企业不惜支付高额酬金、创造良好的工作条件等来吸引并留住人才。例如，国际商业机器公司（IBM 公司）就采取了很多有效的激励措施：给职工提供养老金、集体人寿保险和优厚的医疗待遇；减免那些愿意重返学校学习知识和技能职工的学费；筹办学校和各种训练中心。采取这些措施后，IBM 公司的员工没有了后顾之忧，工作更加拼命。这也是为什么 IBM 公司能从起初一个默默无闻的小公司发展成现在拥有雄厚资金实力的跨国集团。这是激励促使全体职工为了实现企业目标而努力工作的结果。

3. 激励有助于员工提高工作绩效

激励可以进一步激发员工的创造性和革新精神，从而大大提高工作绩效。例如，著名的日本丰田汽车公司采取合理化建议奖（包括物质奖和荣誉奖）的办法鼓励职工提建议。不管这些建议是否被采纳，均会受到奖励和尊重。结果，公司职工仅一年就提出 105 万条建设性建议，平均每人提 31 条，它所带来的利润为 900 亿日元，相当于该公司全年利润的 18%。

二、激励的心理机制

心理学研究表明，人的行为具有目的性，而目的源于一定的动机，动机又产生于需要。由需要引发动机、动机支配行为并指向预定目标，是人类行为的一般模式，也是激励得以发挥作用的心理机制。其具体过程如图 14－1 所示。

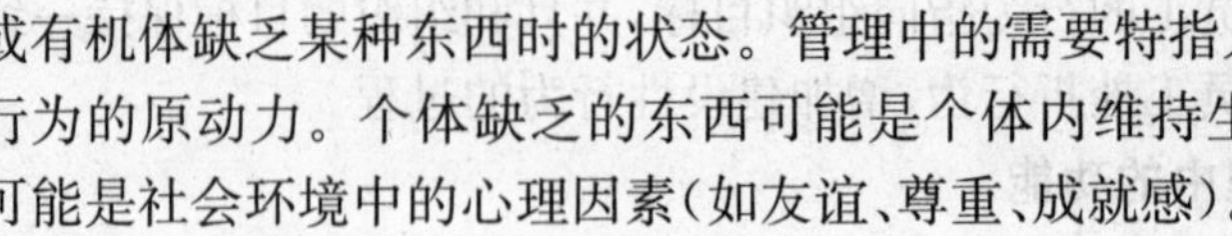

图 14－1　人类行为模式

（一）需要

需要是指人类或有机体缺乏某种东西时的状态。管理中的需要特指人对某事物的渴求和欲望。需要是一切行为的原动力。个体缺乏的东西可能是个体内维持生理作用的物质因素（如水、食物等），也可能是社会环境中的心理因素（如友谊、尊重、成就感）。

（二）动机

1. 动机的含义

当人们产生某种需要而又未能满足时，身心便会失去平衡，出现紧张和不安的状况，这种不安和紧张成为内在的驱动力，促使个体采取某种行动，心理学把这种现象称为动机。动机是推动人们从事某种活动并指引这些活动去满足一定需要的心理准备状态。

未满足的需要是形成人的动机的根本原因，有某种需要就有某种动机，有某种动机就有某种行为。但事实上有某种需要不一定就会产生某种动机，有某种动机也不一定就会引发某种行为。因为一个人的需要和动机是个体和环境相互作用的结果，因时、因地、因情、因个人差异而表现出不同的反应，而且一个人可能同时有许多未满足的需要，产生的动机之间不仅有强弱之分，而且会有矛盾和冲突，一般来说，只有最强烈的动机才可以引发行为，这种动机称为强势动机。例如，一个刚加入工作的年轻人，有购买住房、增添衣物、购车等多种需要，但不可能同时满足这几种需要，只能根据动机的强弱来选择其一。

2. 影响动机强度的主要因素

(1)在外界条件一定时，动机的强度与个体缺乏的程度以及个人的个性直接相关。

(2)在内部条件一定时，某种动机的强度随外部环境的刺激而变化。例如，某人想升工资的动机强度，随组织当年升工资的计划、比例以及其他单位同类人员升级的情况而变化。

(3)某种动机的强度还取决于这种动机过去是否得到强化。如果过去这种动机引发的行为曾取得过良好的结果，这种动机就会得到强化，该行为会重复出现；如果这种动机过去曾取得过坏的结果，该动机会因此削弱或消失，从而使该行为不再出现。

(4)动机强度随着行为进行的过程而有所改变。同一动机随着目标导向行为的进行，越接近目标，动机强度越大；而随着目标行为的进行，需要逐渐得到满足，其强度会逐渐减弱。例如，饥饿时越接近食堂和自己喜爱的食物，食欲越旺盛；而随着进食过程的继续，食欲越来越低。

3. 动机的主要功能

心理学家认为，动机具有三种重要的功能：

(1)激活功能。人不会无缘无故地采取行动。人的行为都是在动机的驱使下发生的，都是为了满足和实现某种欲望和需要。因此，动机具有激活功能，即它具有策动、驱使有机体采取某种行动的最初发起的能量。

(2)指向功能。人的行为受动机所指引，动机决定人的信息接收方向，即具有将受众的行为引向某一特定接受对象的指向功能。动机的激活功能决定了人是否接收信息，而指向功能决定了人接收什么样的信息。

(3)强化功能。当先前的接收行为达到开始预定的目标时，接受动机又会促使有机体强化被肯定行为的发生频率，从而形成一种行为模式或接受习惯。可见，在信息接收中，受众怎样知觉、如何理解、如何思考，以及产生什么样的行为模式，都要受到接受动机的性质和强度的影响。

例如，当某人口渴时，会产生口干舌燥的感觉，"渴"就引起他产生找水喝的行动；在水未找到前，这一行动不会停止；在这一行动中，水便是其追求的目标，行动方向朝着水或与获得水有关的事物(水壶、水井、泉水等)进行，喝到水以后，这一行动方告结束。

由于动机有以上功能，所以培养人们的正确动机便具有重要意义。例如，教师为了使大学生们成为祖国"四化"建设的有用人才，经常教导学生们要获取尽量多的专业知识，以便成为专家或学者。这一动机为大学生们所接受，促使他们虚心好学、如饥似渴地钻研专业知识，很好地完成学业。

(三)行为

行为是指人类与其他动物的动作、行动方式，以及对环境和其他生物体或物体的反应。人的行为是由动机决定的，人们采取的行为总是直接或间接、自觉或不自觉地为了实现某个需要的满足。但是，行为的结果可能有两种：第一，实现了目的，满足了需要，于是在新的刺激下，又会产生新的需要；第二，没有实现目的，产生挫折感，这时他(或她)也许采取建设性行为，也许采取破坏性行为。

1. 建设性行为

建设性行为是指个人受挫后采取积极、理智的行为，主要表现为以下几个方面：

(1)增强努力。发现目标难以达到，鼓起勇气继续努力。

(2)模仿。学习榜样的观念和言行。

(3)重新解释目标。目标设置难以达到，则延期、修订或转化目标。

(4)补偿或替代。目标受条件限制而无法达到，则制定另一个目标取代原有目标。

(5)合理化。为解释自己的挫折，寻求合理借口或采取折中妥协办法。

2. 破坏性行为

破坏性行为是指个体受挫后采取的不理智的消极行为，主要表现在：

(1)攻击。直接攻击，即针对构成挫折的人或物进行辱骂、动手侵犯，败坏别人名誉等；间接攻击，即对方力量太强(上级或重要客户)，寻找替罪羊攻击，或转向自我责备。

(2)固执。拒绝别人劝告，拒绝任何事实，顽固不化地从事某一行为。

(3)退化(回归)。受挫之后，表现出与自己年龄、身份不相称的幼稚行为。

(4)推诿。诿过于人。

(5)冷漠。心灰意冷，自暴自弃，麻木不仁。

(6)压抑。压抑愤怒、焦虑的情绪反应，表现出正常情况下谈笑自若的状态。

动机是人们制定和追求目标的驱动力，是一个人为什么想做一件事的原因，是诱发和维持行为以达到目标的因素。它为行为赋予目标和方向。在人们的行为背后都隐藏着这样或者那样的动机，而这些动机又源于不同层次的需要。

三、激励的基本形式

(一)理想、目标激励

理想激励是通过教育和影响等方式，使员工树立远大理想，并为实现理想而自觉努力和不断奋斗。大多数人都有成就的需要，希望不断获得成功，成功的标志之一便是实现预定的目标。为激励对象确定一个合适的目标，并为其实现目标提供全面的支持，往往能达到很好的激励效果。目标激励除了个人目标具有很大的激励作用外，组织目标也会激励员工的斗志和工作热情。

(二)组织制度和榜样激励

组织激励是指运用组织责任和权利对员工进行激励。行为科学研究表明，大多数人都愿意承担责任，希望有自我控制的权利。因此，在实际工作中，可以创造条件开展民主管理，尽可能吸收员工参与决策。组织的多项规章制度一般都与一定的物质利益相联系，对员工的消极行为具有约束作用。但另一方面，规章制度为员工提供了行为规范和社会评价标准，与员工的自我肯定、社会舆论的认可相联系，具有综合的激励作用。

俗话说，“榜样的力量是无穷的”，大多数人不甘落后，但又不知从何做起，或者在困难面前举步不前。通过树立先进典型和领导者的率先垂范，可以使广大员工找到一个参照物并自我鞭策，增添克服困难取得成功的决心和信心。

(三)物质利益和荣誉激励

在管理中遵循物质利益的原则，并不是只注重对员工物质需要的满足。有效的激励，应该是物质激励和精神激励相结合的“同步激励”(这是我国心理学家俞文钊先生提出的激励理论)。物质利益是最基本的激励，荣誉激励是给优秀员工以表扬、光荣称号以及象征荣誉的奖品、奖章等，这是对员工贡献的公开承认，可以满足人的自尊需要，从而达到激励目的。

(四)培训、信息和改善环境

培训的激励作用是多方面的，它既可以满足员工求知的需求，进而使其可能胜任更具有挑战性的工作，承担更多的职责，又可以在一定程度上满足其社会需求和自尊的需要。

这里的信息指的是绩效信息，它也是激励的一种方式。在组织活动过程中，及时告知员工已取得的个人绩效，可以使员工明确自己已获得的成就和尚存在的差距，这既是对员工的信赖，又能够激发其拼搏精神，为实现个人和组织目标付出更大的努力。

四、激励的作用

1. 需要的强化

激励工作要强化那些有利于组织目标实现的人的需要。人们作出的选择往往并不是完全偏向于一种需要，而是多种需要的调和与相互妥协。例如，一个销售人员可能既想好好地去干一番事业，又想多花点时间享受家庭生活，对于处在这种矛盾中的销售人员，销售经理通过制定奖励政策和说服等手段来激发其事业心，强化其前一种需要，从而使其产生有利于组织目标的行为。如何在这种调和中去强化最有利于组织目标的需要，就需要运用激励艺术。

2. 动机的引导

强化了需要不一定就能得到预期的行为，因为可能有多种行为都能提供同一种满足。例如，一名销售员想要得到更多的报酬，他可以更加努力地工作以获得更多的提成或奖励，也可以考虑保持现状而业余再兼一份销售工作，甚至干完就跳槽到另一家收入更高的公司等。管理者可以通过说服教育以及相应的激励措施，杜绝不良动机，引导其动机导向对组织目标有利的行为上来。

3. 提供行动条件

要鼓励人行动，就应该为他们的行动提供条件，帮助他们实现目标。例如，要让一名销售员提高其销售业绩，就应该为他提供各种产品和客户信息，通过激励措施，让其他有关部门配合他的工作，这样为其实现目标提供良好条件，从而提高他的工作积极性，获取工作业绩。可见，为人们提供行动条件也是激励工作的重要作用。

第二节 激励理论

关于如何激发组织成员的动机与积极性的研究成果很多，管理学者们从研究中总结出了一系列经典的激励理论，这些研究成果大致可分为内容型激励理论、过程型激励理论和调整型激励理论三大类。

内容型激励理论是研究人到底具有哪些不同类型的需要，它决定了组织应给员工提供什么方面的刺激或激励因素。其主要包括需求层次理论、ERG 理论、双因素理论和成就需要理论等。过程型激励理论主要研究人们从动机产生到采取行动、满足需要的内在心理行为过程，即研究人是如何产生特定行为的，期望理论、公平理论和目标设置理论是过程型激励理论的典型代表。调整型激励理论又称行为改造型激励理论，它着重对达到激励目的，即调整和转化人的行为进行研究，强化理论就是典型的调整型激励理论。

一、需求层次理论

(一)需求层次理论的基本前提

亚伯拉罕·马斯洛的需求层次理论是研究人的需要和动机及组织激励时应用得最为广泛的理论。马斯洛认为,人有一系列复杂的需要,人类便受到想要满足这些需要的激励;这些需要被假定是按其优先次序而排成阶梯式层次,人们以一定的顺序依次来满足这些需要,从最低级需要直到最高级需要。并且他断定,当一组需求得到满足时,这组需求就不再成为激励因素了。

(1)人的需要能够影响人的行为,只有未满足的需要能够影响行为;

(2)人的需要按重要性和层次可以排成一定的次序;

(3)当人的某一级需要得到最低限度的满足后,才会追求高一级的需要。

必须指出,并不是人非得在某一层次的需求获得百分之百的满足之后,次一个层次的需求才能够显示出来。马斯洛曾经说过,事实上,在社会中有许多人,他们的各项基本需求只可能有部分的满足,同时也都有部分不满足。因此,在人们的需求层次中,应有一个比较确切的描述,即从较低的层次逐级向上,满足的程度百分比逐级减少。

(二)需求层次理论的主要内容

马斯洛认为,人类的需要是以层次的形式出现的,由低级的需要开始逐级向上发展到高级的需要。需求层次理论的五种需要是:

1. 生理的需要

需求的层次,以生理的需要为基础,生理需要是人类最基本的需要。生理的需要,即为支持生命之所必需,包括人体生理上的需要,即衣、食、住、行、医药等基本生存条件。虽然这些需要的级别最低,但这是人类个体为了生存而必不可少的需要。人们只有在满足了这类需要之后,才可能转向较高层次的需要,也即所谓"衣食足而知荣辱"。

2. 安全的需要

生理需要得到基本满足之后,安全需要便接踵而至。安全需要是第二层需要,安全需要以对安全的物质和情感环境的渴求为中心。安全需要包括人身安全、工作安全、经济安全、环境安全等需要,比如工作及职业的稳定。

3. 社交的需要

人的生理需要和安全需要得到基本满足后,社交需要便成为一项重要的激励因素。社交需要是第三层需要,也被称为归属需要,包括友谊、爱情、归属感等方面的需要。

4. 尊重的需要

人在生理需要、安全需要、社交需要都基本满足之后,尊重的需要又成为最突出的需要,即自尊和受别人尊敬,包括自己地位、受人尊敬的情况以及威望等。尊重需要是双重的:一方面当事人必须自己感到自己的重要性;另一方面也必须获得他人的认可,以支持他自己的这种感受。尊重需要的存在,使人们更加关心成就、名誉、声望和晋升机会,而这一切都是别人认为他们有能力、能胜任工作的最佳表现。

5. 自我实现的需要

在尊重需要有了基本的满足之后,自我实现的需要又接着出现了。自我实现是什么?马斯洛认为是这样一种欲望,即人希望能成就他独特性的自我的欲望,或是人希望能成就其本人所希望成就的欲望,即胜任感和成就感。在这一个需求层次中,人希望能发挥其全部的潜力,他重视的是自我满足、自我发展和创造力的发挥。

(三)对需求层次理论的评析

马斯洛是人本主义者,他认为人的各种需要都处于利己的本能。这种理论在西方具有一定的代表性。对马斯洛的理论,我们应客观地、一分为二地进行分析和评价,为我所用。

1. 需求层次理论的贡献评价

(1)从人的需要出发来研究人的行为,其思路是完全正确的;

(2)所得出的各层次需要对激励的选择重点有具体指导意义;

(3)任何人在某时都有主导需求,主导动机的论点是正确的;

(4)将自我实现作为人的最高层次的需要是有积极意义的。

需求层次理论第一次从理论上系统地把人的多种需要归纳为五个层次,模式直观,逻辑性强,易于理解,对激励理论和相关管理理论的发展产生了有益的影响;抓住激励问题的关键;提出了优势需要的概念,启发管理者有针对性地激励员工。

2. 需求层次理论的缺陷评价

(1)对需求层次的分析简单化、机械化;

(2)马斯洛的需求层次理论没有提出激励的具体办法,只说明了需要与激励之间的一般关系;

(3)需求层次理论忽视了工作与工作环境的关系;

(4)需求层次理论的观点具有私有制社会的痕迹。

离开社会条件、人的历史发展及人的社会实践来考察人的需要及其结构,其理论基础是存在主义的人本主义学说,由此得出的一些观点难以适合其他国家的具体情况,特别是逐层递升的需求层次模型忽视了人的主观能动作用,忽视了人的需要是一个相互交错、相互渗透的有机体系。

(四)需求层次理论对管理的意义

马斯洛的需求层次理论使许多研究转向了这一理论在组织管理中的应用。当需要被作为一种激励力量来运用时,管理者无疑应该创造一种能够让员工满足自己需要的工作氛围和工作设计,这样才能让他们充分认识到自己的潜能,也才能充分发挥他们的积极性、主动性和创造性;否则,往往会导致员工的挫败感,甚至出现离职现象。

一般来说,应针对员工的需要做出工作设计,对有着不同需要的员工提供不同的工作环境:满足员工的生理需要是最基本的要求,但是也要注意生理需要一经满足就会不断发展、变化;对于注重安全感的员工来说,应该给他们提供一种安全、有保障的工作环境,而不适宜做一些富于挑战和冒险性的工作;当社交需要成为主导需要时,应积极营造一种和谐的人际关系,并注意给员工创造一些社交机会;当荣誉感是主要激励力量时,应该通过一定的措施给予他们相应的表彰和鼓励,提高员工的积极性;对于追求自我实现的员工而言,由于任何工作都存在创新余地,管理者就要给他们充分发挥的空间和余地,以激励其创新心理和能力。

二、双因素理论

(一)双因素理论的主要内容

20 世纪 50 年代后期,美国心理学家赫茨伯格和他在匹兹堡的心理学研究所的研究员提出了“双因素论”。他们进行的是这样一项研究:访问了匹兹堡地区的 11 个工商企业的二百多位工程师和会计人员,请他们列举在他们的工作中有哪些是使他们愉快的项目,又有哪些是使他们不愉快的项目。经分析调查所得资料,结果发现,受访人员觉得未能满足的项目多数与他们的工作环境有关,而他们觉得满意的项目一般也多属于工作本身。由此进一步分析推导出,一方面是他们对诸如本组织的政策和管理、监督、工作条件、人际关系、薪酬、地位、职业安定以及个人生活所需等,如果得到满足后就没有不满,得不到满足则产生不满。赫茨伯格把这类因素统称保健因素。另一方面是人们对诸如成就、认可、艰巨的工作、晋升和工作中的成长、责任感等,如果得到满足则感到满意,得不到满足则没有满意感(但不是不满)。他把这类因素统称为激励因素。因此,赫茨伯格认为,只有靠激励因素来调动员工的积极性,才能提高生产效率。

赫茨伯格认为,这一发现表明了一个二元连续统一体的存在:"满意"的对立面是"没有满意","不满意"的对立面是"没有不满意",如图 14-2 所示。

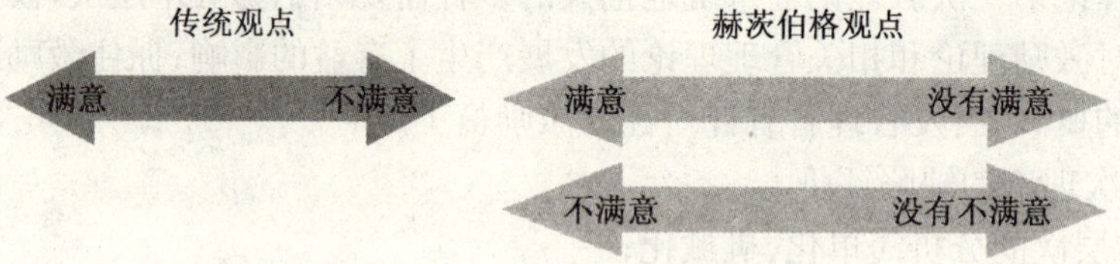

图 14-2 传统观点与赫茨伯格观点的比较

保健因素:如果得到满足后就没有不满,得不到满足则产生不满。

激励因素:如果得到满足则感到满意,得不到满足则没有满意感(但不是不满)。

只有区分了激励因素和保健因素,才能有效地在工作中激励员工。利用工作本身所具备的诸如成就、认可、责任、晋升等内部奖励来影响员工,使他们出色地完成工作任务;运用好工作条件和工资薪金等保健因素来消除对工作的不满意程度。

(二)对双因素理论的评价

1. 双因素理论的贡献

双因素理论指出,并不是采取了某项激励措施后就会产生满意,更不等于带来生产率的提高;满足各种需要所引起的激励深度和效果是不一样的;要调动人的内在因素来产生激励作用,如给予表扬或认可,注意给人以成长、发展、晋升的机会。

2. 双因素理论的缺陷

双因素理论有一定的创见,但也受到不少人的批评。满意和生产率的提高有必然的联系,而实际上,满意并不等于生产率的提高,这两者没有必然的联系;把保健因素和激励因素截然分开是欠妥当的。人是非常复杂的,当他感到满意时,并不等于提高生产率;而不满意时,也不等于降低生产率。人因为种种考虑,可以在不满意的条件下达到高的生产率。而赫茨伯格在讨论双因素理论时,只注重满意、不满意,而没有联系与实际生产率的关系。而且赫茨伯格进行调查时的对象只是工程师、会计师等专业人员,他们不能代表工人的情况。

(三)双因素理论对管理工作的启示

(1)不应忽视保健因素,更应重视激励因素。

(2)注重工作本身的激励作用:

①合理进行工作设计,使工作内容丰富化,增强员工工作的成就感和责任感;

②实行目标管理,减少过程控制,增强员工的自主权;

③对员工的成就及时给予肯定和表扬,使他们感到受重视和尊重。

(3)满足新的需求与维持旧的需求一样重要。

(4)聪明的管理者不要一开始就做出很多许诺。

(5)充分了解和照顾员工的兴趣爱好。

(6)正确发放工资和奖金。

(四)双因素理论对管理的意义

尽管对双因素理论的争议比较多,存在许多不同的意见和看法,但是该理论仍然广泛地流行,为大多数管理者所熟悉,说明它确实有着独到之处。在组织中,管理者在激励员工时应注意保健因素和激励因素的区分,保健因素的满足可以使员工消除不满意的感觉;而激励因素的满足却可以使员工产生满意感;否则,采取某项激励措施后并不一定会给员工带来满意感,达不到预期的效果。当然,保健因素和激励因素并不是截然分开、毫无关系的,两种因素都会对员工产生激励作用,唯一的不同在于,它们所引起的激励深度和效果是不同的。激励因素由于来自工作本身,属于内在激励,容易使员工得到深刻而长久的激励;而保健因素属于工作的外部条件,是一种外在激励,虽然也能产生一定的激励作用,但往往作用有限,也难以持久地发挥作用。因此,企业在采取激励措施时,应该针对自身的实际情况有选择地加以运用。

三、公平理论

(一)公平理论的内容

公平理论是由美国学者、行为学家亚当斯在综合有关分配的公平概念与认知失调理论的基础上,于1962～1965年在《工资不公平对工作质量的影响》等著作中提出的,也称为社会比较理论。

公平理论认为,人与人之间存在社会比较过程,且有就近比较的倾向。一个人对自己的工资报酬是否满意,不仅受收入的绝对值的影响,也受相对值的影响。每个人总会把自己付出的劳动和所得的报酬与他人作比较,也同个人的历史收入作比较。人们对自己报酬的知觉和比较所引起的认知失调,导致当事人的心理失衡,即不公平感和心理紧张。为减轻或消除这种心理紧张,当事人会采取某种行动,以恢复心理平衡。如果个人比率(报酬/贡献)与他人比率相等,就会认为公平、合理,从而心情舒畅,努力工作;否则,就会感到不公平而降低工作积极性。个人历史的比较也会产生同样心理。当人们比较后感到不公平时,往往会有如下表现:(1)在认识上改变对自己具备的条件[包括努力、能力、教育程度、年龄等,此即"投入"(Inputs,简称I)]与取得的报酬[即"产出"(Outcomes,简称O)]的评价。例如,改变对自己能力的估计,由过高到适当。(2)改变对别人的评估。例如,由于对别人水平估计过低,故认为那人收入偏高。现在提高对该人水平的估计,再与自己相比,就会不觉得不公平。(3)采取行动,改变自己的O/I,如找一份收入更高的工作,或消极怠工、减少贡献。(4)另选比较对象。如比上不足、比下有余,取得主观上的公平感,使心理平衡。(5)采取行动,改变他人的O/I。如向上级申诉理由,或要求与他人比高低。(6)其他表现,如发牢骚、泄怨气、制造人际矛盾等。

(二)员工产生不公平感的原因

公平理论提出的基本观点是客观存在的,但公平本身却是一个相当复杂的问题,员工产生不公平感主要是由以下原因造成的:

(1)存在不合理的现象;

(2)不同员工在投入和所得上存在不可比性;

(3)不同员工对投入和产出的认知不同;

(4)绩效考核和奖励制度不透明。

(三)员工消除不公平感的方法

为了避免员工产生不公平感,企业往往采取各种手段,在企业中造成一种公平合理的气氛,使职工产生一种主观上的公平感。例如,有的企业采用保密工资的办法,使职工相互不了解彼此的收支情况,以免职工互相比较而产生不公平感。

(四)对公平的理解

公平理论提出的基本观点是客观存在的,但公平本身却是非常复杂的问题,根据近期的研究和客观现实,应这样理解公平:

1. 公平是相对的,不是绝对的

因为公平感的判断是主观判断,个人对自己的产出/投入比和相关其他人的产出/投入比都是个人感觉,而一般人总是对自己的投入估计过高,对他人的投入估计过低。

2. 公平理论的研究,其产出着眼于工资

但实际上员工也从组织的其他奖励分配中寻求公平,有证据表明,高社会地位的头衔,宽敞、装饰豪华的办公室等在一些员工对产出判断中起重要作用。

3. 公平理论重视分配的公平

公平理论着眼于个人可见的报酬的数量和分配的公平。近期的研究认为,应扩展公平的含义,公平不仅是指分配公平,也应考虑程序公平,即用来确定报酬分配的决策过程的程序的公平。程序公平影响员工对组织的承诺、对上级的信任和离职的可能。管理者需要考虑分配的决策过程应公开,应遵循平等的、无偏见的原则。通过增加程序公平,使员工即使对报酬产生不满,也能以积极的态度看待组织和领导。

(五)公平理论对管理工作的启示

要求公平是任何社会普遍存在的一种社会现象。公平理论第一次把激励和报酬联系在了一起,说明人是要追求公平的,从而揭示了现实生活中的许多现象。

首先,最为重要的是激励时应力求公平,使等式在客观上成立,尽管有主观判断的误差,也不致造成严重的不公平感。管理者要尽可能公平地对待每一位员工,公平奖励员工。

其次,在激励过程中应注意对被激励者公平心理的引导,使其树立正确的公平观,注意对有不公平感的员工进行心理疏导。教育职工正确选择比较对象和认识不公平现象。公平理论表明,公平与否源于个人感觉,个人判断报酬与付出的标准往往会偏向于对自己有利的一方,从而使职工产生不公平感,这对组织是不利的。因此,管理者应能以敏锐的眼光察觉个人认识上可能存在的偏差,适时做好引导工作,确保个人工作积极性的发挥。一是要认识到绝对的公平是不存在的,二是不要盲目攀比,三是不要按酬付劳。按酬付劳是在公平问题上造成恶性循环的主要杀手。

再次,影响激励效果的不仅有报酬的绝对值,还有报酬的相对值。判断公平与否,要进行社会比较,应与组织内外部其他人员进行比较。

最后,管理者应该制定一个能够让员工感到公平并且乐于参与和保持的报酬分配制度。加强管理,建立平等竞争机制。人的工作动机不仅受绝对报酬的影响,而且更重要的是受相对报酬的影响。人们在主观上感到公平合理时,心情就会舒畅,人的潜力就会充分发挥出来,从而使组织充满生机与活力。这就启示我们,管理者必须坚持"各尽所能,按劳分配"的原则,把职工所作的贡献与他应得的报酬紧密挂钩。

总之,亚当斯的公平理论对我们很有借鉴意义。因为公平感是普遍存在的一种心理现象,它不仅表现在工资收入比较上,在待遇、受尊重、奖励、表扬、晋级、态度等方面进行比较时,人们也会产生公平或不公平感。所以我们一方面应当通过宣传教育工作，设法改变引起人们不公平感的现实(纠正不正之风等)，另一方面要引导人们尽可能客观地进行人际比较，正确地评价他人，用正确观点看待社会主义初级阶段中必要的或暂时的差别。

四、期望理论

期望理论最早由托尔曼和勒温提出，1964 美国心理学家弗鲁姆在其《工作与激励》一书中完善了期望理论，该理论又称效价—期望理论，主要研究需要与目标之间的规律。

(一)期望理论的主要内容

该理论认为，人总是渴求满足一定的需要和达到一定的目标，此目标又对激发人的动机有影响，这个激发力量的大小，取决于目标价值(效价)和期望概率(期望值)。即个体努力的程度取决于个体行为可能带来的工作绩效的期望程度以及因绩效而获得组织的奖赏对个体的吸引力。用公式表达为：

$$M=E\cdot V$$

即：

激励＝期望值×效价

从这里我们可以看出，期望理论有三个关键变量：

(1)M——激励水平的高低，即激励强度，指调动员工积极性并激发其潜能的强度。

(2)E——期望值，是因采取某种行动可能导致实现所追求目标的概率，指人们对自己的行为能否达到目标并且导致某种结果的主观概率判断。例如，一名员工对于自己的努力工作会导致加薪的可能性大小的判断，这种可能性就是期望值。期望值大部分都介于 0 和 1 之间。在期望值为 0 时，表示个体付出特定努力也不可能导致特定的绩效(加薪)；而期望值为 1 时，表示个体完全能够确定他所付出的努力必然导致特定的绩效(加薪)。当然，这种可能性大小的主观判断会因为个体的不同而有所差异，趋于冒险的个体的主观概率一般较大，趋于保守的个体的主观概率相对较小。有了期望值的判断，个体也就很容易做出是否采取某种行动的判断。

(3)V——效价，是指人对某一目标或成果的重视程度，即个体对于预期的结果或回报在主观上所感觉到的价值的大小。效价可以是积极的，也可以是消极的，取决于困难出现的后果以及人们对此的感觉。如果对于通过努力工作而获得加薪的评价是正面的，如被同事们认可、有晋升机会等，人们往往就会通过积极的态度来实现高效率；如果对于通过努力工作而获得加薪的评价是负面的，如受到同事们的冷遇、不被群体所接纳等，人们往往就会评价每一种选择所可能导致的后果，再采取相应的行动。如果不在乎受到冷遇和排斥(效价低)，则加薪的效价较高，从而导致员工的积极行为；如果在意于群体规范(效价高)，则加薪的效价较低，从而导致员工遵守群体规范的积极性。

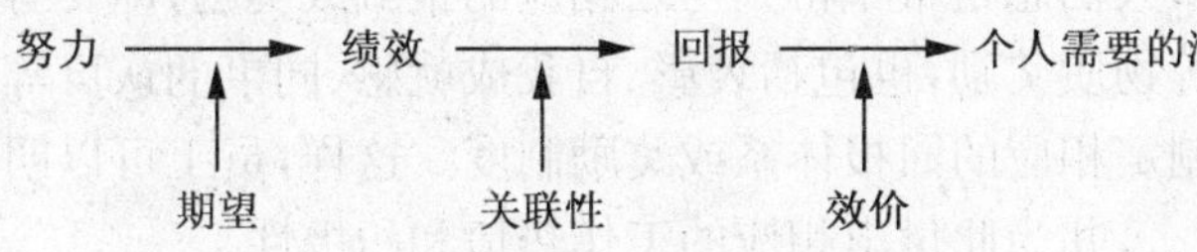

图 14—3 期望理论

(二)期望理论的运用

期望理论的公式表明,一个人对他所追求目标的价值看得越重要,估计能实现这一目标的概率越高,那么他的动机就越强烈,激励的水平也越高,内部潜力也越能充分调动起来。注意,E 与 V 两项中任一项为 0,则激励强度 M 为 0,即毫无意义。另外,当 V 为负值时,E 愈大,激励的副作用愈大。只有考虑到以上三种关系,激励措施才会对员工产生一定的作用。但是,对于员工来说,受到激励与产生工作绩效是两个不同的概念。受到激励,代表员工对绩效的渴望或努力的程度,而绩效是个体在完成一项任务或目标时所能达到的程度。激励是影响绩效的重要因素,但绩效并不是只受到激励的影响。期望理论见图 14—3。

弗鲁姆认为,依据期望模式,为了有效激发职工的工作积极性,需要处理好三种关系:个人努力与工作成绩之间的关系;工作成绩与报酬之间的关系;奖励与满足个人需要之间的关系。

期望理论揭示了这样一个规律:个人对目标的理解和重视程度直接影响到他实现目标的动机和行为。可以说,个人的这种理解和重视程度要比管理者设计的理解和重视程度重要得多。因为目标是靠每个成员去达到的。这就启发我们,宣传教育、思想政治工作是必不可少的。要通过宣传教育,帮助人们理解社会建设目标、团体目标的意义以及与个人目标的关系,正确估计效价。不能仅仅着眼于目标"对个人有没有好处"或"对团体有没有好处",而应兼顾国家、团体、个人三者利益,并首先考虑国家利益。通过宣传教育,普遍提高人们的目标效价。还要帮助人们恰当地确定期望值。如果目标符合社会发展规律,又不脱离当前实际,经过努力可以达到,那么就应通过宣传教育使人们了解实现目标的可能性,提高人们的期望值,鼓舞士气,增强信心,避免畏难情绪和丧失信心。而了解群众思想动态(即心理状态)与上级组织要求之间的差距,通过工作使差距变小直至消失,乃是宣传教育工作的出发点。

(三)期望理论对管理的意义

期望理论说明了这样一个事实:员工的努力和绩效受到他们是否相信自身的努力能够带来一定绩效并且这种绩效能够使他们得到所希望的回报的信念的影响。因此,期望理论为管理者提供了一个充分提高激励和绩效的理论框架。具体来说,它为组织中激励措施的实施提供了以下几点借鉴:

1. 阐明努力→绩效期望

人们总是通过一定的努力来实现一定的目标,如果个体主观上认为通过努力而实现一定绩效的概率较高,就会受到很大的激励而迸发出工作热情和积极性。这种期望受到主观和客观条件的限制,因此,组织可以通过实施培训计划、让员工参与相关的工作决策、提供管理上的支持与指导等方法来增强员工的信心和期望值,使他们相信高绩效是可以通过努力而达到的。同时,对于期望值过高而自身能力有限的员工,为防止其挫败心理的出现,管理者应该及时帮助他们分析主观和客观条件,疏导或降低其期望心理。

2. 阐明绩效→回报期望

在达到一定绩效后,人们总是希望得到与之相应的报酬或奖励,即要有一定的回报。这种回报既包括加薪、晋升等物质奖励,也包括表彰、自我成就感、同事的认可等精神奖励。在组织中,应该根据实际绩效制定相应的回报体系或奖励制度。这样,员工可以明确地知道他们的高绩效能够为自己带来什么,并为此付出相应的工作热情和积极性。

3. 使回报符合员工的需要

人们之所以希望得到报酬或奖励,就是为了满足一定的需要、实现一定的目标。如果所得到的报酬或奖励能够满足这种需要,说明它发挥了很好的激励作用,否则就是没有能够充分发挥激励作用。一般来说，不同的员工从工作中所希望得到的回报往往是不同的，有的员工希望得到额外的收入，而有的则希望有休假的机会，有的则想得到培训机会，等等。对于管理者来说，就应该通过为员工提供多种回报来提高激励水平。

4. 为员工提供一种不断改变的工作环境

根据期望理论，我们可以知道人们通常会根据对各种行为的期望和回报而对目前和将来的行为做出有意识的决定。这虽然并不意味着人们会在每种行为发生之前做出有意识的决定，但他们总是每隔一段时间就会评估和回顾他们做了什么，以及为什么会这么做，从而重新进行衡量和选择。作为管理者来说，必须认识到员工不可能长久地接受一个一成不变的环境，应对工作环境进行不断调整，以适应员工这种要求改变的需要。

5. 为员工提供表现的机会

如果员工处于一项不可能完成的工作中，或者他认为这项工作完成的可能性很小的时候，他们往往会认为缺乏自我表现机会，也很难产生激发力量。因此，管理者对每个员工应该有大概的了解，让每个员工都处于一个有可能产生较好表现的工作中，以使每个员工能够有所表现。

五、强化理论

强化理论着重研究行为结果对行为的反作用。所谓强化，是指个体表现出适当或正确行为后给予奖赏，当表现不当或表现出错误行为时施以惩罚，从而使行为受到影响的处理过程。强化理论就是研究如何通过强化来激发动机从而导致预期的行为。

(一)操作条件作用强化论

这一理论是美国心理学家斯金纳在巴甫洛夫条件反射基础上进行深入研究提出来的。该理论认为，人由于某种需要而产生探索或“自发的”活动，在探索过程中，某一行为达到目的，那么这种行为就受到了强化，人就学会了用这一行为去操纵环境，达到目的，满足需要。由于这种行为是基于需要自发的，故称为操作性条件作用或工具性条件作用。总之，该理论强调，当行为的结果有利于个人时，行为就会重复出现，这就起到了强化、激励的作用。如果行为的结果对个人不利，该行为就会弱化或消失。

斯金纳认为，对人的强化(行为改造)有四种不同的类型，即：

(1)令人愉快的行为发生→表扬、奖励→行为重复发生(正强化)；

(2)令人愉快的行为发生→轻视、不予理睬→行为淡化(自然消退)；

(3)令人不愉快的行为发生→强制、威胁、惩罚→行为消失(惩罚)；

(4)令人不愉快的行为发生→警告、否定→为逃避惩罚而增强某种行为(负强化)。

(二)替代强化和自我强化论

替代强化和自我强化是美国心理学家班杜拉的社会学习理论(也称观察学习理论)中的概念。替代强化是指人们不直接参与某一活动，也无须亲自体验直接的强化，而是通过观察别人的行为受到奖励或惩罚，使自己在以后类似情况下也做出这种行为或抑制这种行为。替代强化论为榜样作用、从众、模仿行为提供了理论基础。要控制人的行为，可以通过树立榜样、同伴示范(如老兵给新兵示范)等使人们受到替代强化，激起相应的行为动机，产生预期的行为。

所谓自我强化，是指个人依据强化原理安排自己的活动或生活，每达到一个目标，即给自己一点物质或精神的奖励，直到最终完成目标。自我强化是较高水平的激励方式，不可能要求人人都达到这种水平。但通过教育、指导，也可以帮助人们逐步具备这种能力。在进行教育、指导时，主要应帮助人们确立长远目标和近期目标，让人们自己确定评价标准，使之自我检查、自我评价。只要某人不受外部因素影响，能够独立地安排自己的活动，并不断取得进步，就说明他具备了自我强化的能力。

(三)强化理论对管理的意义

强化因素是会使某种行为在将来重复发生的可能性增加的任何一种"后果"。例如，当某种行为的后果受人称赞时，就增加了这种行为重复发生的可能性。管理者强化方法的运用，在一定程度上决定某种行为在今后是否重复发生。管理工作中，强化方法可以有不同的组合模式。

(1)要依照强化对象的不同，采取不同的强化措施。人们的年龄、性别、职业、学历、经历不同，需要也就不同，强化方式也应不一样。例如，有的人更重视物质奖励，有的人更重视精神奖励，就应区分情况，采用不同的强化措施。

(2)小步前进，分阶段设立目标，并对目标予以明确规定和表述。对于人的激励，首先要设立一个明确的、鼓舞人心而又切实可行的目标，只有目标明确而具体时，才能进行衡量和采取适当的强化措施。同时，还要将目标进行分解，分成许多小目标，完成每个小目标都及时给予强化，这样不仅有利于目标的实现，而且通过不断的激励可以增强信心。如果目标一次定得太高，会使人感到不易达到或者说能够达到的希望很小，这就很难充分调动人们为达到目标而做出努力的积极性。

(3)及时反馈。所谓及时反馈，就是通过某种形式和途径，及时将工作结果告诉行动者。要取得较好的激励效果，就应该在行为发生以后尽快采取适当的强化方法。一个人在实施了某种行为以后，即使领导只表示"已注意到这种行为"这样简单的反馈，也能起到正强化的作用。如果领导对这种行为不予注意，这种行为重复发生的可能性就会减小甚至消失。所以，必须利用及时反馈作为一种强化手段。强化理论并不是对职工进行操纵，而是使职工有一个最好的机会在各种明确规定的备择方案中进行选择。因此，强化理论已被广泛应用在激励和人的行为的改造上。

(4)正强化比负强化更有效。在强化手段的运用上，应以正强化为主；但必要时也要对坏的行为给以惩罚，做到奖惩结合。

强化理论只讨论外部因素或环境刺激对行为的影响，忽略了人的内在因素和主观能动性对环境的反作用，具有机械论的色彩。但是，许多行为科学家认为，强化理论有助于对人们行为的理解和引导。这是因为，一种行为必然会有后果，而这些后果在一定程度上会决定这种行为在将来是否重复发生。那么，与其对这种行为和后果的关系采取一种碰运气的态度，还不如加以分析和控制，使大家都知道应该有什么后果比较好。

第三节　激励方式

一、目标激励

目标激励就是通过制定科学的发展目标，激励员工为之奋斗，最终达成目标，满足自我实现需要的一种激励方式。确立了发展目标，就明确了工作方向，促使广大员工在实现发展目标的过程中不断提高自身素质，实现自身价值。在进行目标激励时要注意两个方面：一是要注意根据岗位职责和工作任务制定一个科学合理、切实可行的量化目标，防止目标不切实际、遥不可及；二是要注意将员工在实现目标过程中的绩效情况进行动态的反馈，并做出公正的评价，进一步坚定员工的信心，激励员工的热情，同时纠正工作的偏差。

总目标可使人感到工作有方向，但达到总目标是一个复杂的过程，有时会使人感到遥远或渺茫，影响人的积极性。因此要采取"大目标，小步子"的方法，把总目标分成若干个阶段性目标，通过实现几个阶段性目标来实现总目标。阶段性目标可使人感到工作的阶段性、可行性和合理性。

例如，某输电线路架设队承担了一处山地架设线路的任务。由于山高、路险、石多，整个工程对技术和工期的要求都很高，领导根据大多数职工的家属在农村的情况及工程要求，分别设置了两个与职工利益相近的目标：一个是多劳多得的经济目标，一个是"麦子黄了就是工期"的时间目标。尤其是后一个目标，对家住农村的职工的心理影响非常大。为此，全队士气高涨，每天工作达十五六个小时，最后，整个工期缩短了一半，工程质量全优，全队高质高效地完成了架设任务，也理所当然地受到了领导的奖励。

二、文化激励

优秀的企业文化是一双潜在的手，无时不在、无处不在，不断激励着员工为企业发展竭尽全力、不懈奋斗。构建优秀的企业文化是适应竞争、赢得竞争优势的根本保证。因此，企业要通过营造良好的企业文化氛围和塑造良好的企业文化形象来加强企业文化建设，使得员工树立共同的价值观和行为准则，在公司内部形成强大的凝聚力和向心力，增强员工对企业的归属感和荣誉感，用企业文化规范员工日常行为，依靠企业文化激发员工工作激情，逐渐把企业文化变成员工的自觉行动，不断推动企业持续健康发展。

三、物质激励

要通过建立科学的绩效考核体系，严格考核流程管理，实施公正的绩效考核，并把考核结果直接与员工的工资收入挂钩，逐步实现全员同工同酬，真正体现按劳分配原则，用利益杠杆激励员工加倍努力，取得更好的业绩。同时，要积极开展评优树先活动，评选出责任心强、工作扎实、业绩突出的先进人物，享受更加优厚的物质待遇，充分发挥先进人物的带动和激励作用，为广大干部职工树立学习的榜样，进一步增强赶超先进、争创一流的豪情，在企业内部营造比学赶超、干事创业的浓厚氛围。

四、奖罚激励

奖罚激励是奖励激励和惩罚激励的合称。奖励是对人的某种行为给予肯定或表扬，使人保持这种行为，奖励得当，能进一步调动人的积极性。惩罚是对人的某种行为予以否定或批评，使人消除这种行为。惩罚得当，不仅能消除人的不良行为，而且能化消极因素为积极因素。奖惩都是一种强化手段，奖励是对人行为的肯定，是正强化，属直接激励；而惩罚是对人的行为的否定，是负强化，属间接激励。奖励的心理机制是人的荣誉感、进取心，有物质的和精神的需要；惩罚的心理机制是人的羞怯、过失心理，不愿受到名誉或经济的损失。

奖罚激励的心理过程是通过反馈实现的。奖励或惩罚与实际情况相符合，即奖罚分明，是正反馈；奖励或惩罚不符合实际情况，或不公平，是逆反馈。因此，在实施奖罚激励时要尽量做到与实际情况相符。

例如，某地区一家中药厂规定：职工迟到了就罚款。第一次迟到罚款 12 元，第二次 30 元，第三次 50 元，并将迟到情况和罚款情况输入电脑。一次，一位女工骑车上班途中摔倒受伤，另一位女工因护送受伤者去医院而迟到了 3 分钟，罚不罚这位做好事的女工呢？大家对此争论不休。厂长对此的裁决是：其一，迟到一次罚 12 元，这是制度，不容更改，因而罚款分文不能少；其二，女工做了好事，精神可嘉，所以迟到情况不输入电脑；其三，设立精神文明奖，每次奖励 15 元。这样赏罚分明，功过清楚，既执行了纪律，又使大家心服口服，从而起到了很好的激励作用。

五、领导行为激励

领导者行为通过榜样作用、暗示作用、模仿作用等心理机制激发下属的动机，以调动员工工作、学习积极性，称为领导行为激励。领导的良好行为、模范作用、以身作则就是一种无声的命令，能够有力地激发下属的积极性。领导的行为对广大员工具有很强的导向作用。一位杰出的领导者，不仅能够正确地运用手中的权力树立领导权威，还会以身作则、率先垂范，用自己的实际行动激励广大员工扎实工作。要求员工做到的，自己首先做好；禁止员工去做的，自己首先不做。这就要求领导者不仅要具备强烈的工作责任感和事业心，把企业的事当成自己的事来做，为促进企业发展殚精竭虑、不遗余力，还要积极学习企业管理和业务知识，切实提高自身素质，不断提高执行能力，用实实在在的行动感化和带动每一位员工立足本职、兢兢业业、开拓创新、高效工作。

六、感情激励

感情激励就是通过强化感情交流，协调领导与员工的关系，让员工获得感情上的满足，激发员工工作积极性的一种激励方式。强化感情激励，企业领导必须深入一线、深入员工，交流思想，沟通感情，增进彼此的理解和信任。一是要尊重员工。尊重的需要也是人的一种基本需要，要真正把员工看作企业的主人，切实把尊重员工落到实处，尊重员工的选择、员工的创造、员工的劳动，切实维护好员工的自尊。二是要信任员工。领导对员工的信任能够让员工真切地感受到自身价值的存在，从中获得努力工作的动力。要从内心信任员工，相信他们会把工作做好；要学会适度放权，放手让员工去做。三是要关心支持员工。要时刻关注员工的工作和生活，积极为他们办实事、做好事、解难事，大力支持、鼓励和帮助员工做好日常工作。

激励员工是一门学问，激励不到位不可以，激励过度也不行，关键是如何把握“度”。首先要做到完全了解你的下属的能力，分层次激励。其次要了解你的下属的需求，合理的要求要支持，不合理的要求坚决不能同意。最后，讲求激励的实效。激励不只是金钱方面，还包括褒奖、认同、放权等多种方式。只要效果好，哪种激励方式都是可行的。

思考题

1. 什么是激励？激励的本质及心理机制是什么？
2. 马斯洛的需求层次理论包括哪几个层次？各层次分别有什么含义？
3. 运用赫茨伯格的双因素论时应注意哪些问题？
4. 公平理论给管理实践带来哪些启示？在实际工作中，如何才能做到公平？
5. 在运用期望理论对员工进行激励时，管理者、组织分别需要做哪些工作？

6. 在运用强化理论时，组织应注意什么问题？

案例分析

新来的最高行政主管

美国 TX 电脑公司和硅谷的许多高科技公司一样，以火箭般的速度发展，但也面临着来自东海岸大公司的激烈竞争。公司刚开张时，一切就像闹着玩似的，高层管理人员穿着 T 恤衫和牛仔裤来上班，谁也分不清他们与普通员工有什么区别。然而当财务上出了问题后，局面立刻大为改观，原来那个自由派风格的董事长虽然留任，但公司却引进了一位新的最高行政主管 J 君。J 君来自一家办事古板的老牌公司，他照章办事，十分传统，与 TX 公司的原有风格相去甚远。对此，公司行政人员的态度大多是，看看这家伙能待多久。这样，矛盾就不可避免了。

第一次公司内部危机发生在新的最高行政主管首次召开的行政会议上。会议定于上午 8:30 召开，可有一个人 9:00 才跌跌撞撞地进来。西装革履的 J 君瞪着那个迟到的人，对大家说："我再说一次，本公司所有的日常公事要准时开始，你们中间谁做不到，请在今天下午 17:00 之前向我递交辞呈。"结果 10 名行政人员中有 2 人辞职。

此后一个月里，公司发生了一些重大变化。J 君颁布了几项指令性政策，使已有的工作程序改弦易辙。一开始，他三番五次地告诫副总经理，一切重大事务向下传达之前必须先由他审批。他抱怨下面的研究、设计、生产和销售等部门缺乏合作，而在这些关键领域，TX 公司都面临着挑战。

J 君还命令全面复审公司的福利待遇制度，然后将全体高层管理人员的工资削减了 15%，惹得他身边的一位行政人员向他辞职。研究部主任认为："我不喜欢这里的一切，但我不想马上走，开发电脑打败 IBM 对我来说太有挑战性了。"生产部经理也算是不满现状的人，可他的话令人很是惊讶："我不能说我很喜欢 J 君，不过至少他给我那个部门设立的目标我能够达到。当我们圆满完成任务时，J 君是第一个祝贺我们干得棒的人。"

事态发展的另一面是，采购部经理牢骚满腹。他说："J 君要我把原料成本削减 15%。他这是拿着一根胡萝卜来引诱我，假如我能做到的话，他就给我丰厚的年终奖。但要达到这个目标又是不可能的，从现在起，我要另找出路。"

但 J 君对销售副总经理 H 君的态度却令人不解。H 君被人称为"爱哭的孩子"。以前，他每天都到最高行政主管的办公室去抱怨和指责其他部门。J 君的办法是让他在门外等，冷一冷他的双脚，见了他也不理会他的抱怨，而是直接谈公司在销售上存在的问题。没过多久，H 君开始更多地跑基层而不是每天到 J 君的办公室去了。

随着时间的流逝，TX 公司在 J 君的管理下恢复了元气。行政管理人员不得不承认，J 君对计算机领域了如指掌，对各项业务的决策也无懈可击。然而，他对生产、采购部门却依然勒紧缰绳。公司里再也听不到关于 J 君去留的流言蜚语了，人们对他有了共识：他不是那种不了解这里情况的人，并且确实使公司走上了正轨。

资料来源：http://www.docin.com/p—653770550.html。

根据上述情况进行选择：

1. 在公司建立的时候，公司的管理基本上采取了(　　)方式。

A. 参与管理　　B. 自我管理　　C. 成就管理　　D. 放任管理

2. J 君首次与他的行政管理人员见面时，他不但直言相告，而且还用了(　　)。

A. 体势语　　B. 粗鲁的语言　　C. 暗示　　D. 警告

3. J 君同他的行政管理人员首次见面采取的态度是(　　)。

A. 调和的　　B. 宽容的　　C. 强制命令的　　D. 友好协商的

4. 从案例中可以看出，J 君采取的信息传递方式主要是(　　)。

A. 间接的　　B. 平行的　　C. 向上传递的　　D. 向下传递的

5. 对研究部主任的激励主要应当考虑(　　)需要的满足。

A. 自我实现　　B. 生存　　C. 社交　　D. 提升

6. 激励生产部经理主要应当考虑(　　)需要的满足。

A. 社会交往　　B. 权力　　C. 成就　　D. 生理

7. 对采购部经理的激励主要应当是(　　)。

A. 奖金　　B. 肯定其工作表现　　C. 富于挑战性的工作　　D. 休假

8. J 君对销售部经理采取了(　　)措施。

A. 肯定强制　　B. 否定强制　　C. 非强制　　D. 软硬兼施

9. J 君加强他的领导地位主要大量运用了(　　)。

A. 专长权　　B. 法定权　　C. 奖励权　　D. 强制权

10. J 君在公司处理人际关系的基本方式是(　　)。

A. 任务定位　　B. 关系定位　　C. 独断专行　　D. 领导为中心

实践练习

分析激励

考虑一下你毕业之后想要获得的理想工作。请描述,你希望自己的直接上司是什么样类型的管理者以及你愿意工作的组织类型,并回答下列问题:

1. 你对这份工作的期望是什么?

2. 在这份工作中,你会努力满足哪些需要?为什么?你的上司在帮助你满足这些需要的过程中应发挥什么作用?

3. 你的上司会对你采取哪些正强化的行为?为什么?

参考文献

1. 周三多:《管理学》,高等教育出版社 2000 年版。
2. 许庆瑞:《管理学》,高等教育出版社 2001 年版。
3.(美)斯蒂芬·P.罗宾斯著,孙健敏译:《管理学》(第七版),中国人民大学出版社 2004 年版。
4.(英)E. C. Eyre 著,蓝伯雄、钱小君等译:《管理基础》(第二版),高等教育出版社 1999 年版。
5.(美)哈罗德·孔茨等著,马春光译:《管理学》(第十一版),经济科学出版社 1994 年版。
6.(美)克雷曼:《人力资源管理》,机械工业出版社 1999 年版。
7.(英)Joe Tidd:《创新管理》,清华大学出版社 2002 年版。
8. 俞明南:《现代企业管理》(第四版),大连理工大学出版社 2002 年版。
9. 陈嘉莉:《管理学原理与实务》,北京大学出版社 2008 年版。
10. 芮明杰:《管理学》,上海人民出版社 2005 年版。
11. 周三多、陈传明、鲁明泓:《管理学——原理与方法》(第四版),复旦大学出版社 2004 年版。
12.(美)加雷斯·琼斯等著,黄煜平译:《管理学基础》,人民邮电出版社 2004 年版。
13.(加拿大)明茨伯格著,孙耀君译:《经理工作的性质》,团结出版社 1999 年版。
14. 郑月玲:《从最小的生意做起》,人民邮电出版社 2009 年版。
15. 杨韶昆:《当前我国企业管理道德失衡的成因及对策》,载《经济师》,2004 年第 6 期。
16. 苏勇:《社会责任指数:衡量企业的新风向标》,载《文汇报》,2009 年 8 月 13 日。
17. 周策:《企业的社会责任及培训在其中的作用》,载《石油教育》,2008 年第 3 期。
18. 赵继新:《管理学》,清华大学出版社 2006 年版。
19. 顾锋:《管理学》,上海人民出版社 2003 年版。
20. 肖余春:《管理学》,浙江大学出版社 2006 年版。
21. 杜栋:《管理控制学》,清华大学出版社 2006 年版。
22. 吴照云:《管理学通论》,中国社会科学出版社 2007 年版。
23.(美)加雷思·琼斯、珍妮弗·乔治著,郑风田、赵淑芳译:《当代管理学》,人民邮电出版社 2005 年版。
24.(美)佩吉·卡劳、瓦苏达·凯瑟琳·戴明著,李炜译:《客户服务游戏》,上海科学技术出版社 2003 年版。
25. 陈龙海、韩庭卫:《培训游戏全书》,海天出版社 2004 年版。
26. 毛海强:《分阶段分步骤承担企业社会责任》,载《人力资源》,2008 年第 4 期。
27. 陈复强:《管理创新是企业持续发展的动力》,载《经济问题探索》,2009 年第 2 期。
28. 李京文:《中国在 21 世纪全新环境下的管理创新》,载《科学中国人》,2002 年第 7 期。
29. Julian Birkinshaw, Michael Mol:《管理创新是如何发生的》,载《北大商业评论》,2006 年第 11 期。
30. 刘涛、赵蕾:《管理学原理》,清华大学出版社 2009 年版。
31. 邢以群:《管理学》,高等教育出版社 2007 年版。
32. 汪洁:《管理学基础》,清华大学出版社 2009 年版。
33. 李世宗:《管理学原理》,华中科技大学出版社 2008 年版。
34. 姚凤云、朱光:《创造学与创新管理》,清华大学出版社 2010 年版。
35. 李京文:《中国在 21 世纪全新环境下的管理创新》,载《科学中国人》,2002 年第 7 期。
36. 金国斌:《创造学原理与设计应用》,中国轻工业出版社 2008 年版。